アルフレッド・シュッツ

他者と日常生活世界の意味を問い続けた「知の巨人」

ALFRED SCHUTZ:
An Intellectual Biography

ヘルムート・R・ワーグナー 著
Helmut R. Wagner

佐藤嘉一 監訳
Yoshikazu Sato

森重拓三、中村正 訳
Takumi Morishige　Tadashi Nakamura

明石書店

ALFRED SCHUTZ: An Intellectual Biography
by Helmut R Wagner

Japanese translation published by arrangement with
The University of Chicago Press, Chicago, Illinois, U.S.A.
through The English Agency (Japan) Ltd.

原書は 1983 年に英語で刊行された。
本書は The University of Chicago Press との
取り決めに基づき刊行された。

本書をイルゼ・シュッツ夫人に捧げる。
彼女がいなければ，アルフレッド・シュッツの
生涯は今日の姿をとらなかったであろう。
彼女がいなければ，この伝記が書かれることは
なかったであろう。

目次

序　9

第I部　知的献身の生涯

第一編　ウィーン　1889—1932

第一章　生い立ちと覚悟　16

第二章　最初の大きな企て　40

第三章　現象学の基礎　61

第二編　ウィーンとパリ　1933—39

第四章　不安の連続と混乱　86

第三編　ニューヨーク　1939—59

第五章　アメリカ的思考との出会い　119

第六章　統合から応用へ　140
第七章　最後の努力　166

第II部　学者のコミュニティ

第四編　歴史的伝統と先人たち

第八章　西洋の伝統と先人たち　192
第九章　先生世代との幅広い交流　207

第五編　同時代人と仲間たち

第十章　同世代の学者たち　240
第十一章　学者友だち　255
第十二章　エリク・フェーゲリン――哲学の逆境にある友人　291
第十三章　アロン・グルヴィッチ――哲学上の収斂　323

第六編　後継者世代
第十四章　教え子世代の学者たち　376

第Ⅲ部「生活世界の社会学」以前・以後

第七編　理性――直観主義者・自発性
第十五章　ライプニッツ――合理主義者の伝統　414
第十六章　ベルクソン――内的時間意識と行為　427

第八編　現象学――基礎と限界
第十七章　フッサール――現象学の基本線　448
第十八章　フッサール――限界と批評　472

結びの言葉　512

謝辞　513
原注　515
付録　522
あとがきと解説　524
文献（精選）　541
人名索引　545
事項索引　549

凡例

一、原則として、原文中の引用符は「　」、（　）は（　）で示した。

一、原文中のイタリック字体が強調として使用されている場合は傍点を付したが、監訳者の判断でそうしていない箇所もある。

一、監訳者、訳者による注釈は［　］内に示した。

一、著者が挙げている文献については日本語版が出ているものもあるが、複数存在する場合があり、いちいちその書誌情報を記すことは省略、割愛した。

一、巻末の事項索引は、読者の使いやすさを考え、原書の索引をもとに語句の選定を行い、日本語版のために新しく作成したものである。

序

この伝記は縮約版ではあるが、アルフレッド・シュッツの生活史の要約ではない。私はこの伝記を一九七四年と七九年の間に集中的に調査し執筆した。シュッツの遺したぼう大な量の文献資料はこの仕事をとてつもなくやり甲斐のあるものにしたが、そのために困難なものともなり、時間もかかった。シュッツの「個人的・思想的伝記」をできるだけ総合的なものにしようと決心し、自分の自由になる資料一切を一つにまとめ上げただけでなく、ヨーロッパにおけるシュッツの生活の広範囲な文化的背景の叙述をも提供して、さらに私自身の長めの理論と事実の描写による考察を試みた。そこから一見したところ独特な体験の社会文化的重要性を示すつもりであった。結果として、結局約二六〇〇頁の原稿と二次資料のぼう大な文献目録となってしまった。

「社会学の遺産」シリーズの各巻に通常割り当てられているよりも多くの紙面を与えられてはいたが、私は長さにしてそもそもの研究の約二〇パーセント程度の草稿を作成するという仕事に立ち向かうことになった。最初の原稿は三十八章あったが、二十章を割愛すること、あらゆる背景説明の大半を切つめること、私自身の理論、歴史、ないし事実についてのコメントを省略もしくは圧縮すること、二次的項目の削除ないしこれを思い切り縮小すること、大部の専門的資料を最小限に減らすことにより、この編集をやり遂げた。こうして若干の注釈付きの一冊の本となった。

この伝記は総合研究のために用いられた同一の以下の原資料に基づいている。

(1)シュッツの刊行された全著作：ドイツ語で書かれているか英語かを問わず、すべて原著から引用した。実際にはドイツ語の本文からの引用はすべて私の翻訳である。『関連性の問題に関する省察』等の若干のケースには既存の翻訳を用いた。この場合はそのように明記してある。

(2)シュッツの未刊行の（しばしば未完成の）全原稿――一九二四〜五九年まで――の研究者としてのシュッツの生涯の全期間：この期間以外の原稿および本書のテーマに相応しい範囲を超える情報は、一切省いた。シュッツの全著作の注釈つきの文献目録は準備中である。未刊行のこれらの原資料への参照を示した場合には、それが書かれた日付―― UM（未発表原稿）の文字が前についている――を示した。

(3)きわめて広範囲に及ぶシュッツの往復書簡の最重要部分（ほとんどがドイツ語）：引用された手紙はアメリカの表記法の日付［年月日に変更した＝訳者］によって確認できる。

(4)シュッツと親しくしていた数人の人たちと私の行った対談及び意見交換から書き起こした原稿、また他の友人や学識者と私との往復書簡。

(5)シュッツにとって重要な著作、講義、そして手紙のやり取りをした社会科学者や哲学者の刊行物からは幅広く選択した。時折既存の翻訳に頼らざるを得なかったが、どこでも可能な限り、原著を利用した。これらの情報源への参照は最小限に切り詰めた。本文で触れた著書および論文は、この小編の伝記の内容に直接関連がある場合にのみ、文献目録に掲載した。
(6)一九〇〇〜三〇年の間のウィーンでの社会的文化的生活に関する背景情報と思われるものからも注意深く選んだ。
(7)一連の参考図書。特に一九六七年の『哲学百科事典』全六巻および一九五九年の『国際社会学者辞典』：両方とも多数の哲学者や社会学者の生涯と著作に関する事実のデータを照合する上で、それぞれ非常に貴重であった。ここで調べた諸論説は私の研究の総合文献目録には掲載しているが、本書では割愛した。

この伝記のための資料文献としては多くを割愛する決心をしたが、これは、後日関心を持たれる読者に入手できる完全な文献目録を作りたいという著者の意向からであり、ご寛恕願いたい。注釈、文献作成の際、見つからなかった文献やテーマがあまりに広範囲に広がりすぎるものは、読みやすい本を作るという本書の目的に照らして削除した。すべての事実関係は、一次資料に取材している。

引用符のなかにある文章は、文字通り引用文である。

基本計画

伝記の計画は、四つの相互に絡み合う要素の連鎖から成っている。すなわち、生物学的ライフサイクル、個人を特定の社会構造ならびに世代系列に統合する文化的かつ社会制度的諸条件、個人の生活の特定の経過、そしてこれらすべての連鎖系列における連続性を妨害する社会の諸生活における社会－歴史的諸変動、である。

シュッツの人生の経過におけるこれら要素の組み合わせがこの伝記の基本計画となった。この基本計画では、幼年と未成年の時代がその〝前史〟を形成する。成人としての彼の生活の外的経過は、第一次世界大戦に続く時代であり、次の三つの主要な時期に分かれる。第一期：一九一九～一九三三年のウィーン時代。第二期：一九三三年以降、第二次世界大戦の開始までの間にヒトラーがヨーロッパの上に投げかけた険悪な影のなかでの生活の時代。シュッツはウィーンでこれらの時代の五年を体験し、最後の二年をパリ亡命者の身で体験した。第三期：一九三九～一九五九年のアメリカ時代、である。

この基本計画について、素早くだが更に詳しくその概観を得たいと思われる読者には、本書の補遺にある付表（五二二頁）を調べるのがよい。

第Ⅰ部
知的献身の生涯

第一編　ウィーン

1889—1932

第一章　生い立ちと覚悟

初期段階：学校と戦争体験

アルフレッド・シュッツは一八九九年四月十三日、ウィーンに生まれた。父親は彼が生れる前に亡くなった。その後、母親は最初の夫の弟、オットー・シュッツと結婚した。銀行の重役をしていた彼は、家族のために良好な中流の生活を維持したが、無口な男で継息子にあまり影響を与えなかった。反対に母親のほうは精力的で意志が強く、過保護なほどだった。彼女は息子の成長を導き、彼が幸せになるよう心を配り、教育などの現実的な事柄について大きな役割を果たしていた。

数年小学校に通った後、シュッツはウィーンのエステル＝ハチィ・ギムナジウム、すなわち八年のラテン語教育とおそらく六年のギリシャ語教育という古典語のカリキュラムを基礎にする中学校に入学した。

高校では音楽に大変な情熱をもつようになり、ピアニストとしての技や伴奏者としての感性を磨いていった。作曲家たちの技法や演奏家の名人芸を鋭く感じ取って批判的に理解する力を身につけ、音楽文化について驚くほど専門的で史実に基づいた理論的、哲学的知識をも習得していった。最も魅了されたのは、バッハ、ベートーベン、そしてモーツァルトであった。けれどウィーンの音楽、特にヨハン・シュトラウスのワルツやオペレッタをも愛好し、後年オフィスで激しく働いた日には、これらを好んで演奏し息を抜いていた。

同じ頃、シュッツはドイツ古典文学を代表する人物たち、とりわけゲーテに真面目な関心を寄せた。音楽を愛するのと同じく、ゲーテの魅力は彼を捉えて離さなかった。

シュッツの青年時代は、内面に大きな不安を抱えながらアイデンティティを探求する、疾風怒濤の時期だった。彼は、一九一五年、第一次世界大戦の二年目に誕生しウィーン青年運動として知られるようになる、会則の緩いグループのいくつかに参加するようになった。これらのグループは政治的にも社会的にも進歩的で、ハイキングを愛好する者の集まりでもあった。彼らはある中央集会所で開かれるさまざまな講義、討論会、芸術の公演会などを通じてよく知り合うようになっていった。

一九一七年、シュッツは高校をトップの成績で卒業した。戦争はすでに三年目に突入し、彼は総合緊急試験（ドイツの用語でNot-Matura）を受けるよう命令された。大敗北を喫した数年後、オーストリア軍は兵の補充、特に高卒の士官候補生の補充が急務となっていた。シュッツはただちに徴兵されて短期集中訓練を受け、旗手（アメリカ陸軍ではおおよそ少尉）として砲兵部隊に配属された。すぐにイタリア戦線に派遣され、偵察と通信の任務だけでなく、毒ガス攻撃を防ぐ任務にも就いた。彼はピアヴェ河とコネグリアノ周辺の激戦に参加したのだった。

従軍して一年半後の一九一八年十月、シュッツは最初の一時休暇を認められた。十七歳の少年として祖国を離れ十八歳の男として帰国したのだが、年齢をはるかに超えて成長してしまっていた。彼は、経済的状況が悪化し、窮乏のなかにある祖国のウィーンを知ることになった。

その月の終わり頃、オーストリア軍は完全に崩壊し、ほどなくドイツ帝国に降伏した。オーストリア＝ハンガリー帝国の崩壊により、シュッツの軍歴は突然の終わりをみることになった。

シュッツは戦争の残酷な現実から一般人の生活に戻ることで、以前の生活スタイルから疎遠になってしまっていることを痛感した。それだけでなく、オーストリア帝国の崩壊とその後の窮乏の時代とともに、以前の生活スタイルそのものが劇的に変化してしまっていることにも気づいた。これらの個人的体験は、その二十五年後、シュッツの社会学理論のスクリーンに映し出されている。「帰郷者」のさまざまな体験を分析するなかで、兵士があとに残し振り返って懐かしく想う故郷は、もはや同じものでないことを明らかにした。さらにその兵士は、自分が「自分自身にとって同じでないだけでなく、彼の帰りを待つ人たちにとっても同じではない」(1945a: 375) ことを知らなければならないのである。学校の教室が新兵の訓練所に変わってしまったことは、彼の若い人生のなかで最初のそして最も深い衝撃をもたらす体験であった。そしてその十八か月後に、この第二の衝撃が続いたのだ。戦争の生活から一般人の生活への復帰である。家族や知り合いとのつながりを取り戻すことは結局、シュッツに一つの新しい親密な関係をもたらすこととなった。しかし戦後オーストリアの新しい社会秩序からの疎隔感は衰えることがなく、恐らく、シュッツから終生完全に消え去ることはなかったと思われる。

シュッツと同い年の仲間の一人、歴史家のエンゲルヤノシは、この疎隔感をウィーンで継続する制度化された生活面から次のように特徴づけている。「戦後の初めの数年間、ウィーンの法学博士になること以上に非人間的なことを想像するのは難しい」(1974: 70)。シュッツと同年齢の仲間の多くが大学教育を終えたのは、自分たちが生計を立てることを期待され、なにか需要があると思われる技術や知識を修得しなければならなかったからである。だが彼らにはそうした努力が自分たちにとって本質的に意味のある〝世界〟の一部であるとは思えなかった。彼らは、物欲むき出しの楽観主義から利己的で独断的な虚無主義に至るさまざまな反動から、自分たちの存在の無意味さに向き合うこともできた。あるいは意味のある人生を再び探求し始めることもできた。中流階級のしつけのなかで、世界の意味はこれまでずっと彼らのために定義されてきた。おそらく彼らの青年時代の初期は、以前のこの定義に疑いを抱かせたのであり、また彼らにその世界観――信念に傾倒することが求められる世界観――の追求を動機づけるものだったのである。[1] しかし、とにかく、彼らをとりまく文化的な生活はその世界観の一部であり基盤となっていた。これまでに彼らは強制的な学校制度による強権的で権威主義的な訓練を受けていただけでなく、ウィーンの文化的な豊かさにも触れていたのであり、要するに、ギムナジウムのカリキュラムが後者から前者へ通じる一つのかけ橋となっていた。そのかけ橋を、軍隊と戦闘の生活が引き裂いてしまったのだった。

もしも若い知識人として自らの存在の意味を取り戻す衝動に悩まされていたならば、彼らにはいくつかの選択肢があったし、また多くの選択肢をもつ者もいた。例えば、自分たちの国の政治構造と経済機構を文化的で人間主義的な原則に従わせようとすること――つまり積極的な社会主義者になることで生活のなかでの強制される部分と意思に基づく部分を統一する試みに専念することができた。というのも彼らの国の酷い現実が改善され、科学的な合理性が「正気の社会」を生み出す助けとなるという、技術的な楽観論に浸ることができたからである。この考え方が勝ることで、現在の非合理的で政治的な〝現実主義者〟の軽率な同類となっている、文化的浪漫主義者のもつ非合理性を取り除けるだろうし、同じように戦争の非合理性や社会のその他の醜悪な特徴も取り除けるだろう。このような見解を抱く者のなかで目立ったものは論理実証主義者たちであり、彼らはウィーンで独自の活発なサークルを形成していた。

もう一つの選択肢は若い知識人層に広がっていた悲観論を採ることであった。フロイトの精神分析から世界観を形づくった人びとがそれであった。文化的な偉業と政治的な荒廃及びその他慣例の破壊はすべて、人のなかに同じ根がある。人間は必然的に悪に生まれるのではなく、一人の人間になるというまさにその体験によって人は神経を病むのである。人間は、その非合理的で不合理的な行動をフロイト流の理屈で説明するために、精々その認識力を使っているにすぎない。こうした理屈とそれに関連する方針の提唱者たちは、知性によって認識される対象を単に自己の幻想にすぎないと断言しはしたが、文化的悲観論を一つの人間存在の理論へと精巧に作り上げた。

あるいは醜悪な社会政治的な現実は存在しない、否むしろ問題にしないと装うこともできた。また詩人ステファン・ゲオルゲに熱狂したように、文化的かつ審美的な浪漫主義の高尚な高みへ逃避することもできた。どのような熱狂的な崇拝にも知的に醒めていたならば、今度は知的探求のための知的探求、すなわち哲学的な「認識のための認識」、むしろ認識することの感覚的な喜びのための哲学的な認識への追求に集中することができた。

最後の可能性は、経済的かつ政治的な諸事実という所与の現実を、たとえそれらが明らかに意味を失っているとしても、否定するのはナンセンスだと考えることであった。このような見方をする人たちは、これらの事実の存在を現実とみなさずに受け入れる際には、自分たちの社会から常に多少とも距離をおく態度を身につけた。やがてこの態度は、社会的出来事についてのとらわれのない研究に取り組む方向へと彼ら自身を導いたのである。

これらのすべての選択肢、さらにそのいくつかが、第一次世界大戦後のウィーンにおけるシュッツの中流世代の仲間[2]のなかに息づいていた。認識的には、彼らは認識論的・存在論的に二つの極に向かう傾向があった。一方の極には、十分な訓練と鍛錬を積んだ知識人により確実かつ包括的に把握された客観的現実を仮定することで、すべての知識を説明する人びとがいた。もう一方の極には、外面的な（表面的な）諸事実とは諸現実を〝構成する〟ことであり、認識する個人にとっての与件に過ぎないと仮定する人びとがいた。この対立する立場の支持者たちの間の論争は活発であった。これらの議論は因果関係と自由意志という古くからの二律背反か、新手の客観主義と主観主義の二分法か、そのいずれかに集中した。

あるレベルでは、これらの方針は理論的で哲学的なアプローチ——もしくはそのイデオロギーの複製——のなかに表現を見出した。他のレベルでは、これらの方針は個人的な傾向や好みを表し、心理学や社会科学あるいは哲学の領域内の知的立場と理論的原則を選ぶ動機をもたらすような衝動となった。個人的動機と知的嗜好の絡み合いは、結果として、複合的で多元的な指向を生むことにつながった。これは明らかにシュッツの多元的現実論の人生観の形成のなかにも見られる。

第一段階：研究の下準備

一般人の生活に戻ると、シュッツは自分の職業というより、その職業に適した大学での学業の課程を決める必要に迫られた。高校では目標とする二つの職業の間で揺れていた。医者かオーケストラの指揮者のいずれかになりたかったが、聴力の部分的な損傷によってどちらも選べなくなっていた。しかしそれ以上に、第一の選択は長い準備期間が要ること、第二の選択は崩壊後のウィーンでもどこでも音楽を嗜む生活の余裕がないことから、どちらも実際的ではないと思ったに違いない。一九一八年の終わりまでは、学問の道に進むことを考えたかもしれない。だがそれもまた成功のチャンスが覚束ないことを思えば、現実的な選択にはならなかった。きわめて現実的なシュッツの母親は、法学（中央ヨーロッパでは実に驚くほど多様な職業に向いている一分野）を学んで仕事に備えることを提案した。この助言にしたがって、シュッツは法学部の学生としてウィーン大学に入学したのである。退役軍人の彼には四年のカリキュラムを二年半で済ませる短縮課程が認められた。一九二一年十二月に法学博士の称号（LL.D）を取得した。博士論文は請求されなかったが、五つの厳しい試験を受けなければならず、そのうち三つを首席で合格した。

ウィーン大学では国際法に全力を注いだ。一九一九年～一九二〇年の間、同時にウィーン国際貿易専門学校にも登録した。それにより、シュッツは自分の能力の専門分野を定めたのだった。

卒業試験の三週間前、オーストリア銀行家協会から秘書の仕事の申し出があり、シュッツはこの話を受けた。そこで、法学にかんする厳格な試験に備えるだけでなく、その地位に求められる職務にも精通しなければならなかった。

シュッツが退役軍人として体験した疎隔感は、戦後時代の生活パターンを定める決意をする礎となっていた。彼は「実用的な」生活から課せられる要請に、初めは大学制度の一法学生として、次いでは金融会社での高い地位の従業員として実にうまく適応した。シュッツは自分のこの側面を外的な必要と義務の観点から正当化してはいたが、高尚なものとしてより深く意味づけることはできなかった。彼がその人間としての存在を内的に正当化するのに求める意味は、市民や従業員や一家の稼ぎ手などの義務的な役割の外に見出されるべきものであった。意味のある生活があるとすれば、課せられる義務が果たされた後で、自分自身の関心や皆から愛好される事柄に関わる文化の領域において始められるべきであった。最初から、シュッツは一人の分裂した存在であることを自認していたのである。

シュッツは、この銀行家協会の秘書として、中央ヨーロッパ諸国の銀行業務のさまざまな問題を調べ、関係する諸会社の法律上と経済上の顧問を務めた。一九二九年、ライトラー商会という民間銀行に入り、ハンガリー、チェコスロヴァキア、ドイツ、フランス、スイス、オランダといった国々のビジネス法令や銀行業運営について調査報告活動を継続して拡げていった。やがて、その銀行商会の国際事業の管理を任されるようになった。さまざまな外国企業の取締役会に派遣され、またこうしてかなり頻繁に中央ヨーロッパと西ヨーロッパの至るところへ出張するよう求められた。

このほかシュッツは、貿易関係などの経済問題についてオーストリア政府に助言するために設立された委員会のメンバーになった。またさまざまな新聞や金融雑誌に記事を出し、さらに膨大な経済年次報告書をウィーン最大の新聞『ノイエ・フライエ・プレッセ』の編集主幹の代わりに書いている。

一九二六年、専門家としての経歴が十分に確立されたところで、シュッツはウィーン商人の息女、イルゼ・ハイムと結婚した。

毎日の生活の負担が過重になり、それを生み出す社会秩序の方にシュッツの注意が向かうことになった。生活全体に及ぶその影響は、彼にとって説明を要するものだった。シュッツは、感情的な反応や願望に基づく考えを棄てた場合にのみ、その説明を手に入れられると判断した。そこで彼は完全なとらわれない態度を採ることにした。これはあらゆる来訪者に対して彼が採った原則である。社会科学におけ る価値自由性 Wertfreiheit というマックス・ウェーバーの考え方に、ドイツ最大の社会学者に対する親近感の源に彼は初めて気づいた。

疎隔感は、多少とも、人との結びつきを悲観的に否定することにつながる。シュッツの場合、それは気心の合った他の人たちとの個人的で親密な関係を求める気持ちと対になっていた。彼はこの気持ちを妻との深い関係に変えただけでなく、知的関心を分かち合う人たちとの親密な友人関係にも変えていった。そうした人たちとの友人関係は、彼の知的生活の物語のなかにしっかりと織り合わされている。物語のそれぞれ主要な時代ごとに、友人たちの少なくとも一人がその経過や内容に多大な影響力をもったのであるが、だからといって他の友人たちとの親密な関係を押し退けるようなことはなかった。[3]

けれどもシュッツは、この個人的な感情は自らの思考の妨げにはならないと主張した。親密性に理論的正当性を与えるのを拒否さえした。例えば、彼は親密な関係によって特徴づけられる集団を「第一次集団」とするクーリーの定義を拒否している。にもかかわらず、当然のことであるが、親密な「汝－関係」を確立し維持するための個人的能力は、本気で社会学に関心をもつ彼の決心を動機づける重要な役目を果たしていた。社会学は〝科学的な〟とらわれのない態度という非人格化した立場から人間相互の触れ合いを探究する〝社会関係の科学〟なのだから。それ以上に、このとらわれのない態度こそ彼が社会科学の主題に〝主観的アプローチ〟を選択することを促した。この主観的アプローチが、人間関係の決定的な諸特徴を、自立的で自発的でありつつ互いに理解し協力し合うようにしている諸個人の関係として〝科学的に〟説明することを可能にする。このような人間関係の〝性質〟を知ったのは、他の人たち、とりわけ彼の友人たちとのさまざまな交流と相互行為のなかで、互いに理解できることを彼が個人的に体験したからである。

［第一次世界大戦の］戦後初期時代の再教育過程のなかで、このような個人的動機づけがシュッツの知的諸関心の一般原則に至るのには二つのかけ橋があり、一つは疎隔感の体験に由来して、これが〝科学的なとらわれのない態度〟という立場を身につけさせた。もう一つは強く親密な汝－感情に由来して、これが彼の社会科学的諸関心における一貫した間主観的な接近方法を導く糸となった。

シュッツは、学友たちや同年輩の仲間のなかにさまざまの体験や反応をともに分ち合う人びとを見つけたばかりでなく、彼の基本的な好みや考え方を導き、支持し、勇気づけてくれる人たちをも見つけた。これらの友人たちこそ、シュッツがその個人的な体験や相互作用から、将来の生活に納得できる意味と価値ある目標を与えてくれる知的探求へ転換する階段を見つけ出す手助けをすることになる。

シュッツは孤独ではなかった。なぜなら、その動機と変わらない知的好奇心は、シュッツの世代の一般的な知的〝精神〟の多元的で極めて多様な要素のなかにあったからである。思うにシュッツは、基本的には同年配の仲間たちのさまざまな活動領域のなかに、自分の探しているものを探す場所を見つけるために必要になる、機会と課題を見つけたのである。

このグループの傑出したメンバーの一人が彼の共同研究者のフェリクス・カウフマンであった。彼はシュッツより二、三歳年上の頑固者で、哲学や社会科学の文献と同様に数学にも精通した天分に恵まれた思想家であった。彼は内気な学生シュッツの助言者を自認していたが、その知的な可能性をすぐに見抜いていた。これより先カウフマンはシュッツの長年の親友となる。初めにカウフマンは、シュッツが法律の知識を研鑽しなければならない重荷を背負っていた時期に、その始めから終りまで援助した。その後はシュッツが初期の雑多な好みや性向を、一つの明確で重要な学問的対象を体系的に追求する方向へと改変していく長い間、過酷に手厳しく批判すると同時に最大限の支援もする同伴者となった。

シュッツの大学の先生のなかには彼の将来の専門的能力を育成するだけでなく、言わば知的副業の発達を促す者もいた。シュッツは五人を特に重要な先生として選んだ。彼らは法学と社会科学の分野、すなわち、シュッツが大学の専門研究において専攻する主専攻分野を代表していた。国際法では影響力のある人物はアルフレッド・フェアドロスとハンス・ケルゼンであった。経済学ではフリードリヒ・フォン・ヴィーザーとルーヴィヒ・フォン・ミーゼス。社会学では、オトマール・シュパンであった。最終的にフェアドロス、フォン・ヴィーザーとシュパンは彼の研究にいかなる恒久的な影響も及ぼさなかった。ケルゼンとミーゼスからの影響はあったといえよう。

ケルゼンは、法実証主義の主要な代表者すなわち、法規則や法理学の形而上学的な正当化を提示するこれまでの旧いアプローチ――そのなかで有名なのは自然法の思想である――に対立して繰り広げられていた法理論の主要な代表者であった。ケルゼンの構想は、法が現に存在し形式的に妥当な法的手続きにしたがって展開される限りにおいて、その自立性と自己正当化を自明なものとして前提することであった。しかしそれでもケルゼンは実定法と社会の間の関係にというよりは、市民社会の上位関係にある公的権力の装置としての国家に関わったのである。ケルゼンは社会学に全く譲歩しなかった。法は社会秩序の根本原則であり、国家によって執行される唯一の目的は、法を制定し施行することである、と。

シュッツはケルゼンを国際法の一専門家として尊敬した。しかしシュッツはその批判者たることをほとんど表向きに宣言はしなかったけれども、きっぱりとケルゼンの法と国家の理論を拒絶した。シュッツは著述のなかで、任意の特殊な概念や考えについてケルゼンを基にしたときはいつも、ケルゼンの認めるべき点は認めた。シュッツはケルゼンとの親しい関係をアメリカ時代に入っても保ち続けた。

フォン・ミーゼスは、シュッツの学生時代とその後の時代のどちらにおいてもはるかに目立った役割を果たした。彼はシュッツを「個人指導」の学生として抜擢した。これは彼の学生のなかの極少数の者にしか確保されない特権であった。後に、フォン・ミーゼスはシュッツを彼の私塾にも受け入れた。ウィーン大学において、フォン・ミーゼスはすでに例のオーストリア限界効用理論学派の第三世代を代表していた。この経済学のアプローチは生産に対する消費の優位を主張しており、これに見合う主観的経済価値理論に到達していた。価格水準は、そのときのニーズが優先する私的で不安定な尺度（スケール）に基づく特定商品への瞬間的な選好に基礎づけられ、個別の消費者たちによる決定の集合的効果によって変動する。

シュッツは限界効用理論を原理の上では受け入れた。しかしながら、フォン・ハイエクとは対照的に、また他の多くのミーゼスの学生たちとともに、その極端な経済自由主義には賛成しなかった。シュッツをオーストリア学派内にとどまらせたものは、その基礎にある解釈的な諸仮説にあった。オーストリア学派は機械的で非人格的に見える経済過程を、主観的な意思決定と個人的行為という観点から説明したのである――これはシュッツの社会科学的諸方針の大きな柱の一つとなる着想であった。

正規の学業の残りの年限を含め、一九二一～三三年までの時期を、シュッツは彼自身の知的生涯計画づくりに費やし続けた。彼はその礎となるものを文書にとどめる最初の重要な企てを起こし、直観の心理学に次いで現象学の研究に没頭し、最初の書物を著して出版した。大学の講義のような実験場を用いていなくても、シュッツはその考えを批判的な聴衆たちの前で試す知的対話や機会を奪われることはなかった。幸運にも彼の友人たちのなかに討論の相手がいた。数学者で哲学者のフェリクス・カウフマン、経済学者のフリッツ・マハルプ、そして政治科学者のエリク・フェーゲリンである。三人とも挑戦者でもあり批判的な聞き手でもあったし、シュッツが彼らをその知的関心事に巻き込んだように、彼らもまたシュッツをその知的関心事に巻き込んでいった。シュッツの思想は孤独な研究に劣らず、対話のなかで円熟していったのである。

オーストリアの知識人たちから見れば、この時期のウィーンはさまざまの講義や討議サークル（Kreise）のある街であった。この討議のサークル（仲間）は幅広い分野への関心と、もしくは傑出した学究肌の人物たちの周りに組織された。シュッツはそのサークルのうちの二つに引き入れられた。〝ガイストクライス〟とミーゼスの私塾である。

〝ガイストクライス〟[4]は約二十五人のメンバーを数えた。それは全く同年輩の集団であり、広くバラエティーに富んだ人文主義的な学問の諸分野から、とりわけ社会科学から参加者たちを引き抜いた。みな最高の知性の持ち主たちであり、さまざまな学者としてやがて名が知られるようになった。メンバーたちは講義を交代で行った。だれもテーマをその専門領域から選ぶことを許されなかった。シュッツ自身は少なくとも六つの発表を行った。「オペラの意味」「音楽の理論」「言語の理論」「冗談」（二回）そして「筆跡学」である。

ミーゼスの私塾は、その名前の通り、ルートヴィヒ・フォン・ミーゼスを中心にしていた。二十六人のメンバーのほぼ半数が同時に〝ガイストクライス〟に属した。それは一種の社会科学ゼミナールであった。そのメンバーは独自の理論的論題や一般的な方法論的諸問題を取り扱った。個別の講義があれば連続講義もあり、さらに単著に一年を通じて取り組むこともあった。この二つのサークルのうち、シュッツはミーゼスのセミナールを好んだ。彼は個人的にみればフォン・ミーゼスにとても近かったし、彼の友人たちは皆この私塾の塾生であった。またその講義や議論のテーマも大なり小なりシュッツの中心的な学問上の関心に近かったのである。

シュッツがミーゼス塾の講義要項に寄せた寄稿作品リストは存在しないようである。しかしながら、五つの講義概要のスケッチがこれまで発見されており、いずれもこの仲間に一九二八年十二月、一九二九年三月、そして一九三〇年六月に提供されている。「ミーゼス研究報告」の名が付いた最初の四篇は、全体に社会学理論の主要な範囲を対象にした主題に関係したものである。一九三〇年以降の草稿は初期の考察をさらに敷衍したものである。

第二段階：構想とウェーバー研究

社会科学者を自認し始めた頃、シュッツは中央ヨーロッパのさまざまな既存の伝統に敬意を払った。応用領域の専門家たちだけが、既定の学術的専門分野の境界を頑なに守っていた。真摯な理論家たちはそれぞれのアプローチにかかわらず、理論によって定義づけられるどんな領域よりも社会的現実の方が大きいことを了解していた。フォン・ミーゼスがそうしたように、理論家たちは社会科学の諸専門分野の合併体のうち、それぞれの専門分野に優先的地位を与えていたのかもしれない。とはいえ彼らは、定義上は自分たちの専門分野の領域外にある諸分野の存在を容易に理解したのである。この点でシュッツの法学研究そのものが、一つの規範的な専門分野から社会科学の諸領域へ通じる傾斜路であった。そしてシュッツの技術的‐職業的な専門性を超えた経済学の諸研究は、理論経済学と社会学の間の形式的な隔たりを彼が乗り越える励みになった。

社会科学をばらばらの専門の合併体と考えるよりもむしろ多様な統一体と考える伝統的傾向が、シュッツに恒久的に印象づけられていたことは疑いない。しかしこのことは、なぜ彼が出発点として選んだ立場――マックス・ウェーバーによって導入された理解社会学――からこの多様に分化した統一体〔としての社会科学〕へ近づく決心をしたのか、ということの説明にはならない。

シュッツは、ウェーバーの著作を集中的に研究しようと決意したとき、その目標の到達点までの道筋を整然と開陳した。必ずしも彼の先生たちに促されたわけではなかったようだが、学生時代の間中、彼の関心は疑いなくこの〔ウェーバーの〕著作に引き寄せられていた。いずれにせよ、ことによると彼の先生たちのだれも彼をこのドイツ社会学の巨人のほうへ導かなかったのかもしれない。ケルゼンは、ウェーバーその他によって法の歴史社会学理論が創出されたとき、これに反対した。シュパンは、カトリック道徳神学に賛同する有機体論的‐全体論的社会理論を提案しており、そこには個々の行為者たちとその意志的行動の入る余地はなかった。そしてフォン・ミーゼスといえば、二〇年代の彼の著述が示すように、むしろ厳しいウェーバー批判家であった。ミーゼスはその商標ともいえる経済学の諸法則を普遍的概念と考えていたので、ウェーバーによる社会現象の基本的解釈のもとになる歴史的〝相対主義〟を攻撃していた。彼は後者の主要な方法論的手段である理念型を一種の歴史主義者の概念として廃棄していたし、それにまた当時はウェーバーの理解の概念をひどく嫌っていたのである。

にもかかわらず、シュッツがウェーバーに強い関心を向けるようになったのは、ウィーン大学で戦争最後の年をともに過ごした仲間の学生たちがウェーバーに注目していたからであった。ウェーバーは一九一八年の第一セメスターの期間をウィーン大学で教えた。彼は大勢の熱心な学生や知識人たちを惹きつけた。また秋になりウェーバーがドイツに帰り去ったとき、その後に多くの明確な支持者を残したのだった。

それからシュッツは一学生として、ウェーバーの「教えるカリスマ」の反響音を身に浴びた。それらの反響音が彼の琴線に触れることになった。学生たちとのさまざまな議論のなかで耳にした内容から考えたことは、もはや自分のものとしては受け入れ難い社会的世界を再び自分に認めさせるような、優れた知性の指導性をウェーバーのなかに見出すだろうということであった。

とはいえ彼の望みがどんなに強かったとしても、ウェーバーの〝評判としての知識〟をウェーバー〝についての知識〟に変える努力は後回しにしなければならなかった。早められた学業プログラムのために、〝学業以外の読書〟に集中する時間が彼にはなかったからである。シュッツが真剣にウェーバーに取りかかったのは、ようやく職業上の身分が落ち着いてからであった。

一九一九〜二一年までの間に公刊されたウェーバーの出版物のすべて――特に彼の諸世界宗教の歴史的研究を収める三巻本［『宗教社会学論集』全三巻］――にシュッツが飛びついたかどうかは知られていない。しかし彼が利用したのは『経済と社会』二巻と『学問論』、そして社会科学方法論の論文集であった。両方とも一九二二年に出版されたものである。シュッツは『経済と社会』の第一巻第一章に心を奪われた。これは理解社会学の基礎を大変簡潔な形で概説しており、シュッツは時を移さずこれを自分のものにしようと思った。彼は方法論の諸論文から、ウェーバーの理念型の概念をそうした社会学の根本的で最適な道具として取り出したのだった。

ウェーバーの基本的アプローチとその方法論の核心を受け入れ、シュッツはひとかどのウェーバー社会学の研究者になった。ここにはシュッツが踏み切ることのできる土台があった。シュッツは、ウェーバーの理解社会学の計画とこれを実行する概略的な素描に興奮したに違いないが、同時に後者を文字どおりには受け入れなかった。彼がウェーバーの洞察力のある徹底的な読み手であるとすれば、同時に批判的な読み手でもあった。彼を導き、また決して失わないと思われた［ウェーバーへの］親近感は、その鋭い批判的感覚によってたちまち抑えられてしまった。原則を見定めること、思考と表現形式に厳密な一貫性を求めること、および、それらを整理する強い衝動と結びついた、曖昧さと多義性を排除すること。彼がこのような自分自身の内的性癖の一つを発見するのは、より早い時期でないとすれば、ウェーバーの一節一節を吟味する骨の折れる作業の間であったに違いない。シュッツは一人の合理的哲学者の精神をもってウェーバーを読んで考えた。しかしそのように読んで考えるためにこの批判的態度を取ったのではなかった。つまり彼は哲学的諸課題には巻きこまれなかった。問われているのは途方もない現実的な洞察力だったのである。

ウェーバーの根本問題は論理的な問題ではなく、人間の精神の問題であった。ウェーバーの問題はすべての人間の社会的認識と相互理解の基礎に関係するものであった。

大切なことは人が心のなかで思っている問題であるというウェーバーの考え――この問題の追求では、役立つ道具を探し、助言や手本や知識の断片などがあればいつでも採用する――に、シュッツは完全に一致していたと思われる。けれどもウェーバーがこの原則を実行した方法には同意できなかった。休むことを知らない実践の人、選んだどの問題にも含まれる無数の細目に飽きずに好奇心を抱く人、このような人は概念や方法論的装置の骨の折れる精査には耐えられなかった。ウェーバーはその想像力を魅了する、無限に複雑にみえる歴史的・社会学的な現実へ突き進んで没頭するために、さまざまな概念や方法論的装置に飛びついていたのである。ウェーバーは現実世界という存在し得る最も大きな塊に、突然よく夢中になる人であったように思われる。彼の実用的な気質と現実に対する知的な貪欲さは、シュッツのスタイルとは正反対のものであった。シュッツは『経済と社会』のある難解なパラグラフに見られる諸規定の意味や含意を考え抜くのに何時間も座ることができた。パラグラフの主題を規定する基本原則が問題だったのである。原則が十分明確に説明されるならば、複雑な主題は取り扱いやすい諸部分に還元されて、比較的容易に処理され得るようになる。

こうしてシュッツは自分のために一つの大きな課題を見出した。ウェーバーの曖昧な言葉を詳細に説明すること、理解社会学というウェーバーの考えを明らかにすること、その基礎概念の意味合いを明らかにすることである。しかしなによりも、「主観的アプローチ」を採用するとはいかなる意味かということを探究したいと思った。主観の観念をその意味と結果において徹底的に追求するには何が必要とされるのか。主観の観念はどのように作用するのか。そして最後に、人間の相互理解はどのように生じるのか。以上のことがすべて十分に確立されてようやく、ウェーバー本来の目標が再び焦点となり得るのである。すなわち、その方法論上の枝葉末節に至るまでが、すべて理解の社会学の創造なのである。

私はこの計画がシュッツの頭のなかに突然現れたというふうには考えない。あるアイデアがあり、結果としてさまざまな探究となったのだろう。その探究が次々と上述の事柄を解こうとする決心につながった。そしてこの試みは一冊の著作の計画となった。シュッツがこの企てに期した本来的な重要性があったのでこの仕事自体に弾みが付いたのである。しかしその選んだ仕事が実際には難しく複雑であることを体験し続けてみて、この構想自体が長期にわたる仕事になること、その遂行は一冊の著作という空間の制限を越えてしまうこと、ついには、その追求には一生かかることを、シュッツはようやく悟ったのである。

シュッツの知的生涯計画

ウェーバーのアプローチを採ることは、戦争から帰還後にシュッツが行った一連の決断の一ステップでしかない。それは中間期の活動のための主な道筋を描いたもののはずであったが——実際には、全生涯にわたるものという結果になってしまった。シュッツは一人の近代人として、さまざまの関心、種々の骨折り、色々の中間目標を増やさざるを得なかったのである。これにより、目覚めている時間と肉体的・精神的な活力にかかる多くの要請を処理し、それらの間の生活の仕方を考え出す必要が生じてきたのである。

後に、シュッツが行為の社会学のいずれにとっても関連性の問題が重要であるとの考えを示したとき、この最初の社会学的言明を論文にするより、かなり前にシュッツは自分自身の生活から学んだことを表現したのである。近代社会のなかで成長する他のだれもと同じように、彼は自分がしたいことと自分がしなければならないこととの間に相異があるのを知った。必要なことや望ましいことを行うのにどれだけ多くの労力を投入すべきかについて判断することも学んだ。彼は優先順位を定めなければならなかった。後になって、そのような決定や時間配分を分析するための鍵を関連性論のなかで準備した。すなわち、その決定や時間配分のいくらかは内在的だった——つまり、いくらかは彼自身の選択に由来していて、その他は外から賦課されたのである。さらにこれらの決定を導いた関連性は動機的なものであった。それらが行為者のシュッツを賦課的な関連性に従うように、あるいは内在的な関連性を確立するように動機づけた〈から〉である。同時に、それら［これらの決定を導いた諸々の関連性］は賦課された目的と選択した目的の両方を追求する〈ために〉受け入れられたのである。

シュッツが悟ったのは、個々人はそれぞれの人生の営みをこのような「関連性の体系」のなかで決心しなければならないということであった。社会的存在として、個々人は〝合理的な〟あるいは〝理に適った〟行動のうちにあるばかりでなく、そのような行動に巻き込まれもする。すなわち、現実的な目的を追求する場合、個々人は慎重に行動する。個々人は〝さまざまな状況〟や起こり得る展開をできるだけ上手く見積った後、これから先を考えたり計画したりするのである。社会学研究のなかで、シュッツは立案の行為と諸々の計画に多くの注意を払っている。その時間のための計画、一日のための計画、もっと長期間の計画、そして生涯計画に。生涯計画はあらゆる企画や行為のためではなく、間近でより重要な企画や行為のために総体的な動機を提供するのである。シュッツの円熟した人生は、さまざまな内在的関連性に導かれた生涯計画を最も一貫して追求した典型的な例といえる。一九二〇年代中頃に最初の研究構想において彼を導いた諸原則は、一九五八年から一九五九年に同じく最後の研究計画の展開において彼を導いている。シュッツの知的生活は、全体的には、ただ一つの究極的な理論的‐哲学的目標の追求に捧げられたのである。

しかし、この究極的な目的は、その人生の諸活動を左右する唯一つの目的ではなかった。なにより先ず特定の文化的な関心が、シュッツに本来備わっている優先権のリストにおいては大変高いところにあった。それらはある程度まで、彼の知的努力に引けをとらなかったのである。第二に、実際の彼の人生は、それに究極の正当性を与え、本質的に意味のあることをなすための時間と活力を保証し蓄える不断の努力であったと理解されなければならない――彼はその余暇を呑みこみ活力を奪う職業的義務と激しく闘ったのであった。

シュッツは自分の時間をやりくりする際、当面の問題に関連する四組の関心に優先権を与えた。いずれも異なる関心領域にあり、それぞれに独自の主要な関連性があり、どれもが一つの相対的に独自の内容のある生活の一部をなしていた。個人的な愛情や恩義の面では、家庭生活が最初にあがった。彼の異常に強い友だちとの結びつきも同じ種類の忠誠関係の顕れであった。実際的な関心の面では、職業訓練とその後の実業活動およびそれに課せられる要求のすべてを含む領域が最初に挙がった。それは彼自身と両親そして家族に対する実質的な義務に仕えた。学術的関心の面では、理論的－哲学的な目標を追求する局面に、究極の内在的な重要性があった。最後に、美的－情緒的な欲求の面では、音楽への情熱的な関心が究極的に意義のあるもう一つの生活領域を確立していた。

　法律の勉強を始めたとき、シュッツの生活領域のうち三つはすでにはっきりと確立されていた。家族(of descent 無遺言不動産相続)と職業そして音楽である。四つ目は学生時代に徐々に現れ、職業訓練を済ませた後に目立つようになり、最初の専門的な職業に就いた頃に確立した。

　これらの生活領域それぞれはそれ自体大いに重要であったが、それらはすべてシュッツの時間とエネルギー次第だった。危機あるいは緊急の際には、彼の基本的な「関連性の体系」のうち、個人的な忠誠関係が最初にくることは明らかだった。[6] これらのすぐ後に彼の典型的な好みである、知的関心と音楽の関心が続いた。課された職業上の義務は彼の関連性の尺度では最低のランクに位置した。しかしまさにその課されたという理由のために、そうするには最上位の優先権があったのである。学問的な努力と音楽の楽しみに対する内在的な傾倒は、仕事と睡眠の後に残された時間に限られていた。

　彼が銀行員であったのは家族を養うためだけでなく、その激しい知的関心を追求する自由を得るためでもあった。シュッツには悠々自適の〝紳士－学者〟でいられるような〝働かなくてもよいほどの収入〟はなかったので、ある学問的経歴をたどることで、学術的関心と〝生計のために働くこと〟を結合する道を選んだのだと思われる。[7]

　シュッツにとって音楽は学問への傾倒とほとんど同じくらい重要なものであった。イルゼ・シュッツは私に話してくれた。「会社から帰るとそのまま書斎に入ったと思われるなら、夫のことをご存じないのかもしれません。何か別のことをする前には、ピアノに向かって座り、何時間もピアノを弾いたり歌ったりしていたものでした」。シュッツの理論的な関心が音楽への関心のはるか上にあったと考えてしまうのは、彼のエネルギーの全体の消費量を表面的な見かけの大きさだけで測っているからである。

シュッツは論文「音楽を共演する」（1951b）を執筆し、論文「モーツァルトと哲学者たち」（1956a）のなかでモーツァルトのオペラを扱い、音楽の社会学と現象学に関する概略的で未完の論文二本を起稿したとき、その人生の二つの卓越した趣味の間に堅い結びつきを確立したのであった。これに対して、実業活動つまり職業の領域は、学問や音楽への傾倒つまり趣味の領域から厳格に区別されていたのである――二つ目の用語、趣味は積極的な意味で解釈される。

シュッツは職業的義務をきわめて誠実に果たしたが、その職業の特徴的なスタイルや役割パターンが他の生活諸領域のなかに入り込むことを決して認めなかった。シュッツを知的観点から論じたものは、彼が一学者とは別のなにものかで〝ある〟と思うようなことはこれまでなかったであろう。その実業的生活〝について知ること〟があってもこの印象は決して変らなかっただろう。シュッツは、典型的な「様式」や他の規準によって「多元的諸現実」が区別されるという自らの理論の生きた実例であった。彼の実業的活動と科学的活動の二つの領域では、合理的思考や意思決定というよく似た形式ばった手法だけでなく、「すっかり目覚めた生活」での基本的にはよく似たやり方――執筆、口述、会議での他者との談話など――が含まれている。しかしこれらが実施される様式と特にその目的が両者を切り離すのである。シュッツは一方のどのような痕跡も他方で再現されることを許すことなく、一方から他方へ「跳躍する」術をマスターした。

シュッツが状況の許す限り体系的かつ計画的に行ってきた生活諸活動の主な筋道を織り合わせることが、この知的伝記の中心話題ではない。けれどそれは、知的生活における出来事や決断のいくつかを扱う際、時に応じて現れる基底的な母体であることに変わりはない。しかし「生涯計画」とは、ここではおもに彼の学問研究のための長期計画の総合的な複合体として理解される。

これらの知的努力は、彼の出版物や未刊行の草稿、そしてさまざまな手紙に記された知的関心に記録されている。そうした努力は精神的な決意の弛《たゆ》まぬ粘り強さの証拠であり、それはまた知的な理由－動機という一方向に永続する推進力を構成している。対照的に、年代順に並べられる個々の論文、章、本、講義などに向けた計画の「続きもの」からは、彼の主題的な関心が驚くほど多次元的であることがわかる。

これらの記録資料を精査して生じる全体的な印象は、主題的関心が驚くほど分裂しているというものである。シュッツのライフワークのこの状態は、外的にはその職業から課された要請によってもたらされたのであり、内的にはその学問的事業の性質に基づくものであった。その事業は、かなりの程度、遥かな目標の追求に仕える探究であったし、またそれにとどまった。シュッツの探究はフッサールが「永遠の哲学」と呼んだものに似ていた。

研究が進むにつれて、シュッツは、その構造についての詳細を膨らませながら、究極的目標のイメージを豊かにしていった。しかしこのことが彼の仕事の多次元性を取り除いたわけでなかった。以前に獲得した知識の在庫のなかに、法学、社会学、政治学、経済学、そして哲学の諸領域からの資料や説明だけでなく、個々の問題も見出していた。シュッツ自身のさまざまな個人的体験、なかでも特に、兵士から一般人への移行、ある国の市民から他国の移住民への移行といった危機的な移行体験は、さらに別の展望を切り開くことになった。そして最後に、その趣味的－文化的な諸関心は彼を文芸や音楽の領域に導いたのであり、後者については歴史的、音楽理論的、現象学的、社会学的な分析の見地からなされた。だがもっと大きな問題領域を解明する仕事に取り組んでいるときですら、彼は断片的な進め方に頼らざるを得なかった。

一つの論文の特定テーマの選択はたいてい〝なにが実際に可能であるか〟という現実的な決定に左右される。シュッツは相当数の論文を書いたが、その理由は彼がそうして欲しいと依頼され、出版が保証されていたからである。彼はその他の論文も書いたが、それらは論理的にみて次の順番になるとか、その主題が彼には一番重要だからという理由ではなく、むしろ時間とエネルギーの制限のなかでそれらが実行できるという理由からであった。そうした制限の外にある関連性のより高い主題の扱いは、よく後回しにされた。これらの主題のいくつかは、その生涯の終わるまでシュッツとともにそのままであった。それらは決して執筆されることはなかった。[8]

けれども、断片的な諸文書にも潜在的な一貫性を保つことができるシュッツの鋭い感性は、それらがたいてい彼の理論構造の事後的でモザイク的な再現に上手く収まることだけでなく、重大な論理的矛盾がほとんど見られないことでも証明される。

シュッツが初期の知的努力を、学究的な生涯計画を遂行する上での諸段階と見ていたことは反駁され得ない。その努力の段階は最初の動機の継続から［生涯計画］全体の一部へと移っていた。限定された実質的目標としてその一部を行った後になって、シュッツが自分の生涯計画を自覚するようになったのは理屈に合うことである。というのも、自らの過去の努力の時期を振り返ってみると、当時も計画の遂行を未来に企図していたはずであるが、それは今からすると事前に設計された全体計画の継続以外なにでもないものとして見えてくるからである。それはこれまで行ってきた特定の諸計画に継続性をもたらすような、生涯のプロジェクト（企画）であった。

以上の考察をもって、私はシュッツの知的生涯計画の発生論的‐動機的考察から離れることにする。直ちにこのプランは、外部者――ここでは伝記作家――に与えられているシュッツの仕事の回顧的な総覧に照らして論述されることになる。

第二章
最初の大きな企て

学生から学者への移行の時期。これは一人のまじめな思想家の伝記の決め手となる大事な時期である。人は一夜にして学生でなくなり、学者となるのではない。自分のまだ知らない知識を吸収するという意味では、真実、彼は全生涯を通じて学習者であり続ける。未だ解明されていない、少なくとも特定の角度から未だ解明されていない問題の探究に研究を方向づけるとき、彼は一人の探究者に転じる。こうして、その学者たる所以は、単に探究者としての専門的技倆の取得と蓄積だけでなく、また問題選択や手に入れる結果の知的開発の独創性、観察や研究結果を理論によって洞察し解釈変更するさまざまな努力の独創性に存するのである。

戦後最初の四、五年間シュッツは、何よりもまず、他の人たちから、そして他の人たちについて学ぶ、一介の学生に過ぎなかった。やがて彼はマックス・ウェーバー研究の深みに通じる体系的研究を開始した。しかしその真面目な学術的努力は、ウェーバーの理解社会学を批判的に読むことから始めずに、ウェーバーの欠点を改善する決意から始まった。曖昧な言葉を解決すること、ウェーバーの基本概念から曖昧さを取り除くこと、さらにこれを成し遂げ、社会学の実質的な研究に移行すること。それだけでは十分でなかった。社会学的思考の水準を一時中断し、その思考の基盤に向かうことが必要であった。どのように意識は作用するのか、意識主体は諸々の体験や行為のなかでどのように自分自身を理解し、またその体験と行為の諸対象を理解するのか。これらについて知らなければ、誰も主観的理解について有意味的に語ることができないだろう。これらの洞察が得られて初めて、社会学的水準へ立ち戻り、理解社会学の再建も可能となる。

シュッツは、自分自身に課した前提的課題には、それに接近するいくつかの研究法があると思った。認識論としては、彼の大学教育に影を投げかけた哲学者のカントに依拠することを考えた。しかし認識を推論に還元すること及び体験を範疇に還元すること等は、自分の目的にそぐわないことに気づいた。さらに調べていると、フッサールの『論理学研究』と『イデーンⅠ』を哲学における重要な新しい出発点として読むようにと、友人のフェリクス・カウフマンがしきりに勧めた。シュッツはこれらを忠実に「大いに注意して」読んだ。しかし後に述懐しているように、彼は「これらの本には私が関心を寄せている問題へのかけ橋を発見できなかった」（UM 1959c）のである。かわりに、戦後、ウィーンの学生たちや知識人たちの間でかなり人気を博していた、一人のフランス人思想家の方に関心を向けた。アンリ・ベルクソンである。

第三段階：ベルクソン計画

シュッツはベルクソンの著作や論文集を読み、これらの著述に自分の求めている基本的洞察が含まれていると思った。ウェーバーの社会学の構造を修正し展開するなら、ベルクソンの生の哲学に基づかなければならないだろう、と。

一九二四年頃、この信念に基づく決断がなされた。シュッツは、その後三年間に研究論文三本と一冊の著書の計画を立てた。この著書の構想と概要は、それぞれ一頁から五頁までの大きさの、五つの断章から成り立っている。これらの収集のうち最も重要なものには、その著書のための序説の素描ないし著書の概要と章立てのいずれかが含まれている。『生の諸形式と意味構造』と呼ばれる、タイプされた一七〇頁程の草稿は、全体が三部から成る著書の未完成の第一部を表している。第二部は意味の対象化を、第三部は社会科学の対象と方法を、それぞれ取り扱う予定であった。

最も早い時期に書かれた研究論文は、芸術形式としての音楽の社会的諸側面に関する論考である。二番目の研究論文は言語の意味構造の論考、最後の論文は文学の芸術形式の意味構造の論考である。完成されなかったが、これらの論文はいずれも独自の研究として書かれたものであろう。とは言え、これらの内容は未完の著書の第二部のための計画に合致していた。おそらくシュッツは主要草稿にこれらの研究論文を統合しようとしたのであろう。

シュッツは一九二七年の年末にはこの企画に取りかかることを止めてしまっていたようで、その哲学的心理学的出発点を再検討して、ベルクソンを一時棚上げにしたのである。とは言え一九二八年の年末の短い連続講義では、ベルクソンが依然シュッツの拠り所になっている。

この著書の中心的な草稿の序論に関わる下書きのなかで、シュッツは第一部の内容として「全体としての生という前科学的素材をもっぱら取り扱う」と記した。社会学の主要問題の基礎に属する始原的生活過程の探究である。ウェーバー及びその弟子たちによってこれまで一度も吟味されたことのない問題でもあった。しかし「全体としての生」という言い回しは、詳しく調べてみると、それが示唆するような大まかな普遍性をもたないことが分かる。むしろ言及される生は意識の生活である。意識の生活こそベルクソンが『生の諸形式』において内実化した諸分析の中心に据えられたものであった。

シュッツは、とりわけベルクソンの「後期の著作」、すなわち一九〇〇年以降に出版された著作に自分の基礎を置くつもりであることを仄めかしていた。しかし、『生の諸形式』におけるシュッツの説明とベルクソンの諸々の出版物の内容をテーマで比べてみると、ベルクソンの二つの初期作品、一八八九年の『意識の直接与件に関するエッセイ』（『時間と自由意思』）と『物質と記憶』を広く利用していることが分かる。

シュッツの探究の中心主題はベルクソンではなかった。むしろ「汝の経験科学」と呼ぶ、彼の社会学への基礎的アプローチを繰り広げることであった。しかし「汝」は科学的に、すなわち概念的に取り扱われる以前に、「理解され得る」唯一の「体験の対象」であるという、その独自性を把握しなければならない。汝の「意味」を把握するためには、「われわれは私の汝体験について調べなければならず、またどのようにしてこの体験が私に知られるようになるかを立証しなければならない」。

シュッツはここでウェーバーに従った。その社会的行為の図式には、相互行為の両端の一方である当該行為者からみた相互行為の配置（構造布置）の扱い方が備わっている。この図式を間主観的諸関係に応用することで、シュッツは汝を「孤独な私の体験」の主題の一部として扱ったのである。

「私の体験している私は世界《コスモス》のなかに置かれている」。これらの言葉で[1]シュッツは『生の諸形式』の草稿を書き始めた。もし私が世界を体験として受け入れるなら、「世界は私に〝心象〟を与える。その心象は「異質的でなく……」むしろ「多様な統一体」を形づくるが、これを私は「ただ後になって反省して」差異化し、また概念化するのである。直接的体験は内的持続のなかで起こるのだが、外部世界の取り扱いや思考習慣の獲得は、私たちの持続の体験を時間と空間の経験によって代替するという事態を引き起こしてしまった。したがって私たちは「諸概念に先んじて心象を見ることはできない」。ベルクソンはこの問題の解決を時空間の世界の概念から心象へ進み、さらに心象から内的持続へと進むことによって得ようとした。シュッツは、この試みが妥当であることを確信して、「純粋持続の内的体験から空間の概念へと道を引き返す」ことによってその反対方向に進もうと決心した。

術語の生の形式は「世界に対する〈私の意識〉の立場」を指している。しかしながらシュッツの説明では、同じく私の自己意識をも考慮に入れていることを示している。私という意識は外部と同様内部にも向けられる。独創的に、シュッツは六つの生の形式を区分して、これらを階梯的秩序に配置した。それらは以下のとおりである。

1．**純粋持続**　これは体験されないが、想像され得るものである。生の諸形式の展開に理論上必要な「限界概念 Grenzbegriff」として導入される。一つの「広がりのある生の形式」として、「純粋持続」の意識、「絶えず変転する質の意識」を表している。

2．**記憶を授けられた私としての持続**。「記憶自体が持続の多様性に関与する」。記憶は「私のあらゆる段階のなかに記録され、それに関わっている。私たちのどの瞬間の持続も、それに先立つ瞬間プラスXの記憶心象である」。このXは、もっぱら記憶自体に加えられるためだけに、したがって後者「記憶」を変えることであるが、「この瞬間にとって基本であるものを構成する」。記憶の流れは内的持続の流れを条件づける。二つの流れは「瞬間ごとに変化する質の噛み合いと入り混じる」。持続に記憶を加えることは「継続中の私という意識の覚醒」をもたらす。継続中の私という意識は「記憶を授けられた持続の世界という見方」に通じる。この見方では、「いかなる質的体験も、他の質的体験に優る特権的地位を手にすることはない」。「あらゆる現象は意識の統一体に還元可能でなければならない」。

3．**行為する私**　この生の形式は、ベルクソンの「生命の身体感覚」に起源をもち、遠く意志の領域に及んでいる。この形式には身体の運動から合理的行為までの体験の全範囲が含まれる。対応する世界観は、さまざまの量や外部的性質、諸対象それにさまざまの反作用を含む時‐空間的世界観である。行為する私からすれば、身体はある特権的地位を有する。身体を動かす体験が空間での諸経験として再解釈されるからである。身体によって、「延長の世界」への通路が開かれる。私は「もっぱら行為者としてこの最も重要な歩み、（内的持続における）質の無次元的多様性から抜け出し、さまざまの質料で満たされた非連続の異質的な空間へという、この一歩を踏み出す」。これは〝外〟に向かって……動いている身体のイメージ」を投影する「行為する私の象徴機能」のなか、またその機能を介して成し遂げられる。この行為する私の象徴機能は二つの水準からなるものである。一つの水準には、意図的な身体運動を横断空間に象徴化することがある。ここに見られるのは、身体運動の感覚の象徴化である「行為する私」である。もう一つの水準に見られるのは、将来の運動において遂行されるプロジェクト計画を熟慮し思慮深い決断を推進する「行為する私」である。行為する私は「その身体をただ純粋持続における質として体験するだけでなく、〈広がり〉としても体験するのである。

４．**汝関係における私**。汝関係における私は「[私の持続とは]異なる持続を間接的に知り、その異なる持続を体験することができる」。これは多様な形で生ずる：仲間についての外からの知識：私と汝の身体の並行した動作：他者の身体動作を行為であるとする解釈：仲間の間の合意問題：他者の理解と他者による理解の機会である。

この生の形式は、同時期のシュッツの別草稿によれば、二重の仕方で「あらゆる体験の基盤」を創り出す。第一に、この生の形式は「時‐空間のなかで構成され、また……解釈によって特殊な諸々の特徴が付与される」「対象」の助けをかりて、これを創り出す。その対象は汝に理解されるだけでなく、我によっても理解される。自我と他我の間でその対象は「客観的意味」を得る。第二に、この対象化は、言語の手助けによって、「汝関係の象徴機能」を演じる。このことは、同じ対象についての体験が別の個人にとって等しいという意味ではない。

5．**語る私**。「行為する私が現実を体験するのと同じ仕方で意味連関を体験する」生の形式である。ここで私は対象、行為、および汝が結び合った外的な経験において「すでに確立されている世界」に直面する。ある傑出した地位が、汝体験の一媒体である言語に与えられる。

6．**考えたり解釈したりする私**。これは「最高位の生の形式」である。入手しうる諸草稿のなかで、シュッツは、考える私の「諸体験は概念的でありまた空間と時間によって枠づけられる」という言明以上にはこれについて定義も叙述もしなかった。

生の諸形式の現れる順序はただ「論理的」であるだけでない。それはシェーラーの意味での「基礎づけられた」ものである。より高次の生の形式のルーツは隣接しているより低次の生の形式のなかにある。生の諸形式とは「体験の諸層」と「象徴化の諸層」の両方である。最深の層は純粋持続である。最高の層はカントの意味での諸範疇からなるということである。「一連の」生の形式はその個別の層によって特徴づけられ、同様にまた「それらの極端の要素の完全な対立によって特徴づけられる。すなわち、純粋持続 対 時間空間、心象 対 概念、体験 対 形式、等である。

この図式がある自己Selfによって体験される現実を描写するのではないことを強調するために、シュッツは、実際には、ただ一つの生の形式、「全体の」あるいは「現実の」私だけがあるのだということを力説した。現実の私の諸体験は汲みつくせない変化に富んだ一つの連続体のなかで現れる。この図式の生の諸形式は、「全体の私のうちの人為的に選択された諸部分」にすぎず、この全体の私からすれば、すべての意識と生の諸形式は同時的である、と彼はつけ加えた。それにもかかわらず、こうしたことは、私の諸体験が自発的直接性から熟考された象徴化や解釈へと推移するまでの隠された秩序を明らかにして初めて説明が適えられるのである。それぞれの生の形式は「私の世界に対するある特定の態度によって特徴づけられる」のであるから。

シュッツの「主要な定立」は、「全体としての私のすべての体験は一つ一つの生の形式のなかに入り込んでいる」が、しかしそれはただ象徴の形式において、ということであった。諸々の象徴は「より深い諸々の体験」の存在を述べることができるにすぎない。それらの象徴は後者の「より深い層の体験」に影響を及ぼさない。次の規則がこれに関係している。「先行の意識状態の機能は……」象徴によってより高次の形式において「……体験されうる」。

そこで二つの隣接する生の形式は「象徴関係」によって連結される。象徴化作用の形式はそれが象徴する形式に依拠する。後者はより高次の形式においてのみ認識され説明される。同時に、そのより高次の形式は、そのより低次の形式から引き出され得ない「諸機能」を私に加える。

純粋持続から記憶を授けられた持続への橋渡しに関して、シュッツは次のように述べている。「私という統一体は、プリズムが白光をスペクトルのさまざまな色彩に屈折させるのと同じ仕方で、その象徴関係のさまざまな状況によって屈折される」。最初の体験の純粋な統覚的心象は、より高い水準の実体化された形式において生じる。同時に、その象徴化されるものとその象徴とは「内的持続の異なる点に属すものとみなされる」。その象徴されるものは、もちろん過去に位置する。しかし、その象徴のほうは、より高い生の諸形式において存続し再発し続ける。そして反対に、「その象徴されるもの（意味されるもの）を問うことは、一つの異なる生の形式に変化してしまったものを調べることを意味する」。

記憶を授けられた持続の水準以上の象徴化過程は、「二重解釈」および「上位水準との象徴系列関係」を作り出す。この場合、その象徴化作用の体験は「意識的にその象徴系列との関係に向かうか、あるいは諸々の象徴によって次々に思い出される、より低次の生の形式の体験系列との関係に向かうことができる」。これらの象徴を再象徴化できるのは、「より複雑な意味体系のなかで、その象徴される水準が……すでに象徴的諸関係の安定した土台によって支えられている」からである。このことはそれ以上の結果をもたらす。

象徴系列の上部構造は、これらの生の諸形式のあらゆる形式の上に建てられたものであるから、すでにそれより以前に構成されてしまったこの象徴を再解釈するのでなければならない。要するに、その上部構造はすでに構成された象徴を、それぞれの（より高い）生の形式によって「新たに」創り出され、またその形式にとって特徴的である、象徴系列のなかに統合しなければならないのである。これは象徴措定と象徴解釈との間の現実的な違いである。象徴措定は、それだけでは無意味な質体験を持続経過のなかに統合することによってこれを有意味なものにすることで満足する。象徴解釈はすでに意味を授けられているなにかに戻るのである。すなわち、象徴解釈は最初の意味の象徴体系とは実際には齟齬を来たす、一つの新しい象徴体系のうちに、何かを統合するのである。

諸々の象徴の再解釈におけるあらゆる歩みは〝時間－空間世界〟の生の形式に、すなわち専門科学の象徴形式により近い歩みである。

生の諸形式の階梯は有限系列である。最初の生の形式は純粋体験を表し、いかなる象徴作用もない。最後は象徴機能があるだけで直接の体験はない。この最後の形式に私たちは関係しない。シュッツはこの水準にまで彼の体系を築き上げなかった。しかしながら最初の形式には注意を要する。

術語の「純粋持続」は一種の理念化である。シュッツが述べたように、純粋持続の存在は「より複雑な生の形式（記憶）という象徴体系の助けによってもっぱら推論され得る」だけである。「純粋持続を直接的に体験することは不可能であり、直観を介してさえ否である」。ベルクソンははっきりとそこまで承認していたし、その上持続について語ることすら大いに人を誤らせることも強調したのだった。そうすることは、延長がなく切れ目のないものを「時間を空間で示す」(1889: 122) ような言語によって記述することを意味するからである。二つの点で、「純粋持続」は意識の接近可能なデータからの推論ですらなかった。それは一種の哲学的に消耗不可の先決条件、一種の第一原理であった。

シュッツからすれば、これに続く背理は「単なる見かけ」に過ぎなかった。この背理は「純粋に切れ目のない連続的質の流動し生成する状態が、私たちの記憶によって延長と物質の諸概念に変換される過程の仕組み」を詳しく調べることで、自ずと解消するだろうとの自信が彼にはあった。この二者の間にはいくつかの異なる形式の橋渡しが存在する。(1)記憶は持続に関与しており、言わば両方に属している。(2)動いている身体は、「行為する私」の実行器官として、持続において生じている直接的な諸体験を持ち運ぶ。身体の動きの身体感覚が空間的感覚を伝達する。したがって問題は、心象が持続から概念へと横断するその経路を見出すことであった。

しかしながら、こうすることによっても問題が別の水準の基本的な考察に移されただけのように思われる。シュッツは上述の二つの主題を幅広く取り扱った。しかし、彼がベルクソンの背理への一つの答えを求めたときは、純粋に概念的手段を頼りにしていた。彼の生の諸形式の図式は、「体験していることのためにではなく、もっぱら認識のため」に問題発見的に作られた、一種の「人工的な理念型的構造」であった。すなわち、その目的のためにこれらを利用しようとする理論家の認識［のための人工的な理念型的構造］である。

シュッツは自分の行っていることを明確に自覚していた。彼は一つの方法論上の明解な論述を示したのであり、その明解さの拡がりはベルクソンによる純粋持続の概念を構成する手続きの理解をはるかに超えるものではあった。とはいえ、シュッツはやがて悟ることになるのだが、彼の手続きはその背理をもっぱら回避したに過ぎなかった。それを解決したわけではなかったのである。これはさらに進んだシュッツの説明のなかでもその手続きが終始一貫していたことの証拠でもあった。

あらゆる生の諸形式は明らかに私－関連的であり、またそうであることが分かる。一つの純粋持続、原初的な生の形式──「私─を欠く」──を別として。純粋持続は内省や直観では全く近づけないのであるから、それは思考の一つの必然、一種の認識論的あるいは存在論的意義を求められない最初の前提条件へと還元される。「より高い」生の諸形式は、現象の諸観察と競り合わされ、利用できる証拠に照合されうるし、食い違いがあれば手直しされるべきものである。とりわけ、生の諸形式の諸理念型への転換は、それらの転換がさまざまな水準での「意味付与」体験に基づいているので、諸理念型が表す諸現象についての理解を締め出すものではなかった。

〝純粋持続〟の〝理念型〟はウェーバーの意味での理念型ではなく、全くの仮定である。シュッツはこれを自覚していたに違いない。というのも、彼はひところ、純粋持続の下に位置づけられるべき七番目の生の形式を自らの図式に加えることを決めていたからである。彼はそれを「私の起源体験」と名づけた。この生の形式は基礎的な「私－意識の意味」を支え、「それ自体を単一の体験に還元する」のである。しかし私の理解では、この言明は純粋持続の「質的多様性」がそれ自体一つの不分割的全体として現れるという考えを伝えるにすぎない。ゆえに、その標題にある「私－に準拠」しているにも関わらず、これは〝純粋持続〟の特殊化に過ぎず、例の背理の解決には役立たない。シュッツ自身もそれを生の諸形式の図式に統合しなかった。

私の思うに、ベルクソンの背理から逃れられないという最終的な認識が、シュッツにとって『生の諸形式』の草稿を未完のまま脇へやる主な理由となった。根本の現象－心理学的課題およびその存在論的実体という意味で、ベルクソンはシュッツを一つの袋小路へ追い込んでしまったのである。

他の点では、一九二四〜二七年の諸研究は少しも失うものがなかった。これらのなかで、シュッツはライフワークに向けてその道筋を整えた。(1)社会学的枠組において意味と象徴化の論じ方を準備すること、(2)間主観性の理論、並びに(3)言語記号体系を用いた相互コミュニケーション理論に向けて明確に歩み出すこと、そして(4)全体的アプローチにおける社会学の位置を定義することである。

(1)シュッツは「象徴されるものを一つの象徴」に変形することが「意味措定の作用」であると述べた。「一つの象徴を措定するごとに」、私はますます純粋持続から一つの客観的世界に踏み込む。ある体験を象徴することは、その体験からある特定の「いま・そのように」属することを剥奪し、代わって一般的妥当性をその体験に付与することである」。「ただ意味を措定するだけで私の生はある特定の意味を取得したのである。私の質的体験は、私が私の生に付与する意味を介してのみ有意味的となった。ある意味では、ある象徴を措定する作用が個々の体験を私の内的持続の糸から切り離し……これらを異なる糸、すなわち、意味の諸関係の糸に織り交ぜるのである。ところでこの出来事も、また、私の生の一部である。私はただ存続するのではない、私は有意味的に存続するのだ」。

これは社会学ではなくむしろ社会学の先行条件である。社会学は「すでに措定された諸々の意味連関ないし諸々の象徴解釈」を企画することによって登場する。例えば言語、芸術、諸科学等々の象徴の布置が焦点になる。

(2)〝汝問題〟は、フッサールにもベルクソンにも立ちはだかったが、この問題は以下のように提起されるであろう。いかにして他の人間たちの意識が自我の孤独な意識のなかに入り込むのか。哲学者が他者たちには「私のものと似ている」意識、感情や意志が授けられていると仮定することの証拠は何か。シュッツは、クーリーの鏡像自我の概念とは逆に、「汝を措定した我」、すなわち、「我を過去の汝として措定すること」によってこの問題に接近した。それはミードの用語では、客我の回顧的認識である。したがって、未来に私自身を置いてみることは汝を措定した我の投射である。このような認識は、汝としての他者の認識に似通っている。しかしながら、私は私自身の過去を、私が他の人たちの過去を知りうる以上にはるかによく〝知り〟、しかも私にとっての〈過去の私〉は私にとっての〈現在の私〉に溶け込んでいる。他者である汝は、私によって体験されるが、それはただ〝同一の〟状況における一時的に共有される一つの現在を介してだけである。

別稿『言語の意味構造』において、シュッツは他者である汝の認識について詳しく述べた。「行為する私」は「時間と空間のうちに諸々の対象で満たされている」一つの世界に出合うが、それらのなかには私自身の身体とよく似ており、また「私の過去の私の諸々の記憶イメージに類似した」さまざまな身体の形をした生き生きした対象が含まれている。私がそれらの対象に対して取る態度は、かつて私であったその私に対して私が取る態度である。それゆえ、これらの対象は「私が完璧に第一次的知識をもっている相棒」となる。一つの新しい象徴関係が続いて起こる。他者の〈汝〉は「あたかも私の持続の流れと方向において――いや、私の持続と同時である持続を体験するかのような」、「あたかもそれは私の記憶と類似もしくは等しく機能する記憶をもつかのような」、「あたかもそれの諸々の動きはただの外的対象の動きではなく、むしろ行為を構成するかのような――すなわち、私の身体の動きに特有な現象と同様に意志的で意識的な現象と関連して起こるかのような」一個の存在として体験される。私は「〝汝〟と呼ばれる対象に私が負わせる象徴を、あたかも汝の持続は私の持続と並行して生じるかのように解釈する」、「いや、あたかも汝の体験の諸々の内実が私の体験のなかに入ってくるかのように解釈する」。「汝は二つの持続、二つの記憶、二つの行為の経過の交点にある。すなわち、私が第一次的知識をもっている私の体験と、私が私自身のさまざまな体験をそのなかで解釈する、彼の体験」の交点である。

汝の象徴関係において、「汝をとおして私にやってくる諸々の同一体験が……汝をとおして彼の諸々の体験となると私は考える」。「汝が私に理解されるだけでなく、私の生活もまた汝に理解される」ことが私の前提となる。私は「私自身の諸々の行為を解釈するのと同じ仕方で」汝の諸々の行為を解釈することができる。

このようにして「時間と空間の世界は、明らかに私から見た行為する私によって創り出され、はっきりと変わってしまった」。すなわち、時間的‐空間的世界には「生が授けられた」のである。「今に至るまで、私は秩序を私の諸〝心象〟のカオスに押しつけ、ある意味連関を」私の体験の諸現象のために「構成してきた」。しかしながら、今度は「すでに意味を授けられた一つの体験が私に対して外側から提示される」。それを解釈するのは今や私である。「汝による意味措定作用と私による意味付与作用から、世界の決定的な豊かさが生じる」。今や「私は汝を持続へ統合するチャンスをもち、とりわけ汝を、直接に汝よって呼び起こされ、少なくとも間接的に汝に関係する、情緒豊かな世界へ統合するチャンスをもつ」。この新しい意味連関は、「私の生活におけるあらゆる出来事について汝に伝えることを私に賦課する。それは、解釈の余地が汝に残されていて、汝に慎重に向けられる意味を措定する……ためである場合、汝の定めた一つの意味の私の解釈が〝正しい〟かどうかを調べるためである場合、最後に、汝に向けた、あるいは汝を介した情緒に条件づけられた行為を起こすためである場合もある」。さて、私と汝は外的世界において行為しているのであるから、この世界における諸対象（他の人間たちを含む）は指し示され、最も効果的に命名されねばならないであろう。このようにして〝世界〟は汝関係の欠くことのできない媒体となる。世界は三つの外的範疇――諸対象、諸行為、汝――のいずれとも一致しないが、これらのすべてを含んでいる。

これらの考察はいわば初歩的な現象の範囲にとどまっている。しかしながら汝関係についての主観的諸体験とその認識的理解は、社会学上では「話す私」の水準における実質的な相互行為に通じるのであり、そこでは言語が一方では実用面での相互行為の運用を、他方では相互〝理解〟を媒介している。

(3)－a　シュッツの［意識］現象に関する考察のこうした象徴化は、彼の言語論文での言語による客観化となった。言語による客観化だけが体験の意識化を可能にする。一つの共通言語に定式化されるとき、これ［言語の客観化］が私によって体験された対象の統覚を汝に可能にする。同様に「汝が統覚できるものは、いつでも私の体験できるものとして受け取ることができる」。〝言葉〟は、「直接汝の領域に属する」とシュッツは書いた。言語の象徴はレディメードに存在し、個人によってもっぱら間主観的交換過程のなかで〝学習される〟――これについてシュッツはこの脈絡では語らなかったが――という基礎的事実は別として、行為のうちにある言語は独白ではなく、対話の性格を帯びている。「言葉の奇跡は、視覚や聴覚の体験が別の体験に入り込むことではない。奇跡は、言葉の象徴を汝－関係のなかに入れることによって、象徴体験を根本から一変させることにある」。したがって、ただちに「私はもはや私の体験の世界に生きるのではなく、言語の世界に生きる」、つまり「日常人の体験」の世界に生きるのである。

言語は全くの〝客観化〟を意味する。言語のなかでは、「私はさまざまな体験にもはや出合わない、出合うのはむしろ単なる決まり文句、私の諸々の体験を伝えるには適していない陳腐な表現である。種々の心象の豊かさの代わりに……私は種々の語彙、すなわち辞書の言葉からなる世界を見出す」。しかしながら、「言語は体験の廃墟の上に、認識の光に照らし出された、新しい世界を創造する。それは概念の世界である」。

超主観的と名づけたこの「概念的」「世界」について語りながら、シュッツは再び社会学的考察の領域に接近する。概念は、その関連する対象を示すことで一義性を手に入れるかもしれないが、名づけられた対象が別々の諸個人の現実体験と一致することを何ら含意しない。共有されるものは言語象徴であって体験ではない。「私の体験の（主観的）意味――これを私は私たちの体験についての主観的意味と同一である客観的意味として実体化するが――は、常に私が意味する意味であって、その意味は汝がそれを理解するときの意味では決してありえない」。意図される意味と理解される意味、措定される象徴と解釈される象徴の間にはある不一致がある。ウェーバーによる主観的意味と客観的意味との区別はまさしくこれを含意している。「主観的意味によって私たちはここでは私によって措定された意味と理解するが、他方これ［私によって措定された意味］が汝のまえには、すでに措定された、しかも目下の解釈を必要としている客観的意味として現れる」。

ここでシュッツは、一義的に定義された専門用語の〈概念〉と〈言葉〉――すなわち日常の用語法では「話者の持続から区別され」、聴者自身の持続のなかでこれを解釈することになる聴者に向けて伝達された言葉――との間を区別した。客観的意味内容としては、言葉は「常に不正確である。言葉は主観的意味措定の薄明のなか、再び主観的意味解釈のなかで想像力の対象としての自らの生を導く」。これらの言明の社会学的意味合いを詳述することなしに、シュッツはここで一つの実行可能な知識社会学の全体的に入り組んだ研究活動に区切りをつけた。

(3)－b　シュッツは文芸の諸形式に関する研究論文の内容を、表現としての抒情詩、対話としてのドラマ、およびナレーションとしての物語（小説）の分析に限定した。本書では、言葉の「客観的意味連関」が「主観化」される対話に集中する。対話は二重の主観的解釈を含む客観的言語要素の複雑な組み合わせである。会話は話者と聴者という対極的な配置が交替されるなかで生じる。

話者はその所与となる言語の意味連関によく通じている。話者はこれが自分の話しかける人にも同じく所与であることを前提としている。話者はこの連関から自分の伝達しようと意図する意味に相応しいと思う要素を選択する。話者は、その話しかけられた人がその話した言葉により、この意味を再生する気になるだろうと考える。「話者に典型的なのは意味措定作用である」。話者は自分が「言語の一般的形態から選択した要素」の組み合わせによって、ある「新しい意味連関」を構成しようとする。これは話者の「言葉の主観化」であり、意図による主観化である。この意図による主観化の「新しい」意味は、ある独自に意図された意味のある独自の主観的意味連関において得られる。かなりの程度、この意味はその選ばれるさまざまな言葉の「言語それ自体に存する客観的に意味付与された素材」との関係に左右されるとはいえ、これは「主観的に意味付与される発話の連関にそれを統合すること」によってもっぱら具体化されるのである。

これに対して、聴者は最初に「客観的言語素材」である伝達する言葉の組み合わせに出合う。聴者の最初の作業は、すでに語られてしまったことを、彼のよく知っている言語図式にしたがって解釈することである。これは話者が辿る経過とは正反対である。後者は彼の主観的意味を客観的所与の言語素材に押し付ける。聴者は主観的意味を付与された伝達を受け取り、これを自身の言語の客観的意味連関に関係づける。彼はこれ「伝達」を解釈することによってこれを主観化する。聞こえたさまざまな言葉と彼にとって所与である言語の意味連関との接続を行ってから、彼は「話者が意味した意味を理解する」ために、彼が聞いた文章の意味連関に注意を払う。言葉のやり取りの成功は、話者と聴者の両方が「言語の客観的意味連関」と伝達に挿入される諸要素との「間の〝正しい〟接続」を行ったかどうかにかかっている。シュッツはここで「話者による正しい意味連関の措定」の条件と聴者による「正しく解釈された意味連関」のことを語ったのである。「正しく」とは、この場合、ある言語の「客観的意味体系」の一つの見本に一番近い人物であるいわゆる文法学者という意味に解されてはならず、むしろ話者と聴者の両方が属している集団で実際の対話に用いられる言語、すなわち、その方言の「客観的意味連関」の意味で解されねばならない、と。ただこのことが事実である場合にのみ、「そうであり、かつ他ではないものとして意味された事態が〝正しい仕方〟で主観的に解釈されるチャンス」が存在することになる。

言語交換に特有な特徴の一つに、聴者は話者の言明について自分が解釈したことを疑わずに話者の言明の〝客観的意味〟〝である〟と考えていることがある。これは自己欺瞞の一形式であって、この自己欺瞞は「全く他に類を見ない」特有の「意義と意味連関の雰囲気」から生じる。それゆえ、聴者は話者によって措定された意味の完全な理解を手に入れることはできない。理解は、一個の漸近的な「主観的なものと客観的なものとの間の近似値」、意図された意味と解釈された意味との間の近似値にとどまる。この距離の縮減は、本質的に、言語要素ではない他の諸要素の助けで生じる。すなわち、使用される言葉の論理的連関、言葉が語られる調子、言葉に随伴する顔の表情や身振りである。

(4)話者と聴者の諸類型の分析は、間主観性と社会的相互行為の諸領域を結び合わせることになった。さまざまな会話の二元的な「主観的」「客観的」意味構造の入り組んだ絡み合いについて説明を続けるなかで、シュッツは意味解釈の第三の種類を代表する一つの追加的類型を導入した。「第三の観察者」である。この第三の観察者はある実生活の状況のなかで、彼自身のうちに一人の社会学者となる潜在力のある人物である。

もちろん、二者関係から三者関係への転化があれば、一者は他の二者に対して非対称的関係に立つにしても、事実上三番目の当事者を創りだすものだということをシュッツはよく知っていた。例えば、ある劇場の観衆の平凡な一員であれば、一人の注意深い聴者でありながら一人の演劇の参与者である。役者たちが作られた話者と聴者との対話に夢中になれば、観衆は自分のことのように「意味措定作用と意味解釈作用に参加する」。観衆が「作者の表現として、その言葉を理解できる」のは、その言葉の解釈によってであり、また観衆がこれをなしうるのは「ただ観衆が彼ら自身をその演技する人物たちと同一と考えるとすれば」のことである。

ところで「第三の観察者」は不関与のままである。この第三の観察者の有利な立場――これをシュッツは後の著作のなかで「とらわれのない」立場と名づけた、つまり、相互作用に巻き込まれない立場――が観衆に、例えば、聴者を解釈によって理解することを可能にする。観衆は、これまで話されてきたことの客観的意味を確定しようと努めることによって、彼自身の主観的意味を措定している一人の人間だと名乗ることができる。彼はその話された言葉を主観的に解釈するのである。ある社会学者が同様のことを彼の理論的目的のために行うなら、そのようにすることを彼はその原型、すなわち、科学上の野心をもたない「第三の観察者」から学んできているのである。

これらの説明が示すように、ベルクソンの思想との徹底した取り組みから、シュッツは重要な現象学的心理学的洞察を手にしたのである。これらの意義はシュッツのライフワークにとって疑う余地がない。彼の理論的知識ストックの変わることのない一部となったベルクソンのさまざまな考えや概念には、以下のものがある。受け売りの思想、常識的思考、ある個人の現在の体験に対するその生活史の意義、そして、少なからずシュッツによって導入された、「第三の観察者」や「公平な観察者」としての「意識的な傍観者」に関するもの。

一九二四〜二八年までの時期に、シュッツが自分をベルクソンの信奉者だと考えたとすれば、留保付きでそうしたのである。後に論じた折にふれての論評は別として、ベルクソンの著作の容認できない見解について、シュッツが根本的批判に関わることはなかった。このことはとりわけベルクソンの進化論にあてはまる。シュッツは彼の世代の多くのメンバーと同じように、人類における精神の生物発生説の関心に代わって、人間個人における意識の心理並びに社会発生説に関心を置いたのである。

一九二五年のシュッツの構想の概要では、ベルクソンの直観主義哲学を批判する一章が準備されていた。章のなかの四つの節は、(1)持続、記憶、現実、注意、行為、思考等を含むベルクソン哲学の「非生物学的部分の解説」、(2)批評、(3)汝の問題および意味、理解、象徴、時間と空間における生の「同時性」の問題等のような「生気論者の哲学の諸要件」、そして(4)「このような研究の方法」である。ここでの主要な関心は、「非生物学的」な部分に対する批判のみにとどめる手筈であった。したがって、これは全体としてのベルクソン哲学の批判的精査を意図したのではなかった。むしろこれは、シュッツの関心事である現象-心理学的領域内の話題や問題に集中することであり、ベルクソンが取り扱わなかった、ないし実行しなかった事柄であった。シュッツは「内包的なものから外延的なもの」の創発、「行為における非有機的なものの認識」、「意味の解決」、「社会的機能の起源」、「科学と直観との関係の問題」、「私の統一」と「社会的人格」、そして「象徴」の性質に言及した。

ベルクソンの章の概要からさまざまのサブテーマをこのように取り出してみると、シュッツは理解社会学の現象-心理学的な諸基礎を首尾一貫して探求することになお躊躇していたことが分かる。しかし彼がこれらの基礎の展開に当てた構想の最初の部分の研究を断念したとき、まだベルクソンから獲得した諸洞察とウェーバーとを対比してみる機会を見出さなかった。

その企ての困難さそれ自体が侮りがたいものだった。構想の第一部の利用できる草稿には、一つの主題に精通する途上におけるこれらの障害が映し出されている。その主題は、中等教育および大学教育の両者で彼が培ったさまざまな形式の考えと至るところで衝突するものであった。彼の細々とした説明は、周転円のように反復し、より範囲は広いがそれでもなお予備的である説明、そしてそれに続く要約という連鎖の繰り返しによって進行する。ここにもあそこにも新しい主題が告げられるが、結局その他の予備的考察のために後回しにされるだけである。

このようにして、シュッツはその主要草稿の論点から論点への自分なりの道を苦闘しながら進んだ。

一六八頁を執筆したところで、彼はこれを止めた。彼はまだその中心的関心領域の周辺にも達していなかった。これにはがっかりしたも同然だったであろうが、しかしこれほどに法外な努力を払った計画を断念する理由にはならなかったであろう。むしろ、私が思うには、彼は内在的理由でこの草稿の中断を余儀なくされたのである。大いにあり得るのは、ベルクソン流の基盤が彼の企てにはあまりに脆弱すぎることに気づいたということである。ベルクソンの背理を回避するという彼の取り組みは生来単純そうに見えるが、生の諸形式を諸理念型に転換することは、その基盤の基盤、純粋持続の概念、否むしろ、そのような基盤の欠如という大変な言明を何ら変えるものではなかった。いかなる手段によっても到達し得ない以上、純粋持続があらゆる体験及びあらゆる形式の意識の純粋な存在論的基盤であるはずだとすれば、それは単なる仮説であることになる。ベルクソンの現象的・記述的・心理学的洞察並びに観察の多くが健全であったとしても、基礎的存在論の正当性の証拠は抜け落ちていたのである。

第三章
現象学の基礎

シュッツが社会学の目標以外に何も考えていなかったとすれば、ベルクソンから得たものでよしとすることができた。だがシュッツの探究の出発点は、例のウェーバーの「意味理解」の概念に予め仮定されている主観性の根源に彼が達し得ていないという認識にあった。彼はこの概念の根源に入り込み、この失敗を埋めようと決意したのである。ベルクソンはこれらの根源に向かう道のかなりのところにまで彼を導いた。だがその根源に達することはできなかった。

結局、ベルクソンの背理に突き当りはしたが、シュッツは究極目標の探究において「徹底的であれ」という本来の決心に忠実にとどまった。『生の諸形式』の企画を彼は放棄した。自分の行き詰まりに気づかなくても、ある転換の時期に入ったのである。ベルクソンの放棄ではなく、ベルクソンを限定して、彼はF・カウフマンの助けをかりて、フッサールの現象学に深く通じることを決心した。それは年月を要するまさに一つの事業であった。

現象学的位置と方向を見出した後、シュッツは大幅に新しい基盤の上に、ある新しい形式で、この企画の再出発を図った。彼のライフワークの確たる基盤となるあの書物を書いた。刊行された書物はフッサールとの緊密な接触を彼にもたらした。事実、考察の全期間を通じて、シュッツは現代現象学の開祖者から初めは学問に、後には人格に影響を受けたのである。

第四段階：転換と新たな方針

一九二八～三一年の間にシュッツは講義の概要三篇と長大な研究報告一篇を執筆した。それらの概要のうちの一つが「冗談」、シュッツを捉えて離さない魅惑的な話題の一つに関するものであった。これには説明実例のためのさまざまなヒントと数多くの著者たちの理論についての要約とが含まれていた。一九三〇年～三一年の冬の間に、シュッツは〝ガイストクライス〟を前に二度この話題について講義をした。

その他の講義概要の第一篇は、シュッツが一九二八～二九年の冬にミーゼスのゼミナールで行った四回連続の話の内容を示している。それらの題目は「プラグマティズムと社会学」であった。ウェーバーの行為論から始めて、シュッツはマックス・シェーラーがErkenntnis und Arbeit（『認識と労働』）のなかで展開したきわめて重要な着想をベルクソンに照らして修正しながら、詳しい説明を続けた。第二の講義はレオポルド・フォン・ヴィーゼの形象学説、一種の社会構成体（広義の社会組織論）の理論を扱った。第三の講義は他者理解の問題に焦点を当てた。ここでウェーバーの考えとベルクソンの考えとは一体となった。もっともフッサールへの参照はすでに少しだけ存在したのであるが。第四の講義は、フォン・ヴィーゼ、シェーラーその他の著作に基づく、そしてジンメルの他者理解の問題に相当する考えに基づく、ある文化的エートスの問題を考察したものである。全篇とも、シュッツが一時停止状態の社会学の仕事と現実的ないし可能的に関連した、一群の社会学的並びに社会心理学的理論の在庫調べをしていたことを示している。

一九三〇年六月に、シュッツは同じ仲間のサークルの前で「理解と行為」の話をしたが、これは遅きながら一連のこれまでの初期の講義を結論づけたものであった。概要は何も存在しないが、シュッツはある分科会のためにこの講義の「討議のための指針」を記した。これらの指針は、当時シュッツによって書き進められていた『社会的世界の意味構成』［以下、『意味構成』と記載する場合がある］の中心主題について初めて半ば公的に発表する意味を含んでいる。

最後の記録文書はこの移行期に生まれた公算が大きいが、関連性の問題に関する二つの短い概要を記した本文とその他細かな断章から成っている。これらの諸篇が一緒になって、その歴史的、社会学的並びに心理－現象学的な諸次元における、一つの問題の入念な研究のための枠組みを構成している。それらの諸篇は、シュッツがすでに最初の著書の準備期間中に、この［関連性の］問題に帰していた重要性の証拠である。

一つの例外はあるものの、これらの記録文書はシュッツの主要な関心が、ウェーバーに至るさまざまな社会学的アプローチの要約から、彼独特の先例のない社会学についての構想を明確に述べることへと移っていることを示している。しかしこれらの記録文書自体は、この時期の最優先の関心に対して周辺的なものであった。すなわち、それは当時利用できたフッサールの主要な出版物の徹底的研究であり、シュッツはこの研究を友人のF・カウフマンとともに遂行した。

ベルクソンに取り組んでいた時期、カウフマンはシュッツにしきりに思い起こさせたことがある。それはシュッツがその努力の確実な根拠としてフッサールに方向を転じなければならないだろうということであった。しかし彼がそうすることに同意したのは、ようやく一九二八年になって、例の生の諸形式の企画を無視しなければならなくなった後のことであった。後者、つまりフッサールの『内的時間意識に関する講義』が折しも出版された時であり、シュッツとカウフマンはこれを一緒に研究することに決めた。この本から、彼らは一九二九年に出版された『形式的論理学と超越論的論理学』にも手を伸ばした。一九三〇年に、シュッツは『イデーンI』［一九一三年］と『論理学研究』［一九〇〇〜〇一年］にまで遡った。この友人たちはフッサールの著作に関するきわめて徹底した研究に全体で二年を費やしたのである。

シュッツは「出版されたばかりのエドムント・フッサールの本を、私たちが一節ごとに読んでは議論したあの頃の夜夜のことをいつも思い出すでしょう」[1]と述懐した。シュッツの反応は、非常に積極的なものであった。「ベルクソンの哲学への取り組みによって準備されていましたから、私は直ちにフッサールの思想と言葉が理解できると思いました」。『形式的論理学と超越論的論理学』において、フッサールは「間主観性の問題に焦点をおいていた」のであり、またシュッツはこれを通して、「フッサールの考えは私を夢中にさせているすべての問題にとって重要であること」を知ったのである。(1977: 42)

こうして一九二四〜二五年に彼の心に描いた企画実行の第二の試みに取り組む段となった。

第五段階：完成された研究の企画

一九二九年頃まで、シュッツはベルクソンから学んだものを捨てる必要はないと考えていた。しかし同じように自分の計画のもっと良い基礎部分はフッサール的アプローチの上に構成されなければならないということも知った。

しかし、彼が書こうと思っている新しい著書の計画を立てた時点では、このことに気づいていなかった。さまざまな引用文やコメントを積み重ねて、当の研究のための生の素材を蒐集しながら、フッサールとウェーバーを行ったり来たりした。結局最初の数章を書き出す時になって、彼は大変な熱の入れ方で仕事をし始めた。全体の構造および本文をまとめる作業は実際に驚くような速さで行われた。シュッツは自らを駆り立て、その間ずっと最大限に幅広く仕事を行うだけでなく彼の研究全体を支配する例の知的誠実さをもって丹念に仕事を進めた。

しかし、ただ自分だけが頼りであったなら、シュッツは計画、原稿そして出版まで、自分がそうしようとやり繰りした時間のなかでは、この研究を成し遂げることはできなかったであろう。彼は親しい三人の人たちの多大な援助を得たのである。友人F・カウフマン、妻イルゼ・シュッツ、そしてより新しい友人の尾高朝雄である。

カウフマンはシュッツにフッサールを論じるように勧め、この哲学者の重要な刊行物の徹底的研究にともに熱中するだけでなく、この企画に取り組んでいる間、ずっと一緒だった。この著書のどの章の原稿も、原稿がタイプライターから打ち出されるたびに読み、これに注釈や重要なコメントを付して送り返した。そしてゲラ刷りを一読し、本書全体をレビューしたあと、彼は強く提案したのだった。シュッツが全体としてフッサールの現象学とどこでどのように関係するのか、これについて一文をつけ加えよ、と。これに応えて、シュッツは著作の最初の部分に〝注釈〟を加え、自分が基本的にフッサールの［超越論的現象学一般ではなく］現象学的心理学にとどまる理由を述べた。この最後の瞬間の書き込みが印刷業者に郵送されるや、すでに完全に活字に組まれていた本文のなかに、その書き込みのスペースが設けられたのだった。

原稿準備の技術的な負担はすべてイルゼ・シュッツの双肩にかかった。イルゼに手書きによるシュッツの下書き原稿すべてをタイプしたし、またシュッツは書物の一章一章を彼女に口述したのである。書物の修正変更の際には、イルゼは原稿の各章を必要なだけ何度もタイプし直した。彼女のたゆまぬ技術上の協力がなければ、シュッツはその研究を、少なくともあの当時においては、その最終的な形にすることはできなかったであろう。

シュッツはもう一つの外的援助をトモオ・オタカ（尾高朝雄）から得た。彼は日本の政治学者・法哲学者であり、ベルリン、フライブルグ（フッサールと）そしてウィーン（ケルゼンと）で博士号取得後の研究に従事していた。[2] 明らかにフッサールが彼をカウフマンに推薦し、そのカウフマンが今度は彼をシュッツに紹介した。すぐに彼とシュッツは個人的に親しい友だちとなった。ウィーンで、尾高は『社会団体論の基礎』と題する著書〔尾高朝雄『国家構造論』一九三六の原型〕を著した。シュッツはこの草稿のドイツ語原稿に手を入れた。著者はシュッツのものと類似の目標を追究したが、異なる方針に沿ってこれを具体化した。尾高が自分の本の出版をウィーンの出版社シュプリンガーと交渉したとき、彼は同時にシュッツの本の出版交渉を行った。その著者によって担保される出版助成金がありさえすれば無名学者たちの諸々の原稿を受理すること、これがきちんとした出版社の確立した商慣行であったから——アメリカ合衆国での自費出版を専門にする出版社と混同されるべきではない——、尾高は必要な資金を準備したのである。シュッツに自分は帝国日本社会学会および法学会から受理したのだと説明した。こうした学会が存在しないことを尾高が認めたのは、結局ウィーンを彼が去ってからのことであった。大層裕福な事業家の息子であったので、彼は自分の財源からこの助成金を支払ったのであった。

これらの三人は——それぞれの仕方で——『意味構成』出版に貢献した。カウフマンはその内容を具体化することに助力した。イルゼ・シュッツはそのタイプ原稿を作成した。そして尾高は出版の取り決めを解決した。シュッツは結局何とかうまく彼の原稿を最終的な形にまとめ、これを提出すべくイルゼにタイプしてもらい、その出版のために助成金を動員することができたことはほとんど疑いない。とは言え、あらゆる点で、その費用はおそらく著書の出版自体が危ぶまれるほどに、大幅に遅延してしまったことだろう。もう一つの厄介な要因はヒトラーによるドイツの接収が差し迫っていることであった。『意味構成』出版の数ヶ月後、「ユダヤの現象学」に依拠する著作に対し、ドイツの図書市場は閉鎖された。シュプリンガーは学術出版物の最大の市場において、販売できない図書の出版を覚悟するだろうか？

『社会的世界の意味構成』(*Der sinnhafte Aufbau der sozialen Welt*) の逐語訳の英語は The Maningful Construction of the Social World である。英訳版は『社会的世界の現象学』の書名になっている。本伝記のために、私はドイツ語原本に取り組んでおり、したがって本書も『意味構成』として引き合いに出すつもりである。引用される諸節はすべて私自身の翻訳である。

本書の目標と主要テーマは『生の諸形式と意味構造』において概観した内容と似通っていた。しかし基本計画を実行する方法は、この初期の著作のそれとは明らかに違っていた。後者の場合、シュッツは全体の現象－心理学的基礎を第一部に配置して、社会学の主題そのものから切り離して取り扱おうとしていた。『意味構成』の第一部では、彼はただちにその中心問題の検討に入った。すなわち、社会的場面における諸行為者に個々別々の動機ないし意図、またこのような諸行為者によって行われる解釈を取り扱うという社会学の可能性と性格の問題である。この課題が満たされると、シュッツは第二部においてこのような社会学の哲学的心理学的基礎の準備にあたった。予備考察の詳細な研究論文による解説を控えて、現象学的説明を直接その社会的行為者たちの考察の一部に組み入れたのである。このような方法でシュッツは「意味を措定する諸体験」を取り扱い、またそこから各自の行動や意志的行為や企画することへ、意味の態度変様や意味連関や体験連関へ、そして個人による、体験世界の構成とその解釈へと動いたのである。

例の初期構想の要諦とも言える第一部は、ベルクソンの現象心理学の全体を自我の多層化図式の枠組みのなかに組み入れる試みであった。新企画はそれに倣わなかった。「汝問題」や「汝関係の私」の言葉で初期図式に織り込まれていた内容は、両方とも新著の第三部──「他者理解」に当てられている──に吸収され、前著の限界を大幅に超える内容となった。その上、シュッツはこの第三部において表現と意思疎通、記号と言語システムについての初期の諸提言を発展させ、新たに「客観的意味と主観的意味」の問題をその固有な間主観的意味のコンテキストにおいて取り扱った。

この本［『意味構成』］の後の二部［第四章「社会的世界の構造分析」、第五章「理解社会学の根本問題」］は、一九二五年の社会学のプログラムを実行に移した成果である。一つは社会的世界の構造分析に当てられた。社会的行動、社会的行為、そして社会関係は分析し直されて人間の社会環境の脈絡、特に「同時代人の世界」という脈絡のなかに位置づけられる。この同時代人の世界のなかで、人間関係は類型化される。この同時代人の世界が日常生活の類型化の起源となる領域である。最終部は、ウェーバー的信条が一人の社会学者に現れる方法論上の諸問題を考慮している。

『生の諸形式』は、知的に自己主張する一時期のシュッツ、また彼の学問的潜在能力を手さぐり的にテストする一時期のシュッツを示したものである。しかし『意味構成』を執筆したときには、彼は完全に知的成熟のレベルに達していた。もうテストは不要であった。ここには一つの複雑な主題についての精通と省察があった。ウェーバーの社会学、ベルクソンの現象的心理学、フッサールの現象学から慎重かつ批判的に選択した諸見地の説得ある統合、およびこれらの多様な諸要素から引き出された、首尾一貫した一元的な哲学的社会学的理論の創造である。

この著書は著者の理論的関心の全範囲を含んでいるという意味で決定的であった。その後のシュッツのあらゆる研究は、ほとんど例外なくこの著書に根ざしている。その学究上の生涯計画を最も充実して詳細に論述したものとして受け取られなければならない。

この著書の社会学的基礎はウェーバーにある。これは「理解社会学」全体についてのウェーバーの概要を含む、『経済と社会』の最初の頁に基づいている。ウェーバーは社会的行為のすべての現象を主観的に解釈しようとする彼の決意の根本的な意味合いを探究しないでいたから、シュッツはウェーバーの初心をその最後の結論にまで押し進めることを引き受けたのである。『意味構成』にある社会学は、その最終の結果にまで押し進められたウェーバーの理解社会学である。この改正は社会学の手段だけで成し遂げられるものでなかった。理解社会学は「現代哲学の確かな成果によって梃入れ」されなければならなかった。シュッツは「社会諸科学の問題設定のルーツを、意識生活の根本事実にまで遡る」ことを企てた。「内的時間」が問題の鍵となってから、シュッツはこの内的時間の究明を、早くも一八八九年には純粋持続をその哲学体系の軸にしていたベルクソンと、一九〇四年に内的時間意識を論じたフッサールから手をつけた。これら二人の哲学者は「意味問題を真に具体化する試みを可能」(1932: 41. iii. iv) にしたのである。

『意味構成』の第二部の冒頭の主題は「体験の流れにおける素朴なとりとめのない生と、時間空間的に概念される世界における生との間の……区別」である。ベルクソンはこのことを指摘した最初の人であったが、「意味問題の現実的根拠づけという哲学的思考の道筋を切り拓いた」のはフッサールであった。純粋持続や記憶についてのベルクソンの理論をそのままにして、シュッツは自分の分析が「フッサールと結びつき、ベルクソニズムの根本テーゼと抵触しないまでも、ある重要なところで離反している」(1932: 43. iv. 71 [111]) と述べた。

種々の点で、シュッツはベルクソンとフッサールが互いに触れ合っていることに気づいた。例えば、ある人が対象の世界から離れて、意識の流れの反省的観察のほうに注意の向きを変えることの「苦しい努力」についてベルクソンは語っている。これは現象学的還元において、自然的世界を「括弧入れ」するというフッサールの考えに多少類似している概念である。さらにベルクソンの「生への注意」とフッサールの「私の生に対する志向」（1932: 77 [119]）との間の類似性を指摘した。

シュッツは自らの基本的功績の以下の三点、内的持続の理論、相互行為における二人の個人の体験の同時性、およびあり得る行為の経過の間の取捨選択についての説明（1932: 43-45 [77-80], 112-13 [163-64], 68-71 [1088]）がベルクソンによるとした。フッサールはさらに内的諸体験、間主観性、および人間行為の主意的特徴に関する洞察をつけ加えた。それに加えてたくさんの細々としたアイデアや示唆なども。『意味構成』においてフッサールの存在は優勢である。おおよそ、フッサールへの参照はベルクソンへの参照のほぼ約六倍の頻度である。

理解社会学とこの哲学的基層との間の内的な結びつきが明らかとなるのは、シュッツがウェーバーの理論構造の特定の局面と特定の現象学的アイデアとを結びつける諸節においてであった。

ウェーバーは行為の現実的理解と動機的理解とを区別した。「動機的理解」という語は、行為者が自分の行動に付与する意味に関係している。これに対して「現実的理解」は、観察者が観察される行為の本来の意味と見なしている意味を表している。『形式的論理学と超越論的論理学』におけるフッサールの判断の理論を自らの根拠にして、シュッツはこのような〔観察者が観察される行為の本来の意味と見なしている〕意味の妥当性——可能である、疑わしい、支持し難い——について厳密に吟味しなければならないことを明らかにした。これはフッサールの意味での「判断の内容」である。それは当の行為者の主観的意図を解く鍵としてはほとんど役立ちえないものであるから、ウェーバーの「現実的理解」の範疇は取り下げられ、曖昧でない用語、「客観的意味連関」という用語が選ばれることになる。ここで客観的とは、要するに観察者の見地から、ということを表している。

ウェーバーは、さらに、意味は何よりも意志的かつ意識的であるとして特徴づけられねばならい行為と「結びついて」いると主張した。しかしながら、ある行為の意味と当の行為者が〝それ－について－意識して－いること〟との一致は、「明らかに、その行動に対して当の行為者が思っている特殊な明証性によるものである」。フッサールはそうした明証性の発見が困難であることを論証したのであった。ウェーバーの意識的行為者の場合、問題は「行動する者にとって行動はある特定の所与形式において明証的であるのかどうか」、それとも彼の行動は異なる種類の明証性を見出すことが必要であるのかどうか。すなわちこれらは当の行為者の意図した行動や彼が思っている行動と「結びついて」いるのか、〈いま・ここ〉の彼の行動、あるいは彼が過去に見せた行動はどうか。こうした不確かな問題がこの分析のなかに含まれなければならない。有意味的行為というウェーバーの概念はもっぱら［意味］構成分析の過程においてのみ解明され得るのである。「ある行為遂行の意味を構成する、例の体験の構造が体系的に研究されなければならない」(1932: 39［71］)。現象学的考察によって厳しく明細化されなければ、主観的意味というウェーバーの概念は曖昧なままであり、したがってまた社会学的に不完全なままである。

これらの諸事例は、シュッツが現象学分野で得た洞察を、批判的に直接社会学の諸概念に適用したことを示している。こうすることで、彼はいわゆる「一個の独立した」社会科学の意味合いや諸前提を究明するために現象学的哲学を導入し、それを社会学分野における理論的諸概念の修正や構成のための不可欠の工具としたのである。

『意味構成』を執筆するなかで、シュッツはフッサールの『論理学研究』(一九〇〇－一九〇一)、『内的時間意識についての諸講義』(一九〇四年執筆、一九二八年出版)、『イデーンⅠ』(一九一三)、『形式論理学と超越論的論理学』(一九二九)を利用した。『デカルト的省察』(一九三一)は『意味構成』の原稿が仕上がった後に出版されたが、シュッツは一連の脚注においてこれらを考慮した。シュッツの研究にとってそれぞれの著書の有する意義は何であったか、また何を彼が直接これらの書物から得たのか、これについてここで詳しく述べることはできない。しかし最も興味深い若干のことは明らかにされるべきである。

フッサールの時間意識の分析は、ベルクソンの体験、持続、記憶についての記述の豊かさ、あるいはそのことならジェームズの意識の流れの豊かさには及ばなかったかもしれない。しかしそれは一つの重要な点でベルクソンに優っていた。すなわち、ベルクソンの空間化の観念を凌ぐ時計時間の説明である。フッサールはベルクソンの問いを逆にして提起した。客観的時間の認識や、特に時間における同じ場所や経過した時間の長さの認識は、主観的時間意識の不断の変化とは著しく違って生じる。後者は主観的〝瞬間〟の連鎖のなかで互いに続く、今、今、今というそれぞれの今のさまざまな知覚的印象を後へ押しやる不断の流れのなかで現れる。各々の今は一つの〝かつて－あった〟となるや否や変様される。各々の〝かつて－あった〟は、一つの新しい今が〝かつて－あった〟に転ずるときに変様される。これらの意識の諸変様の流れのなかで、この意識の対象も同時に後へ押しやられるように見えるが、しかし統覚上は「絶対的同一性」を維持している。振り返ってみると、各変様の対象はそのままである。体験の流れにおける一切のつながりの意味は同じままである。「〝本質的に〟［時間の］変様のどの段階も皆、変様を被りながら、時間の同一の瞬間と同一の質的内容を有する。またそれは後の同一性の考えを可能とする仕方でそれを有する」[3]（フッサール1928: 421, 422）。

ベルクソンのアプローチに対するこの方法の強みは、フッサールが「客観的時間における体験の諸対象」の構成から考察を開始し、そこから「絶対的な時間を構成する意識の流れ」の構成へと歩みを進めたことにある（1928: 428）。これだけではベルクソンの純粋持続の背理を解決することにはならないかもしれない。だがそれは解決の方向を示している。シュッツは、フッサールの内的時間意識に関する諸講義のなかに、主観的体験から客観的概念への移行、逆に、「時間対象」から対象一般に通じる移行についての基本的説明の鍵を見出した。この説明は彼の日常生活と社会科学の類型化の理論を展開する上で、決定的な役割を果たすことになった。

『イデーンⅠ』は、フッサールが二十年間追い求めて築き上げようとした例の現象学、すなわち、一九三三年以後の『危機』書をもって新しい出発点とする現象学の最初の包括的論述であると、ここ〔『意味構成』〕では考えられている。シュッツがこの第一巻によって大いに学んだことは言うまでもない。ここで私は、特に関連していると思われる、フッサールの一つの提案を選ぶことにする。その本〔『イデーンⅠ』〕のある節のなかでフッサールは、現象学の「内在的な諸本質」に次いで、超越的な諸本質があり、「この超越論的本質の論理的地位はむしろその関連のある超越的な諸客観の本質的性質の理論のうちにある」と指摘した。これらの超越的客観は諸「形相学」の主要問題であり、これらの形相学は経験的諸科学の相関項である。形相学のあるものは歴史学や文化諸科学などの経験的専門分野に対応する。これらの形相学は厳密な意味での形相的現象学から区別されねばならない。フッサールはこれらの形相学を〔経験的専門分野に〕先立つ、「理念上の学」と発表した。「というのも、周知のように、これらの形相学（例えば合理的な心理学、社会学）は、未だ然るべき土台を受け取っていないからである……」(1913: 162)。

シュッツが『意味構成』をこの課題の社会学部門における実行と考えたということはありそうにない。フッサールはそう考えたのであったが[4]。シュッツは、私の知る限り、彼の社会学を「形相学」と呼んだことは決してない。彼はフッサールの形相現象学の洞察を受け入れはした。この洞察は、現象学的還元によって、次々に「自然的世界」とそれについての紋切り型の知識のすべてをどちらも「括弧に入れる」ことによって獲得される。しかし、『意味構成』第一部の「注釈」のなかで強調したように、彼は「内的時間意識の現象に関する正しい洞察を獲得するのに必要な限りにおいてのみ、現象学的還元の内部で分析を行う」ことを決心した。シュッツに固有な目的は「内世界的な社交性、すなわち、日常生活の通常世界における意味の現象を分析」することであった。フッサールが「超越論的体験」の獲得を求めて、この分野のはるか彼方を目指したのであれば、彼はシュッツの探究とは何の関連もない一つの目標を追求したのだった。シュッツのそれは自然的態度の領域内部の意味構成の現象に限定されたからである。シュッツの自己同定は、超越論的現象学者ではなく、むしろ「現象学的心理学者」であった。「超越論的主観性と超越論的間主観性の問題複合については意識的に断念しつつ……私たちは、フッサールによれば、結局のところ純粋な間主観性の心理学であり〝自然的態度の構成心理学〟に他ならない、例の〝現象学的心理学〟を追求する」(1932: 41-42 [74-75]) のである。

シュッツは、フッサールの『ブリタニカ』論文（一九二九年）に示唆され、フッサールの現象学が三層構造であるとみるようになった。すなわち、一つは記述的現象心理学（フッサールによって、本来の現象学の外部から発する、初めは準備上必要な領域であり、後には妥当の領域であると考えられた）、二つは形相心理学ないし形相現象学、そして三つは超越論現象学である。引用の論述によって、シュッツはフッサール哲学の記述的次元と形相的心理学的次元に自分の研究が限定されることを表明した。しかしこの表明は、超越論的現象学の拒絶を意味しなかった。事実、さらなる助力がフッサールの超越論的分析から得られることを彼は期待していたのである。「他者理解の理論の基本的特徴」を計画構想したとき、現象学を心理学の領域に限定したのは、「孤独な私における他我の構成という真の超越論的現象学の問題設定」を意識的に断念したからである、と彼は述べた。とはいえ、一つの脚注には、フッサールの第五『デカルト的省察』はこれらの問題の重要性をきわめて透徹した分析によって提示」し、「それらの問題の解決にとって重要な手がかりを与えている」と付け加えている[5]（1932: 106; 106, n.2［155］）。

これらの期待は別として、『意味構成』には社会学的考察と現象学的考察との部分的な総合がみられる。この総合の要点と特徴は、シュッツが意味と行為、間主観性、理解とコミュニケーション、そして科学の本性と特徴について論述している短い議論のなかで説明されよう。議論の帰結に焦点を当て、これらをシュッツの努力の最終成果として扱うものの、私としては、どこでどの程度までウェーバーとフッサール双方の本来の概念が再解釈に付されたのか、これによって意図したものと異なる事象を付加することになったのか、これらについて確かめるのは控えることにする。

自発的な体験経過はいかなる意味も「もたない」。それはただ「持続の流れに向かって漂う」のみであり、そして「私が私の行いのうちに生きる」例の前現象的領域において生じるのである。この自発的な体験経過の一つの「要素」や一つの「段階」はただ回顧、反省的再生の諸注意作用においてのみ意味を獲得する。「体験されてしまったものだけが有意味的であり、体験経過の流れではなく……意味は……むしろ反省的眼差に可視的となる志向性の能作である」。意味を想起された体験に帰することは、しかしながら、それ自体一つの「意味付与的意識体験」である。ウェーバーの社会学における基本用語、人間の行動は、「自発的能動性において意味付与的となる意識体験」である（1932: 51［88］, 52［89］, 53［90］）。行為は社会学的意味において、二重の経過である。一つには、行為の外的な経過がある。そこではなにが起きるかをどの有能な観察者も記述できる。そして二つには、その行為と結びついた内的過程がある。これはある行いの遂行中に生じる意識の諸活動であるばかりでなく、その行いに先行する意識の諸活動そして／あるいはその行いに後続する意識の諸活動でもある。それらの意識の諸活動はその行いの一部であるが、観察者には見えない。彼にはいつどこでその行いが始まったか、いつどこでそれが終わったのか、これを決めることができないし、いかなる固有の意味が彼のさまざまな観察から確かめられるか、これも決めることができない。記憶、反省によって後を振り返ること、これは予想、反省によって前を見ることによって補完される。計画的行為は、その計画が漠然とした企画であるのか、きめ細かく一歩一歩着実である企画として存在するのか、そのいずれを問わず、計画することから――つまり目標を設定し、これが達成されるものと想像することから、またそれを達成しようとする意図から生じる（1932: 69［110］, 56, 57）。

現象学的方法は、定義によれば、孤独な意識の探究に資するものである。この方法は、フッサールが間主観性の問題と名づけた問題に一つの解決を提供する場合にのみ、人間の体験の社会的領域へのアプローチを獲得することができる。間主観性の理論が実現可能となれば、今度は、たとえ間接的であるにしても、それは現象学の提供できる最も強力な理解社会学の支えとなり得るであろう。しかし、シュッツはその目的のために、すべての問題を内世界性の水準、日常生活の水準に置いた。ここ、日常生活の水準にこそ、自我と他我の間の（意識）現象‐心理学的なかけ橋が見つけられ得るのだ、という確信が彼にはあった。

他者の体験は「彼の諸体験の表現の領野である他者の身体をしるしとして把握すること」から始まる。他者の身体を統覚することによって、私たちは彼が体験している存在であると考える。他者の身体はいかなる他の対象とも似ていない。私たちは他者の身体を彼自身の内的体験を保持することができ、彼自身の持続のうちに生きることのできるもう一人の私としてみている。しかしそのように他者を説明することに論争の余地がないわけではない。これには誤りの余地が残されている。それにもかかわらず、これを確実であるとする見方が実際のところ支配的である。日常生活の現実的な諸々の領域では、君と私は我々という「環境」のなかに生きている。この「我々という世界は私の私的世界でもなく君の私的世界でもない。それは我々の世界――一個の共通した、そこに優先的に与えられている、間主観的世界である」(1932: 111［162］, 113［164］, 116-17［168-9］, 190［256］)。

基本形式においては、他者体験は個人間のやり取りのなかで起こる。二人ないしそれ以上の個人がそれぞれの他者たちの面前にあり、互いに語り、一緒に行う。身体の存在が直接的コミュニケーションの前提条件である。コミュニケーションの成功——相互理解——は、ある共有されたコミュニケーションの体系、言語やその他の体系による。身体はコミュニケーションの能動的手段として役立ち、言語はコミュニケーションの外的媒体である。生体と文化メディアは諸個人間の理解の心的認識的過程を媒介する。現実的理解は、種々の考え、種々の要求等々をある他者に意図的に伝えることから生ずる。他方その他者は、〝通知〟の意味を会得することであり、それに応じてその通知に応えることである。言葉のやり取りでは聴者は話者が表現する事柄に注意する。相互理解は表明することと注意することの間で保留され、その逆の間でもそうである。相互理解は、その意識内容を「外に向かって投射する」ある人物の表現行為から始まる(1932: 109［159］, 129［183］)。

ここから、シュッツは間接的コミュニケーションやもっと大規模な「その個人の同時代世界」内部の〝理解〟に向かって進んだ。他者との対人的やり取りでは、私たちは動機相互の絡み合い、顕在的な行為の相互効果、目的相互の適合性等を問題にする。個人のコミュニティや大きな組織との関わり合いの諸領域では、諸関係が主として間接的となる。それとともに、役割演技者としての行為者、行為の経過、賦課される動機づけ、大規模の集合体といったさまざまな理念型的観念が、関係者全員の方向づけを支配する。こうしたさまざまな類型概念は、特定集団のメンバーにとって社会的にあらかじめ与えられた知識在庫の一部なのである。

コミュニケーションの意味付与的過程からコミュニケーションの技術としての言語的媒体へとその関心を転ずるにあたり、シュッツは諸々の表示から出発した。「表示」(しるし)とは、もっぱらある観察者の意識のなかで別のものを指示するものとして解する一つの有形の対象である。「意味のある記号」とは、同じく、観察者（聴者、など）の目には「代表象」である。つまり、別の対象――通常は現前していない――を代理する対象である。意味のある記号は有形的である必要はない。どの特定の記号もその記号の観察者等々がこれに同一の「解釈図式」もしくは「これを措定した者の用いた記号体系」に関連づける場合にのみ「正しく読解」される。ある記号の「意味が分かる」ためには、私はその記号の属する記号体系に通じなければならない。観察者は、自分自身の側でこの記号を措定した他我のことを考えなくても、記号と解釈図式を関連づけることができる。彼はその場合その記号の「意味づけしている機能」［意義機能］に関係しているだけである。しかしまた、原則として、記号は「その記号措定者の意識体験という記号が表現するものの〝ための記号〟［表現機能］でもある。記号は常にある意図的な行いにおいて志向的に構成される一つの人工物である。したがって、記号は一つの「表現機能」を有する。「措定された記号」として、どの記号も有意味的でありまた、したがって、原則として理解可能である」。このことに習熟することは、観察者がそれぞれの解釈図式を表現体系としてもまた解釈体系としても「知っている」ということを意味している。これを確立してしまうと、記号体系は「客観的意味」を与えられ、また準自己完結的図式として用いることができる。個々の記号は、そこで「再三再四」同じことを意味する。個々の記号は信頼できるものとなり、その記号体系内部におけるどの可能な連関においても用いられることになる（1932: 132-37［187-193］）。

コミュニケーションに関するこれらの分析は、シュッツにとってフッサールの意味での広義の「科学の課題」の一部分であった。彼はそこから三つの主要な着想を受け入れた。⑴科学的推論のルーツが日常生活の諸々の体験や手続きにあることの強調、⑵検証を含むすべての科学的操作の基礎である科学者たちの認識の集合体、そして⑶社会科学の諸方法の原型となる形式は日常生活世界のなかに予め与えられているという考えである。社会学者は〈とらわれのない〉態度で同時代人を見つめる日常生活における観察者のある洗練された変種である。この二者の間の主要な相違は動機の相違である。日常生活における観察者はいくつかの理由でそうすることがある。社会科学者は、もっぱら科学的知識、「知るための知識」――とこれをシェーラーは定式化したが――の探究によって動機づけられる。同様に、理念型的方法も、社会諸科学特有の方法であるが、社会科学者たちの発明ではない。むしろこれは日常業務の追求に関わる人々が、広大な世界を概念上及び実践上扱いやすくするための諸類型構成の準－自発的諸経過を上手に模倣したものである。

全体的に見て、これらの探究は、ウェーバーの核心部分と現象学的考察との融合である着想に帰結した。その全体をウェーバー社会学の拡張にほかならないとして扱うことも、それを一種の社会学的現象学であると考えることもともに不適当であろう。[6] シュッツは厳密に彼自身のものである社会学的考察の枠組みをレイアウトしたのである。それ以来ずっと、彼は『意味構成』のさまざまな面の修正、再検証と拡張に、あるいは今後の扱いのために慎重に脇に置いてきた論点の展開に集中しようとしたのである。

第六段階：フッサールとの出会い

『意味構成』の刊行は、シュッツの生涯における一つの重要な出来事であった。それがもっぱら彼の最初の著書であったからではない。私的に自分なりにこれまで抱いてきた学術的関心が、公共世界へと開かれる一つの鍵であったからである。

しかし、彼はある意味でこの鍵をまわすことに乗り気でなかった。F・カウフマンはフッサールに一冊送るようにしきりに勧めたが、彼が腰をあげるまでには、妻から急かされることも必要であった。当時七十三歳のフッサールの反応は速やかで好意的であった。彼はシュッツを「真摯で学識豊かな現象学者」と呼んだ。「小生の畢生の作品の最も深い意味、不幸なことに、なかなか会得しにくい意味について、この上なく透徹した理解をお示しくださったごく少数のお一人」であると。フッサールはシュッツを「期待をもって」自分自身の研究を継続する一人の人物として、未来そのものを担う「真の永遠の哲学の代表する方」として歓迎した（シュッツへの手紙1932. 5. 3）。

フッサールを個人的に知っていたカウフマンは、自分の友人がフライブルグにフッサールを訪ねて行くことを提案した。フッサールはシュッツに会うことを熱望し、これを承知した。一九三二年六月にシュッツは商用で西ヨーロッパへ旅行した。バーゼルで旅をする議論を中断し、彼は四日間近くフライブルグに出かけたのだった。シュッツはフッサールを日参して訪れ、これらの出会いについてカウフマンに報告した（1932.6.20）。彼がただちに気づいたのは「フッサールと秩序だった議論を行うのはかなり不可能に近い」ということだった。「彼はちょうどその時に頭を一杯にしている問題の方へ必ず向いてしまう」からである。しかし、シュッツは「私は信じられないほどたくさんのことを学びました」ともつけ加えた。

最初の顔合わせで、フッサールはシュッツに最新原稿の一つを読むように手渡した。シュッツはこれをただ『諸研究』として参照した。おそらくそれは『経験と判断』の原稿であった。その後、とは言っても、一九三九年に『経験と判断』が出版されるかなり以前に、カウフマンとシュッツは一冊のカーボン紙の原稿を共有し合っていた。

シュッツはフライブルグから引き続きこの原稿の第一印象を伝えた。彼はそれを「形成中の哲学的成果」と呼び、この原稿の「積極的な」諸々の貢献を指摘した。この原稿のなかに、シュッツは現象学についての自分やカウフマンによる理解の一つの確証があることに気づいた。「あなたと私は要点を正しく捉えましたし、それに要点をさらに私たち自身の手で正しく発展させた、と自信をもって言えると思います」。シュッツはフライブルグでの彼の体験を、ゲーテの小説のなかの一人の英雄の体験になぞらえた。「個人的に言えば、私に起こっていることは、徒弟時代の終わりのウィルヘルム・マイスターに起こったことです。彼は塔の社会を訪れます、するとある男が彼に一冊の原稿を手渡します。それには彼を悩ませてきた一切のことが書き留められ解決されています」。特に、彼は類型学の理論と叙述形容詞と限定形容詞についての論述、睡眠ならびに意識の統一についての考察、そして現象学の一基本範疇としての関連性の問題について一言したのである。

これらの時期に、シュッツは合衆国での現象学の最も傑出した提唱者の一人となる運命のアメリカ人思想家、ドリオン・ケアンズと、そして当時フッサールの助手であり、最も権威ある解説者のオイゲン・フィンクと知り合いにもなった。

シュッツは、フッサールにより親密になった他の人たちと同じように、すぐさま彼の人柄に圧倒された。彼はフッサールの天賦の才を称賛する気持ちで一杯になり、彼に対する人格的な献身の気持ちを募らせた。この気持ちは彼の生涯を通じて継続したものだった。同様に、フッサールはシュッツがたまらなく好きになった。フッサールの息女、エリザベスは「二人の深い人間的な結びつき」について語り、また「私がフライブルグにあの当時参りました時には、やはりたびたびシュッツさんのご訪問を懐しんでいる様子でした」と伝えた（筆者への手紙 1976.2.5）。

シュッツのフッサールへの称賛は盲目的なものではなかった。最初のフライブルグ訪問の三ヶ月後、彼はカウフマンに『形式論理学と超越論的論理学』と『デカルト的省察』を読み直していると報じた。これらの書物に対する最初の時の反応に比べて、二度目にこれらを検討することに彼は「何の喜び」も見出さなかった。「今では、私は多くの事柄に疑問を抱えています、これらは、以前、完全に立証されたと私には思えたのですが」（1932.9.2）。しかしフッサールの人柄への感激も、彼がフッサールのいくつかの思想に見られる不完全さを発見した時の失望も、どちらもフッサールの書物の内容に関する彼の判断に影響を及ぼすことはなかった。

フッサールの求めにより、シュッツは『デカルト的省察』および『形式論理学と超越論的論理学』についての長い書評を書いた。これらの書評は、最初が一九三二年十二月に、次が一九三三年四月に、ドイツの同一雑誌に掲載された。二つの書評ともフッサールの現象学的な考え方の手引のひな型として十分に有用なものであった。しかし、彼がこれらの書物を最初に読み終えた後の反応とは対照的に、シュッツは今やこれらの書物の重要な部分が実際にどのような特徴のものであるかを見分けた。例えば、『第五デカルト省察』について「これらの探究はすべて超越論的間主観性が哲学の主題領域であると指摘することにもっぱら仕えるという限りにおいて予備的性格のものにすぎず、その最終の具体的な構成的分析は行われていない」と明言した（R 1932: 2404）。同じ文脈で、シュッツはこの『論理学』の最も重要な諸章を指摘して、これらの章は「意識の主観性における全存在の構成」に関係しているが、しかし「おおむね、一つのプログラムの組織的言明で満足している」（R 1933: 781-82）と。

これらの方針とともに、シュッツは例の批判的――哲学的意味で「批判的」という語が理解される――現象学者として自己を確立し、その生涯の終わりまでフッサールに専心する運命となった。

シュッツは商用で、どちらかと言えば頻繁に、パリまでの一つの中間駅として、西方のバーゼルへ送られた。一九三三年の早くから、パリはシュッツの勤務先の経営上重要な都市となっていた。こうした機会に、彼はフッサール訪問を欠かさなかった。彼はまた一九三五年五月に、フッサールがウィーンで「ヨーロッパ的人間性の危機における哲学」について二つの講演を行った折にも、その人に会っている。また一九三五年十一月には、彼とカウフマンはプラハに出かけてもいる。フッサールは大改訂を施したウィーンでの講義を当地のチェコとドイツの両方の諸大学で提示したのである。大体において、とシュッツは一九五八年に伝えている。「一九三七年のクリスマスまでに、毎年三度ないし四度……長い期間も短い期間もありますが、私はなんとかフッサールに会えるように都合をつけました」(1977: 43)と。

プラハでは、哲学者エミール・ウティッツ〔一八八三―一九五六〕がそのゼミナールの一つでフッサールに話をするように招待していた。フッサールはこれを受け入れ、シュッツを連れて行った。シュッツの伝えるところでは、フッサールはそのゼミナールのテーマ「美学」には触れなかった。「しかし彼は即興で一時間以上に及んで何のノートもなしに、西洋文化における大事件、つまり、少数のギリシャの思想家たちがなぜ物事はそれが現にあるようにあるのかと不思議に思い始めたときについて、理論的態度の重要性について、哲学の尊厳について、そして私たちが現に生きているような困難の時代における哲学の使命などについて語ったのでした」。シュッツは「フッサールがこのような確信と深い感情を込めて語るのをこれまで聞いたことがなかった。彼の情感は魅了された若い聴講生たちを動かし、彼らは疑いなく一生懸命に哲学するとは何を意味するか、哲学者とは何かを教わったのである」(1977: 44)、とコメントしている。

これらの時代を通じて、後年フェーゲリン宛に書いたように(1943.11.11)、シュッツはフッサールによる『危機』研究の形成と完成に自分が加わっていると感じた。これらの研究は一九三五年のウィーン講義に始まったが、当時、研究のわずかな部分だけが出版されていた。「私は、彼の哲学的著述の総合であり、またその頂点」であるとフッサールが考えていた「その全体計画について何かを学ぶようにさせてもらいました」。そしてこう付け加えた。「フッサールの計画に対する熱意の何かが私に乗り移っているのは容易にお分かりでしょう」と。

シュッツがフッサールを最後に訪問したのは一九三七年のクリスマスの後、彼の死の数ヶ月前であった。フッサールはすでに回復しようのない病を患っていた。彼はそれでもなお、『危機』に関する著述に夢中であった。しかし「彼は死期が近いという予感を抱いていたに違いなかった。というのも彼は私に向かって、超越論的現象学が完全に発展するならば、内世界的人間であるエドムント・フッサールは死なねばならなくても、その超越論的自我は滅びえないということを疑い得ないものにする、と説明した」からである（1977: 43-44）。

その後の人生において、シュッツは超越論的自我の不滅性について疑念を呈することになるが、それでもフッサールの精神は彼や他の人たちのなかに生きながらえるだろうし、現象学的アプローチは永続するだろうという彼の確信には揺るぎがなかった。

第二編　ウィーンとパリ

1933—39

第四章
不安の連続と混乱

『意味構成』の刊行は、シュッツの知的生活の新たな舞台の始まりとなるはずであった。今や彼の書物の最後に設定したさまざまな主題を展開し続けることが期待できたからある。「社会的人格」、「レリバンスの問題」、そして「現象学を基礎にした人間存在論」の枠組みにおける「汝自身の構成」(1932: 284-85) である。しかし計画したようには事態は進まなかった。

第七段階：不吉な条件のもとでの継続

『意味構成』に対する世間の反応は鈍いものであった。フェリクス・カウフマンは早速この本をミーゼス・ゼミナールで評価し、その書評をドイツのある雑誌に掲載した。二年後、フェーゲリンはこれをオーストリアのある刊行書のなかで論じた。この本はいくつかの機会に合評されはしたが、出版社のいう「発売後たちまち重版決定」というものではなかった。

シュッツに知られずに、本書の幾冊かは国際的に著名な学者の幾人かの手に入っていた。ドイツのウェーバー研究の専門家アレクサンダー・フォン・シェルティングはこれに詳しかった。アメリカの社会学者タルコット・パーソンズは一九三七年の著書『社会的行為の構造』の目録にこれを載せた。スペインの哲学者オルテガ・イ・ガセットやフランスの哲学者であり社会科学者レーモン・アロンもこれに注目したことが報じられている。

シュッツはまだ我慢できたが、自分の著作が静かに徐々に受け容れられるだろうという考えを正当化する可能性は、外部の政治的大事件によってただちに取り去られてしまった。一九三三年の初めにヒトラーが権力の座に就いたことは、シュッツがそこで成人となり、その一部でもあった中央ヨーロッパの知的文化全体を脅かす事態になった。彼は表面上の生活がいつもの通りであるがゆえに異常事態を生きている、何千人もの芸術家や知識人の一人にすぎなかった。今やシュッツは、自分自身の生活が危機にさらされていること、また自分の研究が北からの残忍な独裁者たちによって危険と見られていることを悟った。それでいてヒトラーの勝利はすぐさまオーストリアに直接の影響をもたらすことはなかったが、ヒトラーの威嚇の影はその世界制覇計画の最初の公然たる目標であるこの小国に投げかけられていた。

オーストリアには五年の猶予期間が与えられた。シュッツは不安に駆られつつこの期間を切り抜けた。もっとも、彼は悪いことに続くさらに悪い事態を予想することだけにその時間を費やしたわけではなかった。確かに、ヨーロッパの政治情勢について大いに心配してはいたが、理論を探求する精神は依然活発だった。彼はミーゼスの『経済学の基礎』(1934)と尾高朝雄の『社会団体論の基礎づけ』(1937)について長い書評を発表した。加えて、半ダースの短い作品を自分自身の書類入れのために、あるいは友人たちに配布するために執筆したりした。

一九三六年に、シュッツはある論文をイギリスで発表するように招かれた。ロンドン出張中に、当時ロンドンの雑誌『エコノミカ』の編集者ハイエクに面会した。その折ハイエクはこの雑誌に「経済学の方法論、特に限界効用の理論の解説のために」、彼の著作のもつ意義と関係を論ずる一般読者向きの論文を執筆するよう、シュッツに依頼したのである。ウィーンに帰ったあと、彼はこの原稿の準備を始めた。だが極端に慌ただしい職業上の務めが大きな妨げとなった。しかも、指示された解説の水準では、シュッツは自分の立場である「現象学的基礎」を論ずることができず、もっぱら「社会的－科学的諸現象」に集中しなければならないことが分かった。彼は経済学の諸理念型に主題を限定することに決めた（フリッツ・マハルプへの手紙 1936.5.23）。一九三六年の秋に、ハイエクはウィーンを訪れ、「知識と経済」について講演した。シュッツにその講演の写しを手渡し、シュッツはこれに対する広範囲にわたる返事を書いた。『エコノミカ』の例の論文の一部としてこれを使うつもりであった。

この論文は完成されないままとなった。シュッツの遺稿には、その執筆の試みを具体的に示す三本の原稿が含まれている。第一のものは「［国民］経済学――社会生活における人間の行動」と題された七頁の手書きの断章である。第二のものは、私（筆者）によって「社会科学の根本概念と方法に関する諸研究」と名づけられた、同じく未完の一八頁に及ぶ手書き原稿である。第三のものはタイプされた二五頁のもので、ハイエクの講演への応答という完成原稿である。

最初の二つの原稿は、日常生活と科学的観察のそれぞれにおける反省的体験のさまざまな違いを論じている。第三の原稿は社会科学、特に経済学の方法論の核心にある主題についての凝縮された最高の論考である。問題にしているのは以下の主題である：(a)経済論義の客観的水準と主観的水準、(b)日常生活の「データ」と経済学の「データ」、(c)「客観的方法と主観的方法」、(d)思考モデルと理念型、(e)経済学的諸教義の先験性というフォン・ミーゼスの主張、そしてこれに疑問を呈すること、(f)「市場における」社会的行為者の経済行動に固有の一つの特性というよりも、経済学者たちによる理念型的産物としての経済均衡。

しかし、〈ハイエク論文〉はたまたまの執筆であった。シュッツのこの時期の最も重要な学術上の問題は第二の著書の草稿を作る企てであり、この目的のために彼は一九三六年と三七年の夏を利用したのである。『意味構成』の最後に、さらなる問題の取り扱いとしてシュッツは三つの主要問題を設定していた。生身の姿の他我と人格の理念型の間の関係を含む「社会学的人格」論、レリバンスの問題そして「汝の構成」である。

一九三六年の夏に、シュッツはこれらのうちの第一のテーマについて「社会的世界における人格の問題」という題目で論じ始めた。序章の概要と計画した六章のうちの二章とで二九頁の手書き原稿となった。翌年の夏、さらに長文の序章と計画した六章のうちの二章を下書きし、これを「第一主部の断章」と呼んだ。同じく手書きであるが、これらの原稿は一一八頁に達した。個人ではでは収拾のつかないいくつかの事態により一九三八年は夏期休暇がなく、この研究を継続することも不可能であった。

一九三六年の例の序章のための概要は、シュッツがなおも自らの研究の哲学的基礎を拡げることに関心をもっていた証である。今ではもう、現象学を完全に吸収してしまっていた。絶えず現象学の術語を用いたが、フッサールの名をあげることはほとんどなかった。ベルクソンへの関心が『思想と動くもの』(1934)の出版とともに新たに持ち上がっていた。プラトンからカント、そして現代人、特にキルケゴールに至る哲学者たちへの言及もあった。しかしながら、最も際立っているのはライプニッツの著作に払った徹底的な関心のほうであり、この時代にシュッツはライプニッツを幅広く読んだ。彼は「ライプニッツのモナドを神によって措定された理念型であるとする解釈」について補説を書くという楽しい考えを抱いた。この他に、私たちの意識に入ることなく私たちの感覚器官を介して恒常的かつふんだんに湧き上がる「微小知覚」というライプニッツの概念に感銘を受けた――これは、ベルクソンの持続やジェームズの意識の流れに類似する、直接体験の流れを媒介する、自発的な知覚の流れである。

一九三七年の序論の下書きは、シュッツが新しい研究のなかで「社会的人格の問題の哲学的正当化」を提示する考えを断念していたことを示している。彼は『意味構成』の結果についての要約にとどめたが、それに修正を加えないわけではなかった。例えば、仲間の諸類型について語るとき、匿名の人たちを「日常生活のエキストラ」と呼んだ。

シュッツの執筆した諸章の下書きは三つの主要な論題を扱っている。第一は「諸々の部分的人格」と「個人の統一」のそれである。「諸々の社会的人格」とは、彼によれば他者との交渉のなかで現れる自我の任意の諸相の意味であった。彼はこのことへの哲学的証明は必要としないことを強調した。諸々の社会的人格は直ちに自我と他の自我（他我）とのやり取りのなかで与えられるからである。この仮定は、日常生活における間主観的体験の所与性について、彼が後になって明確に定式化した命題と一致する。説明されねばならなかったことは、むしろ「個人の統一」の「達成」の問題であった。異なる他者たちに出会い、異なる形式の行動や異なる立場においていつも自分を体験している個人、その個人はいかにして一個同一の個人として自己自身を構成するのか。

自己同一性の感覚は反省的記憶のなかで得られるのかもしれない。私は過去の出来事や体験の「私の」思い出をもっている。しかしこれらは個々のエピソードの欠片や切れ端から成っている。私の過去は、「私の」体験の連鎖として私に浮かんでくる限り、それは断片的なものである。精々、私が思い出すのは一日の間に、目覚めてから眠りに就くまでに起ったことである。私の生活は、夢のさまざまな飛び地のある、眠りのさまざまな飛び地がそうであるように、「さまざまな飛び地によって遮られている」。

私の過去の生活は、それが思い出や記憶に通じる限り、途切れ途切れのものである。しかしその上、子どもの頃や青年の頃など、もっと遠い時代の私自身について私が覚えているその私は別人である。私は、私の記憶のなかである特殊な地位を占め、特別の意義を得てきているというだけの理由で、今の私とは全く違っているこの人を「私自身」と呼ぶのである。こうも言えるかもしれない。ある人の生活は、さまざまな異なる人格に分割され、それらの人格のすべてを私は〝私であった私〟であると言明する、と。

その上、非連続性と部分化は二重の意味で普遍的な人間の体験である。それらはある人の生活史の観点では、回顧的な自己認識の実存的事実として現われる。また与えられた社会的状況のなかで行為し相互行為する個人の観点では、その個人のうちに多元的な「社会的人格」を呼び出し再生産する。

社会学の基礎知識をもった人なら誰でも、シュッツの社会的人格の理論を実質的に社会的役割理論の一変種として認識するだろう。シュッツが一九三六年に彼の理論を立ち上げたことに注目するのも面白い。その年に、アメリカの人類学者ラルフ・リントンは『人間の研究』を出版した。この本はアメリカの構造－機能的役割理論の誕生を告げるものであり、この理論はこのなかでリントンの「地位と役割」概念によって詳説されている。社会心理学的な役割論の基礎は実際にはジョージ・H・ミードによって据えられていた。ミードの『精神、自我、社会』は彼の没後一九三四年に出版されたが、これには役割演技、役割取得、および役割相互作用の「主観的」解釈のためのさまざまな可能性を開陳した理論の大要が含まれていた[1]。

その当時、リントンもミードもシュッツの知るところではなかった。一九三六年と一九三七年の未完に終わった彼の探究は、「主観的」役割論を目指す、もう一つの独創的な出発点として理解されてよいだろう。

シュッツは、ある役割行為者の部分的人格のばらばらな体験がその個人の意識によって中和されることを示そうとした。個人は自分自身を連続的かつ実質的に分化した諸関係全体のなかでみている。「日常生活を素朴にのんびりと」過ごすとき、〈私〉は私のつながりのない状況的諸体験という「この社会的世界の中心である」。私のそれぞれの「社会的諸人格」は、その内部における私の中心的位置から体験されるところの社会的世界の一特殊領域に対応しており、また私は社会的諸人格のそれぞれを「私の個人の中核」である〝私自身〟の周辺的現れと考える。あるいは、私は私の状況的立場の部分偏向性を素朴に私の全体的自己と理解する。シュッツは任意の部分的な社会的人格と自己とのこのような同一視を「自我そのものの一般定立」と呼んだ。それは自然的態度のうちに起源する。この自然的態度では、自己の統一は「欺瞞的見かけの問題であり、自己自身に与えられる構成問題ではない」。

シュッツは、結局、これらの考察の真の問題、統一的自己の［有意味的］構成に向かった。彼は「身体の統一」にかなりの注意を払った。すなわち、空間の「ここにある」ことの身体的体験のそれ、空間のなかと空間を通して動くことのそれ、物理的世界と社会的世界における作業道具としての身体の各部位のそれ、身体が大きくなりこれによって老化することのそれである。あらゆる体験と同様、これらの体験も「時間性」、すなわち、時間の全形式に結びついている。いくつかの飛び地のある内的時間やキルケゴールの跳躍や熟慮による注意の変更、四季や昼と夜の宇宙時間、時計の機械的時間、そして個人の社会生活の活動によって体験され外部から計測される市民的時間。内的時間と外的時間の折衷、これは人間の「実用的な動機」の一つの成果である。体験した時間は、その形式がどうであれ、取り消しできないし、一方向だけのものである。しかしながら、もし私の存在の「意味」に関係するのであれば、私は時間の流動を含めて、万事が自明視されている「すっかり目覚めた生活」の実用的目標に関わり合うことを断念して、熟慮する心的状態のほうに転じなければならない。そのとき私は、私のさまざまな記憶の心象への私の注意と私の「待望」、すなわち私の来るべきものについての期待の心象への注意との間でエポケー状態に置かれる。過去は決定済みであり変更不能である。未来の「不充実で不確かな期待」は実現するかもしれないし、しないかもしれない。過去と未来の間のこの緊張の最先端にある両極は生と死である。私の肉体の運命を知ることは私の有限を知ることである。したがって、私の存在とは「死に至る存在」であり、私の「年老いる」階梯は同時に「部分死」を意味する。それが人間の自己認識の普遍的特徴である。これなしに、ひとはその生の意味を確かめることはできない。

一九三六～三七年の構想の第二の主要な課題は「社会的個人」、与えられた自然的社会的環境のなかで活発に生きる「外部指向的」人間に関するものであった。「社会的個人」は「自我核」の周りを「旋回する」諸々の部分的人格から成っている。この［社会的］個人は「彼の外部体験が彼に影響を及ぼす」という考えに巻き込まれている。彼はこれらを体験すると言ってもよいが、しかしとりわけ、彼は行為しまた熟慮の上で反応もする。したがって、シュッツは「〈私の行為する自我〉の一般定立」を「持続のうちに基礎づけられている自我が、外部世界において行為し、それに伴って世界のなかに入って行為する」と定式化した。内部的諸体験と外部指向的諸活動の間に立って、自我は「生粋の行為」、すなわち、遂行された企画にしたがって行為に至る、実用的生活の具体的出来事における人間の実用的態度を引き起こす。ある純粋な認識的活動が外的行為の前提条件や一部に転ずるのである。ここのところで「厳命［汝なすべし！］」、すなわち「よく考慮した上での意志」が生じる――これはこれまで、シュッツ自身の研究（『意味構成』）において回避されてきただけでなく、「あらゆる現象学」においてもずっと回避されてきた一つの要素である。

「社会的個人」は、その実用的態度において〈今の私〉、〈以前の私〉、〈以後の私〉として私の三重の時間的体験を持ち運ぶ。今「の私」は「市民的時間の部分であり、この部分は、多少なりとも、予示可能であり支配可能である」。これだけが行為への直接的潜在能力の余地がある。〈以前の私〉は、一つの「反省的転回」において現われるが、実際にはその個人の異なる社会的諸人格という形式において現れる。ある意味で、〈以前の私〉は私の過去に完了した行為に他ならない。この〈以前の私〉は〈今の私〉に影響を及ぼす。それが過去において働いたからであり、またしたがって今の私自身の置かれている実際の状況の形成に貢献しているからである。実用的な〈以後の私〉は、現在計画される企画という形で「今」に属しているともいえる。しかし、おもに〈以後の私〉はその「連鎖の自由」であり、より一般的にはその不確定性を示している。さまざまな実用的な期待は個人の「限定的人格」、すなわち、後の社会学の言葉で言えば、彼のいくつかの限定的役割に結びついている。これらの実用的な期待が最も明確になるのは、標準化された態度や十分な自己類型化が含まれる場合である。しかしこうした期待は「私の現在の関心状況や〈今の私〉を左右している注意」の作用である。これらの期待の実現は次の二つの理由で不確かである。一つには、私の関心や注意自体が変わるかもしれない。二つには、ある企画の将来の実現が、実際に起こるチャンスが期待されるそれよりも少ないかもしれない。シュッツは、以上の考察は主観的チャンスの理論が重要であることをはっきり示していると述べたが、しかしながら、そのような主観的チャンス論をここでは展開しなかった。

彼の主要関心、「社会的個人」の分析に入ると、シュッツはもう一度「自然的態度においてすっかり目覚めた、合理的に行為する人間から考察を始める」決心を強調した。すっかり目覚めたという意味は、あらゆる注意を「行為における問題」に向けることである。しかしこれには行為する以上の意味が含まれている。この用語は同じく「仕事する」ことに関連した認識的努力をも明示している。与えられた環境への身体によるいくつかの干渉を企画立案することである。行為の扱いは、『意味構成』においては「行為者が彼の行為に結びつける意味」に関係したが、しかし現在の重要な主題である実用的な動機を「自我とその部分的諸相の［意味］構成」に対する貢献という関係においては論じなかった。「行為における問題」には三つの主要な要素が含まれている。有効に行為する潜在能力（可能性）[2]、よく考慮した上での行為の決断（fiat）、そして行為の目標と行為の経過の両方についての「選択の行為」。これらが一緒になって、仕事する世界の「問題」を構成する。この問題は合理的行為の諸特徴を表示している。それは「十全の意味における行為」である。それは意図と企画に基づいて、身体の労力に助けられて、外部世界のなかに到達する。

しかしさまざまなもっと弱い形式の問題もある。(a)意図と企画のない問題……ただ為しているだけ。(b)意図はあるが企画のない問題……伝統的、習慣的、および感情的な性質の事実上の行動。(c)意図はないが企画のある問題……単なる幻想。とは言え、企画すること自体は幻想のなかでも生じる。もしも意図が幻想的企画と結びつけば、幻想のなかの問題は完全に現実化した行為に変貌する。

シュッツは「自我の構成のあらゆる分析」はここから出発しなければならないと主張した。「〈自我〉は、十分な目覚めのなかで仕事する時には、動機、企画、そして意図によって合理的に再構成され得る」。それによって、「行為する自我の精神物理的統一体という〝不確かな〟仮説」は「ある（確かな）命題」へと変形され得るのである。シュッツがここで論じているのは「自我の構成」ではなく、理論における自我の「再構成」である。一方で、シュッツは「仕事する私」を時間的パースペクティブのうちに据える。仕事するのは〈今の私〉の一部である。その企画の〈理由の動機〉がこの〈今の私〉を〈以前の私〉に結びつけ、そしてその〈目的の動機〉がこれを〈以後の私〉につなぐ。他方で、シュッツは仕事することが身体につなぎとめられた「座標のシステム」の中心であるとする。掴むこと、見ること、そして聞くことの及ぶ私の範囲内にあるものが、私の周囲を形成する。「私の周囲の現実という直接の核心」は、私の身体の及ぶ範囲のうちにある物事、すなわち私が操作できる物事から成る。目に見える体験はより遠くへ達する。目に見える体験は、見えるところにあるのに摑まえられない諸々の対象を操作する先取りが可能になる。対象の操作も、同じくその時間的次元を有する。「今私の及ぶ範囲のうちにある世界」、「以前は私の及ぶところにあった世界」、そして「私の及びうる世界」である。後者には種々の潜在能力やチャンスがある。「真に仕事するという行為」を通して、ここでは私の身体を適当な方向に動かすことにより、私は今私の及ばないところにあるものを、私に及ぶ範囲の内にもたらすことができる。私［一般的な主体としての私］は、過去のいろいろな体験に基づくことができるなら、これをすることになんの困難も感じない。私は、フッサールが「私はそれを以前したことがある、私はそれをもう一度することができる」ということの理念化と呼んだものによって導かれる。

自然的態度における人間は、ある確かな分別をもって行為する。彼らはフッサールのそれ［分別］の裏返しである「一種のエポケー（判断停止）を行う」。どちらも「与えられた諸現象が幻想かそれとも現実かという問題を未決定のままにしておく」。フッサールは懐疑のモードにおいて、普通の人間は確実性のモードにおいて。しかし後者はそれによって幻想家であるのではない。日常生活の諸現象は「それとは違った風に考えることを余儀なくされる」まで、当然のことだと思われている。期待した通りに物事が働かない場合に、彼らの実用的関心が人びとを詮索好きにするのである。

近さと遠さの空間の観点は、過去－現在－未来の時間の観点に連結される。シュッツはこの入り組んだ連関を、かなり詳細にそして多様な形式と変種において扱っている。仕事の世界の内部では、外的時間（宇宙的時間あるいは世界的時間）が内的時間（デュレ）と織り合わされ、またこれによってすっかり目覚めた個人の市民的時間の経験を形成する。このような時間は外的手段――昼と夜、時計時間――によって測られるが、しかし主観的には所与の現在という有利な立場から個人によって体験される。パターンは両面的である。現在－過去と現在－未来、もしくは今－以前と今－以後である。

『意味構成』では、シュッツは「日常生活の世界」のことを語っていた。今では彼はフッサールのもっと短い用語、生活世界、これを「実用的な動機」や「市民的日常」といった、彼自身のいくつかの概念と結びつけて用いる。生活世界は仕事の世界と同じである。「私のさまざまな企画や意図を実現する一個のしかも統一した世界として、それ［生活世界］はすっかり目覚めた私の市民的昼間世界である」。市民的時間は「注意の最高状態での生への十分な注意の相関項に他ならない」。そのなかで「私の現実世界としての私の周囲世界［直接世界・環境と同義］の構成が行われる」、またそのなかで「他者たちと一緒の私の存在、すなわち、自然的態度における私の社会的行為や社会関係のすべてが生じる」一つの「閉じた意味領域」として、それは「斉一的な存在のスタイル」を示している。人間的活動の問題は仕事の世界のなかで具体化され、「生涯計画という大計画の階梯」のなかに統合される。最後に、「この世界のすべての出来事を合理的に再構成する」可能性は、仕事の世界の閉じられた意味領域に基礎づけられている。

時間の諸構造は存在論的意義を有する。時間の諸構造は「仕事の世界の現実核」である。私の「現実の世界」は、現在の仕事の状況および今もなお有効である「私の以前の仕事の世界の現実核」の諸現実からなっている。現在の今は過去の今の勢力下にあり、また未来の今は過去の現実核を再現する潜在能力をもっている。このような現実核、そして「類似した実際問題」も同じであるが、これは高い程度の「現実となる可能性」をもっている。「仕事の行為は、過去の企画の変種として、必要があれば、過去の行動様式の全セットもしくはそれらの部分の組み換えとして、未来に企画される。

厳密な意味では、仕事の世界の現実核のみが現実的である。他のすべては潜在的能力でありチャンスである。市民的時間の現実性のさまざまな予期に不確実な状態へ、最後には不可能な状態へ溶暗し去る。しかしながら、「実現可能性」のあり得る程度や潜在的能力はすべて「仕事の世界」の「閉じた意味領域」に属している。これらはその他のさまざまな意味領域の現実の知覚から区別されなければならない。

仕事の実用的世界は人間に知られる唯一の現実ではない。しかし、それは「至高の現実」である——ここで、直接体験と明証性の支配的な領域を確認するためにウィリアム・ジェームズの用語を用いるとすれば——。一九三七年には、シュッツはこの用語自体も、それが意味する「多元的現実」の用語もどちらも知らなかった［後に彼は両方の用語を用いることになる］。しかし彼は、『社会的世界における人格の問題』の枠組みのなかで、一九四五年に多様な「意味領域」と呼び、また有名な論文「多元的現実について」(1945c) で知られるようになったところの全理論を実際には苦心して仕上げていたのである。

その他の「閉じた領域」が存在する。しかし生活世界の閉じた意味領域を突破したり、またそれによって実用的態度を放棄したりすると「一種の衝撃」を体験することになる。これらの体験には、すべての人に知られているものもあれば、そうでないものもある。例えば、「寝てしまって夢の世界にすべりこむこと、書物を開いてファンタジーの世界に移ること、あるいは宗教的領域への移行というキルケゴールの〈瞬間〉を体験すること……、〈この世界〉の諸対象を、そこに関わり合うパルチザン［熱心な支持者］としてではなく、感情を持たず無関心かつ公平な態度で、科学的省察に移行してそれらを〈取り扱う〉決意をすること」などである。

多くの「その他の閉じた意味領域」のなかには、芸術の世界、冗談の世界、精神の病の世界がある。それらの世界はすべてそれ自体首尾一貫しており、「その世界の独自の意味の規則」を示し、そして「ある特殊な現実のアクセントを伴っている」。これらは互いに比べられないものであり、これらはすべて生活世界の意味領域と両立できない。また互いに切り離され、互いに還元不能である。なんの「移行の公式」もなく、だれもが一方から他方へ「跳躍」しなければならない。

シュッツの主要関心は「市民的日常生活世界と科学的思索の世界との間の違いを十分に明らかにすること」に向かっていたが、彼は「仕事の世界にその他の諸々の閉じた意味領域――空想や夢の世界――を突き合わせることによって、一歩一歩」この課題に近づこうと決心した。もちろん、空想ははっきりした意識と単なる夢との間の広漠とした連続体のなかで起きる。しかし、シュッツは空想に特有の二、三の特徴だけに集中した。空想する自我は仕事していないし行為もしない。たとえ行為が空想されるとしても、それは何かに影響を与えない。それゆえ、空想は矛盾から解き放される必要がない。しかし生活世界の現実からのいくらかの制約は存続する。時間は不可逆のままである。空想することは不可逆である持続のなかで起こるからである。また、私が自分を小人と空想しようと巨人と空想しようと、いずれにしても身体の諸々の限界は重視されなければならない。同様にいくつかの論理的制約もある。私には永久運動を空想できるが、幾何学上の正十面体は空想できない。

夢は仕事の世界と正反対である。夢には統覚がいっさいなく、知覚だけがある。自我は空想においても夢においても働かない。しかし空想する自我は自由に選択したり解釈したりできる。夢を見る自我は夢のさまざまな出来事から逃れられない。それは完全に無力である。しかし「志向性を達成するのに十分な活動の余地はある」。決断や意図はもっぱら「目覚めている生における意志的体験についての記憶、過去把持、および再生」として生じる。「起きて仕事する世界の沈殿した諸体験は……夢の世界では分解されて再構成される」。この意味で夢の注意は〈以前の私〉に基づいて方向づけられる。夢の体験は内的持続から切り離されない。しかし「砕けた」世界時間の破片は夢の体験に引きずり込まれることもある。

あらゆる夢の体験は独りぼっちである。他者たちは現れるが、決して夢の世界の主体にならない。夢における〈準われわれ関係〉は空虚であり幽霊のようである。すなわち「夢を見るとき、その宇宙を映すモナドには全く窓がない」のである。シュッツはフロイトの夢分析の結果を彼自身の理論と両立しうると考え、「近代的な夢研究のこれらの成果を私たちの言語に翻訳し、これらの成果を私たちの体系のなかに位置づけること」を意図した。だが私の知る限り、彼はこの意図を実行するには至らなかった。

最後に、シュッツは空想や夢の現象を扱うことの基本的な難しさを強調した。この二つについて私が話すことができるのは、空想したり夢見たりするのを私が止めてしまった後だけである。私の夢を記述するときには、その指示された諸体験のなかでは力のない一貫性や適合性のルールに縛られている「目覚めている世界の諸道具」を用いる。その「大いに弁証法的な厄介ごと」は、夢や空想の出来事を超越することなくこれらを伝えることはできないということである。キルケゴールの「間接的コミュニケーション」を通してのみ、人はこれらの領域に近づくことができる。詩人たちや芸術家たちは、空想に由来する方法を操りながら、その固有の弁証法的な困難さを逃げることなく空想の現象をうまく表現している。「空想と夢の世界をそれぞれの特有な存在の様式における仕事の世界の変様である」として一般化して表現するなら、もちろん、その弁証法的な厄介ごとはずっと大きくなる。それにもかかわらず、シュッツはこの厄介ごとに向き合った。程度は低いが、この厄介ごとは彼の研究の真の標的、「科学的思索の世界に再現する」。

この「閉じた意味領域」は反省による理論化あるいは理論的思索、すなわち、認識的行為に基礎を置いている。ある観点から見れば、科学的思索は「十全な意味での行為」である。科学的思索はある企画から生じる。科学的思索は〈目的の動機〉と〈理由の動機〉の間でエポケーされる。科学的思索は科学的目的にもっぱら向けられる諸計画の階梯に統合される。科学的思索はまた意志や意図を含んでいる。しかしながら科学的思索は、その思想家の身体、その市民的時間、その実用的関心から独立している限り、〈仕事して〉いない。「科学的行為者という〈仕事する私〉はずっと括弧に入れられたまま」である。外部世界の支配という目的を放棄することによって、世界に向けられる注意の意味が変容してしまったのである。世界は一つの宇宙として、しかももっぱら理論上のコスモスとして認識される。

生活世界に関する純粋な認識的関心は、その理論家を一人の公平な観察者にする。思慮深い観察への「跳躍」とともに、「仕事の世界の意味領域の……自発的契機に妥当する全術語の抜本的な変化」が起こる。例えば「自我のレリバンス体系の変化」が起こる。理論的注意への変容は、実用的関心によって左右されない日常世界の特性や機能に関する知識を得ようとする決断に由来する。こうした知識はその科学者の「最重要な企画課題」となる。この問題へ志向することは「理論化する主体の唯一純粋に自発的な行為である」。それは「理論的世界の存在様式を構成し、また科学的思索と呼ばれる、生への注意のあの特有な諸変更を規制する」。

「理論化する自我」は、この選択を行ってしまうや否や、「あらかじめ構成された理論的思索の世界」に入り込む。他の人たちの発見を無視できないし、他の人たちの問題の定式化も無視できない。彼は「科学的世界のコスモス全体」に縛られる。いろいろな教義や発見、問題や方法を所与として受け入れなければならない。そうでなければ、シュッツが後に述べたように、なぜ問題にされるべきであるのか、その「理由を示さ」なければならない。

科学的思考は厳密な意味での合理性の一領域である。とはいえ科学者は科学的手続きの合理的規則に縛られるだけではない。彼の結論は仕事の世界と両立できるものでなければならず、最終的には日常生活世界にその概念が根づくものでなければならない。この点で、科学者は自然的態度の人たちがただ混乱して理解している事柄を最大限はっきりさせなければならないことになる。事実に関わるものを見かけのものから区別しなければならないことになる。「それには科学以前の思考の開かれた地平を解釈し、確証を得るための客観的チャンスの範囲を定め、少なくとも、それらの蓋然性を明らかにすることが必要である」。

科学者はまた、自分自身の「一時性の構造」をも身につけている。理論家として、科学者もまた「年老いるのであり、それによってその経験の蓄積はたえず変化するし、またそのなかで常に新しい諸々の志向性が構成され、経験のうちに堆積される」。彼自身の「歴史性」すなわち、過去の科学的諸経験並びに将来における自らの科学的存在性を身につけている。そして「現在の問題の局面を越えて」考えなければならない。だが理論家であるかぎり〈私の今〉はない。書いたり、ノートを取ったり、「作業計画」を立てる等の限りにおいてのみ、彼は仕事をしている。これに関しては、科学者は理論家であり仕事の人であるという二重の、しかし平行存在となる、と私はつけ加えよう。

社会科学者にとって、他ならぬ私が他の人たちと関係をもつ仕事の世界は、一個の「思考できる対象」である。このことが社会科学者に次の問いをつきつける。「どのようにして自我は、理論的公平性にとどまりながら……仕事の世界における自然的存在や生活についての言明を行うことができるか」と。あらゆる社会科学の意味はまさしく「仕事の世界における素朴な人間の仕事の様子を記述によって把握し、これを一つの理論の対象とすることの……可能性に係っている」。このパズルは一つの専門的技巧を導入することによって解決される。仕事の世界のモデルは「人間によってではなく、むしろ……そのような人間の諸図式、諸類型を用いて構成される。類型は「その社会科学者の操作によって」のみ行為する。そのような類型構成のための必須条件は、生活世界の諸現実と両立可能であることである。

「思考の弁証法の」第二の問題は、「科学的思考もまた一つの生の過程であり、またこの意味において、括弧に入れられた生活世界に属する、という事実から生じる。理論化は孤独である。しかし世界というものは、私の世界や君の世界、私たちみんなの世界として、あらゆる理論化に先立って与えられている」のである。この単なる理論的世界の私の体験は、「他の人たちもそのなかで体験をもち、それについて理論化するという仕方で準備される」。「私のいろいろな体験は他の人たちによって修正されたり確かめられたりする」。しかし科学上の相互承認や相互修正は、理論の領域のなかではなく生活世界のなか、すなわち、豊かな人間性のある人間の間の相互行為のなかで生じるのである。「豊かな理論的進展は、豊かな生の領域のなかでのみ可能である」。理論化は「唯我論のなかに凍った」ままではいない。思索は理論化を生活世界から切り離すとしても、理論化の諸対象を集合的に追求することが再びそれを生活世界の一部に引き戻すのである。

原稿はここで終わっている。その継続に向けた若干の覚書は間主観性を扱っている。それらの覚書には、私の知る限りでは、発表された著述のなかにはみられない、自我による他の人たちについての体験の諸限界の諸考察がある。その覚書は以下のようである。

1．私は私自身の考えであれば「私の自己付与的意識」にまで遡ることができる。だが私は君の考えを受け入れることはできても、君の考えをその起源にまで遡ることはできない。諸々の私の考えは特定の意味連関をもった私の諸々の体験のなかでさまざまな注意の変様を受ける。君のものはこの注意変更を受けない。私の考えは「原初的に構成されたもの」と印づけられる。君の考えはこの印づけなしに私に生じる。私は私の考えを与えられた思考対象として受け入れてよいが、これを始原的に「考えたのは私であった」。君のものは私によってありのままに受け入れられなければならない。

2．われわれが一緒に働いた後、われわれの共通の努力の諸結果は、仕事と行為を行った私自身についての私の記憶に関係づけられる。しかし私は君の貢献を君の動く身体の面から想い起こす。私の仕事は私を疲れさせる。君の仕事は私を疲れさせない。

3．われわれが「共に老いていくこと」を私が体験するのは、われわれが諸体験を共有する間であり、本質的には私の身体の諸体験においてである。君の老いていくのが私に分かるのは、ある共有された状況における君の現前によってである。私の老いは私の持続のなかに統合されている。それは君の老いとは異なる、私は君の老いが君の持続のなかに統合されるのを知っている。私にとって「共に老いること」は私が老いることに立ち戻ることを指している。私が君の老いることを確認するのは、もっぱら意識の反省作用における「他我の一般定立」の手助けによるのである。

その後の研究において、シュッツは、繰り返し異なる題目のもとに社会的役割について論じたが、一九三六～三七年の企画の『社会的諸人格』を再開することはなかった。彼の展開した多くの概念は彼のアメリカのいくらかの著作のなかに引き継がれたが、この企画の概要においてなされたほどには、『社会的世界における社会的人格の問題』を再び力説することはなかった。

もしそれを実行できたとすれば、彼は実際に新しい領域を開いた一巻の書物を書いていたであろう。一九三六～三七年の未完の企画と一九二五～二七年の未完の企画を比較してみると、次のように批評するのが適切であると思う。両企画とも孤独な自我から出発した。しかしながら、前の企画は、シュッツを孤独な自我の内的諸体験についての純粋に心理現象学的研究という複雑さの深みへ追い込んだ。これに対して、後の企画は、孤独な「社会的個人」という、その実用的諸関心によって仕事をする世界のなかで影響を及ぼす自然的立場の個人から出発している。この意味において、後の企画はシュッツが前の企画のなかで論証しようとした何もかも一切のことを前提としていた。純粋な認識のなかの孤独な自我は、その自然的社会的環境のなかで行為する自我へと変えられたのである。これは彼にとって主要な社会学的対象に向かって前進する大変巧みな第一歩となった。これにより、彼は見たところ〈唯我論的〉な現象学的心理学を現象学的社会心理学へと転換したのである。

第八段階：亡命と新たな地平

人文主義の伝統に生きたすべてのウィーンの知識人にとって、一九三三〜三八年までの生活は、一寸先は闇の生活であった。ユダヤ教徒であろうとキリスト教徒であろうと、ウィーンの知識人たちはドイツにおける例のさまざまな進展によって脅威にさらされていると感じていたし、自国が破局的な道を歩み出してからは特にそうであった。ドルフースやシューシュニックなどの政治的指導者たちが、オーストリアの脆弱な民主的体制を破壊し、ウィーンや他の工業都市の大多数の人びとに支持された社会民主党を抑圧し、そしてヒトラーではなくムッソリーニ——どちらも生まれはカトリック——をモデルとした聖職者－ファシスト独裁政権を樹立するのに長くはかからなかった。この政権は、オーストリアの国家社会主義者たちがドルフースを殺害し、また——ヒトラーの軍隊がオーストリアを「ドイツ帝国に元に戻す」まで——ヒトラーの第五部隊として働く事態を防ぐことができなかった。

シュッツの友人のサークルからすれば、これは彼らの確定した経歴ばかりでなく、市民や個人としての生活全体をも同じように再評価される時代であった。西方への移住が示され、実際、これはすばやく始まった。そういうわけで、ミーゼス・ゼミナールの解体が自ずと始まった。ハイエクの行動はこの経過の前兆であった。彼は一九三一年にウィーン大学の講師職をロンドン大学の勤め口と取り換えたのであった——彼「ハイエク」はそこでの教授職をやがて受理した。——ミーゼスサークルとロンドンの間を架橋したのはライオネル・ロビンスであった——後のロンドン・スクール・オブ・エコノミクスの教授で雑誌『エコノミカ』の経営編集責任者であり、ウィーンを何度も一九三三年以前に訪れていた。フォン・ミーゼスを大変称賛していた彼は、同じように彼の教え子たちの研究、なかでもカール・ボードやアルフレッド・ストニール（英国人）の研究にも関心を抱いていた。これら二人の友人はウィーンで研究していた頃、カウフマンとシュッツの強い影響下にあった。その後二人はシュッツの考えについての最初の一貫した解説を英語で書くことになる。ハイエクのロンドンにおける影響は強くなった。彼はウィーン学派の経済学の中心を英国へ移そうとしたのだと言われるかもしれない。

一九三三年にフリッツ・マハルプが合衆国に渡った。彼の同行者には経済学者たち、ゴットフリード・ハーバラーとオスカー・モルゲンシュテルンがいた。三人とも皆この新しい国の市民としてそれぞれの分野において名声を得た。

ガイストクライスとミーゼス・ゼミナールの大多数のメンバーたちは、ヒトラーのドイツがオーストリアを併合したとき、なおウィーンにあった。ミーゼスは即座に大学の職を捨ててスイスに向かい、スイスのジュネーヴで教職の口を見つけた。他のメンバーたちの移住は、彼らの出自がユダヤ人である限り、恐るべき状況下で起こった。ヒトラーは「ユダヤ人問題の最終解決」に向かってどんどん動いていたからである。

シュッツを雇っていた銀行は、その経営の中心を西ヨーロッパへ移す可能性を早くから探り始めて、パリにその堅実な足場を築きあげた。これによりシュッツはフランスへ頻繁に旅することになり、また当地での滞在は数ヶ月に及んだ。一九三八年三月、ヒトラーの軍隊がオーストリアに侵攻した時も、このような渡航でパリにちょうど到着したばかりだった。家族はまだウィーンにあったので、すぐにも引き返そうと思ったが、友人たちにやめるよう説得された。一人の［最上の誠意をもった］取引訪問者として、彼は身分証明書、すなわちフランスでの三年間滞在許可を自分自身のために入手することには何の困難もなかった。彼はどうにかして家族のために入国ビザを取ろうとした。彼の妻は苦労のすえに、六月に彼らの娘と生まれたばかりの息子と一緒にパリに到着した。シュッツはそのとき自分の息子を初めて見たのである。銀行の指導的メンバーたちがオーストリアを急いで立ち去るように取り計らったのだった。彼らはシュッツを引き続き雇用し、また彼らの営業の新しい基盤獲得のために奔走した。最終的に、彼らはパリに足場を置きながら、その主要な活動を合衆国に移すことに決めた。これらの営業準備にシュッツは携わった。それでも彼は毎夜、無数の手紙、問い合わせ、請願、そして申請の書状を書くことに費やし、オーストリアに囚われている何人かの友人たちを、そこから救い出そうと必死に努力した。

シュッツはこうした月々を、迫りくる破局を予感しながら生きた。不安はただ友人たちの救援活動へと彼をいっそう駆り立てたのだが、この長い月日を真面目な知的作業に没頭することは彼にはできなかった。彼がフランスで過ごしたこの一年半は、例の併合と第二次世界大戦勃興との間の期間にほぼ一致するが、結局は、不安定ではあるが見た目は〝いつもの生活〟を確立することとなった。それとともに、彼の学問上の関心が再び覚醒したのだった。一九三八年夏の初めに、彼はフッサールの原稿二篇のそれぞれの写しを何部か受け取り、それらの配布に関わった。彼はパリの二人のカトリックの哲学者に対して『雑誌トミスト』にフッサールについての一論文を執筆する約束すらした――ただし「あらゆる必要な条件付きでそしてもっとよい時に」である。しかしシュッツのパリ亡命がその知的発展に対して有する意義は、他のドイツやオーストリアの亡命知識人やフランスの思想家たちと友人となり力となることで、学問上の知人たちの輪を広げたことにあった。知人たちの間で際立ったのは、二人のドイツの現象学者、ポール・ランツベルクとアロン・グルヴィッチであった。

ランツベルク（1901-44）はフッサールのもとにいたが、主にシェーラーと一緒に研究していた。彼の最後の書物二冊は哲学的人間学に関する研究であった。これらは一九三四年にドイツで出版されたが、すぐさま出版禁止となった。そして死の体験に関する学術論文一篇、これは一九三七年にスイスで刊行された。シュッツは自分自身が一人の亡命者となる前に、パリで彼に面会していたに違いなかった。二人は多方面にわたる書簡を交わしたが、シュッツがパリを一九三九年に去ったとき、残念なことに、それらの手紙は見失われたか破棄されたようである。ランツベルクはフランスを立ち去ることを拒否した。彼は新しい身分を身につけたが、ヴィシー政府によって一人の「破壊活動家のアルザス人」として拘禁され、ドイツ人によって処刑された。ランツベルクの死のテーマの実存的諸研究は、変わることのない感銘をシュッツに残した。

グルヴィッチ（1901-73）はヴィルナに生まれた。ドイツで学んだが、彼は引き続き、しかも徹底的に数学、理論物理学、哲学、そして心理学に取り組んだ。カール・シュトゥンプ――現象学の先駆者の一人――が彼の助言者であった。彼はフッサールの演習ゼミの一つをとり、またクルト・ゴルトシュタインやアジェマール・ゲルブの脳研究チーム、すなわち、ゲシュタルト心理学の先駆者たちの一グループと密接に関係して研究を行った。彼の学位論文は「主題の現象学と純粋自我」を取り扱っていた。後の英訳の副題は「ゲシュタルト理論と現象学の関係についての諸研究」であった。一九二八年に、フッサールと個人的な知り合いになった。一九三三年の初頭に渡仏して、そこで二人の友人を得た。ロシア生まれのアレクサンドル・コアレとフランスの思想家ルシアン・レヴィ＝ブリュールである。彼はソルボンヌの学士院の一つで講義する機会を与えられ、フランス語の一連の論文を出版し始めた。メルロ＝ポンティがこれらの講義に参加しており、グルヴィッチは後者が彼からその時「たくさん」学びとったと思ったのだった。

グルヴィッチはライフワークの範囲と基礎を学位論文のなかで明示したのだった。ちょうどシュッツが自らの立場を『意味構成』のなかで明らかにしたように。[3] しかし、グルヴィッチは最初から『イデーンI』に略述されるようなフッサールの心理学的現象学の見地を批判的に修正することにもっと多くの関心があった。これらのうち二つのものが特にシュッツの関心を引いた。一つは、「知性《ノエティック》の層」によって覆われた感覚的諸要素（「質料的与件」）のフッサールの「二層理論」とグルヴィッチが呼ぶ、意識の志向作用の分野に関係している。この［二層理論の］代わりに、彼の主張はノエシスの概念が「その体験される作用そっくりそのまま」を指示するように改めることであった。同様に、フッサールの仮説〔「ノエマ」、体験される〈対象〉は注意の諸変様によっても変化しないままである〕にも彼は反対した。これらの論拠に確信があったからこそ、実際の現象的諸体験のしかるべき認識をさえぎるような、フッサール心理学から導き出されるこのような準先験的な諸前提を取り除くことに狙いをつけたのだった。シュッツは、その後のフッサールの形相的心理学の取り扱いにおいて、これと同じ種類の問題に対処しようとした。

グルヴィッチによるフッサールの立場に対するもう一つの修正は、これよりもいっそう基本的なものであった。グルヴィッチは、私が現象学的心理学のやや極端な成り行きへの具体化と呼ぶような試みを、「意識の非自我論的理論」を用いて推し進めた。彼にとって、実際の意識の〈背後に〉自我はないのである。彼の諸々の分析において、どこかで彼が純粋自我、「［意識］作用の純粋な主体」に出合うことは全くなかった。彼は、新カント派の哲学者ポール・ナトルプ、そしてフッサール、すなわち一九〇〇〜〇一年の『論理学研究』の著者に自分の基礎を置いた。フッサールはその頃次のように主張していた。どの「たえず進展する体験」においても、自我は「その［体験］作用の部分もしくは要素として与えられるようなことは全くない」と。したがって、現象学的自我とは「その作用の統合された総体」以外のなにものでもなかったのである。

グルヴィッチはシュッツの存在をフッサールから聞いた。彼は一九三二年にシュッツの『意味構成』の一冊をグルヴィッチに示し、その著者について語った。グルヴィッチはその本を購入してその書評を意図したが、一九三三年の政治的事件によってその実行は妨げられた。シュッツのほうは、一九二九年に『主題と純粋自我の現象学』の題目で出版された、グルヴィッチの学位論文を知らなかった。その後フライブルグ訪問中に、彼はフッサールからグルヴィッチのことを知った。フッサールはパリで彼がグルヴィッチとコンタクトをとるように提案した。

一九三七年の最初の出会いが、おそらく二人の終生続く友情の始まりであった。二人には共通して現象学的心理学に強い関心があるだけではなかった。どちらもそれぞれ心理学と社会学という異なる分野から哲学的現象学の世界に入った。両者とも、これからは、それぞれの研究の重要な部分は同じ理論的関心を追求することにあるのではないかと感じていた。パリでは、シュッツの生活の多忙をきわめる状況のために二人の個人的出会いや交流は制限された。グルヴィッチはソルボンヌで行った二つの講義の原稿と、その後、マーヴィン・ファーバーによって計画された「フッサール記念号」への寄稿の草稿をシュッツに託した。シュッツにはニューヨークへ発つ前にこれらの原稿を詳しく調べる時間がほとんどなかった。一九四〇年に合衆国でグルヴィッチがやっと彼と合流した後、彼らの友情によって彼らの考えは互いに前向きに交わされることになったが、これは他に類を見ない二人の間柄の最も際立った特徴であった。

パリは、シュッツにグルヴィッチ、すなわちその残りの人生を通じて最も重要となる人間の友情をもたらしたが、同時にまたフェリクス・カウフマンとの友情を失うことにもなった。後者は大学院の研究から『意味構成』までシュッツの成熟する時代の間じゅう最も重要な人間であった。彼らの仲たがいにははっきりした理由はなかった。それぞれの性格の深い違いからこれは生じた。この違いは両者とも一九三八年と一九三九年を生きたあの極端な精神的圧迫感のもとで強められた。カウフマンは、悪魔が来ようとヒトラーが来ようと、自分の学問的関心の追求を継続しようとの不退転の決意でその全時期をやり通した。シュッツは、全体主義的ニヒリズムの勝利が切迫する日々のなかでいかなる学問研究の価値をも全く断念したのも同然だった。彼は同じ不退転の決意で事業活動に身を投じたし、またとりわけ、彼が最も大切に思っている人たちの絶滅を防ごうと挺身したのであった。この二人の優先順位は合致しなかった。

両者を代弁しておくと、合衆国では、彼らは接触し続けて、互いの研究に関わり続けた。マーヴィン・ファーバーが私に語ったように（1975.6.9のインタヴュー）、二人とも、仲たがいについて悲しみ続けた。だが、どちらもそれを癒すためにどうすることもできなかった。

パリでは、シュッツは同じくフランスの何人かの思想家に出会った。グルヴィッチはすでにこの町の知的生活の一部を担っていて、フランスの現象学や実存主義の若い提唱者の幾人かをシュッツに紹介した。しかしシュッツも同じく彼なりの付き合いを始めていた。彼はデュルケーム社会学に関する諸講義に出席したが、デュルケーム学徒との面識を求めたのではなかった。シュッツはトマス主義の哲学者ジャック・マリタンには、マルタンがウィーンを訪問した際にすでに会っていたが、パリでも少なくとも一度会っている。また年長のフランス現象学者ジャン・ヴァール、そして新しい世代の最も重要な現象学的実存主義的哲学者であるメルロ＝ポンティとも出会った。後者はグルヴィッチからおそらく『意味構成』を一冊受け取っていたかもしれない。

とはいえシュッツが親密に接触したフランスの思想家は二人だけだった。このうちの一人はルイ・ルジェであった。彼はイルゼの親戚にあたるオーストリア人の妻と一緒に、シュッツの家族とパリの同じ屋根の下で暮らした。シュッツより十歳年上のルジェは、論理哲学や物理学の分野で発表する広範な知的関心の持ち主であった。知識、歴史、そして宗教の諸哲学、さらに政治・経済理論の哲学も。二人には限界効用論という共通の理論的基礎があった。その他の点では、彼らの関係は個人的なものであった。この関係はルジェ夫妻がニューヨークで過ごしたあの戦時中にも継続された。

二人目のフランス思想家はレーモン・アロンであった。一九〇五年の生まれで、アロンはパリで哲学を学び、一九三〇〜三三年の年月をドイツで過ごした。その後、ルアーブルとパリで哲学を教えた。

一九三九年に陸軍に加わり、ド・ゴールと一緒にロンドンに撤退した。戦時中彼はロンドンで『自由フランス』を編集した。フランスへ帰還後、政治学のある教授の職を引き受けたが、結局ソルボンヌの教授職を得て、そして最後にコレージュ・ド・フランスの社会学教授と呼ばれた。

レーモン・アロンはヨーロッパと北アメリカの双方において社会理論の見方にも影響を及ぼした、数少ないヨーロッパの思想家である。旧大陸では彼はフランスの社会科学と、特にジンメルやウェーバーによって代表される、古典的ドイツ社会学やドイツ歴史哲学との間の一仲介者となった。加えて、彼はドイツの現象学的思考をフランスに移すに与って力があった。第一次世界大戦後、彼の研究がいくつか翻訳され、アメリカの社会学者たちに紹介されたばかりでなく、そのなかの理論に関心のある人びとに対して彼はかなりの影響力を及ぼしもした。彼の『ドイツ社会学』のアメリカ版、そして彼の二巻本の『社会学的思想の主要潮流』のアメリカ版は、アメリカの社会学者たちや学生たちが、その学問分野の広範な古典以前と古典時代のヨーロッパの諸伝統をよりよく理解するのに役立った。

シュッツは一九三八年にアロンと知り合った。彼らは互いに頻繁に顔を合わせたわけではなかったが、自分たちを友人であると思い、互いにためになる哲学論議を交わしていた。シュッツはアロンによるウェーバー解釈（一九三五年出版）には間違いなく興味をそそられていた。しかしとりわけ、シュッツはアロンの一九三八年に出版された『歴史哲学入門』に魅了された。その第一部「個人から歴史へ」を彼は幾度も読み返した。そのなかでアロンは「どのようにして意識は意識そのものを理解するか」を記述するという目標を追求し、「体験と意味の、復活と再建の、参加と認識の諸関係を明記する」ことを試みた。この試みは「人間が人間自身について所有する知識の多様相のうちに歴史の知識を位置づける」ためになされるものであった。この目標のゆえに、アロンは、シュッツの目には社会学の分野で自分が試みている事柄を、歴史の分野で行っている一人の仲間の思想家として映った。各自が各自の領域に一つの現象学的心理学的基礎を与えようと努力していた。シュッツは、アロンが『意味構成』をすでに読んでいて、これによってとりわけ動機の理論によって影響されていたという事実に、特に胸を打たれるものがあったに違いない。

過労、不安、そして情緒的圧力にもかかわらず、シュッツがパリ滞在から得たものは豊かであった。パリ滞在はアロン・グルヴィッチとレーモン・アロンとの友情をもたらし、また幾人かのその他のフランス思想家との出会いも可能にした。フランス語で流暢に話したり書いたりする学習はある重要文献に直結する道を開いた。もう一つの文化の知的諸成果を含んで、シュッツの哲学的、社会学的地平は広がったのである。

第三編　ニューヨーク

1939―59

シュッツはその学問的生涯のはじめの半分をヨーロッパで過ごし、あとの半分をアメリカで過ごした。シュッツのヨーロッパでの歳月は、振り返ってみると、彼の思想が発展する段階をたどるにつれて明らかとなる、さまざまな段階のつながりであり、それぞれの段階を特徴づけるものはその学問的諸活動である。

この発展のさらにいろいろな局面が、シュッツのアメリカ生活にも認められる。しかしながら、どちらかと言えばそれらははっきりとしたものではなかった。『意味構成』で定礎された土台の拡張よりも、むしろ思想の深化と洗練がなされたのである。それ以上に、シュッツの知的諸活動と諸関心の進行の全体を段階論による一つの図式で扱うことはもはやできなくなっている。むしろ、彼の諸活動には、アメリカ時代の彼の生涯を貫く、人との関わりと関心事という二つのタイプがあり、いずれもそれ自体の連続性と関連性のなかで［考えたときに］最もよく分かるようになる。その一つは、シュッツと他の学者たちとの関係である。もう一つは、シュッツのいよいよ多面化するフッサール哲学の再評価の進行に関係する。これらが本書のこの後の第二部と第三部を構成する。

第三編は、本伝記の既述の第一部を閉じ、次いで伝記の続きの二つの部を開くことになる。本編の残りの本文で、私はシュッツの旧大陸から新大陸への移住に密接に関連した外的諸事実について簡単に触れる。

物質面でのシュッツの運命はライトラー銀行とその仲間たちの運命と結びついていた。一九三三年からずっと、彼らは経営を西方向に転じる可能性を調べていた。彼らはこの調査の専門的な仕事の責任をシュッツに委任した。かなり頻繁にフランス、オランダ、そしてイギリスへの渡航を必要とする任務だった。これらの活動が頂点に達したのは、何人かの上司とともに、一九三七年の三月中旬から四月中旬にかけて訪れた合衆国においてであった。一行はニューヨーク、ワシントン、そしてシカゴを担当した。しかし、シュッツは数日間それとは別にバッファローへの旅行を予約した。トップの銀行経営者、著名な弁護士たち、買い付け主任、議員たちとのいろいろな面談が、証券市場や他の取引所へのたび重なる訪問と交互した。人との関係の面では、シュッツはウィーン時代の友人たちとの束の間の出会いを楽しんだ。フッサールの子息や令嬢のところに滞在したが、二人はニューヨークで裕福とは言い難い状況下で暮らしていた。マッハルプとの再会、ドリオン・ケアンズとの長い議論、そしてアメリカのもう一人のフッサール研究者、マーヴィン・ファーバーとの面会……。シュッツはフッサールの推薦で彼を表敬訪問したのである。

ライトラー商会グループはそのアメリカ出張の結果を入り混じった感情で見つめた。彼らはグループの諸活動の移転が経済的に成功するとの楽観的見通しを述べたわけでもなく、またその移転に反対の勧告をしたわけでもなかった。ヨーロッパでの事業への強い関心から、パリの事務所をできるだけ長く存続させることになってはいた。しかし、より長期の［持続できる］事業への関心と、協同者たちの安全にも配慮すべきであるとの考えとによって、グループの本部をアメリカへ移すことに賛意が示された。一つの例外はあったが、ライトラー商会がアメリカへ移る準備をしている間に、大西洋の両側で［軍事］作戦が計画されていた。

七月中旬、シュッツは自分の近しい家族とともにニューヨークに向けて船出した。しかしシュッツは新しい本社とパリとの間の連絡係の勤務を命じられていたので、数ヶ月の期限で、一九三九年九月一日に、［パリへ］戻る予定であった。その最後の瞬間にシュッツの上司たちは彼の出発延期を決定した。九月一日、ヒトラーがポーランドを侵略した。二日後、イギリスとフランスはドイツに宣戦布告をしたのである。

これより十六ヶ月前、ヒトラーはシュッツをフランスへの亡命者にした。今、シュッツはアメリカ合衆国への移入者であり、またその潜在的市民であった。彼はライトラー商会とともに仕事をもつ運命にあり、彼らと重大な責任によって結びついていたが、そのことはここでは論じられない。もし彼らが新しい国で自分たちの足場を築くことに失敗したとすれば、シュッツはどこかほかの場所で生計を求めなければならないことになる。大学で教えることは、シュッツの想像できる他のどの仕事と比べても相対的によい選択であるように思えた。

フランスを離れるに先立っていろいろな選択肢をあらかじめ考えながら、シュッツは合衆国で教えている友だちと手紙を交換した。必要があれば頼れる、急場をしのぐ計画が必要だった。しかし彼は、フランスから、ロックフェラー財団の奨学金に志願するという提言を、自分の未熟さを理由に取り下げていた。ロックフェラー財団は、ある有名な大学での一年間の地位を提供するというのであり、アカデミックな経歴への、言ってみれば一つの確かな橋わたしとなったと思われる。

このことが判明したとき、ライトラー商会はどうにかシュッツを引きとめ、シュッツはそのままライトラー商会に長年の間雇われることになる。一九四三年の秋には、彼は事業経営者であり学者でもあるという二重の存在だったが、ニュースクール・フォア・ソーシャル・リサーチの大学院学部における社会学の時間講師の地位を引き受けることによって、三重の存在に転ずることになった。一九四九年には、一セメスターにつき一講義から二講義へと彼の授業負担を増やした。とは言え一九五六年にやっと彼はその事業責任から抜け出すことに成功し、哲学部と社会学部の両学部に彼の本務を振り分けながら、専任の教授となった。三重の仕事の負担をこなすという長年の重荷は代価をともなった。シュッツは健康をすっかり害してしまっていたのだ。その後、知的作業に専念するために彼に与えられた時間は三年にも満たなかった――そのうちの一年目は、彼の慢性心臓疾患の発作によって大きく妨げられた。三年目に、その疾患によって命が縮められ、彼は命を失うのである。

第五章 アメリカ的思考との出会い

生まれ故郷の大陸から亡命した一人の男として、シュッツは新しい社会と文化のなかで自分の立場を回復する必要があることに気づいた。この点では、彼は大多数の彼のヨーロッパの友だちや知人たちよりもある幸運な有利な地位を得ていた。彼らの大部分は、大学で教えるという周辺的な視座からこの新しい国を見た。シュッツの有利な地位も少なからず限定されていたが、それは社会生活の主要部門の一つ、ビジネスの世界に位置していた。加えて、アメリカの大学生活についての多くの知識を、彼は大学で教える友人たちから積み上げていった。間接的にではあったが、この知識の獲得は、距離を置いた観察者の役割を演ずる機会を彼に与えることになった、一つの立場から得られたものであった。シュッツはアメリカの高等教育や大学の学問について、友人たちの見方よりもはるかにバランスの取れた見方をした。彼らは選択によってではなく、運命によって、一つの制度に投げ込まるという文化衝撃に苦しまなければならなかったし、この制度を旧ヨーロッパのエリート主義的な大学制度との比較によって体験したのであった。

シュッツはまた、自分にはこの国にもたらすものがあると思った。だが同様に、この国が彼に持ちかけなければならないものが何かを知りたいとも思った。ウィーンでは、彼はウィリアム・ジェームズの現象学に対する潜在的意義を知っていた。一九三七年の合衆国出張の際、アメリカ社会学が一つの盛んな研究分野であることを知った。一年後、パリでは、彼は何人かのアメリカの社会学者たちが基礎理論に重大な関心を寄せていることを知ったのである。

第九段階：新しい世界地平——社会学

ライトラー商会の将来が不確かであった最初の時期は、シュッツにとって銀行業務の縮小した時期であった。彼は利用できる時間のほとんどをアメリカ社会学の文献に精通するために用いた。

彼の実際の読書計画は知られていない。その形跡は、サムナー、ヴェブレン、トーマス、パーク、キンボール・ヤング、クーリー、ミード、そしてエルスワース・フェアリスの参照に見出されるのであって、これらはアメリカにおける最初の数年間の彼の書簡や著作に点在している。シュッツが直接コンタクトをとったアメリカの社会学者や社会心理学者には、ハーバード大学のパーソンズとオールポート、コロンビア大学のマキヴァーとマートン、そしてバッファロー大学のリチャード・ウィリァムズがいた。

この調査研究の時期が、彼のその後の教育活動と学問研究の双方に大変役立った。彼は、自らの中央ヨーロッパの精神科学的伝統を捨て、北アメリカの社会学的学問をとることをしなかったが、アメリカの社会学者たちによるさまざまな発見物や概念を捜し出すことができた。それらは最良の状態ならば彼の研究に役立ったし、少なくとも、彼の研究をアメリカの学生たちにわかりやすく説明するのに役立った。

四人の初期のアメリカ社会学者がシュッツの理論宝庫の一助となった。ウィリアム・グラハム・サムナーの『フォークウェイズ』（1907）は、そのエスノセントリズムの理論により、「類型化された状況に慣れるためにモノやヒトを扱う文化的な処方」（1953c: 9）のより優れた理解を彼に提供したし、内集団と外集団、我々集団と彼ら集団の間の区別は社会的パースペクティブ（見方）という彼の理解を鋭くした。彼が説明したとおり、これらの区別は社会的に有利な点の性質と機能を説明するだけでなく、「主観的意味と客観的意味との基本的な二律背反」を含んでいる。ある集団が他の集団を見るような外部の見方は、定義上、客観的視点であり、これはある集団が自らを見る、「主観的」内部の見方と対照される。自分たちの「客観的」分類図式で、社会学者たちは大いにこの問題を曖昧にしてきた（1957a: 38, 50, 56-57）。シュッツは「よそ者」（1944a）の例のなかで二つの文化集団の成員たちの内部と外部の見方が四重に交鎖することを辛らつに論証した。

ウィリアム・トーマスの「状況の定義」はシュッツの興味を引き付けた。多くのアメリカの社会学者はこの概念を、文化的に規定された役割という概念に縮減していた。これに対して、トーマスは何よりも先ずその本来の意味に注意を向けた。「社会的現実は、その参加者たちがそのように定義するからリアルであるような信念や確信の要素を含んでいる……」（1954: 263）ということを示したのである。状況の文化的定義に関して彼が強調したのは、「これ（文化的定義）が社会的世界の相対的自然な見方の一部を形成する」ということである。これによってある集団は宇宙のなかに自らを位置づけ、その状況に自らを調和させる（1957a: 50）。決まった状況の定義を用いるとは「いつものように考えること」、つまり類型化によって考えることである。シュッツはこのような類型的な定義を上手に用いることを強調したばかりでなく、その失敗の可能性をも強調した。「もしこれらの前提のたった一つでも検証に耐えないなら〈いつものように考える〉ことは実行できなくなる。そこである危機が生じ、W・I・トーマスの有名な定義に従うなら、それが習慣の流れを遮り、意識の変化と行動を引き起こす……」（1944: 502）

一方でチャールズ・ホートン・クーリーの「第一次集団」や「対面的関係」の概念が、他方で「鏡に映る自我」の概念が、シュッツの関心を引いた。彼は「対面的関係」の表現に興味をそそられ、これを彼自身の目的のために「ある特殊な間主観的関係」（1955b: 162）として採用した。シュッツは、クーリーと同じように、この特殊な間主観的関係に根本的意義を認めた。彼はクーリーを「あらゆるコミュニケーションに必然的に先行する社交の形式」（1952b: 78）があることを示した一人の思想家として評価した。しかし、第一次集団のクーリーの定義のなかに述べられているように、クーリーの対面的な結合関係を「親密性」とはっきり関連づけることには、シュッツは大いに反対した。彼はこの用語が「友人の間の親しい会話にも列車のなかの見知らぬ者の同席にも等しく適用しうる社会関係の純粋に形式的な側面」（1953c: 12）を指すと主張した。これとは違って、シュッツは、「クーリーの鏡映効果による自己の起源の理論」を十分に評価した。この理論は「われわれはそのユニークな伝記的状況における同僚の個人としてのユニークさを決して把握できない」という事実、そして個人は「もっぱらその人格の一部に」（1953c: 14）出会うにすぎないという事実を扱った見事な試みである。また彼は子どもの社会化の過程におけるこの鏡映効果の機能を取り扱わなかったが、これを直接交換のなかの二人の人物の間の互酬的認識を記述するために用いた。クーリーと同様、シュッツは鏡の「メカニズム」の作用から生じる消極的結果の可能性を強調した。彼はそのような結果は「はずかしめ」ばかりでなく、むしろ、内集団と外集団の成員の出会いにおいて、苛立ちと怒りを創出することもあるとする。好ましくない反応は鏡の欠陥である（1944: 503）。積極的ないし消極的な反作用はさておき、鏡映効果は諸集団が相互に育くむステレオタイプ化したイメージに応用されうる（1957a: 54）。

ジョージ・ハーバート・ミードは、ウィリアム・ジェームズに次いで、可能性としてシュッツにとって最重要なアメリカの思想家であった。そのアメリカ時代を通してシュッツは、ミードについての完全な批判的論評を書く計画を練っていたが、事情がこれを許さないとずっと嘆いていた。この理由こそ、シュッツが五〇年代初めの時期にニュースクールで博士課程後の研究をしていたモーリス・ナタンソンに、現象学に対するミードの意義についての博士論文を書くようにと示唆したことであった。ミードは、シュッツのアメリカ時代の諸論文の三分の一以上に登場する。彼が、一九四五年に、「現象学のいくつかの主要概念」を議論したとき、「現象学的心理学の諸方法と諸結果は」――シュッツ自身の基本線である――「G・H・ミードの基本概念のいくつかのものと（目だって）収斂する」（1945b: 95）と述べて、ミードの意義を強調した。ミードの社会的自己の概念は、シュッツの関心の中心にあった。シュッツは、行動主義者のミードの出発点から距離をとったが、ミードが人間の実存や体験という非行動主義的諸現象を把握していた点を理解していたし、特に、“I”（主我）と“Me”（客我）の区別、すなわち現在の自己と過去の想起される自己あるいは未来において想像される自己との間の重大な区別をすでに行っていた点も理解していた。この他、シュッツはミードの「一般化された他者」の理論を新たな見方へ導いた。「他者の役割を定義するとき、私は一つの役割を私自身に引き受けている」、すなわち、私は私自身を類型化するのである（1953c: 14）。さらに、シュッツはミードの「有意味的身振り会話」や「操作可能な範囲」の論述にも注意を払った。前者は「一緒に音楽を演奏する」（1951b）ことの過程と関連して、後者は「仕事の世界」という「至高の現実」（1945c）の地平構造を構成する議論と関連して。

モーリス・ナタンソンに宛てたある手紙のなかでシュッツは述べている。ミードは「理念型、社会的役割、シェーラーの社会化された意識の解釈」の三つの重要な概念を「独自に発見していた」と。哲学的には、ミードは四つの基本項目を提供していた。「S・アレクサンダー、ホワイトヘッド、ベルクソンにより展開された、時間の諸概念の統合」。「至高の現実としての操作可能な範囲」の発見、「ただ"Me"という過去の諸段階だけを捉える反省作用には"I"は接近できない」という事実の認識。そして最後に、「共通の生活世界という彼の分析の出発点」として知覚を選ばずに、行為を選んでいること。そしてシュッツが思ったことは、ミードの思想をウェーバー、ホワイトヘッド、そしてシェーラーの思想に関係づけることが、最も興味深く好ましいということであった（1956.1.1）。

他の人びと、とりわけ、年若いアメリカの社会学者たちへの言及がシュッツの著作のなかに散見される。彼は、やがて象徴的相互行為論者として知られるようになる、ミードの何人かの門下生たち、エルスワース・フェアリス、ハーバート・ブルーマー、タモツ・シブタニ、そしてラルフ・ターナーに注意を払った。しかしながら、利用できる読書一覧表、読書方針の記述、そして読書のあらましが示しているように、自分の方針を展開するなかで、かなりの数のアメリカ社会学者たちの文献を追加で集めていた。一つの不完全な収集であるが、先に述べた社会学者たち以外に七十五の名前が数えられる。それらは創立者の世代、シュッツ自身の世代、そしてその後継者の世代に及んでいる。彼のリストには、ほんの少し例をあげれば、パークとバージェスによる古典的テキストや読み物、バーンズとベッカーによる社会学の広範な調査研究、ティマシェフの『社会学の歴史』、ヴィーゼ＝ベッカーの研究などが見出される。シカゴ学派はスモールとヴィンセントまでの初期の代表者たち、著名なモノグラフ研究の著者たちエヴェレット・ヒューズとエドワード・シルズによって示される。その他の中西部アメリカの社会学者はハワード・ベッカーと彼の初期の協力者ジョン・マッキンネーであった。ハーバード大学はピトリム・ソローキン、ゴードン・オールポート、そしてパーソンズと彼の初期の門弟たちによって代表された。シュッツは同様にマキヴァーにも実質的注意を、マートンにもいくらかの注意を払った。両者はコロンビア大学出身であった。そしてリントンをめぐる人類学者のグループにも注意を払った。記載されたその他の文化人類学者はロバート・レッドフィールドとマーガレット・ミードであった。アメリカの社会的行為論は、一部ウェーバーによって影響されて、もっぱらハワード・ベッカーだけでなく、同じようにフロリアン・ズナニエツキー、セオドール・アベルそしてロバート・ビーャステッドによって代表された。

シュッツはアメリカ社会学の幅広い知識を背景にして、中央ヨーロッパの社会学という銘柄をアメリカの読者や聴衆に提供したのである。

ところでシュッツは、ある学問の専門分野とは、該当する文献を選択すること以上の何かであることを知った。基本的に専門分野は、教える者たち、審査する者たち、そして執筆する者たちから成っている。シュッツがアメリカに到着したとき、その国のどの専門の社会学者にもということではないが、彼が最高に尊敬する少なくとも一人の社会学者、タルコット・パーソンズに会うことには熱心だった。『社会的行為の構造』をパリで読んだとき、シュッツはパーソンズに同じ類の関心を抱く一人の思想家を見たのであり、その人は、ウェーバーの「主観的」アプローチ、すなわち、ウェーバーの理解社会学の意義を理解し、これとの連関で社会学の展開を図ろうとしている一人のウェーバー学徒であると思われた。パーソンズはイギリスにおいて人類学者マリノフスキー、ドイツにおいてウェーバー研究家のフォン・シェルテングのところで研鑽を積んだ。彼はドイツの事情によく通じていた。それにシュッツの励みとなったはずであるが、パーソンズは『意味構成』を一九三七年の研究［『社会的行為の構造』］の文献目録に載せていた。ウィーン時代の知り合いの経済学者ゴットフリード・ハーバラーはその頃ハーバードで教えていたが、パーソンズにシュッツに対する注意を呼び起こしたのはこのハーバラーであった。パーソンズはシュッツに対して、大勢のハーバード大学の社会科学者たちによって組織された学部セミナーの授業で話して欲しいと招待した。一九四〇年四月、シュッツは「社会科学における合理性」について話した（これは一九四三年に題目を少し変更して出版された）。パーソンズとシュッツは昼食をともにしたが、その時は互いの理論的枠組みについての真剣な議論には立ち入らなかった。

一九四〇年の終わり頃、シュッツはパーソンズの著作に関する長大な論文を書いた。彼はその原稿をパーソンズに郵送した。彼はその論文のなかで、パーソンズの理論が「社会科学の中心にある最重要の諸問題」に関係しており、詳細な討議が必要であると書いた。シュッツはその論文をそのままの形で発表する意図のない旨を明言した。なによりも先ず、彼はパーソンズにその理論の解説を点検するように頼んだのである。不注意な間違った説明を行いたくなかったからである。このほかに、彼は一連の議論すべき論点を選び出し、学問的意見交換を提案したが、それは対面でなされるべきであると一度ならず強調した。心からの対話を望んでいたのである。残念なことに、私的な会合は実現しなかった。シュッツは、必要なら喜んでこのためにケンブリッジへ出かけようとさえ思っていたのであるが。一九四一年一月中旬、パーソンズはシュッツの草稿に三通の立て続けの手紙という形で応答することに決めた。順繰りにシュッツは詳細にこれらに応答し、パーソンズによる短い返事を引き合いに出しながら、最後の一文で次のように論評した。「手紙による議論は、誤解がすぐに氷解される対話の、貧しい〈代替品〉にすぎません……」(1978: 111)。

これは［手紙による議論の］交換全体の最も適切な論評であった。進行をともにしたという相互の自覚もなければ、一致と不一致のはっきりした分岐点もなかった。何が起こったのか？

シュッツはその論文の目的を、パーソンズ「自身の社会的行為論、諸社会科学の方法論の進展における真の進歩を代表する一理論」を「再現し、討議する」ことと宣言していた。彼は批判的にこの理論の七つの局面を議論したが、それは「パーソンズ教授がなし遂げた偉大な著作の批判を意図するものではなく、むしろ自分たち双方がともにしている「社会科学のこれらの諸原理の議論を続ける」ためであった(1978: 8, 60)。パーソンズはその論文を議論への一つの招待として読まずに、「私の著作の広範囲におよぶ修正」の要請として読んだ。したがって、パーソンズはその返答を次のように述べることから始めたのである。「あなたの論文は……それが論じているこの著作の全面的再構成が唯一適切な返答である、といった類の真っ当な批評になっているとは思いません」と。パーソンズはこのような考えを拒絶する三つの理由を挙げた。(1)一定の主張についての明確な誤解、時には重大な誤解。(2)「私たちの興味の焦点」が全く異なるので十分に折り合う基盤がない。(3)「一定の範囲の哲学的問題それ自体のため」というシュッツの研究には興味がない。

第一点は、なんら議論にならない。シュッツがパーソンズに論文草稿を手渡した一つの率直な意図は、彼の助けを懇請して、ありうる誤解を正すことであった。第二点は次のことを意味している。パーソンズはそれらの問題を「一般化された科学理論の体系」によって理解した。シュッツは方法論ならびに認識論の諸考察を訴えたが、パーソンズはそのような考察には用がなかった。これは二人の間の核心的な違いに通じるものであった。第三点は、要するに、シュッツの社会学的推論における哲学的考察の役割について(パーソンズが)大きな誤解をしていたのだ。(2)の点はもしかしたら二人の異なる目標について実り豊かな討議の出発点となり得たかもしれない。しかしながら、そのような交換はシュッツ論文の一般的意向をパーソンズが誤読したことで遮断された。シュッツは二人にとって関心のある理論の将来の発展に期待した。パーソンズはシュッツの批判的考察を自分の一九三七年の著作に対する改訂の要請と考えて、逆の方向を見たのである。シュッツの諸考察を拒絶したか、若干の利点を見出すにしても、それらが彼の理論構築の目的には無関連であると考えたか、そのいずれかであったから、パーソンズは基部の一インチたりとも譲り渡さない、水も漏らさない防御を展開したのである。パーソンズと意見を取り交わす彼の試みの予期しない結果に、シュッツは大いに驚き動揺した。返信において、彼はもう一度強調した。自分はパーソンズの著作を批判することに関心があるのではなく、社会学における若干の基本問題についてある代替的な見方から議論することにこれまで関心を抱いてきたのである、と。シュッツは、パーソンズが述べているように、もしかすると二人の目標の違いが〈実際に〉存在しており、またそれゆえに、二人のそれぞれの前提における本当の違いを掴み損ねているのかもしれないと、疑ってみた。しかしそれよりも、彼が思い続けたことは、ウェーバーへ依拠するその論理からして、パーソンズにはシュッツが概略した方向へ進む以外に選択はないということであった。したがって、シュッツはパーソンズに、彼の分析は「主観的見地に関する限り……まるで徹底していない」(1978: 104) と語った。

シュッツの論文およびパーソンズとの往復書簡はすでに公刊されているから (1978 邦改訳 : 2009)、ここで詳細にそのやり取りをフォローする必要はない。明らかに、それは互いのフラストレーションが解消されないままに終わり、またシュッツの側では、パーソンズの『社会的行為の構造』に関する全論文をいかなる形式にせよ公表することを差し控えると請け合うことになった。「残念なことに、不適切で無関係なものとされたあなたの著作に関する私の論文について、学会等での発表を望むには、この著者と著作に対する敬意はあまりに大きく、また論争を求める気持ちはあまりに小さいのです」(1978: 106)。

振り返ってみると、パーソンズとシュッツの不運な手紙のやり取りの経過の諸理由を認識することは難しくない。二人のパーソナリティの違いを別とすれば――たしかにこれは理由の一部ではあったが――、これらの理由は単一の基礎的要因に還元される。彼らのいずれもがある根本的に異なる方向へ進んでいたのである。

両者はウェーバーの理解社会学をその出発点と考えていたし、そのことは実りある討議を約束する一つの事実であった。しかるに、シュッツはウェーバーの理解社会学に内在する種々の曖昧さを解決し、これを一つの首尾一貫した主観的枠組みへ展開しようとして理解社会学に取り組んだのである。パーソンズは、これに対して、社会学的実証主義には社会的行為者たちの主意性を論ずる余地が全くないという酷評から免れる手段を理解社会学が提供しているという理由で、これを考慮に入れたのである。ところでウェーバーの主観的意味という概念については、後者［パーソンズ］の著作のなかでは三つの異なる説明があった。それらのうちの二つは、どの社会科学者に対しても動機理解を強いるということであった。［社会科学者とは］行為者によって「現に思念された意味」「の理解」を目指している者である。シュッツは後者（「現に思念された意味」）がウェーバーの構想全体における唯一の純粋に主観的概念であることを踏まえて、その意味合いを徹底して追求すべく決心した。パーソンズは、それとは対照的に、主観的意味を一種の理論概念と考えたのである。結果として、個人の動機に代わり、社会的先行与件の規範や価値を主として用いることになった。この意味においてパーソンズの「行為の主意主義的理論」の基礎となったものは「主観的アプローチ」の核心には属さないとして、シュッツによって度外視されたのである。厳密に言えば、彼らの共通する出発点は明らかに存在しなかったのである。

シュッツはパーソンズとの手紙のやり取りに入ったが、それは次の仮定に立ってのことである。パーソンズの主観性の見解は、社会学的諸概念における派生語の使用によって不鮮明になっている、と。パーソンズは、彼の新カント派的教養からして、その［主観性の］存在は否定しないとしても、これを入手できることを否定した。彼らの実際の出発点から、パーソンズとシュッツは正反対の方向へ進んだのであった。パーソンズのウェーバー批判は、ウェーバーが「一般化された理論体系の役割を評価し損ねていること」に集中した。このことがウェーバーの方法論に「重大な限界」を課している以上、パーソンズはこれを乗り越えようと意図したのである。さらに彼は論じた。ウェーバー自身の経験研究は方法論的意図がなかったにもかかわらず「一般化された理論へとまっすぐ通じている」ことを自分の研究が証明したのだ、と。社会システムという彼自身の最初の理論を導き出すために――この考え自体をウェーバーは嫌ったが――、彼はいくつかの障害を取り除かなければならなかった。第一に、パーソンズは社会科学の自然諸科学からの分離を「擁護できない」と宣言した。第二に、ウェーバーの唯名論的解釈に基づく科学の「一般的概念」は否定されなければならなかった。それは「本来非虚構的な一般化された理論体系の役割を曖昧にする傾向にあったからである。第三に、ウェーバーの方法論的唯名論は、「彼の仮説上具体的なタイプ概念とそれらのタイプ概念の経験的一般化……およびある一般化された理論体系の諸範疇との間の重要な区別を曖昧にした」（パーソンズ、1937: 715-18）。

シュッツは、ウェーバーの基本的立場をパーソンズがこのように論駁する意味合いが分からなかった。シュッツが「自分自身の立場と科学的理論の一般化された体系」との間のパーソンズによる区別に無頓着であったのは、彼は彼なりの一般的体系化の意向が念頭にあったからである。シュッツは、『社会的行為の構造』の著述以来、パーソンズが「一般化された理論システム」という目標から一種の普遍的システム理論の枠内における一般化された社会システム理論という目標へ移動し始めたことに気づかなかった。一九五〇年代初期にやっとその頂点を迎えることになる、この移動のプロセスの特徴は、一九三七年の「主意主義」のスタートラインからの一貫した後退であり、ウェーバーの社会学をパーソンズ主義の堅苦しい先駆者に改変することであった。社会システムの一種の構造 - 機能主義的理論がそれであり、パーソンズがすでに一九四一年に書いた通り、諸動機の主観的範疇は、例えば、「力学における諸力と大変類似している」諸要素を意味した。

一九四〇～四一年のシュッツとパーソンズの手紙のやり取りは、この理論では、各々が正反対の方向で見ていたことを示している。ある一貫した主観的志向性についての関心から、シュッツはエドムント・フッサールのほうに手を伸ばし、他方のパーソンズは普遍的な構造－機能主義的システム理論の方に動いた。原理的に言えば、ハーバード・スペンサーへ立ち戻った[1]のである。

一九四〇～四一年の手紙のやり取りが失敗に終わっても個人的怨恨の感情は生まれなかった。シュッツはパーソンズの理論的著作を正当に取り扱い続けた。五〇年代初めに、パーソンズとシルズの著作『行為の総合理論をめざして』（1951）の最初の二つのパートを彼は四苦八苦しながら、多量のノートも取って詳しく検討した。彼の理論セミナーの学生たちはパーソンズの最新の出版物を読み、これらの出版物について幅広く報告しなければならなかった。彼が絶望して諦めたのは、やっと一九五三年に入り、パーソンズ＝シルズ＝ベイルズの『行為理論のワーキング・ペーパー』を一部受け取った時であった。他のアメリカの理論家たちと同じように、そのとき思い知ったのである。パーソンズに歩調を合わせることは、常勤の大学業務となること、そして他の理論家たちや自分の論文には取り掛かれなくなることだ、と。

その他のアメリカの社会学者たちとの出会いは、どちらかといえば幸先の良いものであった。一人だけここで触れることにしよう。リチャード・H・ウィリアムズ。

ウィリアムズは、シュッツが会った最初のアメリカ人社会学者であった。ウィリアムズは、現象学的アプローチに真面目な関心を示した最初のひとでもあり、さらに『意味構成』を著者に会う以前に読んでもいた。ウィリアムズはハーバード大学のソローキンやパーソンズのところで研究した。彼の学位論文（1938）は受苦の問題を扱った。それは主としてマックス・シェーラーに基づいていた。シュッツが彼に会ったのは、一九三七年、彼がバッファローを最初に訪問した時であった。一九三九年、ウィリアムズはシュッツのアメリカでの最初の論文、フッサール記念号の寄稿「現象学と社会科学」（1940a）の翻訳を申し出た。この記念号に寄せたウィリアムズ自身の論文は、その学位論文からシュッツの論文と著書をも利用して築き上げられた。この小論は、ウィリアムズが一群の思想家たちに連なる機縁となった。彼らは人間体験の固有の領域に現象学的アプローチを押し広げることに寄与した。ウィリアムズの二つ目の研究は「感情行為の社会学に対するシェーラーの寄与」（1942）である。もう一つ［シュッツと］大いに関係のある話題である。シュッツはウィリアムズにシェーラーの『知識の諸形態と社会』の蔵書を貸し与えた。しかしウィリアムズとの理論上のやり取りは、シュッツの職業上の重い負担によってうまくいかなかった。二人は時折顔を合わせたが、一九四五年、ウィリアムズが公務で占領下ドイツへ出向するまで、その交際は相変わらず行き当たりばったりのままであった。ウィリアムズのその後の経歴については、応用調査研究領域の実用的な仕事に転じたことが分かっている。

第九段階：新しい世界地平――哲学

シュッツは、アメリカの社会学者タルコット・パーソンズとの理論上の実り多い意見交換ができなかったという深い失望を味わったが、同じ頃、アメリカの哲学者マーヴィン・ファーバーとの意見交換や共同研究の展開によって元気づけられた。ファーバーは一九二二～二四年ドイツに留学し、一九二六～二七年に再留学した。かの地で、しっかりとフッサールに取り組み、フッサールの下で他ならぬ学位論文を書き終えていた。しかし、研究助成金の規定では、ハーバード大学での博士としての特定研究を行うことが義務づけられており、ファーバーはハーバード大学では論理学と科学哲学に専念した。一九二八年に、ファーバーは『方法と哲学教科としての現象学』に関する研究論文を発表した。

すでに述べたように、シュッツはファーバーに出会っていた。一九三七年、シュッツが合衆国で最初に一時逗留した期間である。ドイツによく通じ、フッサールの弟子を自認するファーバーは、その後もシュッツとの触れ合いを保ち続け、その二年後の後者の［合衆国への］移住の直前と直後には、その協力を得ようとした。血気盛んな男子である。多くの傑出したヨーロッパの現象学者たちの到来により、現象学をアメリカ哲学にもたらす真摯な試みの時がきた、と彼は決断していた。シュッツや若干の他のヨーロッパ人たちと相談して、ファーバーはこの方針をいわば二本の大通りに沿って進めた。国際現象学会［以下、IPSと略記］の創設と現象学運動に資する雑誌の創刊、これがすべてのうちで一番重要であった。ファーバーの熱意と粘りに感化されて、シュッツとフェリクス・カウフマンは、ハーバート・スピーゲルバーグに次いで、これらの努力を支えることに自分たちの最善を尽くした。

国際現象学会（IPS）は一九三九年十二月、ニューヨークのニュースクール・フォア・ソーシャルリサーチに集った会合において設立された。これには二十四人の創設会員が数えられる。北米から十四人、ドイツあるいはオーストリアの亡命学者七人、欠席のヨーロッパが三人。ファーバーが会長、ドリオン・ケアンズが副会長、リチャード・ウィリアムズが会計係に選出された。十八人の評議員が任じられた。アメリカが五人、そのなかにゴードン・オールポートやラルフ・ペリーがいた。ドイツの亡命者五人とオーストリアの亡命者二人――アロン・グルヴィッチ、ゲルハルト・フッサール、フェリクス・カウフマン、フリッツ・カウフマン、ヘルムート・クーン、アルフレッド・シュッツそしてハーバート・スピーゲルバーグであった。五人のヨーロッパの哲学者たちは、オイゲン・フィンク、ルードウィヒ・ラントグレーベ、ガストン・ベルージャー、レオン・ブランシュビック、そしてアントニオ・バンフィであった。またアルゼンチンの一人はフランシスコ・コメロであった。学会が生まれて最初の十八ヶ月間に、学会は二百人以上の会員を勧誘した。内訳はアメリカが百二十六人、ヨーロッパの亡命学者二十六人、ヨーロッパの哲学者三十人、ラテンアメリカの思想家二十三人、他の大陸出身者三人である。

この学会は「フッサールによって開始された現象学的研究」の育成を目指して、次の三つの実践的目標を掲げた。各国に学会支部を設けること、大会の召集、雑誌の刊行。一種の国際的規模のこの計画を実施することは、ヒトラーがヨーロッパで始めた戦争によって出だしから困難となった。実践的目標とはいえ、海外の学会支部の設置は不可能だった。合衆国が一九四一年に参戦したとき、ヨーロッパの会員たちとの関係は完全に分断され、国際的大会の召集は問題外となった。ただ合衆国東部に在住する会員たちだけがアメリカ哲学会の東部支部という枠組みのなかでどうにか臨時の現象学部会を準備し計画したのだった。

シュッツははじめから学会活動がアメリカ哲学の主流から全く切り離されてしまうのには反対の意見だった。本会の会員は、フランスの画家たちの前例にならうことには用心すべきである。画家たちは自分たちの作品が大展示会に入れられなかったとき「落選画家たちの展示会」の標題で自分たち自身の展示会を計画した（ファーバーへの手紙、1940.10.2）。シュッツは自らアメリカ哲学会に入会し、一九四〇年一二月、有名なウィリアム・ジェームズに関する論文を、その年次大会開催中の特別シンポジウムで発表した。

戦後の数年間はＩＰＳ（国際現象学会）の遠大な組織づくりの目標を達成するには至らなかった。ＩＰＳの活動はまだごく小規模にとどまった。五〇年代後半に入ってようやく、ヘルマン・ヴァン・ブレダが――ルーヴァンのフッサール・アーカイブを主管したが――、ＩＰＳの一ヨーロッパ支部をどうにか設立して、シュッツを含む数人のアメリカ人が参加する、学会の最初の会合を準備した。

ＩＰＳの創設者たちは最初の二つの目標を追求するにあたって、侮りがたい困難に直面した。これに対して第三の目標である雑誌の刊行は速やかに実現された。雑誌第一号は、一九四〇年九月、すなわち創設から九ヶ月という時間で刊行された。ファーバーはバファロー大学の学長や他の役員たちを納得させた。哲学雑誌の発刊が大学の威信を高める、と。ハーバード大学の助成金を受けて『哲学と現象学研究』(Philosophy and Phenomenological Research〔以下、PPRと略記〕)が世に出た。この名称はフッサールの有名な『哲学と現象学研究のための年報』に由来した。ファーバーは、もちろん編集長となった。IPSの会計係が雑誌の財政運営の世話をした。一名の編集委員が学会員から抜擢され、シュッツが担当することになった。

PPRの最初の数年間のファーバーとシュッツの往復書簡には、雑誌を創刊し、これを存続させるためにファーバーが行った信じ難いほどの奮闘が記録されている。ファーバーは、編集委員や協同者たちが地理的に散らばっている(しかも数年間秘書もいない)がために手紙によって雑誌の事務の一切を行い、首尾よく各号をスケジュール通りに発刊し、しかも雑誌論文の高い質を保ち続けたのであった。彼は頻繁に短い手紙を三人の編集仲間に――しばしば毎日――書いたし、夜は夜で、疲労困憊するまで働きつめた。ファーバー自身の記念碑的労作『現象学の基礎』の完成は遅れに遅れざるを得なくなった。

この雑誌にとって正念場の最初の三年間、シュッツはこの気狂いじみた過程に完全に巻き込まれた。第一号を刊行した後に、ファーバーが彼にその事業への援助に対して感謝を述べたとき、シュッツは感謝されるほどのものではないと自分の努力を卑下したが、それは当然受けるべきものをファーバーの仕事に授けるためであった。しかしシュッツは、この雑誌を続けることが彼自身の時間とエネルギーを限界まで酷使することを知った。彼は雑誌の最初の編集方針を具体的に策定するだけでなく、実際の編集作業の実施においても絶大な役割を演じた。スピーゲルバーグも同様にこれに巻き込まれた。

編集に関する密度の濃い手紙のやり取りのなかで、またやり取りを通してさまざまな決断が手元に届けられた。どの評判の著者たちに原稿執筆を願うべきか、どの論文が受理され、どの論文が拒否されるべきか、また受理される論文にはどのような修正が要求されるべきか。一般的な評価や編集に関わる提言、本文や編集の改訂などのためのたくさんの原稿が、バッファローとニューヨーク（同様にスワースモア）の間を発送されたり返送されたりした。加えて、ファーバーはまた、シュッツが今後この雑誌の重要な寄稿者の一人になると考えていた。フッサールの未発表論文の編集者として、あるいは彼自身の論文の執筆者として。この点で、ファーバーがシュッツから期待したのは、何とか彼が応えられるものより相当に過ぎたものであった。

シュッツにとってハードで、時には全く気違いじみたPPRの編集の仕事との関係は三年後に和らぎはしたが、それはシュッツに新しい責任が生まれ、ファーバーと歩調を合わせることが難しくなったからであった。シュッツがニュースクールの教授スタッフに非常勤講師として加わってからというもの、残りの時間のほとんどが授業準備、学生との接触、および大学の仕事という雑多な、害はないが時間のかかる用事に忙殺された。彼は本来の目的である共同編集者としての役目を継続できなくなり、方針に関する問題への助言や時折原稿をレビューすることに仕事を限定した。

しかし、この親密なファーバーとの結びつきと共同研究こそ、何にもましてアメリカの哲学者たちとの関係を不動のものにし、哲学に関心をもつアメリカの聴衆に向かって演説する機会を見出すという、シュッツの意図が早期に実現をみる縁となった。

シュッツの例の哲学サークルで初期の知己のうち、三人がここで触れるに値する。V・ジェラルト・マックギルは、ファーバーの親友で雑誌PPRの最初の編集委員の一人で、ニューヨークに在住していた。シュッツとは、時折、基本的に編集方針の問題等に関わることで会った。カート・デュカスはブラウン大学で教え、元来は精神分析の伝統のなかで仕事をしていたが、一九四〇年の終わりにフィラデルフィアで開催された現象学者たちの初会合の間に、偶然にも「自分が大いに現象学と共通している」ことを発見したと、彼は後になってファーバーに語った。マックギルと同じく、デュカスもまたPPRの初期の刊行物への寄稿者となった。シュッツは彼との付き合いを大事にしたが、両者の哲学上の接触は時々起こる程度にとどまった。モーリス・マンデルバウムは、一九三八年の『歴史的知識の問題』という彼の研究で最もよく知られているが、ドイツの精神科学の伝統を身につけていた。シュッツは、彼の著作を一種の歴史哲学の諸問題について英語で書かれた最良の論文と考え、後に、彼の一部の科目ではこの本の講読を要求した。各々が相手の著作を重んじたし、マンデルバウムの尽力によりシュッツはアメリカ哲学会に受け入れられた。彼らは時には書簡を交した。しかしながら、これらの事実にもかかわらず、より深い哲学的な関係は生れなかった。

一九四〇年四月、シュッツは英語による初めての講義をハーバード大学で行っている。彼はシュンペーターとパーソンズが主宰する学部セミナーのメンバーたちに向けて話したのである。しかし他ならぬファーバーの仲介により、彼は、初めてアメリカの大勢の哲学者たちに演説する機会が与えられた。一九四〇年一二月、アメリカ哲学会の東部支部大会の期間中の、現象学シンポジウムの折であった。

シュッツにとって、アメリカの学識ある聴衆に自分の考えが活字になって行き渡ることが有意義である以上、合衆国における生活の最初の三年間でこのことが可能になったのは、ファーバーの最大の手柄とされねばならない。既述のように、ファーバーはシュッツがまだヨーロッパに在住していた頃に、シンポジウム冊子『エドムント・フッサール記念哲学論集』に寄稿論文を書くように彼に勧めていた。またシュッツの次の三つの刊行物を受け入れたのもPPRであった。一つ目は、エドムント・フッサールの「空間構成のためのノート」への短い序文。ここでのシュッツの努力は、「フッサールの」生原稿からの「ノート」の慎重な校訂作業に具現されている。これがこの雑誌の第一号を飾った。翌年、翌翌年には「ウィリアム・ジェームズの意識の流れの概念――その現象学的解釈」（1941）及び「シェーラーの間主観性の理論と他我の一般定立」（1942）が掲載された。

この二つの論文は、シュッツによるアメリカでの刊行物の最重要なものの一つであった。これらは、この年代の現象学のあらゆる出版物と運命を同じくして、現象学に方針づけられた思想家たちの範囲を越えて注意を引くことはなかったが、この二論文こそ、彼が現象学的アプローチの第一級の解説者の一人であるとの評判をしっかりと動かないものにしたのである。

一九四三年以降、シュッツは他のいろいろな雑誌、哲学と社会学の両方の雑誌をも彼の論文の発表の場として見出した。しかしこのことによってPPRの重要さが彼にとって減じることはなかった。一九四〇～五九年の間にシュッツが発表した三七篇の論文のうち、十二篇がファーバーの雑誌に掲載されている。全体の三分の一である。シュッツがその後『哲学雑誌』や『形而上学評論』のような哲学の定期雑誌への権利を得たのは、私の意見では、疑いなくPPRの発表論文を通して得た彼の名声のゆえであった。

ファーバーは雑誌に寄せたシュッツの論文が最高であると考えたし、さらに多くの論文を是非にと彼に懇願した。ファーバーが残念に思ったのは、シュッツの論文を執筆するゆとりが――締め切り期限のあるなしを問わず――彼の職業的義務によって実に厳しく制限されていることであった。編集者のファーバーと執筆者のシュッツとの関係による諸利益は共通のものであった。シュッツがファーバーを通して合衆国における専門家としての桧舞台を見つけたとすれば、ファーバーは自分の雑誌に求めていた、高い質と中身のある一人の寄稿者を獲得したのである。

PPRの編集作業とPPRへの学術的貢献はどちらもシュッツの知的生活の第九期の中心であった。この第九期は、これに先行する二期――そこでは暴力による外部要因の押し付けが、さもなければ抑圧が、学問的関心を追求するのはうんざりしてしまう制限をもたらしたが――それ以後、一つの最も積極的な方向転換を具体化したのである。今や、シュッツの外見上の生活には新しい種類の〈正常性〉が与えられた。学者としての彼の努力の負担はかなりのものであったが、全体的には、まだ何とかなるものであった。そうした状況の下で、シュッツは自分の知的地平のかけ橋をアメリカ的思考の諸領域のなかへ伸ばす機会が与えられた。シュッツは、そのヨーロッパ育ちの学問関心の諸領域とアメリカ的思想の諸関心や諸潮流との間の結節点をこのなかに見出す機会が与えられたし、また幾人かのアメリカの思想家たち――彼らはこれらのいくつかの潮流を代表するか、それとは別に、彼ら自身の知的な諸方針とシュッツの育ったあの中央ヨーロッパの諸伝統との間の結節点を彼ら自身で発見したかのいずれかであった――と近づきになる機会が与えられた。

これらの成果とともに、その成果のすべては――少なくとも基本的意味では――合衆国におけるシュッツの最初の四年の間に獲得されたのであったが、アメリカの諸雑誌への一投稿家としての彼の兼務的な活動は歓迎されるべき副次的効果をもたらしたように思われる。シュッツの最初のアメリカでの刊行物は、アメリカ時代のすべての著作のコンテクストのなかで理解される場合に初めて、その刊行物の二重の目的が明らかとなる。［一つは］彼がアメリカの聴衆たちに提供しなければならないものを小出しに述べることであり、［もう一つは］彼がアメリカの知的伝統の内部にあるいくつかの潮流や傾向から学び取ろうとした事柄の記録であったことである。

シュッツのアメリカ時代の著作物の二番目の目的は、アメリカ生活の第一段階の時期を超えても存続した。ファーバーとシュッツの間の個人的関係並びに学問的関係が続いたからである。二つの様相については、この伝記の第二部においてさらに詳細に注目されることになる。

第六章
統合から応用へ

シュッツの合衆国での学究生活に適応した時期は、彼がニュースクールの大学院学部に加わることを決心した時点で終わりとなった。シュッツは自分の実務上の地位を手放すことなく、これを行わざるを得ないと考えた。数年間、一学期に一つだけ講義を受け持っていたのだが、それでも、彼にかかる余分の負担は厳しいものがあった。教務上の義務に費やされる時間は、学問研究を進めるのに利用できる時間から差し引かれざるを得なかった。とは言え、彼の論文発表数は実際には増え、論文の掲載先もそれまで以上に見つかった。

この章では、一九四三～五六年までのシュッツのアメリカでの仕事の三つの段階を取り扱う。一九四〇～六〇年の間の彼の刊行物の内容は、それ自体、段階論的な仕切りを必要とするものではない。しかしながら、一九四七～五一年という中間の時期にはある重要な場面の転換点が準備されていた。これらの時期はある程度、企画した書物の取り組みに向けられており、したがって一つの独立した段階を示している。さらに言えば、一九五六年になって学究領域に両足を踏み入れるというシュッツの決意は、新しい段階が到来した印となる一つの転換点であるが、章をあらためて論じる。

第十段階：大学での教授と学術研究の統合

ニュースクール・フォア・ソーシャルリサーチは一九一九年に雑誌『ニュー・リパブリック』をとりまくサークルの多数の知識人たちによって創設された。「高等教育を受けた人びとの継続した教育」の拠点の一つとして計画されたが、初めはコロンビア大学出身の二人のすぐれた歴史学者、チャールズ・ビアードとジェームズ・ハーベイ・ロビンソンによって経営され、彼らは理事や学長たちの干渉から自由な学校運営を目指した。しかし二年後、運営上と財政上の問題が二人を辞任に追いやり、以後アービン・ジョンソンがこれを推進する者となった。彼は練達の経済学者であり、どちらかと言えば進歩的思想家であり、さらには非常に明快で洞察力のある人であった。彼は中央ヨーロッパをよく知っていた。大恐慌の間に、ドイツにおけるヒトラーの最終的な勝利を見越して、既存の成人教育学校に一大学院学部を加える計画を展開していたのである。この大学院学部には、移住を余儀なくされたドイツの最良の社会科学者たちや他のヨーロッパの学者たちが要員として配置される予定であった。ジョンソンはこれらの学者たちに来るべき新学部の地位を保証して契約を結んだ。こうして彼は亡命の大学と呼ぶものを早くも一九三三年の秋には事業に移し、次いで一年後には新学部の雑誌『ソーシャルリサーチ』の刊行も可能となった。

ジョンソンは学者たちを中央ヨーロッパから、後にはさらに西ヨーロッパから救出する活動に積極的であり続けたので、シュッツもこの亡命の大学について知る機会が十分にあった。ニューヨークに着いたとき、シュッツはＦ・カウフマンがこの大学と結びついているのが分かったし、この学部の他の二人のメンバーである、アメリカ人の哲学者ホーラス・カレンとドイツ人の経済学者アドルフ・ローとすぐに知り合いになった。しかしシュッツに最も関心があり、その同僚たちや理事たちを説得して非常勤講師の地位を彼に与えようと大いに尽力した人物は、社会学者のアルバート・ザロモンであった。二人は偶然ある集会で出会い、互いに著述家であることが分かった。シュッツはザロモンがドイツでマックス・ウェーバーに関する二本の論文を書いていたのを思い出し、またザロモンはシュッツの『意味構成』を読んでいたのだった。

ニュースクール本部とシュッツとの契約は一九四二年の年末に結ばれた。一九四三年二月、シュッツは最初の科目を教えることになった。彼の知識と人格が〈皆〉に感銘を与えることになり、大学の任務が開始される前のひと月の間、学部全体に向けて話すように要請されたのだった。そのフォーラムは大学院学部の週一回の一般ゼミナールで行われた――これは亡命の大学の特殊な性格を強めたジョンソンの新機軸の一つであった。

シュッツは社会学部――三人の、そして今や四人の構成員からなり、疑いなくその大学院学部全体のなかでは一番小さい部類――に加わる予定であったから、「新参者と余所者」と称する社会学の論文一篇を読むことに決めた。それはこの目的のために書かれたのではなく、一九四二年という早い時期から取りかかっていたものだった。話題はタイムリーであった。その三年ほど前までは、シュッツ自身が合衆国に滞在するためにやって来たまさに余所者だったのであり、しかも彼はこの体験に慣れようと決心していた。ある異質の文化のなかにさし込まれている自分に気づいて、この新しい土地では余所者なのだという個人的問題に心を奪われていること――これは新参者たちが例外なく取りつかれる先入観である――この問題を自分が正当と認める仕方で克服することである。シュッツの社会学的精神は、この「問題」を、感情のレベルを超えて一人の公平な観察者という有利な観点から捉えることを可能にした。それにより、ある個人の体験は多くの人びとに共通する体験の一特殊事例となった。一般性の類型を示すことで、移住者たちの観点は、新参者たちに向かい合うその土地の市民たちの視点と並列されることができたのである。

シュッツの論文は一つの［社会学的］調査として始まった。理論上、彼はゲオルグ・ジンメルとローベルト・ミヘルスから引用された諸提案から始めたが、しかし、とりわけ、アメリカの社会学の文献、W・G・サムナー、W・I・トーマス、フロリアン・ズナニエツキー、R・F・パーク、H・A・ミラー、E・V・ストンクイスト、その他の著作などを入念に調べた。明らかに彼はマーガレット・M・ウッドの研究論文「余所者：社会関係の一研究」のなかに最も大きな経験上の助けを得た。このように準備して、彼はその論文の最終版を書いた。その多くは、知的亡命者からなる聴衆が彼のさまざまな努力を大いに理解し評価することを期待してのものだった。しかしながら驚いたことに、この論文は激しい論争を引き起こしてしまった。聴衆の多くは、もっぱら自分たちと同種の移民のことについて彼が論じていると思ったのである。彼らは社会的かつ地理的な移転による文化的衝撃をいまだに克服しておらず、あるいはその影響に備えて自らを奮い立たせていたので、自分たちの文化的知的遺産を、日常生活のなかで遭遇し体験している本来のアメリカ人たちの生き方や考え方と競い合わせたのである。

シュッツはそのような間違った解釈では議論ができないと思った。彼の論文は論争を呼んでしまった。『ソーシャルリサーチ』の編集委員会はこれを出版しないことに決めた。シュッツはこのような問題にはひどく傷つきやすく、初めはその出版は永久に許可されない方向に傾いた。その後、彼はそれを『社会心理学雑誌』への寄稿論文としてゴードン・オールポートに申し出た。すでに確定していた出版計画により、オールポートはこの論文を受諾できなかったが、シュッツに『アメリカ社会学雑誌』を紹介した。ハーバート・ブルーマーは、編者としてシュッツの論文の重要性を理解した。この論文は「シカゴの伝統」にぴったり適合したのである。彼はそれを「余所者：社会心理学の試み」（1944a）の題目で出版した。

一九四三年の春学期に、シュッツはまさしく最初の大学の講義科目を教えた。それは社会学理論入門として発表された。履修要覧によると、「社会学理論のさまざまな基礎概念」を論じるとされ、クーリー、パーク、トーマス、ズナニエツキー、およびキンボール・ヤングによる選り抜きの諸論文のなかに表現された「内集団と外集団、状況、危機、不適応、社会的自我、社会的因果関係」という特定概念についての議論がこれに付け加えられている。第二の講義科目（一九四三年秋学期）は「社会的行為の理論」であったが、これは「社会諸科学の具体的諸問題の頻繁な参照」、それにミード、パーソンズ、ズナニエツキー、パレートおよびウェーバーの著作の参照を含めて示された。ミード論のセミナーが一九四四年の春学期に続いた。これはアルバート・ザロモンとともに行われた。その次の講義科目（一九四四年の秋学期）は「社会集団と適応の問題」を扱った。その一般的考察ではマキヴァー、ヴィーゼ、ベッカー、ジンメル、クーリー、トーマスが基礎に置かれた。文化的マージナル領域の諸相はリントン、マリノフスキー、カーディナー、マーガレット・ミード、サムナー、およびパークとの関連で論じられた。集団生活の諸事例はスラッシャー、ショー、ホワイト、ワースなどのシカゴ学派の研究から引用された。もう一つのセミナーは、「知識社会学の諸問題」を扱い、一九四五年の春学期まで続いた。これにはきわめて一般的な基盤が与えられた。デュルケーム、マルクスの歴史哲学とマンハイムであり、シェーラーの現象学的アプローチであり、アメリカのプラグマティズム――デューイ、ピアースとミードである。これらの新設講義科目は、社会学理論の観点による日常生活の諸状況と時事問題のゼミナール（1946秋学期）を加えて、シュッツ独自の講義科目要綱を編成したものである。

シュッツの講義科目要綱の特徴の一つは、主題からすれば、アメリカの支配的趨勢の成果というよりも、ヨーロッパの「精神科学の伝統」の成果であったが、この大学の新設講義科目に対するアメリカの社会学者、社会心理学者そして人類学者たちの諸々の貢献に強いアクセントを置いていることにあった。アメリカの知的動向を学んだ初期の成果を十分に活用した点で、シュッツは同僚の社会学者たち、カール・マイヤーやアルバート・ザロモンのような人たちから区別された。彼らは同じ伝統のなかで研究したが、アメリカの社会科学者たちの研究にはごくわずかな注意しか払わなかった。

シュッツの講義科目やセミナーのなかにアメリカの典拠データを豊富に掲載したことは、アメリカの大学で学部の勉強を済ませてきた学生たちによって喜ばれた。彼らはこれらのなかに、その出発点としてよく知っているものを見つけたのである。またヨーロッパで教育を受けてきた学生たちは、彼らの元の教師たちが精神科学的な洞察を社会現象のなかに見ている唯一の人たちではないことを学んだ。シュッツはアメリカの社会科学者たちのさまざまな貢献に触れた。彼らはかなりの数のシュッツ自身の理論的諸概念を確証し、統合し、また豊かにしたからである。

これらの教授活動に加えて、シュッツの知的生活の第十段階には、一九四〇年以来の彼のパターンとなった、漸進的方式による学者の仕事を継続させた。

哲学の面では、シュッツは彼のアメリカでの初期の諸著作の特徴である関心事に没頭し続けた。彼はファーバーの『現象学の基礎』(1944a)を批評し、「現象学の若干の主要概念」(1945b)という彼の査定論文を刊行した。さらにシュッツはフッサールの草稿「生き生きした現在の世界と身体外部の周囲世界の構成」(1946c)――これまで未刊行の「身体と偶有的関係にある世界」の現象学的構成に関する論考――を編集した。加えて、一九四五年に私が「超越論的自我のパラドックス」と名づけた、短い無題の断章を書いた。それはフッサールの超越論的哲学についての彼の進行中の批判的論評の一部であり、個人的省察、友人たちへの手紙や覚書のなかで企てられたものである。

社会学の面では、シュッツは「余所者」論文の刊行をもって現在の段階を切り開いた。この論文には「帰郷者」が続き、同じくＡＪＳ〔『アメリカ社会学雑誌』の略称〕で出版された。両論文は結局彼自身のつらい体験、一九一九年の最前線からの帰還に戻るものだった。再び、彼はアメリカ社会学者たちや時事評論家たち、とりわけウィラード・ウォーラーやディクソン・ウェクターによって刊行されたさまざまな調査、論述、そして記録に大いに学んだ。理論的には、ジンメル、マキヴァー、そしてクーリーを参照した。後者のクーリーに関して、シュッツは帰郷者の家郷の町、帰郷者の本来の「我々集団」を意味する、第一次集団の理論についての批判を含めた。この論文の摘要において、シュッツはこう説明した。「帰郷者、特に戦争から戻った兵士は、「家郷集団とのかつての親密なわれわれ関係をただいたずらに再び築こうと願望する……不在だった者の視点だけでなく残留した者の視点から、曖昧な両義的諸概念〈家郷〉や〈一次的諸関係〉を分析すると、離別はもう一方の者がある比類のない個体として体験してきた時間と空間のコミュニティの成立を妨げるということが明らかになる。その代わりに、両方の側は取り払うことが難しく、また決して完全には取り払われ得ない相手方についての擬似類型の体系を作り上げる。歓迎する方だけでなく、帰郷する方も変ってしまったからである」(1945a: 369)。

一九四五年に『ソーシャルリサーチ』誌は、シュッツによるその最初の論文、現象学の基本的諸概念に関するあの論文を出版した。この論文の受諾は特に興味深い。［その出版から］ほとんど二年にもならない前に、編集者のジョンソンは懸案だったシュッツの大学院学部への任命に関連して彼と面接し、あからさまに彼にニュースクールでの現象学の普及を控えてもらわなければならないことを告げていたのだった。「私の子どもたちには現象学はチンプンカンだろうからね」。しかし今や、シュッツをもっとよく知るようになり、その上彼から現象学とは実際にはいかなるものかを耳学問していたので、シュッツが社会諸科学にとって重要だと思う現象学的諸概念の解説的論文のために、喜んで彼の雑誌を提供したのである。

一九五九年の終わりまでに、七篇以上の論文が後に続いた。雑誌『ソーシャルリサーチ』は主に社会学の主題に関するシュッツの論文の発表機関となった。雑誌ＰＰＲが彼のほとんどの哲学的業績にとってそうであったのと同じように。彼は同僚たちの広範囲におよぶ偏見を一掃するために最善を尽くした。この誌面での現象学的洞察に鑑みて、シュッツは社会諸科学のための多くの課題を展開し始めた。その最初の論文が「博識の市民：知識の社会的配分の考察」に関する論文（1946a）であった。これは知識社会学の領域への侵入であり、あらゆる思考を物質的かつ社会的諸条件の〝所産〟とするのはひとりマルクス主義的解釈だけの領域であるという主張の論駁でもある。あらゆる知識はイデオロギーであるという論述法はこれまでカール・マンハイムによって広められてきた。彼の『イデオロギーとユートピア』は、一九三六年に翻訳され、アメリカの社会学者たちによってあらゆる知識社会学の原型であるとみなされた。シュッツが立証したのは、そのような社会学の基礎的諸問題は日常生活の知識と仕事の世界の問題であるということであった。それは人びとのさまざまな実地の体験から発し、あるいは由来し、またそれ自体イデオロギーの美化、解釈、偽造とは別個のものである。別のいろいろな形式の知識がこの基盤の上に形成される。シュッツは専門家の、「街の人」の、「博識であることを目指す市民」の知識を、「事柄を当然として受け取る彼らの準備態勢」の点で相互に違っている諸類型として取り扱った。専門家は「ある賦課された彼の分野の内部で前もって決められている課題によって……賦課された関連性の体系のなかでだけ寛いでいる」。「街の人」は「彼自身と彼の内集団に内在している関連性体系のなかで素朴に」生きている。また博識の市民は多くの可能な準拠枠の間で生き、彼の関心にしたがってそれらのうちから選択する。彼は部分的に一時的に「関わりのない区域」を専門家に課される厳しい義務や一貫性なしに限定する（1946a: 465-67, 473-75）。

「余所者」や「帰郷者」と同じく、「博識の市民」はもともと一論文としてニュースクールの一般セミナー以前に発表された。それと対照的に、同じ時期のきわめて重要なその他二篇の論文が小論として起稿された。そのうちの一篇は未完成にとどまった。

第四章で示したように、「多元的現実」論の構想は一九三七年にシュッツによって展開されていた。彼は今やそれを一つの論文として具体化して、果たして種々の問題解決が有効なものかどうか、自分にはやはり自信がないという意見を付して、グルヴィッチに知らせた。とはいえ彼は「これらの問題が本物であり、今日に至るまで解決されず、否、無視すらされているということ」を確信していたのである（1945.9.9）。この「多元的現実」論の出現は、シュッツのアメリカでの一続きの出版物における画期的出来事であった。関係しつつ対立し合う体験の取り扱いの諸様式の区別、自然的態度と科学的態度の間の区別は、『意味構成』以来の彼の著作を貫いてきた。この新しい論文において彼は、その注意を体験に対する姿勢から、ジェームズの意味における現象の諸現実として解される体験の領域へ移した。これらのどの領域も、とジェームズは書いていた。「それに注意が向けられる間」、それ自身の流儀にならって現実的である「世界」である、と（1890: II; 293）。「意味の諸領域」、日常生活の「至高の現実」、「一方から他方への変遷」といったいくつかの記述のなかで、シュッツは初期草稿に従った。しかし意味の諸領域のそれぞれの「特殊な認識様式」の特徴づけにおいてそうしたように、彼は種々の重要な細目をつけ加えた。

それぞれの意味の諸領域は、ある特殊な意識の緊張、ある特殊なエポケー、ある優勢な自発性の形式、自分の自己を体験するある特殊な形式、ある特殊な社交性の形式、ある特殊な時間の考え方を表示する。仕事の世界の場合、これらの特殊性は次のようである。十分に目覚めた状態、疑念の停止、仕事を介して外部世界における企画した変化を引き起こすこと、仕事の自己を全的な自己として受けとること、伝達と社会的行為、持続と宇宙時間の交差――内的時間の諸体験と自然のリズムである昼と夜や季節の交差である。この様式の諸要素は、ある個人の「現実のアクセント」のなかで適切に推移しながら自発的に活性化されるといってよい。

この論文の終わりのほうで、シュッツは、なぜ意味の諸領域が存在論的に別々の存在ではないということを自分が主張したのかについてはっきりさせた。すべての意味の領域の統一が護られるのは、諸領域に帰される規準によるのでも、より高次の範疇のもとに包摂することによるのではない。そうではなく当の体験している個人によるのである。

さまざまの限定的意味領域は、霊魂再生（輪廻）説のように、一つの領域から他の領域へ通り過ぎることが魂の転生や死による記憶と意識の完全な消滅を必要とするという意味での心的生活の離れ離れの諸状態ではない。意味の限定的諸領域は単に一個同一の意識の異なる緊張の名づけにすぎず、したがってそれは、生まれてから死ぬまで連続し、さまざまの異なる［意味］変様において注意が向けられ……私の心がたった一日の間あるいはほんの一時間の間でも意識の緊張の全域を通り過ぎる、一個同一の生なのである。これらの異なる体験のすべては私の内的時間のなかの体験である。これらは私の意識の流れに属する。これらは想い起こされたり、再生されたりもできる。そしてなぜこれらの異なる体験が私の仲間に対して仕事する行為のなかで通常の言語で伝達され得るか、ということの理由である。［1945c: 574-75］

「多元的現実」論によって、シュッツは体験と意識の現象学に一つの新しい考え方を切り開いた。

六五頁の「音楽の現象学に関する未完遺稿」――後にフレッド・ケルステンによって出版された(1976b)――のなかでシュッツは音楽体験の現象学的分析の分野へ二回目の足を踏み入れた。しかしながら、その序論でケルステンが指摘したように、意識の現象学的理論のこの独自な分野への応用は、この理論自体のさまざまな修正となお一層の展開に至った。ケルステンはそのような見本を三点確認した。(1)音楽の体験は、複定立的に組み立てられるのではなく、フッサールがすべての体験について想定したように、回想において単定立的に把握される。音楽体験についての複定立的組み立ては存在しない。それらはスタートから単定立的である。(2)聴覚の体験は視覚の体験とは異なる。フッサールの「受動的総合」の理論は視覚の体験に由来しており、音楽体験には当てはまらない。(3)フッサールの理念化の理論は、シュッツには、議論の対象としての〝交響曲〟のように想像上の対象であれば適用可能であると思えたが、ある音楽演奏の体験を説明するものではない。これらの事例のいずれにも、その普遍性を主張したフッサールの考え方は、部分的に適用できるというところにまで薄められなければならない。フッサールの考え方はいくつかの類型の体験だけに妥当するのであり、したがって修正されねばならない。ケルステンの諸点が示すことは、シュッツが「未完遺稿」においてフッサールの成果を越えて前進し、意識の現象学に対する彼自身の貢献を提示したということである。

第十一段階：教授、論文、そしてある大きな企画

ニュースクールで教えはじめてから四年後、シュッツは一九四九年まで続く交替制の教科課程の要目を立ち上げた。一教師としての彼の実力は一般に承認され、経営当局や学部から専任教授になるように絶えず迫られた。しかし彼は実務上の地位を手放す余裕はなかった。彼はついに求めに応じ、一セメス

ターにつき二科目を担当することに同意した。

科目が倍になることで、教科課程の拡充が必要になった。初めての二教科課程のセメスターでは、彼は〈自己と社会〉に関するセミナーを導入し、ジェームズ、ボールドウィン、クーリー、ミード、G・オールポート、シェリフ、フロイト、ジンメル、シェーラー、サルトルの諸理論について言及した。一九五〇年の春には言語社会学の諸問題の教科課程が続いた。これはアメリカの著者たちと関係のある文献参照を含まない最初のものであった。むしろ、それは古典ヨーロッパの言語学を基礎にして築き上げられた。その翌春、シュッツは社会科学の方法論に関する教科課程を加えた。これはこれまでF・カウフマンの教科課程要目の中心科目であったが、カウフマンは一九四九年に早くして世を去ったのだった。

一九四六～五一年までの時期に、シュッツは六篇の論文を出版した。それらのうち、以下の三篇は特に注目するに値する。

「サルトルの他我の理論」（1948）とともに、シュッツは間主観性の問題の諸相とそれらの解決を図ろうとする彼の研究を続けた。社会学の領域では、彼は先の時期の研究をさらに徹底させる二篇の主要論文を提出した。一篇は「一緒に音楽を演奏する」（1951b）の論文であった。これは最初一九四四年の「断章」において定式化した主張を大幅に補強したものである。音楽はすぐれて社会的企てであり、またそれだけで、間主観性の現象学の疑う余地のない様相を示している、という主張である。もう一篇の論文は「行為の数ある計画のなかの選択」（1951a）で、少なくとも一九四五年以来制作中のものである。それは、行為者の〈目的の動機〉にしたがって特定の目標を追求する熟考の上の行為という、シュッツの行為の主観的理論を詳記したものとして理解されよう。ずっと前に、彼はすでに明らかにしていたのである。〈熟考の上の行為〉は、多少ともはっきりとあらかじめ企画した計画にしたがって行動することであり、その期待した行為によってその行為者が実現しようと望む事態をあたかも達成したかのように想像することによって導かれる、と。もちろん熟考は、無限の潜在的にあり得る目標からの特定目標の選択を含むだけでない。同様に、あり得る代替目標ないし代理目標を考えること、さらに最終的に選択した目標を獲得するためのいくつかの技術的行動のコースからの選択も含んでいる。意思決定の現象、ある企画を「計画する」段階もしくはその企画の実施過程でこれを「修正する」段階を通じての選択の現象、これがシュッツの理論的関心の焦点となっていた。日常生活の状況における熟慮のうえの行為のみに限定しながら、シュッツは仕事の世界と実際の活動における意志的側面に関心をもった。彼は生活世界を当り前のことと思われる世界として特徴づけたが、いまや生活世界の内部の行為者が彼自身の自然的態度を突破しようとする瞬間に着目するのである。しばしば看過されていることであるが、そのような突破はすでに、以前に制定された規定やルーティン化した行動にしたがって行為者が行為を始末していることのうちにも含まれている。目下の論文のなかでは強調されていないが、選択という要素がこの種の行為にないのではない。伝統的行動の機械的な考えは、生きている行為者を「社会」や「文化」の紐で操られる人形とみなすので、伝統的行動にすら含まれない。状況または彼自身の必要によって行動へと促される行為者は誰であれ、なんらかの熟慮から出発しなければならない。その状況を、Nには処方箋Bよりも処方箋Aを適用する状況であると見分けること――これは認識不可能であるが、少なからず重要な問題である。とはいえ、ある静態的社会についての仮定、流動的社会における静学の優位についての仮定、この仮定は構造－機能主義者の社会の諸理論を左右するものであるが、現代人の諸条件に適用される場合には特に不適切である。現代人は主として類型づけによって生きるとすれば、現代人は、遠い祖先たちが行ったように、もはや特定の状況に対する細々した諸規定に頼ることはできない。せいぜいより一般的な指針、したがってより曖昧な指針に近づきうるにすぎない。後者は、それらの指針自体が(a)解釈に依存し、また(b)しばしばある与えられた具体的事例に適用されるかどうかの事前考慮を要するという点で、現代法と共通している。現代の「街の人」は、彼の自然的態度によって思考することの必要、熟慮することの必要、またしたがって、取捨選択することから守られていないのである。

この着想の始まりは、シュッツの実用的行為の論述、すなわち、ウェーバーの「合理的行為」のモデルケースの論述にある。その論述は厳密な構造や規定の不在を前提にしている。ごく限られた選択の幅しかなく、しかも既知の技術的要素を未検証のまま頻繁に組み合わさなければならないような、さまざまな社会的状況のなかに日常生活の行為者を位置づけるのである。時には、そうしなければ手の届かない、潜在的に手の届く範囲にある、目標を手にするために、何か新しいやり方が工夫されねばならないこともある。小さい意味では、どの行為者も現代の生活における一種の技術革新家のようなところがある――少なくとも行為者自身の眼ではそうである――自分の知らない他の人たちがとうの昔にその領域の道筋を付けていたかどうかとは関わりなしに。

シュッツがひっきりなしに企画の時点で行為者の自由になるのは、曖昧な「手元にある知識」だけであるということを指摘する時、彼は上述の事柄の一般的な理由を述べていたのである。自らの行為の進行中に、行為者は自分が「疑わしい状況」に置かれていることに気づいたり、「これまで得手勝手であったいくつかの可能性が疑わしくなったり」することがある。もし彼が状況を再評価して、その疑念を取り除くことができたとすれば、今や彼はこれに勝る通知がない限り、当然のこととみなされる新しい知識の要素を手にしたことになる。古い知識と同様、しばらくの間その知識は問題にされずにそのままになる（1951a: 183）。

論文「行為の諸企画の間の選択」は、明らかに、能動的個人にとって当然のことと思われる世界が一つの流動的世界であることを示している。あらゆる事情において、それはあらかじめ不十分に構造化されているにすぎない。常にそれは行為者が熟慮と決断によって生み出す部分的変化を受けやすい。その変化の必要が彼に課されるのは、すでに確立した外部的状況の諸条件についての彼自身の知識が不十分であるためか、それともその必要が生じるのは、彼の実際の範囲のなかにあるものとは従来思ってもみない目標を立てることによるのか、そのどちらでもない。

一九四七年に、シュッツはある大きな計画に取りかかる決断をするのに十分な自信ができた。第二の著作である。彼はこれを十年前には諦めねばならなかった。そのために、彼は利用できる自由時間を年間二つの周期に分けた。夜間と日曜日の仕事は論文のために、夏季休暇は大計画のために。もはや古い草稿を取り上げ得ないことは彼には明らかであった。もし彼が『意味構成』の第二部を書くというのであれば、それは一冊のアメリカの本でなければならないだろう。それは自分の考えをアメリカの読者たちのために再定式化しようとするだけではなかった。その研究は、アメリカの哲学者たちや社会科学者たちについての研究から得た重要な洞察を吸収しなければならないであろう。第二に、今になって確かだと思ったこと、すなわち、自分のアプローチの哲学的・現象学的諸基礎の再検討を執拗に、かつ幅広く続行しなければならないということであった。『意味構成』では、シュッツは便宜上フッサールの超越論的現象学の批判的検討を脇に置いたし、また特に、「間主観性の問題」の基本的な解明は先延ばしのままであった。第三に、一九三七年以来シュッツが理論形成に関して積み上げた諸体験及び結果として生じた新しい地平は、新しい企画の主題的構造について再考することを必要とした。

長い間、彼はこれとは別の著書を準備することすら考えなかった。二重生活の状態が彼に知的作業の〈漸進的〉スタイルを強いていた。合衆国での最初十年の四分の三の間はこのスタイルが妥当であった。このスタイルは全体にわたる客観的かつ一般的な状況では変わらなかったが、それでも特定の主題の研究領域、個別問題の再解明、主題が相互に複合するものの細分化に関しては大いに流動的であった。結びつきのない論文の執筆は、三つの研究のうちの最初の二つには特に適した。そうすることが特定の主題を暫定的に切り離し、その主題と他の主題領域との一貫性、あるいはその関連性にあまり強い関心を向けずに、論述、再論述を可能にしたからである。他の主題領域は、その限りで再点検されずじまいであった。シュッツの学問の諸規準は、いわば第二階梯の異なる諸問題、すなわち包括的理論構造への統合を取り扱う前に、諸「短編」を十分に必要としたのである。

この観点からみると、シュッツの現象学の諸概念に関する諸論文（1940a, 1945b）、ジェームズの思考の流れの概念についての解説（1941）、またシェーラーとサルトルの間主観性の理論についての論考（1942, 1948）、これらは彼が進めている研究の現象学的および現象学的心理学的な基礎づけという特定の問題領域に限定された研究であった。主題の目標に次いで、彼のいくつかの応用研究は、「余所者」や「帰郷者」のように、アメリカ種の理論と体験の双方がどの程度シュッツの広範囲な社会学的諸目的に役立つと思われるか、そのための基礎を丹念に調べることに役立った。後者の種類［応用研究］の仕事は、彼のヨーロッパの諸研究のなかで確立した主題の諸特性を深め純化し、そしてこれをできるだけ批判的に修正することであったと特徴づけられよう。しかしシュッツはまた、その理論的枠組みをアメリカの諸労作の他の短編において真に拡大する作業にも精を出した。「音楽の現象学の断章」や「一緒に音楽を演奏する」の論文ではどちらかといえば試験的にであり、そして「多元的現実」の研究では断然はっきりとである。

もちろん、これらの短編が――ここで言及されない他の短編を含めて――それ自体精錬され研き上げられた石ではないこと、これをシュッツは承知していた。そのような石であれば、一人の芸術家がモザイクのタイルを集めて一幅の絵画の構図にはめ込むような仕方で、ある完璧な絵画にぴったりはめ込まれ得るものであろう。むしろこれらの短編は、彼の書こうと強く意欲した著書の原材料であって、なおかなりの仕事の手直しと種々の追加が必要であることも十分よくわきまえて、そのように為すべく彼は前進したのである。

一九四七年の夏に、シュッツは実際にこの仕事を始めた。新計画のタイトルは「当然と思われている世界、自然的態度の現象学に向けて」と題された。彼の生活世界の社会学は、社会的自己に特有な意識の全様相の現象学に、日常生活世界における内世界的な自我としての社会的行為者を混じり合わせることであった。

この本は五部からなる予定であった。第一部、関連性問題に関する予備的ノート、第二部、人間的行為の世界、第三部、社会的世界と社会諸科学、第四部、多元的現実について、第五部、疑問の余地のない世界と科学の問題である。彼はただちにこの本の第一部の草稿を書き始めた。「予備的ノート」というその名称は、非常にその評価を抑えていることが分かる。

早くからシュッツは「関連性の問題」が社会学の中心的意義をもつことを理解していた。彼の友人グルヴィッチは意識の現象学に関して同じことに気づいていたし、事実、すでにこの主題に関する研究を行っていた。その時シュッツはグルヴィッチから関連性の諸問題という「このジャングルのなかで出会う」冒険家たちを思い出したのである（1947.9.3）。だがシュッツはこのジャングルを掃き清めることでもっぱらゆっくりと前進したように見える。一九五〇年の夏季休暇の後になって初めて、彼は自分の方向がはっきりと見えるほどに前進したと思った。家に戻ると、この計画の進歩についてグルヴィッチに告げた。「私は本を身ごもっています！」（1950.10.4）。しかしながら、この第一部の前進した草稿を完成するのに彼は翌年の夏を費やした。彼はそのとき関連性の諸章を超えるところに進捗しつつあり、この計画の第二の重要な主題である多元的現実の問題に注意を向けた。彼はその研究のためにかなり綿密な計画を立てたが、具体的に持ち合わせていたのは一九四五年の唯一彼の論文であった。グルヴィッチが後者に関する若干の批評を送ってきたとき、彼は論文を拡張することの必要を認めて、そのための準備と考えている全体の章について伝えたのだった（1952.1.25）。

これは十分勝算があるように見えた。しかしながら、一九五二年八月の末にかけて、友人のマハルプに今「雑多な項目」を書いていると知らせたとき、彼はこう書き加えた。「私の本に関する限り、私は一大危機に陥っている。私は全く新たに出発しなければならないだろう」（1952.8.20）と。何がこの危機状態に陥らせたのか、それははっきりしない。いずれにせよ、彼は危機を克服するいかなる方法も見出せなかった。一九五三年には夏季休暇がとれないことを知ったとき、ある種の敗北感が一面に彼を覆った。彼はヨーロッパへの他の商用旅行を続けることになったのである。このとき彼は私［筆者］にある絶望感とともにその不遇な生活状況について語った。これこそ主要な学術的計画の完成を彼から永久に奪ったものではなかったか。一九四七年の計画はついえた。

しかし計画は無駄に企てられてはいなかった。シュッツは第一部を脇に置いた。それは未完成であったが、かなり捗ってはいた。手書きで一八二頁の一続きの本文、「空間の理論」と呼ばれる、ある厄介な節の予備的論述、そして前後関係のみられない膨大な小節と記録から成り立っていた。リチャード・ゼイナーは、結局この草稿『関連性』の出版を準備したのであるが、「それだけで一冊の独立の短編として有効であり、その本来の価値において重要である」ことを発見した（1970a: ix）。シュッツは一九五二年以来、この短編に触れることはなかった。彼はこれを「当然と思われている世界」の全体計画の脈絡において理解していたし、他の四部についての彼のアイデアの成長を考慮して、第一部の内容を実質的に変える必要に直面したのである。しばらくの間、関連性の問題を刊行可能なエッセイにして自分の思想をまとめるという考えを温めていたが、しかしそれは書かれなかった。

ゼイナーは第一部を編集し、周知のように、これを『関連性問題に関する省察』(1970)［邦訳名は『生活世界の構成』那須壽・浜日出夫・今井千恵・入江正勝訳（1996）マルジュ社となっている］の書名で出版した。この研究論文は、シュッツが計画した著書の最初にこの問題についての考察を据えた時点で、その基礎研究の範囲が膨らんでしまったことを教えている。ブレンターノの志向性の原理やベルグソンの「生への注意」の概念が現象学的心理学のために行った事柄を、シュッツの関連性の論述は、生活世界およびそれの認識的諸構造の内部における意識の選択的能作の理解のために行った。実用的諸活動のこの水準において、関連性は〈目的の動機〉に基づいた特定の目標に向けられる選択的注意と〈理由の動機〉との間を媒介する。この分析を深く押し進めながら、シュッツは主題の関連性、解釈の関連性および動機の関連性という彼の三重図式とそれらの相互依存を考案した。この関連性論により、シュッツは手元にある知識在庫の理論、すなわち、個人的な生活状況のなかでその人を説明的に方向づけ、またその状況内で計画し行為することを可能にする、蓄積され沈殿した諸体験の理論に修正を加えた。個人史の上では所与であるこの認識的な備えは、活発な生活の諸方針を決める関連性の強調と同じく、「個人史的状況」というシュッツの概念における本質的で確かな投錨基盤を見出したのである。

時間ならびに空間における諸体験を構造づける、自我の座標系の当たり前の世界の自然的中心としての人間の身体に関する論述の後、関連性草稿は突然伝記的状況の議論の真只中で終わる。これらの考察を継続すれば、生活し行為する個人の、常に新しい具体的かつ伝記的諸状況の連続のなかで、外部から賦課される関連性と内部から自由に取捨選択される関連性との双方の主観的機能についての詳細な研究へと通じるはずであった。

まさにこの研究のこの部分の欠落こそ、関連性の問題に関するシュッツの研究論文を未完成のものにしているのである。

第十二段階：さらなる拡がり

シュッツは一九五二～五六年までの時期を九篇の論文出版によって満たした。十番目のものは放棄した。この段階における哲学の領域での彼の主要な出版物は、フッサールの一九一三年の『イデーン』の続き、『イデーンⅡ』と『イデーンⅢ』と番号の付された、著者の死後に刊行された二巻の出版物に関する二篇の書評論文であった（1953a, 1953b）。加えて、シェーラーの哲学についての短い紹介（1956b）を書いた。社会学的関心領域の主要出版物には以下のものがあった。「モーツァルトと哲学者たち」（1956b）に関する論文、これは音楽の社会現象学という先駆的研究の継続である。さらに二篇の方法論に関する論文、「人間行為の常識的説明と科学的説明」（1953c）と「社会諸科学における概念と理論形成」（1954）。そして最後に「象徴、現実、そして社会」（1955b）である。

重要なことだが、後者は論文「多元的現実について」（十年前に発表）や、五年前のこの関連性草稿と比較されてよい。長い間、シュッツの「記号と象徴の問題」は、一方ではコミュニケーション問題との継続的で決定的な関係と、他方では理念化及び象徴化と、長い間不可分であった。一九四一年、講義計画を拡げたとき、シュッツは言語の社会学に関する教科課程を開講した。この開講とともに、表示や象徴化についての彼の関心が教科課程目録における特別の位置を占め、その結果、文献の定期的な追いかけ作業の必要をもたらした。そして結局、文献目録作業の膨れ上がりと新資料の教科課程概要への統合となった。教科課程の説明には八つの副題名が挙げてあり、そのなかに「記号、象徴、および行動」があった。英語、ドイツ語、フランス語による五十六項目の原文講読リストは一般的性質の多数の標準的著作を含んでいたが、これらのすべては記号や象徴の議論に何かしら役立つものであった。加えて、シュッツはこの二重「記号と象徴」の主題にとって特に重要である著作を参照させた――例えば、カッシーラーの『人間』〔宮城音弥訳、一九五三、岩波書店〕、『象徴形式の哲学』の第一巻〔生松・木田訳、岩波文庫〕、グラントの『中国の思想』に関する基本著作、チャールズ・モリスの『記号、言語そして行動』の研究である。

その主題の重要性にもかかわらず、「象徴、現実と社会」に関する長い論文は偶然による論文である。シュッツは、これを自分の起案で彼の漸次的研究計画のためのいわゆる「体系的な」序論として書いたのではなかった。一九五四年の初めに、彼はルイス・フィンケルスタインからある招待を受けた――おそらくはロバート・マキヴァーの示唆によるのだろう――、それは「象徴と社会についての科学、哲学、宗教の会議」の例会に参加し、これに寄稿することであり、この会議は八月、ハーバード大学に召集の予定であった。シュッツはこの招待を喜んで受け取り、あらかじめ夏期休暇の一週間を費やして、その寄稿を起草することができた。教科課程のために調べていた広汎な文献のなかのこの主題にかかわる論文の在庫を調べることから始めた。象徴的指示関係や象徴関係に関する文献のなかに見出したものを、彼は「まごつかせる諸特徴」と呼んだ。ただちに、彼は「当面の議論におけるいくつかの論争点」を提起することに着手した。基本用語――符号、記号、そして象徴――を定義するための結構な骨折りに直面して、これらの名称のなかに正確さが驚くほど欠けていることを見出した。そこにあるどのような定義も相互に一致しなかった。同様に、「どこで象徴化と呼ばれる過程が人間の思考のなかで始まるかについて、少しも一致が存在しない」。記号と記号表示物の間の、あるいは象徴と意味の間の関係、またこれらの項目の可逆性についていかなる一致も見られなかったのである。記号措定者なしの記号という行動主義者の見解は無視される一方で、記号、記号措定者および記号解釈者の間の三重関係については何もはっきりしていない。この関係は、社会文化システムにおける記号機能の取り扱いや記号によるコミュニケーションの間主観性にとっても重要であるにもかかわらず。

記号や象徴の現行理論を懐疑的に理解する一方で、シュッツはこの所与の複合した問題への実行可能なアクセスを手にするための彼自身の試みの方策を明らかにした。彼が避けたのは頻繁に見られるやり方である。〔それは〕例えば、記号を準独立的観念の対象として論じることから始め、〔その結果〕記号と記号措定者との間の関係は、まるで二つの要素の相互に及ぼす化学反応の記述に見られる結果に類似した一個の自然で自動的な過程の結果であるかのように、同じくばらばらの実用的諸対象との関係になってしまうことである。〔記号と記号措定者との間に〕連鎖の諸過程が含まれるとすれば、それらの過程は人間の意識のなかで生じる。まさしくここ〔人間の意識〕において象徴関係の問題に対する答えは探し求められなければならない。

シュッツは、付帯現前化〔間接呈示の訳もある〕もしくは対化――二つの現象を一つの単位に直観によって組み合わさることの意味である――というフッサールの概念にその研究の基盤を置いた。より高次の付帯現前化による指示連関には意識作用が含まれている。直接統握される対象は、ある統覚図式における単位として体験されることもあり、またある理論図式における対の諸項として捉えられることもある。対化は類比によって支配されることもある。最後に、付帯現前となる一つの組み合わせの各部は、個別的諸類型として理解されることもあり、またそれらの付帯現前的諸図式や指示連関的諸図式の間にある関係は、あるコンテクスト図式ないしある解釈図式へと統合されることもある。この基盤の上に、シュッツは〈担荷体〉の相対的無関連性、付帯現前的意味付与の可変性、および形象的転移について述べながら、「付帯現前的諸関係の構造化を支配する諸原理」を定式化した。シュッツにはこうして、個人が実際に到達可能ないし潜在的に到達可能である範囲の境遇のなかで、「目印」すなわち私的な記憶物を選び出す能力について議論する用意ができたのである。目印自体は、それが当の目印を措定する者に思い出させるものと「なんの関係」も持っていない。同様に、体験または他者による指示は、煙や火のように、自然の「指標」という認識をもたらす。目印や指標は、その個人の実用的な動機にリンクされる付帯現前関係の諸形式であり、〔その実用的動機は〕「彼の到達範囲内にある世界との折り合いをつけること」である。諸目印や諸指標はその個人の関心事とみなされてよい。とはいえ、日常生活の世界は一つの社会的世界であり、そして〔この社会的世界と〕関連のある付帯現前関係はすべて間主観性のうちに埋め込まれ、伝達のうちにそれらの表現を見出す（1955b: 147-48, 151-53, 156-60）。

考察の核心に向かって進みながら、シュッツは間主観的世界の基本的特徴を描き、いかにそれが付帯現前的な指示連関に基づいているかを示した。ひとは対面的な関係という「伝達の共通環境」のなかに生きているので、この環境の共通解釈は可能である。なぜならこれを体験しているあらゆる主観的な違いは「視界の相補性」の可能性によってバランスされるからである。しかし、その状況での特定の諸個人とのさまざまな関わり合いは、各参加者の生活のうちのほんの小さい断片を構成するに過ぎないから、それぞれの私の存在は他者たちの存在を超越している。さらにこれを越えてわれわれ関係そのもののように、「私の世界のみならず他者たちの世界をも同じように超えている超越」がある。それは体験されたすべての我々関係また〔体験〕可能な我々関係の類型化と理念化、及び特定の諸個人の、あるいは諸個人とのすべての状況における関わり合いの類型化と理念化という点において、そのような超越である（1955b: 161-65）。

これらの考察は「記号」という術語の最初の明確化に至った。記号は「その記号の把握が解釈者にとっては仲間の思惟を付帯現前することになる、外部世界における諸々の対象、事実、もしくは事象」の指示である。諸々の記号はコミュニケーションと不可分である。記号は、誰かが他の誰かの注意をある事柄に向けようとする意図、およびこのように話しかけられた者のその記号を記号として――すなわち、その記号‐措定者によって現前しないが意味づけられている事柄に付帯現前的にリンクしている「対象、事実、事象」としてこれを解釈する能力、この両方に依存している。その結果、これは両方の当事者がその特定の記号が文脈上関連する、統覚図式、付帯現前図式、そしてとりわけ解釈図式に慣れ親しんでいるということを前提にしている。もちろん、これは表示の一つの技術的媒体である言語の決定的な意義を指すものである（1955b: 166, 168-74）。

さまざまな記号関係は日常生活の世界の内部で出現する。しかしながら、この意味領域から別の意味領域――それは科学理論、空想、宗教、あるいはその他の何かであったりする――と関係する、諸々の付帯現前的関係が存在する。これらは象徴と呼ばれ、象徴化は生活世界の領域を超越する。それは「多元的現実」の諸体験に属している。「象徴的付帯現前の起源」を記述し、「象徴的付帯現前の諸々の詳細な事項」を特徴づけた後で、シュッツは「象徴関係を少なくとも二つの限定的意味領域に属するものの間の付帯現前関係であり、その付帯現前作用の象徴は日常生活という至高の現実の一つの要素である」（1955b: 175-85, 189）と定義した。

最終章は「象徴と社会」の項に割り振られた。ここでシュッツが強調したことは、象徴化の知識および象徴化についての知識のすべてが社会に由来しているということである。社会生活は「いかなる探求も、そのなかで生ずる不問の母体」を含んでいる。用いられる知識や当たり前とみなされている知識のなかには、社会的に承認された諸々の要素、表示と象徴化の諸問題を論じるのに相応しいと思われる諸々の手続きを含んでいる。さらに、シュッツは「社会の象徴的付帯現前」を論じている。諸々の社会集合体や諸々の制度化された関係、例えば「統治」との関連で表現されているもの、これらは、これらの現実を他の下位宇宙のうちにもつ常識的思考の諸々の構成物、おそらくウィリアム・ジェームズが「理念的諸関係の下位宇宙」と名づけたものである。ここでさらに区別されなければならないことは、ある社会集団、コミュニティ、あるいは社会の自己解釈と「理論家による同じ諸々の象徴の解釈」との区別である。シュッツは以下の言明をもって結論とした。「狭義における諸々の象徴に関するかぎり、それらが至高の現実の領域を超越しているという事実は、社会的世界の内部における象徴的機能や象徴的形式についての経験的社会科学による研究を、これらの科学の概念や理論形成を支配する諸規則に合わせて行うことを排除する傾向にはなく、むしろこれを推し進める傾向にある」(1955b: 197, 198, 201)。

この論文の重要性は、この象徴化の「技術的」な諸手段を論証している点にある。人びとは異なる意味諸領域のなかで生じる体験を、他者たちと分かち合い、あるいは少なくとも自分自身に対して「説明」することを望むが、これらの体験を認識的に論じるために人びとが用いるのが象徴化である。かくして、生活世界を超越する諸体験は、ある特殊な仕方で、コミュニケーションの、絵画の、あるいは諸物象の製作や使用の実用的領域へ持ち込まれる。これらの「手段」はすべて聞こえる、見える、触れうるものであるが、しかしすべての手段はある超越論的意味を持っている。それらの「現実的」意味は、問題の体験の領域という現実の意味において、「象徴」の内世界的な出来事という物理的対象ないし過程の実用的意味とは対照的である。諸々の言葉、対象、そして事象がその一部とみなされる、前もって制定された解釈「体系」を理解していないすべての者には象徴は無駄である。彼らは諸々の言葉、対象、そして事象を「文字通り」の「実質的」意味において日常生活世界の陳腐な対象、等々において受け取るのである。象徴化はある伝達不能な体験を婉曲的な仕方で伝達可能にするのである。

シュッツはこれらをすべてその論文のなかで示した。要するに、シュッツは「多元的現実」の最優先の扱いに一つの最重要次元を追加したのである。人間的諸体験の諸々の非実用的現実と生活世界との間の解釈的連結の次元である。これは超越体験の内世界的実用性という内在的な解釈ならびに表現の「技術」への象徴的転換であった。

彼のほとんどの研究と同じく、シュッツはここでも基礎的かつ祖型的諸現象を論ずることに自己限定し、それ以上の意味合いを論じなかった。それゆえに、彼は象徴図式の二極性という一つの帰結問題を述べなかった。すなわち、正しく理解される象徴をその象徴が指示する超越的体験から切り離すことの可能性である。象徴はそれが象徴するものを「表すもの」ものとして認識的に「理解」される。象徴の認識的把握は諸々の類似体験をしてきたことに必ずしも依存しない。象徴は、それが〈かくかくしかじか〉の過去の諸体験の諸記憶を呼び起こす人たちにとって「明白」であるように、その象徴が指示する諸体験の一部からあるいは全体領域からさえ離れている人にとっても「明白」である。

シュッツは、この次元及び何らかの他にあり得るそれ以上の次元の象徴化問題を解決することを、彼の後継者たちに委ねた。それにもかかわらず、彼の論文には表示と象徴化の分析に対するかなり大きな貢献がある。それは、ある象徴が超越的意味の一担荷体――象徴を措定する人からそれの意図されたメッセージを「読む人」への担荷体――であることをはっきり理解してきた、現象学者たちにとっても同じように、あらゆる哲学者や言語学者たちにとっても大きな貢献なのである。

第七章 最後の努力

シュッツの研究の最後の二段階は一九五六～五九年までの年代である。二つの段階は部分的に重なりつつも、それぞれの段階において顕著な異なる種類の活動があり、これを切り離すには十分な理由がある。これらの年代に、シュッツは企て得る最後の努力を行った。彼の研究が中断したのは身体が彼を蝕んだからであり、三十五年前に彼の果たそうと着手した事柄が成就したからではなかった。

最後の刊行論文

これらの歳月の間、シュッツは哲学の面ではシェーラーとフッサールに集中した。こうして彼は「シェーラーの認識論と倫理」二巻（1957d, 1958a）の膨大な研究を発表した。紙面の都合で第三部は削除された（これは死後一九六六年に発表された）。この批判的解説論文は、フッサール哲学の諸部分に対するシュッツの根本批判を公表したことで、その評価を下げていた。この批判は「フッサールにおける超越論的間主観性の問題」（1957b）論文において頂点に達し、その後に「フッサールの後期哲学における類型と形相」（1959b）という実に身を切るような批判分析がつけ加わる。一九五八年十二月の八頁の言明（未刊行）にも、フッサールに対する最後の批判が含まれている。それと同時に、彼はこの二篇の評論が現象学の放棄だとする誤解を塞いだ。彼は「社会科学に対するフッサールの重要性」（1959c）という積極的評価を示す一篇の論考を著し、フッサールの考えがどのようにして社会学的関心の諸領域にとって依然として重要であるかを論証したのである。

しかしこの時期に著されたさらに広い社会学的意義のある評論は、シュッツの哲学論文と釣り合っていなかった。彼は理論的に「平等と社会的世界の意味構造」（1957a）の諸問題を論じ、また「責任の概念のある種の曖昧さ」（1958b）を論じた。もっと大きな社会現象学的意義のあるものは、未来の出来事の予見に関する彼の短編である。制作にも長くかかったが、この短編のタイトルは「テレシアス、すなわち、未来の出来事についての私たちの知識」（1959a）であった。

彼の哲学的努力の最終目標は、彼の最後の論文発表では汲み尽くされていないし、彼の最終の社会科学的努力の主要関心も、その発表された論文によって適切に反映されているわけではない。

第十三段階：最後のアカデミックな学術目標

一九五六年、シュッツにおいてある決心がなされ、彼の表面上の生活のパターンにある劇的な変化がもたらされた。彼は、一人の相談係として昔からの会社との関係を保っていたが、正式にその実務上の地位を退いたのである。代わりに、彼はニュースクールの大学院学部における哲学と社会学の専任教授の地位を引き受けた。

彼は教科課程の科目を二学科間に均等に分割し、それぞれにおいて六つから八つの教科課程とセミナーから成る長期のプログラム作成を目指した。不調の哲学科を安定した土台の上に築こうとする、五〇年代はじめから続く大学本部の奮闘に、シュッツは巻き込まれていた。本部の者たちは慢性的な資金不足でどうにもならなくなり、シュッツに社会学だけでなく哲学においても諸教科課程を設けるように圧力をかけ――彼はこれを避けようとした――、また学科で年配のメンバーの退職や辞任で欠員ができると、専任職で高名な哲学者を補充する機構と関わるように圧力をかけた――彼はこの義務を受理した。こうして一九五四年に、彼はハンス・ヨーナスを雇用するのに重要な役割を果たした。ハンス・ヨーナスは最終的には学科主任となり、きちんとした教科課程においてその存続を守ったのである。さらに、シュッツは一九五三～五四年までの間、この学科の全般的プログラムを、大学本部と学部に提出した一連の覚書でもって作り上げたが、これはだいたい可決されたようであった。一年後、教育推進基金により出版された報告書「大学院スクールの今日と明日」に彼は励まされた。この調査報告書の著者たちは、人文科学や社会科学における大学院教育が理論と授業を軽視し、技術的調査に傾いて進められつつある強い趨勢に対して断固とした措置をとることを勧告したのであった。シュッツは、大学院学部の学部長宛のある覚書のなかで、過去に本大学院学部を導いてきた承認されたさまざまな原理やそれらの応用が、報告書の勧告と一致していることを指摘した。全国の大学院スクールを引き込みつつあった大学の全体的理念の崩壊に対する新しい闘いにおいて、ニュースクールはある重要な役割を果たすために抜群によく整備されていたことは明らかであった。

シュッツは大学院学部の常勤の地位に転じることで、今ではかつての亡命の大学において第一級の哲学科を創設するという夢の実現に向けて尽力する機会を得た。例えば彼は大学院学部の政策形成に一層の積極的役割を果たそうと思った。久しくありそうになく可能性に過ぎなかった目標が、今手の届く範囲にやってきた。シュッツは哲学科全体の改変は考えず、素早く体系立てて、現象学に対して彼が抱いている重みに相応しいカリキュラム上の地位を与えようと腐心したのである。これは一つの適切な教授計画の構想を意味するだけでなく、ある職能的組織センターの創造をも意味していた。このセンターはニュースクールの系統だった現象学研究のための外的枠組みとして役立つことができただけでなく、合衆国やカナダの現象学運動の支柱としても役立つことができた。この現象学運動は、ここ二十年間にいくらかの進展をみたものの、なお相対的に脆弱な状態にあった。各地に分散しているメンバーたちの並はずれた素養は争う余地のないものであった。明らかに欠落していたのは、彼らの仕事を継承でき、また継承しようとする学問好きの後継世代を育成する能力であった。事実、合衆国における現象学的運動の将来に対する関心が、より望ましい条件の下でその継続を確保できるような、少なくとも一つの組織の拠点を創設しようとする積極的な努力を鼓舞したのである。

シュッツは、組み合わせればこの目標が達成できる三つの具体的目的を心に描いた。本学部の現象学者の数を三人にまで引き上げること、ニュースクールにフッサール・アーカイブを設立すること、そして現象学研究センターを組織すること、である。

第一の目的は新しいものではなかった。四〇年代の間にすでに常勤の現象学者が少なくとも一人それに加えられるべきだと思っていた。一九五四年にこの方向への一歩が取られた。シュッツの発案で、アメリカの数少ないフッサール研究家の一人、ドリオン・ケアンズが非常勤待遇の客員教授に任命された。ケアンズはシュッツの新計画において大いに異彩を放っており、シュッツはケアンズの地位を常勤教授職へ転換させるために働いた。今ではケアンズが専任の授業負担を担っていたから、シュッツは哲学科の将来のどの現象学授業プログラムにも積極的に自分を充てていくことにいかなる難点も予想していなかった。しかしこのような授業計画が効果のあるものになるためには、第三の常勤教師が担当する科目によって当然拡張されなければならなくなる。この地位にシュッツが望んだ人物は、現象学のすべての陣営における最高の知性の持ち主の一人、アロン・グルヴィッチであった。

シュッツとグルヴィッチは絶えず理論の交換をしていたし、どちらも同じ街に住みたいと思っていた。それにできることなら、同一学部のメンバーでありたいと願っていた。しかしグルヴィッチのためのシュッツのさまざまな努力は繰り返し挫折した。何よりもまず最も重要な財政的理由から、しかしまた当局や学部のかなり多数のメンバーがためらっているのも一つの理由であった。当時唯一つ残っている正教授職をより伝統的な傾向の哲学者の代わりに現象学者で埋めることに対するためらいである。しかしながら、これらの異論はヨーナスの任用後弱まった。今では主要問題は二つの教授職の追加ではなく、一つの教授職に必要な資金を確保することであった。

シュッツの教職活動の最初の十二年間、グルヴィッチをブランダイスからニューヨークへ連れてくる試みは、基本的に二人の友人間の学問的協力に向けた最大限の可能性を創り出すことであった。その後それはニュースクールにおける研究と教育のための現象学センター設立に向けて野心的な計画を実行するための前提条件を創り出すこととなった。ケアンズ、グルヴィッチ、そしてシュッツという計画された組み合わせは理想的であった。彼らの高い専門的能力は別として、彼らは三つの異なる実質的領域を代表し、これを併せれば、人文・社会科学に関する強力なプログラムを備えることになり、どの大学の要望をも最大限に満足させることになるだろう。ケアンズは三人のうち「生粋の」現象学者であり、またしたがって本当に哲学としての現象学を代表していた。グルヴィッチはゲシュタルト心理学にその基盤をもち、ニュースクールの強力な経験心理学科に現象学の基礎を与える人物であった。またシュッツは社会科学の諸領域を現象的心理学に結びつけた。したがって、後の二人は、主要な人間科学の研究諸領域に現象学を「応用していた」のであったし、これらの研究領域の諸前提条件や諸仮定を現象学的に照らし出すことから最大の利益を得ようとしたのである。

たとえどんなにニュースクールにおける現象学の三人組［三幅対］の発想がシュッツにとって望ましかったとしても、彼は盲目的な楽観主義を取ることはなかった。当該の諸個人の点からすれば企画した事業がしっかりしているようにみえたとしても、大学院学部におけるその企画のための制度的環境は不安定なままであった。シュッツは諸々の現実に対する冷静な感覚を決して失うことなく、グルヴィッチに対して、ニュースクールに移籍する前に、依然として支配的な財政面と経営面での不確かさについて伝える必要があると思った。しかしそれらは彼自身にとって最重要のことではなかったし、グルヴィッチにとっても転籍を思いとどまらせることでもなかった。哲学科の将来を後任の学部長と話し合った後、シュッツは気を取り直した。彼はシュッツの考えに好意的であるように見えたし、グルヴィッチの任命を歓迎したのである。一か八かやってみてもよさそうに思われた。

グルヴィッチはニュースクールの学部に対して余所者ではなかった。一九五五年に、彼は夏季学校の一講座をそこで教えたし、少なくともその後一度総合セミナーで講義を行っている。学部の雰囲気は彼に有利なほうへ向かった。一九五五年頃、ニュースクールの役員たちと当局者たちは最終的に大学の基金拡大の手段を講じ、そして必要な専任職を創出するというシュッツの提案は順調に受け入れられた。この長期計画はケアンズを正教授職に昇格させ、またグルヴィッチを、一年間の研究休暇が始まる予定の哲学科主任、ヨーナスの暫定的な後任と正式に考えて、最初一年間の教授担当職に加えるものであった。ヨーナスは全面的にグルヴィッチを支持し、この最初の申し出を永続的な申し出に変更する計画に貢献した。シュッツはその教科課程科目を哲学科と社会学科に等分に振り分けていたが、グルヴィッチにはその授業を哲学科と心理学科に振り分けることが期待された。後のほうの提案はクルト・ゴールドスタイン以来特に魅力的なものであった。ゴールドスタインは、高い水準の理論的・経験的知識と力量をゲシュタルト心理学の教育にもたらしたが、退職することになっていた。

舞台は設定された。グルヴィッチは受理した。一九五九年の秋に彼は教科課程の仕事を始めた。ケアンズは延び延びになった昇進をその翌年に受け取った。しかしどうすることもできない事情が、シュッツがそれに向けて懸命に働いてきた現象学の三人組の樹立を妨げた。グルヴィッチがニューヨークで授業を開始したとき、シュッツはグルヴィッチを歓迎する人の輪のなかにいなかった。シュッツは二ヶ月前に亡くなっていたのだった。

シュッツは生きてその第二の目的の実現を知ることもなかった。未来のニュースクールの現象学者である教授スタッフに適切な研究の便宜を与えるために、また他の学術機関の客員研究員を招待し受け入れることができるために、シュッツはニュースクールにフッサール・アーカイブを設置することを望んでいた。ヘルマン・ヴァン・ブレダは、ルーヴァン・アーカイブのフッサール文庫の管理者であり、合衆国でフッサール研究センター設置に対する若干の助成をすでに考えていたし、そのセンターはルーヴァン研究所に収集された諸資料の縮小コピーを受け取ることにもなっていた。一九五八年十月に、シュッツはある手紙のなかでこのアーカイブ問題を取り上げ、ヴァン・ブレダに、ニュースクール用のマイクロフィッシュ複製のフッサール文庫一式の収蔵に同意を求めた。同意書は二つの条件を提示していた。ケアンズとシュッツを含む委員会にこの資料の使用ならびに取り扱い責任があること、ニュースクールにおけるフッサール・アーカイブ取り扱い規則を付け加えた規約を起草し、その写し一通をルーヴァンに郵送されることであった。ヴァン・ブレダはまたシュッツに、マイクロフィシュカードの作成に含まれる経費や作成に費やすであろう時間を伝えた。

シュッツはある私的出所から必要な財源を手に入れることができた。それからハンス・シモン、ニュースクールの学長と会う約束をして、彼に「全額を……銀製のお盆に載せて進物用包装紙に包んで」（グルヴィッチへの手紙、1958.12.20）持参した。しかしながら、シモンはその考えと進物を受け入れる気にはならなかった。この大学はそのようなアーカイブにとって適切な場所ではない。ケアンズとシュッツには後継者たちがいない。またニュースクールはそのような将来にわたる責任をとるべきではない。しかし、シモンは独裁的仕打ちだと責められるのを望まなかったので、シュッツに臨時の委員会を作ると語った。シュッツは一切合財を放り出す気になったが、協賛者ケアンズは、自分たちはこれを何が何でも闘い取ると言い張った。ケアンズは他の学部構成員たちに近づいたが、哲学者たちの間にすらほとんど支持がなかった。その次の数ヶ月、シュッツの末期の病は彼の才能を奪った。三つの計画の二番目は永久に挫折させられたかにみえた。

しかしケアンズとグルヴィッチはこのアイデアを持ち続けた。シュッツの死後十年、シモンも去って久しく、また大学院学部が専用の校舎に収容されると、ニュースクールは大変な宣伝とともに開所式を行って、フッサール・アーカイブを公開した。この目的にシュッツが手に入れた財源は依然利用できるままであったし、ヴァン・ブレダは彼が十年前に［シュッツと］交わした契約を守ったのだった。

ヴァン・ブレダは一九六九年四月にニューヨークを訪問して、マイクロフィッシュで四万七千頁を超えるフッサール草稿をニュースクールに譲り渡した。グルヴィッチがその資料を受け取った。ヴァン・ブレダ、グルヴィッチ、そしてシュッツの最後の師弟の一人である、哲学者のリチャード・ゼイナーはその折に話し合い、これを「アルフレッド・シュッツ・メモリアル」と『ニュースクール紀要』のなかで称した。グルヴィッチがこの新アーカイフの所長となり、彼の指導のもとに学者や研究者によってこれは適切に利用されたと、私は確信している。だが一九七三年のグルヴィッチの死後、このアーカイブでの仕事は減少し、当の資料を利用する手段は難しい事柄になった。[1]

一九五八年のシュッツの三つの目標の最後のものは、完全に達成できないと分かった。グルヴィッチはニュースクールにおける現象学研究センター設立の見通しについて、いささか得意になっていた。「我々のようなトリオなら、全世界のどの哲学者たちのセミナーの前でも立派に顔見せできるものと信じます」（シュッツへの手紙、1959.1.20.）［ワーグナーの本文では1959.1.19となっているが、グルヴィッチからシュウツ宛の手紙は前記の日付の誤りである］。

このようなセンター提案を持ち出したとき、シュッツはただ夢想していたのではなかった。米国連邦政府保健・教育省は、学科相互間に基礎をもつ新大学院スクール計画のための補助金を提案していたのである。シュッツとケアンズの二人とも哲学科、社会学科、心理学科を含むニュースクール申請書なるものを明らかにした。二人はヨーナス（哲学）の支持、ザロモン・アッシュとメアリー・ヘネル（心理学）の支持を得たし、社会学者たちの支持も当てにし得たであろう。この申請が実際になされたのかどうか、私はこれまでのところ確かめていない。しかしながら、シュッツの死後、こうした三学科計画は大学院学部カリキュラムに導入されなかった。その計画の実現は少なくとも一時不可能となった。その再現は大学院学部がシュッツに代わる社会学者の有能な人物を見出せるかどうかにかかっていたのであろう。この方向におけるいくつかの試みがなされはしたが、将来に及ぶ思ったような成果は得られなかった。

第十四段階：最後の要約

一九五七年以降、シュッツの健康状態にはひどく懸念されるものがあった。彼はどの人の生活にもあるあの段階に入ったのである。そこでシュッツは、自分の運命はもはや近い将来になんの意義も持たないという一般的によくあることにはならないとしても、その人生の終焉が近づいていると認識し始めた。自分の持ち時間のより多くの時間がいつも歩み寄ってきていたようであったが、研究のための時間は、実は流れ去っていたのだった。自分はもう最後だという見通しこそ、一つの大学の制度機関をニュースクールに創り出し、北アメリカにおける現象学の学習と研究の継続を、自分が生きてどこかでこれに貢献することがもはやないとしても、最終的に可能にするように、と彼を駆り立てたのである。そして自分が去った後も現象学運動への著作による貢献を確実に残す手立てを取るよう彼を動機づけたのも、これと同じ見通しであった。

シュッツの学者生活の第十四の最終の段階は、彼のさまざまな努力が拡大から保存の方向へ推移することによって特徴づけられる。彼の学問対象の最後は、二つの事実からその重要性を得ている。(1)ヨーロッパでは一九三二年刊行の彼の基本的研究である『意味構成』が出版後数年で入手困難となっていた。第二次世界大戦後は入手不可となった。特に『意味構成』は全米の大学図書館の書架からなくなっていた。(2)シュッツが合衆国で著した作品のすべては、ばらばらの学術論文や評論において利用できるだけであった。しかしこれらは彼の理論や着想の英語への置き換えを含んでいたし、多くのアメリカの思想家の理論や着想によって彼の理論や着想を支持する記録でもあった。なにより、これらは『意味構成』出版以来二十五年間の彼自身の実質的論議、そしてさらなる調査・研究の追加と拡大の全てを含んでいた。かなりの嵩になる未刊行の、しばしば未完成の論文は別として、シュッツの評論は、さまざまな雑誌やシンポジウム冊子に載った。だがこれらは尊敬されはしたが、ほとんど例外なく、アメリカ哲学やアメリカ社会学の本流には及ばなかった。真実、シュッツの評論の半分以上はＰＰＲや『社会研究』に見出されたが、第一の雑誌ＰＰＲはまだしっかりその地歩を固めておらず、第二の雑誌は主にニュースクール学部とその校友たちに適うものであった。残りのシュッツの評論は十五の異なる刊行物に散在していた。シュッツと親しい少数の学者たちすら彼のアメリカの著作物のすべてに精通していたのではなかった。その他の人びとは全く偶然にこれらのうちのいずれかを発見するようなものであった。

シュッツのアメリカ時代の大事な仕事を保存するには、これを目に見えるようにすること、そしてこれを簡単に利用できるようにすることが必要であった。しかし、シュッツ本人は自分の仕事を前に進めることが可能である限り、その時間と労力を過去の仕事の保存には投入しなかった。一九五四年に、ハーバート・スピーゲルバーグは『意味構成』の再版を、ヴァン・ブレダのオランダにおける『フェノメノロジカ』シリーズの編纂事業に関連して提案した。しかしシュッツはこの問題に手を出さなかった。ようやく一九五八年になって、最初のしかも唯一の著書の再版が急を要することとなった。版元のウィーンのスプリンガー社に再版を申し出て、その快諾を得た。再版本は写真印刷の方法で再生されることになり、シュッツはテキスト全体を手つかずのままにしておかなければならなかった。しかし彼は「四十頁あまりのエピローグ」を構想した。フッサールの『デカルト的省察』、『イデーンⅡ』と『イデーンⅢ』、および『危機』書に照らしてそれの現象学的意味内容について解説するつもりであった。シュッツは、さらに、「本書の主要定立をアメリカ社会学の一定の動向とタイアップさせること」（ナタンソンへの手紙、1958.11.1, 1959.3.29）を願っていた。

エピローグは書かれなかった。『意味構成』の「もとのままの第二版」は、シュッツの逝去一年後に出版された。

一九五三年以降、シュッツは『意味構成』の体系的説明を敷衍した第二巻の執筆という構想をすべて放棄していた。今や、一九四〇年以降に発表した論文の選択・出版という代替形式が実行可能かどうかを考え始めた。新旧の研究仲間からは、アメリカ時代の刊行物を再版してほしいとの要望の声がますます上がるようになっていた。一方で［要望のあった］論題の刊行物を切らしていたのに、――その他のものには要望がなかった――。その上、選り抜きの学生たちは彼の仕事に関心を持つようになった。学生たちにまだ自分の手元にあるわずかな抜き刷り以上のものを与えたいと思ったのである。これに加えて、自分の特定の著作物を講義やセミナーの参加者たち指定することができなかった。

　一九五四年、シュッツはナタンソンに自分の論文集出版の可能性を知らせた。そして「行為者を直接取り巻く世界、同時代人の世界、先人たちの世界そして後継者たちの世界」に関する『意味構成』の諸節を英語に翻訳する手伝いを彼に求めた（1954.9.24）。理由は定かではないが、事柄はその後四年間、実現の段階に至らなかった。シュッツは再度ナタンソン宛に、出版社――明らかにブックマン・アソシエーテ――が『社会的現実の問題』の題名で一冊の論文集を出版しようとしている、と伝えた。最終的にはその他の二巻もこれに続くことになる（1959.3.29）。

　シュッツはちょうど病院から戻ってきたところだった。ナタンソンに自分のアメリカの著作物第一巻の準備に関して幅広い援助を求めた。それは『意味構成』からの例の諸節を加え十一篇の評論を含む予定だった。シュッツの肉体の力が終りに近くなり、この巻の編集の仕事をナタンソンに委ねようと願いながら、シュッツは彼に必要な指示を与えた。⑴繰り返しは削除されるべきこと。「最高の言説」は、たとえ後の論文にそれが見出されるとしても、問題の話題が出た、最初の論文に組み入れられること。同一話題の参照がすでに行われた後の論文には、この言説に関する短い参照のみなされること。⑵『意味構成』の第三十三節～第四十四節は翻訳して要約されるべきこと。したがって、「直接世界、同時代世界、先代世界」の間の諸区分と直接関連のある論述だけが残ることになる。⑶ナタンソンはこの巻の全般的な序論、「実際に私が意図していたことを語る」を書くべきこと、であった（1959.3.29）。

　ナタンソンはただちに返答し、来るべき夏の間にこの巻の仕事に取り掛かる約束をした。しかしながら、『意味構成』の諸節を翻訳することには明確に留保を示した。ナタンソンの提案は、その代わり、シュッツが粗訳すること、次いで自分が最終の形にすること、これならできるということであった。

同様に諸々の要約も、周到に協力して行われるはずであった（1959.4.1.）。四月中旬にこれに返事して、シュッツは翻訳が何もできそうにないことを強調した。自分には意を用いるべき別個の企画があり、何とか君自身の手でで進めてくれるようにと、ナタンソンをしきりに促した。これは場合によっては、同時代世界、先代世界、後代世界の諸節が含まれないということだった。シュッツは全論文出版の全体計画を他の二巻の内容目録という形式で同封した（1959.4.17）。ひと月が経過し、ナタンソンと二通の手紙のやりとりをした後、シュッツは自分の学生でもあった友人宛に最後の手紙を書いた。提案した『意味構成』からの諸節の翻訳にナタンソンが難色を示すのに出合って、シュッツは第一巻からこれを外す決心をした。そして残りについては、一切の編集問題に関して自分の判断で行ってほしいと、ナタンソンに委ねた。シュッツはもはやこれらに意を向ける力がなく、真っ先に気にかかっていた別の問題を優先させなければならなかった。

大学の夏季休暇が始まり、ナタンソンは『論集』第一巻の準備に取りかかった。シュッツはもはやこの世にいなかった。第二巻の準備はアーヴィド・ブロダーセン、ニュースクール社会学科の四人目の常勤メンバーによって行われた。イルゼ・シュッツが第三巻の責任を引き受けた。ブックマン・アソシエーテとの協定は解約された。ヴァン・ブレダは、オランダの出版社ナイホーフの『フェノメノロジカ』シリーズの編集者であったが、『論集』を引き受け、『フェノメノロジカ』シリーズのリストに含めた。

全三巻の諸論文の配置は、概ね、シュッツの提案通りであった。当然のことながら、誰もがシュッツの示した諸評論から繰り返しを削除するという責任を引き受けようとは思わなかった。したがって『論集』はたまたまの編集上の修正があっただけで、最初に世に出たままに複写された。トーマス・ルックマンは『意味構成』からの諸節を翻訳し、その内容をシュッツの意志で特定された話題に変えた。

シュッツは「合理性の問題」に関する論文を『論集』に含める準備をしていなかった。これはうっかり見過ごしたものとみなされ、第二巻に配置された。シュッツは同様に――偶然であるか、意図的であるか――、「ドン・キホーテ」の論文も『論集』から省いていた。これはスペイン語の翻訳で出版されたものであった。同じく、第二巻にその場所を見出した。他方、シュッツにより『論集』への算入が指示された未刊行の二篇の論文は省略された。一篇は「T・S・エリオットの文化の理論」で、これは当時、彼自身がその刊行を躊躇したものである。彼がそれとなく知らせたもう一篇の論文は、「知識社会学の問題」であった。シュッツはこの論文を、一九五九年の秋に開催される予定であったミラノの国際社会学会への寄稿作品として執筆する計画を立てていた。シュッツはそのための資料を手に入れてはいたが、その下準備の草稿すら執筆していた様子はない。少なくとも彼のファイルには何も見つからなかった。

私が作成したシュッツの包括的な著作目録に記載された他の小項目は、彼の言及したものではない。これらの小項目は『論集』第三巻から省かれた。一つの事例を除いてこれらの省略はすべて正当であった。フェリクス・カウフマンの逝去に際してシュッツが述べた弔辞である（1950b)。私の判断では、この挨拶の言葉の算入は是認されてよかったのではないか。

要するに一九六二年～六六年の『論集』の刊行こそ、合衆国内、いやそれどころか世界中にシュッツの仕事を普及することに最も多く貢献したのでる。

シュッツが『論集』第一巻の論文の下準備よりも「他の諸々の計画」を優先していたとき、実際にはもっぱら一つの計画だけを考えていた。最終的に『生活世界の諸構造』という書名の著作の準備である。

実務上の義務を免れた後、シュッツはもう一度気を取り直して、ある別の本の執筆を目論んだ。これは一九五七年の夏休みの間に、彼は関連性の理論の考察でノートブック一冊を一杯にした。これは一九五一年に着手されたものであった。これらはその新しい本の最初の部分の下準備として役立つはずであった。その次におそらく一九五八年の初めに、彼は『社会的世界の意味構造』と題した一冊の本、これを後に『社会的現実の問題』とタイトルを変えるのであるが、その内容見本の作成に取りかかった。研究教育の事情から言えば、この内容見本は研究休暇の申請書として書かれ、それは一九五九年春期に始まるものであった。彼の構想した研究の主題は「社会科学における哲学的基礎の諸研究」の継続であった。彼は、その休暇の一部をルーヴァンで過ごす計画であり、「生活世界と間主観性の問題を論じたフッサールの未発表草稿を研究するためである」と記した。

この構想は、シュッツのアメリカ時代の間に、彼の思索を前進させたばらばらの諸短編を一冊にまとめるという主要な一般的目標にも役立つはずであった。彼の発表した「三十篇あまりの論文」はすべて「同じ中心的課題の諸々のアプローチ」を論じたものである。今や、とシュッツは次のように強調した。自分の思索は「系統だった説明を必要とし、もはやモノグラフ論文を許さない一地点に到達している」と。彼はしかしまだその著作物全体のよく整った概説で満足するほどに自分を諦めておらず、いっそうの前進を目指して励んだが、この構想した本をもって同じく一冊の彼のライフワークを体系的にまとめた要約とすることの重要性も彼ははっきり自覚していた。

一九五八年の八月、十月、十一月にシュッツは五冊のノートを例の最初のノートに加えた。そのうちの二冊が行為の理論を扱い、一冊がコミュニケーションと象徴化の理論を論じ、そして最後の二冊は関連性の問題に立ち戻るだけでなく、多元的現実や超越の諸領域にも入り込んだ。

その内容見本は英語で書かれたが、幾冊もの手帳はドイツ語で書かれた。これはシュッツが著書自体をドイツ語で書こうと決めていたことを示している。これについては、近い将来の時代には、ヨーロッパや特にドイツがアメリカよりも、彼のような種類の社会学にはいっそう実り多い土壌になりそうだという彼の高まる確信に従ったのである。一九五七年の春のロワヨモン・コロキアムの期間中フランスで得た印象と一九五八年の夏の中央ヨーロッパ訪問とはともに、旧大陸での現象学的方針の研究に対するより大きい理解力とより大きい出版機会のある方向に傾いていた。ニュースクールにおける現象学センターの創設のための彼の精力的な計画が示したように、彼は決して新大陸に見切りを付けてはいなかった。だがこれは遠い将来のための仕事であるようにみえた。彼は友人のウォルター・フレェーリッヒに同意したに違いない。彼は、シュッツの研究が合衆国において大きな反響を見るまでに「なおもう一世代かかる」であろう、と思ったのである（シュッツへの手紙、1959.1.9）。シュッツは次世代を待つ時間が自分にはもはやないことを知った。自分の最後の作品は今ドイツ語で書かれるべきである。すなわち、ドイツ語圏である中央ヨーロッパにその大半が住むと思われる理解力のある学者たちに、その内容が確実に最もうまく伝わるはずの言語で。

新しい計画は反面その準備の形式において、二番目の本を書くという従前の計画とは違っていた。シュッツはもはや第一章を仕上げ、そして次に進むという心づもりで出発しなかった。その代わり、諸々のノートには、その著書の今後の展開についての、彼自身のための事細かな指示が記されていた。それらの指示には彼の英語の著作物からの重要な節や句、用語についての彼の翻訳も含まれていた。計画した説明にとって重要な著者たちからの短い抜き書きや参照、既発表論文のなかで行った一群の特殊問題の分析を再構成するための詳細な計画、これらの分析のちょっとした行そのものの修正、新しい主題分析のための素描、そして最後に、今後の論述のために余地を残しておくのがよい諸問題の確認（ルックマンの『生活世界の諸構造』序言1973, xx. iv をみよ）。

彼の準備戦略の変化には二つの理由があり得たであろう。［一つには］シュッツは一九四七～五一年の彼の体験の繰り返しを避けようと願っていたかもしれない。彼はこの体験である主題の研究論文を追求して散々苦労したが、結局分かったことは、他の諸部分の予想もしない主題の適切な考察は、その最初の部分についての異なる取り扱いをまた要求するようになる、ということでしかなかった。全体のための作業案の詳細な展開は、この体験の繰り返しに対してなんらかの保証を提供するものだったであろう。しかし著書のすべての章にバランスを予め設けることは、かなりの出典の追加作業が必要になる細かな概要の作成と実際に本を書く作業があるという点で、二重の時間的消費が必要になった。後のほうは確実に、彼が教授活動や他の大学での諸活動を再開したであろう期間にきっとずれ込むに違いない。この案の長期的展望は、シュッツの不安定な健康状態によって疑わしいものになった。一九五七年の第二半期、彼は重大な虚脱状態に襲われた。ただちに、彼の精力は甚だしく削がれてしまった。最後の主要企画をその結論に導けるか彼は疑念を抱いた。

これらのノートは、彼自身のための指示であったとしても、彼がその試みに失敗しても、それらを完成するように頼まれるかもしれない他の誰かのための指示として役立ち得るであろう。必要とあれば、当の著書そのものの実際の執筆委託がありうるであろう。一九五八～五九年の冬の間、体調がひどく衰弱して、シュッツはそうした委託がもはや避けられなくなっていることを悟りはじめた。彼は今や彼自身のための指示を、彼の文筆上の遺志と遺言書を実行する十分の力があり、しかもこれに同意してくれる人のための指示へと切り替える仕事に集中した。この目的のためにシュッツは新たな手立てを講じた。⑴各章が三節から九節の間に納まる、六章のために備えた、一枚の詳しい目次。⑵各節は、順番に、より詳しい小項目を備えなければならなくなった。それぞれの小項目の種々の補足ノートや指示によってさらに詳しく述べることができたからである。この目標はカード・ファイルを作成することによって適えられるはずであった。異なる色の諸々のカードには各章の見出し、各節ないし各項の見出し、各小節の見出しが入れてあり、また特に個別論文の参照には、関連性を論じている一九五一年の彼の未発表草稿を含め、番号が付けてあった。(3)ワーキング・ペーパーの追加収集文献は、フッサールの未発表草稿の三組みと『危機』書への参照、それらの収集文献からの「抜粋」を明らかにした。

後者の資料を収集するために、シュッツは以前のルーヴァン・アーカイブ訪問で得たノートに頼るだけではなかった。一九五九年の春、彼はバッファロー大学のファーバーに一任されているフッサールの一部の資料のコピーを求め受け取った。しかしこの収集では、彼がルーヴァンで調べようと計画していた記録文書の埋め合わせをすることはかなわず、もはや研究を望み得なかった。

その生涯の終りに臨んで、シュッツは妻に『生活世界の諸構造』を書くことのできる唯一の人物はグルヴィッチであろうと語った。夫の死後、イルゼ・シュッツはこのメッセージをグルヴィッチに伝えた。しかしグルヴィッチはこの仕事を自分が引き受けるとは言えなかった。それはシュッツの両靴でステップを踏むようなものであったろう。他の誰かを見つけるのに途方に暮れて、イルゼ・シュッツはニュースクールの彼女の夫の同僚に相談した。ザロモンはトーマス・ルックマン、一九五〇～五六年という時期の、シュッツの最優秀の社会学研究生たちの一人を提案した。ルックマンは受諾した。

当時、ルックマンはある学術上・研究上の経歴の出発点に立っていた。この経歴はやがて彼をドイツで目立たたせ、彼の主要な関心領域、宗教社会学や社会言語学における国際的承認を彼にもたらした。ルックマンの諸々の責任や関わりが増大して、彼には『諸構造』に取り組む時間がほとんどなかった。計画された二巻本のうちの第一巻が、一九七三年にツァーナーとエンゲルハルトによる英訳版で出版され、そして二年後にドイツ語原文で出版された。第二巻草稿は一九七九年の終わりまでに準備される予定であったが、さらに遅れが生じた。[2]

ルックマンはまずまずの仕事をした。第一巻にはシュッツが割り付けしていた六章のうち三章が含まれている。最初の二章に関しては原稿に全く忠実に従った。しかし第三章に関しては原稿と異なる内的構成を示す必要があることに彼は気づいた。当の資料は主観的な知識の在庫を論じていた。ルックマンは社会的現実の類型化と類型の社会化に関する二つの節を、シュッツによって準備された枠組みを超えて展開した。この展開がその他の問題の取り扱いを、「知識と社会」と呼ばれる別立ての章に移すことになったのである。

『生活世界の諸構造』にはシュッツとルックマンの両方が著者として名を連ねている。共著者であることは、何よりも、単なる編集者から共著者に変じたルックマンによって為された仕事を承認することで正当化される。だがそれはまた、出版された通り、『諸構造』の本文はもはやシュッツによって系統立てて論述されたものではなかったという事実の点からも、同様に正当化される。年下の著者は、一般の人びとに手渡されてしまっている当のテキストの形式にその責任があると思うのである。

『諸構造』出版の予期せぬ遅延は、シュッツの計画したこの最後の企画から当初の目的の一つを取り上げてしまった。著者の考えに多くの読者層の注意を向けさせる手頃な手引きとして役立つという目的である。その他の没後の刊行物もこの目的に資するものでなければならなかった。とはいえ、企画の主要目標が、これによって無用の長物とされたわけではない。『諸構造』の出版は、社会理論全体におけるシュッツの仕事の適切かつ体系的な概観を可能にする。彼のライフワークについてのこのような要約のみが、その構造と全体の内容において、シュッツが承認したことを保持するものである。『諸構造』は、何人たりともシュッツの仕事をその全体において、その深さと細目を調べる必要から免ずるものではないが、彼の弟子たちや学生たちにとって、それは依然として彼の知的遺産の最高の作品なのである。幾多の高名な学者たちの最後の奮闘に対して同じ言葉を発せられるべきだろうか？

第II部
学者のコミュニティ

シュッツの知的伝記は、第一部において記したように、彼の能力とは別の理由で、多くの思想家たちの伝記のパターンとは異なっている。生涯のわずか三年間を除いて、彼は非常勤の講師であった。講師として、彼は最後の十六年間だけ、ある大学の教職に就いていた。この時期の最後のゼミナールは別としても、直接の学問上の関心と大学の担当諸科目との間の違いはとても大きかった。彼の教科課目の題材は、大部分、彼自身の研究の中心となる問題の背景知識を扱っていたことになる。アメリカ時代の刊行物は断片的であるという特徴をもち、偶然生まれたもののように見える。どうしても直接には、統合された学問の進展というイメージをもたらす絵柄は見えにくい。

しかし、シュッツの『論集』第一巻序論において、ナタンソンは次のようなベルクソンの主張をシュッツ自身に当てはめたのであった。「真の哲学者は生きている間、たった一つの事柄を語る。何故なら彼はリアルなものとの接触だけを享受するからである」と（CP I: xxv）。実際、シュッツのばらばらの破片のような形式の書き物から基本的な理論的・哲学的意図および全体にわたる目標へと理解を進めようとすると、ベルクソンの言葉がシュッツによく当てはまるのは明白である。ベルクソンの言葉は、一方で人間の体験世界が無尽蔵であることに直面して驚き、問いを発し、再び驚くという能力を保ち続けながら、生の体験を喜んで受け入れ、その生の体験を反省し、理解しようとするシュッツの意志を暗示している。思索者として、シュッツは一つの目標を追求したのである。二十歳半ばで明らかとなり、人生最後のよろめきながらの努力のなかでなおも追求したのである。

社会科学者として、シュッツはこの目標を一つの理論的目的へ転換させた。根本的な主観的理解社会学と同じように呼ぶことのできる生活世界の社会学の創造である。彼はそれを一九二五年に構想し、その基礎づけを七年後『意味構成』のなかで十分に示した。述べなければならなかった「一つのこと」は随所に述べられている。基本的には、彼のその他の仕事は、一方では、『意味構成』の明確化・分節化以外のなにものでもなく、また、他方では、現象学的・心理学的基礎の上に構築された社会学的な上部構造の非常に多くの――原則的には――すべての部門の彫琢、敷衍および改良であった。

その「一つのこと」を語るために、シュッツは多くのことを語らなければならなかった。シュッツの著作は極端に変化に富んでおり、驚くべき複雑な構造となっている。それらが未完のままであるというたくさんの特質と同じ様でもある。シュッツの全体の仕事を貫いている内的一貫性、控え目な統一性、そして目標の隠れた統一性を把握するために、ばらばらの著作物の表面の下に潜らなければならない。

シュッツ社会学の大構想と基本構造は一九三二年に企画されたという明白な事実は、言葉の伝統的な意味では、その研究が徐々に明らかに見えてくるという、つまり発展的に進化していくことの欠如を説明している。

多数の主題的領域のいずれかについて生起する前進は、シュッツ社会学の全体の枠組みにそくしてもたらされる。ある伝記上の説明は、時代や境遇の説明、個別の話題について漸次、精緻化されていく、はっきり見えている特定の性質を説明するだけである。

理想的な場合には、これらの精緻化はある体系的な形で――すなわち、注意深く予め立案された、すべての特定の主題領域とそれらの小区分を論じるために「論理的な」帰結を予め書いた「創作プログラム」にしたがってなされたということである。これらの精緻化は一冊の本の詳細な目次に見られるものと同じ順序で段取りされているのである。けれどもシュッツの場合、私たちは、何よりもまず、このような一つの概要――ドイツ語慣用法では手はず――を論じるのではなく、むしろそれぞれ異なる主題の整然とした配置を提案しているいくつかの概要を論じるのである。第二に、彼の個別的研究や説明の結果は――その発表論文、未発表の論文等の形式における――どの一つの概要にも合致しない。彼の研究のさまざまな主題の諸論文を体系的に整理することは、後から振り返って、シュッツの著作の遺産全体を分析し総合する者によってのみなし遂げられるであろう。またしたがってこの整理は必ずしも完璧を期すものではない、むしろ一つ一つの思想や寄稿が彼の諸々の社会学的関心の全ての主題と副論題に対して「それらが関係する限りで」、また「それらを彼がどこで手放したか」について体系的に整理するのである。シュッツは『生活世界の構造』の企画のなかでその研究の要約に取りかかった。これに対して、最後にして最終ではない整理が現れた。その実際の道程の伝記的説明は、さまざまな境遇が彼に課した作業を漸次すすめるような方法に従うのでなければならなかった。

シュッツの生涯の学問的努力の最終の成果が一個の未完の思想体系であったことはすでに強調した。この見方は、さらに、二重の意味で理解されねばならない。まず、その仕事は未完のままに終わった。なぜなら主要な企ての最後のものを仕上げる前に彼は亡くなったからである。しかし、仮に『生活世界の構造』を彼自身が、彼なりの仕方で執筆することが許されたとしても、彼のライフワークはある重要な意味で未完にとどまったであろう。なぜならそれには終わりがないからである。私たちはここであるパラドクスを論じていることになる。その基礎という点で、シュッツの仕事はその「明確な」姿を『意味構成』において手に入れていた。後に残した刊行物、草稿、書簡等々の全体において彼は十分に敷衍された一群の思想や実質的理論を提出した。しかしながら、その実質的内容に関しては、終章も最終見解も存在しない。シュッツは、これはそうであって、またそうでなければならないことを十分に知っていた。このパラドクスはフッサールのそれであった。フッサールは自らの現象学は西洋哲学の最終の段階にあるが、しかし哲学の「永遠」の性質を根底に置いていると宣言したのである。言うまでもなく、シュッツは彼の社会学が西洋社会学の発展の最終段階であるとは決して主張しなかった。筆者が承知する限り、シュッツは彼の社会学を決して「最終的」と呼ばなかった。筆者がこの術語を、シュッツが一九三二年に築いた諸基盤に用いたとするなら、それは彼の基本目標だという意味でのみ適切であったのである。ある人が社会的行為者たちの意図や間主観的な関わり合いに焦点を絞って社会学の研究をしようと思えば、その人はシュッツの基本線を無視することができないであろう。シュッツの諸発見が他のどの科学的データとも同然なのだとされても、きっと彼は同意するに違いない。それらは「それ以上の指摘があるまで」信頼できたのである。これを哲学的に表現すれば、「自分の答えが正しいかどうか私には確かでありません、ただ確かであるのはその問いについてです」。彼はこのことを繰り返し語った。

シュッツの生活世界の社会学は未解決にとどまった。彼は自分の学生たちにそれを「与え」なかった。彼はそれを学生たちに一つの永遠の課題として残したのである。

シュッツはオーストリア社会とその文化のなかに生れた。それから、まずフランス、次いで北アメリカの社会文化的環境のなかに投げ込まれた。これらのすべては破局の落とし前という世界史の出来事の同じ連鎖によって揺さぶられたのである。ぶつかり合う諸体験に直面して、シュッツは異なる境遇を通じて自らの進路を頑固なまでに厳密に計画立案した。学者としての生涯計画の継続性を確保するためであった。彼は研究の内的一貫性をある小さな国際的支流のなかに没入することによって保持した。その流れは個々の思想家たちから出て、個々の思想家たちによって支えられ、そして個々の思想家たちによって再び注ぎ込まれるのであった。個々の思想家たち相互は、直接にあるいは間接に、知的な討議を行った。しばしば必要に迫られて一方的であったり、他の場合には文通に限られたり、また——最も実り豊かに——生き生きと対面した交流が時にはもたれた。

具体的にシュッツの生活のなかでは、同時代人であった人たちとの選択的な触れ合いを意味した。同時代人のなかには、シュッツの先生の世代、知的同年輩者たち、そして彼の教え子の世代、そして彼の仲間たちがいる。加えて、彼はヨーロッパ古典古代の後方へ広がる一連の知的先人たちとの一方的な関係を作り上げた。

次の諸章はシュッツのいくつかの主要関心を強調し、またそれらに固有の特徴や細目を付け加える。参考文献や討論がここで利用されているが、これらはシュッツの著作物や彼がアイデアを交換した人びとの話のそれぞれに含まれている。最も重要な一つの源泉はシュッツの往復書簡である。たとえその交換のすべてが完全には保存されていないにせよ、同時に、他のものは個人的な議論についての暗示、あるいは間接的な言及に限られていて、それらの成り行きや内容は報告されないままである。紙数の制限により、私の以下の紹介は短縮されており、高度に選択的なものとなるであろう。

問題の思想家たちは、次の三つの規準の結合によってグループ化される。歴史の時期、文化背景、および学問的関心圏である。これらがシュッツの思想生成体であるタペストリーの錯綜した展開の結節点を形成する。

思想家たちのこの配列は、以下のような時間秩序になるだろう。シュッツは一八九九年に生まれ、大学での勉強を一九一九年に始めた。彼の知的先駆者たちは彼が生まれる前の思想家たちであった。直近の先人たちは一九〇〇年から一九一九年の間に亡くなった者たちであった。先生世代は、一八八九年以前に生れた者と一九二〇年以後に亡くなった者からなっていた。そして彼の学生たちは一九〇九年以後生まれの者である。シュッツの誕生日から十年という最小の世代差がここでは採用されている。例外は起こるかもしれない。

それぞれの世代集団において、社会科学者たちが最初に取り上げられ、本来の意味での哲学者がその後に述べられる。

第四編　歴史的伝統と先人たち

第八章
西洋の伝統と先人たち

古代、中世、そして近代初期

古典人文主義的な高等学校の教育を考えると、シュッツが古代ギリシャの哲学者たちに、極まれにしか言及していないということを知るのは驚きである。ソクラテス以前も、プラトンやアリストテレスも彼の思考のなかでは重要な役割を果たしていない。ソフィストたちのうちでは唯一カルネアデスが彼の注目を集めた。カルネアデスは「関連性の問題」をベルクソンやフッサールよりも注意深く論じていたからである。

シュッツの中世の思想家に対する注目はその時代の偉大なキリスト教神学者たちのうちの最初の神学者と最後の神学者に限られた。彼は聖アウグスティヌスの『告白』を知っていたし、トマス・アクィナスの哲学の社会理論の諸側面に精通していた。

シュッツはデカルトには感銘を受けなかった。デカルトの最も重要な批判家、ライプニッツが、本伝記の第三部が示すように、彼の哲学的方向づけの真の源泉となった。シュッツはたまにイギリス経験主義者やフランス啓蒙主義の哲学者にはわずかな注意を払うだけだった。古典ドイツ哲学者のうち、ヘーゲルへの関心は周辺にとどまった。唯一カントが真面目に焦点となったが――それは外部的理由からであった。学生としての最初のうち、シュッツは教師たちや同輩の学生たちの新カント哲学の志向を義務のように共有したのである。

一九二四年の構想の概要には、彼はなおもカント的方法の批判的提言のための一章を準備していた。しかし『意味構成』には、カントの名前が一度現れただけである。シュッツのアメリカ時代の著作物にはカントの有用な諸説への時折の参照があるにはある。しかし彼のシェーラー哲学への関心がなかったならば、カントは完全に周辺にとどまったであろう。シュッツの論文「マックス・シェーラーの認識論と倫理」は「シェーラーのカント哲学批判」に関する一章を含んでいるが、そこに「一思想家としてカントは一人の巨人であり、それゆえ、私たちは彼との対話をやめるわけにはいかない」（1966b: 155）と彼は書いた。

シェーラーはカントに知識社会学的解釈を施したとシュッツは注釈したが、筆者は、その知識社会学的解釈はシェーラー流というよりもいっそうマンハイム流であったと考える。シェーラーは、カントのいくつかの概念について、「プロシアにおいてカントの時代に普及していた国家観に深く根ざしている」と主張した。例えば、自然は「一種の拡張されたプロシア国家」として描かれている。しかし彼によるカントの認識論批判は、直観される精神のア・プリオリな諸範疇という考え方に向けられた。「カントの認識論の前提は、〈先所与の諸感覚〉の内実を超越している、私たちの体験に与えられるものの全体が人間精神の能動性によって産出されたものでなければならない、またはそれによってまさに物質に取り入れられたものでなければならない」ということである。これは「根本的誤謬」である。現象学の立場から、シェーラーは、(a)「私たちの直観に与えられる内実」は「純粋な感覚」に相当する「部分的内実よりもはるかに豊かである」とした。また(b)私たちの思考は「なにものも産出しない……作り事、記号そして象徴を除いて」ともいう。さらに、「永遠の安定性」を人間の理性に帰することにより、カントは先験的統覚における人格と自我という誤った考えに到達したとする。カントにとって、思惟する我という統一性と同一性は、「対象の統一性と同一性のための条件である」。シェーラーはこの考えを否定して、これをカントの「恐れ」、すなわち「もし私たちが諸々の対象を最初から私たちの体験、思惟等々の諸法則によって拘束しなければ、諸々の対象は、これらの法則と一致する事柄と全く異なる仕方でそれらの間で動きうることになろう」(1966b: 155-56) という「恐れ」から説明したのである。

シュッツはカントの先験論に対するこの批判に同意したと考えて間違いない。シュッツは同じくシェーラーによるカントの倫理学批判の概略をも承認したといえる。カントの認識論批判に使った三倍の紙面を費しているからである。だが彼は同じようにシェーラー倫理学の諸原則に対しても強い留保を示した。

古典的社会学――ジンメルとウェーバー

シュッツは初期の社会哲学者たちに関与しなかった。精神科学の創始者にすら関係しなかった。彼にとって、社会学はゲオルグ・ジンメル (1858-1918) とマックス・ウェーバー (1864-1920) から始まった。シュッツは『意味構成』において、ジンメルが「人間社会の諸形式の理論」の創造こそ諸社会科学の「真の課題」であることを認識した最初の人であったとその功績を認める一方で、一つの明確な系統立った方法論的立場の欠落がこの方向における彼の努力の足枷となったと評した。ジンメルは数々の長続きする有意義な個別的分析を著したが、〝相互作用〟(Wechselwirkung)の概念を含む、彼の基本概念のほとんどは批判に耐えないものである。ウェーバーこそ、同じ指導理念を成功裡に達成し、ドイツ社会学にその職業としての学問の地位を与えたのであった(シュッツ、1932: 2-3)。

シュッツはこの意見をアメリカでの全生涯をとおして保持した。彼はジンメルの「哲学的社会学」を論じるのを避けた。これは社会科学における一種の新カント派の認識論だからである。代わりにシュッツはジンメルの諸々の特定研究に焦点を当てた。例えば、二者関係や三者関係に起源する、相互行為の諸関係の諸々の個別形式という魅力ある種々の説明である。彼はジンメルの著作におけるこのような側面や類似の側面を、彼の社会集団論の教科課程において論じた。アメリカでの著作物において、シュッツは、とりわけジンメルの個人における「社交圏の交差」の理論を論じた。これはジンメルの主観的役割理論の先取りであった。行為する個人は、社会のほんの一断片であるばかりでなく、同様にまたその能動的行為において「彼の人格のほんの一部を実現するにすぎない」以上、彼自身の一断片でもあることを明らかにしたのである。この見解は、「個人意識と社会意識の間のジレンマを克服する」(1957a: 59; 1950b: 1; 1953c: 13)上で役に立ったとシュッツは力説する。シュッツは同様にジンメルの「文学の社会学の優れた分析」からも感銘を受けた。それは、以前には対面の関係にあったが、今は異なる境遇のもとに離れて暮らしている個人たちの間のコミュニケーションの複雑さを論証した(1945b: 373n)分析である。最後に、平等性の概念分析に関して、シュッツはジンメルによる「目指される平等」と「承認されるべき平等」の区別が階層化社会においてとりわけ有用であることに気づいた。ここでは既存の上位と下位の階層秩序の存在、およびこの社会では利用可能な地位の数よりもより多くの個人がより高い地位の有資格者であるという事実とによって、平等の諸問題が悪化し、深刻なものとなる(1957a: 72-73,

76)。

マックス・ウェーバーはシュッツの社会学の大黒柱であり続けた。彼が合衆国で発表した論文の少なくとも半数はウェーバーの著作物からの引用、その諸側面についての議論、およびそれらの諸々の参照を含んでいる。彼が繰り返し述べたことは、ウェーバーが社会学に「行為者の行為に付与する意味」、その行為の「主観的意味」を理解するという「中心課題」を与えたことである（1959c: 93）。ここから、シュッツは彼自身の研究の中心問題に立ち向かった。「……いかにして私たちは、その他者の行為が当の行為者にとってなにを意味しているかを理解できるようになるか?」（1948: 197）。ウェーバーは「合理的行為」のモデルを彼の理解社会学の眼目として選んだ。シュッツは社会科学としての「合理性」の術語の意味を詳述し（1943）、次のように論じた。日常生活における熟慮による行為を扱う場合には、具体的な諸個人の具体的な諸行為の合理性の程度について述べる代わりに、「理に適った行為、稳当な行為、そして合理的行為」を区別するのが賢明である。行為の動機と経過が習慣による予期に基づいて理解できるとき、行為は理に適った行為でありうる。例えば「顔に受けた平手打ちの無礼な行為に応える」のは、その行為そのものが感情的でありうる。行為は、「行為の諸々の異なる経過の間に慎重な選択」が含まれているなら、行為自体が習慣的であるとか伝統的であるとしても、稳当である。合理的行為は、日常生活の場合、その行為者が目的、手段、および派生的結果に関する明確・明瞭な洞察を有し、代替の手段を勘案する、等々の場合に生じる。

これらの「予備的定義」に、シュッツはこれらに内在する実際の錯綜した事態の考察を加えた。当の行為者たちの数々の独自の伝記的状況は、彼らの手元の知識在庫とある日常の観察者のそれとの間の違いに寄与する。重要なもう一つの考察は、行為の自己評価に関係する。行為の自己評価は、私が自分の過去の行動とかある企画した行為とかを稳当と判断するかどうかに、大きな相異を来たすのである。

なされたことは改め得ないが、私がなそうと計画することは、まだなお変更できる。私は、いってみれば、それを「より穏当に」なしうるのである。私がそれを計画したときには穏当に思われたことが、振り返ってみると、間違いと判断されるかもしれない。あるいは、もしつけ加えるなら、実に「あっぱれ」と思われるかもしれない。その計画した行為は、私が予想したよりもはるかに客観的に与えられた諸条件に適っていたのである。友好的な観察者は、「君は君が考えているより賢い奴だ」と話すかもしれない。ある計画の実行そのものが私の知識在庫を変えてしまったのである。ある計画された行為の経過と結果を私が判断する基準は、それを振り返って再評価することとは異なるものである（1953c: 22, 21, 22-23）。最後に、シュッツは「目的合理的」と「価値合理的」のウェーバーの区別を、「理由の動機」と「目的の動機」の二つの種類として扱うことによってこれを洗練したのである（1953c: 22）。

ウェーバーは、どのような社会集合体も、相互に認識し合いかつ相互に規範によって規定された諸関係に立っている諸個人の現勢的並びに潜勢的行為の結合に他ならない、と論じた。それゆえに、シュッツは、集合体の存在とはその大規模集団の文化的環境という、一般的な枠組みの内部において「人びとがある特定の仕方で行為するであろうという……単なる機会以外の何も意味しない」と記した。あらゆる文化的規則は、関係のある諸個人が現実にこれらにしたがって「この環境の内部の彼らの個人的（私的）状況を定義し、そして不断に再定義する」その限りにおいてもっぱら有効である（1975a: 59）。

ウェーバーの方法論的研究のうち「最も重要な貢献」は彼が現代の構造－機能的アプローチを先取りして論駁していることにあるとシュッツは力説した。現代の機能主義者たちによれば、「集団生活の文化パターンは……任意の社会集団を、その歴史のなかの一定の時点において――構築しないまでも――特徴づけるのである」。ウェーバーは、しかし、次のように強調した。「この文化パターンは、社会的世界の任意の現象と同じように、社会学者としての見方とその内部で行為し思考する人間としての見方では異なる」と（1944a: 499-500）。この区別こそ「ウェーバー方法論の隅石」であった。再び、シュッツは、この重大な区別としてウェーバーが「客観的」と「主観的」という術語を選択したことを残念がった。シュッツは「術語論上の規則の理由」としてもっぱらそれらを認めたのである（1957a: 34-35）。別の機会には、シュッツは「主観的意味」と「客観的意味」というウェーバーの術語のもつ曖昧さについての批判を繰り返した（1954: 265）。

あるウェーバー社会学者は自分が逆説的な立場にあることに気づく。彼は、ある観察された行為者が自分自身の実際の行動に付与する主観的意味を客観的に記述するという仕事を引き受けながら、しかも彼は、そのデータをある科学的形式において取り扱うことを望んでいる。そこでシュッツは次の問題を提出したのである。「いかにしてこれらの見たところ矛盾した原則を一致させることができるか？」（1954: 270）と。答えは二つの公準のなかに見出されるはずであったが、シュッツはこれをウェーバーから導き出したのである。⑴「主観的解釈の公準」はこうである。「科学者は、どのようなタイプの個人の心が構成され得るか、また、どのようなタイプの意見がそれの結果であると考えなければならないか、問題の諸事実をある理解可能な関係の内側における心の作用の結果として説明するためには、これを問わないわけにはいかない」。⑵「適合性の公準」はこうである。「人間の行為に関係する学問において用いられる各術語は次のように構成されなければならない。類型的な構成によって示される仕方で一人の行為者が生活世界のなかで営む人間的行為は、当の行為者自身にもその仲間たちにも同じように穏当であり理解しうるものである」。これらの公準の二つ目は「社会科学者による、どの人間行為の解釈も、当の行為者、あるいはその仲間による解釈と同じでありうる」という可能性に基づいている（1943: 147）。社会学者の基本的体験は観察する諸個人の基本的体験に類似している（1943: 147）。一人の社会的存在としての社会学者自身の諸体験は、彼の解釈図式の成語のなかに入り込むこともあり、同様にまた、他者たちの観察により、さらに他者たちとの具体的状況での具体的行為における体験、動機、対象についての話し合いにより、社会学者の集める諸々のデータのなかに入り込むこともある。

これらの二つの公準は、社会学者たちの理論構成の実質的関連性を確保しようとしたのである。シュッツはこの他に二つを加える。一つは、これらの構成物の「論理的一貫性」を統制すること、残りの一つは専門規則の既存の知識全体との「両立可能性」を統制することである（1960: 221）。総合すれば、この四つの公準がシュッツの「類型づけの方法」を正しく適用する安全装置であり、この方法を彼は優れた意味で社会学的方法、「理念型の構成の方法」と考えたのである。

ウェーバーの社会科学の〈価値自由性 Wertfreiheit〉の原則はシュッツによって完全に受け入れられた。それは一人の社会学者が自らの主題に直面し、これを分析する際に、自分自身の評価による好みや感情を「括弧に入れる」ことを意味している。社会学は、真面目に一個の「科学的な」学問とみなされるためには、この原則と浮沈をともにすると彼は主張した。しかし彼は〈価値自由性〉（文字通りには、諸々の価値からの自由）のラベルを好まなかった。それは決定的な論点、すなわち距離をとった科学的態度の前提および局外の視点の前提を外していたからである。一社会的存在として、一人の社会学者は、他の誰とも同じように自分自身の価値、利害関心、党派心を持っている。実際、これらのものこそ探求のために自らが選ぶ問題の明確な表現へと自己を導くのである。この意味で、その社会学者の研究の主題は、ウェーバーがこれを表現したように、「価値－関係的」である。しかし、一度その話題が選択されてしまうと、当の社会学者は手続きの諸規則――これらは、ルールとして、自己の学問によって受け入れられてきている――にしたがって、そのデータを「客観的」に、すなわち、彼の理論的準拠枠に本来備わっている規準以外のいかなる関連性の基準も用いずに集めて論じなければならないのである。あるコミュニティとか社会の一人の市民として、自分のデータ（あるいは他の社会学者のデータ）が示す社会状態を好まないとしっかり結論を下すこともできるし、しかもこれらの状態について何かしようと思うこともできる。これは一人の私的市民としての特権ではあるが、一人の社会学者としての職能ではない。

古典期のその他のヨーロッパの社会学者たちへのシュッツの関心は限られていた。シュッツがデュルケームやパレートに面と向かったのは、もっぱら彼がパーソンズの『社会的行為の構造』に専心していた時であった。これに対して、彼はアメリカ社会学の開拓者たちの一人、サムナー（William Graham Sumner 1840-1910）を研究し、彼の『フォークウェイズ』のなかに集団の視座や内集団と外集団との関わり合いの研究の豊富な資料を発見した。

現象心理学――ジェームズ

キルケゴールを例外として、カント以後のヨーロッパの哲学者たちにシュッツはいささかの関心も惹かれなかった。アメリカの初期プラグマティストたちのうち、彼はウィリアム・ジェームズ（William James 1842-1910）を徹底的な研究と理論的議論のために選んだ。

しかしジェームズがそのような重要性をシュッツの思考のなかで得たのは、プラグマティズムの哲学者としてではなく、むしろ意識の心理学者としてであった。シュッツは彼について、かつて『意味構成』のなかで言及していたが、合衆国に入国するや大変な熱心さでジェームズに飛びついた。彼が英語で書いた最初の論文のなかに「ウィリアム・ジェームズの思考の流れの概念――その現象学的解釈」がある。ただちに、ジェームズは彼の研究においてある重要な役割を果たすことになった。

シュッツは、もちろん、一つの哲学としてのプラグマティズムを受け入れなかったけれども、ジェームズと自分との違いを詳述する必要を感じなかった。同様に、彼は「ジェームズを一人の現象学者へ変える意図」も持たなかった。シュッツは、ジェームズの『心理学の諸原理』（1890）のなかに、デューイが既に指摘していたように、「二重の緊張」、「認識論的二元論」があることに気づいた。それによれば、心理学の主題は自然諸科学の物体の問題に対して心（精神）の問題であり、また「主体の消滅点（ゼロ）への還元」に向かう一傾向である。シュッツは、しかし「意図的に第二の緊張を無視」し、「もっぱら第一の、主観的なもの」（1941: 442-44, n.4）を論じるという決意をした。カレン（Horace Kallen）のような著名なジェームズ研究者たちがシュッツの冒険、ジェームズの『心理学の諸原理』の「一定の教義に現象学的解釈を施す道を探し出す冒険」（1941: 442）について保留したとしても、彼らの懐疑は正しかったのである。しかしながらシュッツのアプローチをジェームズの全体の著作、特に後期の著作物によって判断するという主張は、シュッツの企画自体を無効にしたわけではない。ある著者の一定の教義のありうる意味合いを強調し、それらを異なる解釈にさらしてみることは、これが注意深く、そして誤った主張や偽りの申し立てなしに行われるのであれば、正しいことである。これらの条件の両方に関して、シュッツは正しい立場にあった。

グルヴィッチへのある手紙のなかで、シュッツはジェームズに関する論文の執筆にあたり一番の厄介ごとは、「現象学にあまりなじみのない聴衆に、なじみのある理論から始めて、その限られた枠内で簡単かつ要領を得た情報を取り次ぐことです」（1940.11.16）と書いている。しかしシュッツが自分の現象学的目論見のためにその上に掛ける便利なフックとしてジェームズを利用したと結論づけるのは誤りであろう。多元的世界と同様に、思考の流れとその周縁を書いたジェームズは、シュッツの心理学的現象学にとって第三の土台石――フッサールほど強固ではないはないが、重要性においてベルクソンに近い――となるものであった。

シュッツはジェームズの見解とフッサールの見解の間にいかなる類似点を見出したのか……。シュッツは見解の類似点を限定したのである。見解の類似点は異なる水準で現れたのである。フッサールは、常識的思考の水準に触れてはいたが、それは現象学的方法を用いて、もっぱら常識的思考から形相的・超越論的現象学の諸領野へと移行するためであった。ジェームズは「内世界的」意識を考究する現象の心理学の水準にとどまった。この水準のところでシュッツは、彼がその後の論文（1945b: 95）で述べたように、ジェームズの所見とフッサールの所見との間に「収斂」をみたのである。しかしながら、主要には、彼が論じたのはジェームズの「内世界の現象」とフッサールのその形相的に還元された相関項との間の収斂についてであった。しかし彼は同じように知覚の領域においてもそのような「収斂」をみた。この領域において両者は、孤立したばらばらの対象ではなく、それらの対象の「周縁」や「地平」を含む、知覚野を論じていたのである（1945b: 87-88）。

一九四一年の論文のなかで、シュッツはジェームズの出発点が彼自身の出発点と一致していると指摘した。「個人意識の存在」という「明白な事実」である。その思想よりもむしろその個人の自我そのものが心理学の直接的与件として扱われなければならない……」。それぞれの「個人の意識」は、均質な流れではないが、ある持続的流れとして現れる。ジェームズが強調したように、個人の意識は穏やかに現われたり、激しく動いたりする。個人の意識は「諸々の永続的部分と推移的部分」を含んでいる。シュッツはこれらの諸部分ならびに諸部分相互の関係を、ジェームズの諸々の「周縁」現象とフッサールの諸々の内部地平と外部地平とを結び合わせることによって論じた（1941: 443, 448-49）。ジェームズもフッサールも、体験作用の原初過程における自発性を強調した。二人とも、自発的体験作用が反省に従う場合、この意識の流れは伏流化する（筆者の表現）ということで意見が一致した。「我」が登場するのである、あるいは、ジェームズがそれを表現したように、「それが考える」は「私が考える」となるのである（1941: 443）。ここでジェームズは「恒常性の原理を精神（マインド）の意味で」語った。「同じ事柄について考えられうるのは同じ精神の流れの連続する諸部分においてであり、またこれらの部分のいくらかは、それらは他の諸部分が意味する同じ事柄を意味するということを知ることができる……精神はいつでも、そのつもりになれば、同じことについて考えることができるし、また精神はいつ同じことについて考えるつもりかも、承知している」（1890: I, 459）。シュッツはこの原理をフッサールの「同一化的総合」に準《なぞら》えたのである（1941: 450）。

この文脈では、時間の考察が無視できない。クレイ（E. R. Clay）を相手にして、ジェームズは内的時間体験を「みかけの現在」の体験として記述した。すなわち、その現在自体がすぐ前の先方へ進んだ〈現在〉と、すぐ後に続く〈現在〉との両方を含んでいる持続を有する、「みかけの現在」体験である。フッサールは同じ見解を、体験された過去と未来との両方の地平、すなわち、過去把持と未来予持という彼の一対の概念の地平をともに運ぶ、体験された現在という考えによって表現した（1941: 450;1942: 341）。その後になってシュッツは「みかけの現在」の三重図式を理論思考の水準に転換した。「それの〈前方〉」は、解決がまさに進行中である、その予め企画される課題として言明される問題を包含しており、「それの〈後方〉」は、手元の問題の解決をもたらすために立案された当の進行中の理論づけ活動の予期される結果からなるのである」（1945c: 570, n.43;570）。

ジェームズは「一連の思考」とその「結論」のなかに体現される主題もしくは意味との間の区別をおこなった。後者は、個々の歩みによってそれがすでに達成されてしまっており、それらの歩みが現に「記憶から立ち消えてしまった」後にも残るのであるとジェームズは強調する（1890: I, 275-76, 260参照）。シュッツは、この考えがフッサールの「複定立的総合」とぴったり一致することに気づいた。この総合において「別々の、不連続な諸々の体験作用は一つの分節された統一体に束ねられる」のであり、それが確立されると、「より高い準位のこの総合的作用の統一体」は、反省によって、思考の一条の視線、すなわち、「単定立的作用」において把握される」(1941: 452)。全体として、シュッツの判断では、ジェームズの「周縁」の理論は、「意味構造と内的時間の間の関係性」を理解する道をすでに切り開いていたし、これの道は「意識の構築的分析」そのものの基礎を形成したというのである（1970a: 87）。

シュッツは、ジェームズとフッサールとの間に意識の志向性、すなわち、すべての意識はなにものか「についての意識」であるという現象的事実に関してある類似性を知った。ジェームズの「思考の一つの核あるいは一つの主題をめぐる周縁の理論」は、認識的過程が思考作用と思考の対象との間——フッサールがノエシス、すなわち「体験作用」とノエマ、すなわち「体験されるもの」(1941: 446, 447, 450-51) との並列によって「徹底化した」構想——に宙ぶらりんになっていることを示している。その他に、ジェームズは意識の選択性の理論を展開した。それはベルクソンの理論に類似していた。シュッツが後になって、「類型性の構築に直接関連している」と説明した理論である（1959c: 151）。しかしながら、ベルクソンとジェームズはどちらも「プラグマティックな動機」が選択を決定するほとんど排他的な要因であるとしてしまった。シュッツは関連性研究のなかでこの限界を修正した（1970a: 5ff.）。

シュッツはまたジェームズの考えと彼自身の動機理論との間に類似するものをみた。彼は「自発的〈決断〉」というジェームズの考えを喜んで受け入れた。この自発的決断だけが、ある空想作用からの行為の企画を一つの目標という現実に適った能動的な追求に変えるのである（1951a: 161）。「実用的動機」に関心を向けることによって、ジェームズはシュッツのいわゆる「目的の動機」(1970a: 5-6) を目指したのである。さらに彼はシュッツが社会的行為者の「理由の動機」と呼んだものにも関心を向けていた。理由動機は、個人の生活諸体験のなかに「原則、準則、習慣として、同様にまた趣味、感情、等など」として構築され、しかもジェームズが最初に「（社会的）人格」（1960a: 213）と呼ぶことになったものを作り上げる。

シュッツはジェームズの『諸原理』のなかに見出したさらに別の主題を問題にした。そのうちの一つがシュッツの知識社会学にとって重要になった。「心得の知」、すなわち、上滑りでばらばらの知識と、「についての知識」、すなわち、持続的な注意、分析、そして反省によって諸事実の「内的自然」を洞察する知識との間の区別である。シュッツはこの二分法を自らの特徴的な考え方に統合した。死後に出版された論文のなかで、彼はジェームズの基本的区別を、自然的態度における実用的な考え方の全対象のまわりを組織している広大な配列「範囲」にまで押し広げた。「についての知識」の範囲だけが明確性、確定性、および一貫性の公準を満たしている。他のすべての範囲は「心得の知」を表す。すなわち、それらの範囲は「順番に、よく根拠づけられている、信憑性のある、見込みのある、権威に依存している、やみくもに受容している、完全な無知しかないように多元的な仕方で格付けされている、単なる信念の諸次元」を表す（1966a: 120-22）。基本的に、これらの漸次的移行の諸段階は「当然と見なされている世界」の知識に属する。シュッツは、ジェームズが人間知識の理解に重要な貢献を果たしていたことを発見したのである。ジェームズもまた「日常生活の常識的な知識は不問ではあるが、しかし問われるべき背景であり、この背景の内部でのみ、探究が始まり、また探究が遂行されうるということ」（1954: 265）に同意した、さまざまなグループの哲学者たちの部類に入るのである。

シュッツはジェームズの「現実」、「現実の多様な秩序」「多くの世界」、さらに彼が〈周縁〉領域に配置した「下位世界」の理論に大いに好奇心をそそられた（1890: II, 287, 291）。シュッツは「現実」を一種の「感情」や「現実感覚」とするジェームズの定義づけを受け入れた。シュッツの言葉では、「あらゆる現実の起源は主観的であり、私たちの関心を鼓舞し刺激するものはなんであれ、現実的である」

という意味である。すなわち「この事物が我々自身と一定の関係に立つ」(1945c: 533) という意味である。第二に、彼は人間体験の下位世界というジェームズの理論の特別な重要性に気づいて、これを自らの「限定的意味領域」の構想に融合させた。

ジェームズは、シュッツが意識の心理学を洗練し、さらに意味の理論を築き上げることを可能にした。ジェームズの仕事は、日常生活という至高の現実の諸分野や「科学の理論づけの世界」において作動する認識スタイルの連関と基本的差異の両方をシュッツが取り扱うことを容易にしたのである。

第九章
先生世代との幅広い交流

シュッツは大学の先生たちやベルクソンとフッサールから学んだばかりでなく、先生たちと同世代のその他の重要なメンバーからも同じように学んだ。事情さえ許せば、彼らはみな彼の先生であり得たであろう。その幾人かと彼は思想上の交流を始めたが、他のメンバーもその出版物によって彼の注意をとらえ続けた。

ヨーロッパの社会学者たち

ウェーバーに次いで、ドイツではF・テンニース、A・フィーアカントそしてL・ヴィーゼがよく知られてはいたが、ドイツの社会学者たちに対するシュッツの関心は周辺的なものにとどまった。それとは対照的に、マックス・シェーラー（1874-1928）は彼に相当の影響を与えた。シュッツの考えでは、シェーラーは、社会的な諸問題の――もっぱら限られた領域ではあったが――取り扱いに現象学的洞察を応用した比較的初期の社会学者の一人であった。「現象学を実践した」シェーラーに関して、シュッツは「知覚のモデルではなく感情のモデル」で成果をあげたとして、「いくつかの問題においてフッサール以上に理解を示した」思想家であることを認めた（スピーゲルバーグへの手紙、1956.12.10）。彼は形相的直観の「一流の天才」であった（1956b, CP III : 133）。

述べてきたように、シュッツは超越論的間主観性の問題についてのシェーラーの解決を否定した。しかしながら、シュッツは、シェーラーのフッサール批判が「内世界的間主観性」の理論を概括し、「他我の一般定立」を定式化し、そして内世界的領域の諸体験に全力を注いだ、最初の重要な試みであることを認めた（1942: 335-36, 337-44）。

シュッツはシェーラーの知識社会学に関連する諸構想に特別な注意を払った。彼はシェーラーによる知識の三つの基本類型の区分に同意した。支配のための知識（技術の学問）、知るための知識（哲学や「純粋な」学問）、救済のための知識（神学、宗教）である。すべてこれらの類型の知識は一定の社会のなかに存在し得るけれども、これらの知識は異なる文化では異なって位置づけられる（1957a: 49）。経済決定論の代わりに、シェーラーがマルクスに由来する知識社会学の基本的教義を拒否したことを評価した。シュッツは、シェーラーは現実的要因と観念的要因、すなわち、二重の意味において相互に影響し合う二つの独立した領域について語ったのである。諸観念は、それらが社会的に効果をもちうるとすれば、諸々の「現実的要素」によって課される物質的諸条件の「水門の扉」を通り抜けなければならないであろう。一度通過するや、諸観念は順繰りにその他の諸々の現実的要素に影響を及ぼし、これらを一つのものに形成する。シェーラーによるこれらの着想をシュッツが容認していることは、特別に興味深い。これは、シュッツの比較的初期の頃にドイツ歴史哲学に関するレーモン・アロンの結論を歓迎したことを別とすれば、彼がはっきりと「諸々の哲学的世界解釈の闘争」に踏み込んだ唯一の機会を示しているからである。シュッツは一方における人間の体験の世界および人間の歴史性の世界という彼自身の現象学的諸構想と、他方におけるかなりの数のアメリカ人社会学者たちの思考に影響を及ぼしたその他の世界解釈との間にある明確な区別を設けようとしたのである。

しかしながら、シュッツは知識社会学に対するシェーラーの真の貢献を彼の「世界の相対的自然的見方」の理論のなかに見る。それは、文化人類学者たちによって詳しく説かれた比較的単純な小社会の「集団の特質」や「世界観」という諸概念にほぼ等しい術語である。それは、ある個人が自然的態度において獲得し、またその小社会の他の者たちによって共有される世界観の内容を指したのである。それは、その集団構成員によって集合的に当然のことと思われているものを意味する。シュッツはその同じ集団の全員が「その世界の同じ局域を疑問の余地なく当然のように思っているかのように」受け容れるとは限らないと指摘することによって、シェーラーの考えをかなりの程度修正した。「各成員は、さらに突っ込んだ調査の一対象としてその同じ局域のうちの異なる要素を選択する」。このことは、「その集団の世界観」とはその集団の内部のある「哲学者」、もしくはその集団の外部のある人類学者によって統合される、一つの複合的全体であることを意味する。個々の成員たちが十分に精通し、本当に「について」知っているのは、その全体像のほんの一部にすぎない。残りの部分を彼らはただ「心得ている」にすぎず、また完全な無知へと微弱化する曖昧さのさまざまな程度において知るのである。だからこそ多様な構成員たちは、彼らにとって問題となりうる、その集団の世界観全体の異なる見方について困惑させられるのである。ここからシュッツは「知識の社会的配分」――同じ集団の構成員の間にみられる、当然と思われている知識と問題となる知識の限界線の振幅――という有益な理論に取りかかった。各成員はある面では「専門家」であり、他の面では「よく情報に通じており」、そしてなお別の面では曖昧であるか情報に通じていないかである（1946a: 464）。これこそ、シュッツが強調して止まなかったように、マンハイムや近代化したマルクス主義的歴史解釈のその他の主唱者たちによって曖昧にされてきた知識社会学が本来問わなければならない領域である。

ドイツ以外のヨーロッパの社会学者たちに関しては、デュルケーム学派の三人の代表的な主唱者がシュッツの関心を捉えた。現象学的心理学的解釈の傾向をもつ社会人類学者、レヴィ＝ブリュール（Lucien Levy-Bruhl 1857-1939）、その音楽のコミュニケーション研究によりシュッツが敬愛したアルヴァクス（Maurice Halbwachs 1877-1945）、そして中国語の象徴（漢字）のきわめて洞察深い研究を行った中国学者、マルセル・グラント（Marcel Granet 1884-1940）である。

ゲシュタルト心理学者たち

シュッツは彼の先生世代の心理学者たちにほとんど注意を払わなかった。ゲシュタルト心理学との出会いすら偶然だった。友人グルヴィッチはゲシュタルト理論の専門家であった。シュッツは、ゲシュタルトの諸々の原理や発見についての情報を必要としたときはいつでも、上手に彼に意見を求めた[1]。ヴェルトハイマー（Max Wertheimer 1887-1967）はニュースクールで教えていたことがある。シュッツが大学院教授会に加わった時には彼はすでに引退していた。コフカ（Kurt Koffka 1885-1941）は、シュッツにとってさらに知るところ少なかった。しかし一九四〇年代初期にシュッツがＰＰＲ誌の協力者としてケーラー（Wolfgang Köhler 1887-1967）を加えようとした時に、コフカはケーラーとの接触の労をとった。

グルヴィッチ宛のある手紙のなかで、シュッツはヴェルトハイマーを「あまりに不明瞭すぎる」、コフカを「あまりにはっきりすぎるし、上品すぎる」と評した。ケーラーについては、彼自身の研究と現象学との関係を知っておりながら、「それを認める哲学的勇気がない」とシュッツは述べている(1951.7.161)。

シュッツはゲシュタルト心理学の中心命題の一つ、「図／地形態」の命題に心を砕いた。グルヴィッチ宛ての別の手紙で、シュッツは図－地図式に基づいて聴覚的で音楽的な諸問題を詳述しながら、彼は「ゲシュタルト心理学者たちは自分たちの語っている事柄について理解していない」と不満を述べた(1951.8.29)。彼が同時に取り組んでいた「関連性」研究のなかで、シュッツは同じ原理の一般的諸特徴を精細に調べた。問題のある可能性の現象学理論は「私たちの意識野のうちに一つの連続したさまざまな形態の構造化されていない全体」を仮定する。ゲシュタルト心理学者たちも同じことを仮定し、「解釈の作用によって心の選択的能力がこの野《フィールド》（地）を背景であるものと目立つもの（図）とに構造づけることを証明」しようとする。しかしこの心理学者たちは意識野を「さまざまの開かれた可能性の野であり……その意識野内部では解釈によるあらゆる種類の構造化が等しく有効となりうる」とは考えない。疑いと選択の過程のなかで、「その揺れ動く過程のなかで、その開かれた意識野の内部で順に主題と地平が作られる」いくつかの形態が生起するとシュッツは強調する。もし特定の形態を図ないし地として解釈するという一つの選択が私にあるとするなら、それは、その意識野自体の内部に、一つではなく、いくつかの解釈の可能性が問題のある可能性としてすでに構築されてしまっている」からである。古典的ゲシュタルト心理学はこれを認めなかった。後に、シュッツは彼自身のゲシュタルトの定義をつけ加えた。「意味連関の習慣的所持こそ、私たちが外部世界の諸対象を理解する、その現象的形態という不可分の単位を供給する」(1970a: 23, 93）と。

シュッツはゴルトシュタイン（Kurt Goldstein 1876-1965）の研究とのいっそうの積極的関係を築き上

げた。ゴルトシュタインは長期間におよび脳に損傷を受けた兵士を観察し治療したことによって有名になったドイツの脳の専門家で神経科医である。彼の主な著作物『生体』(1934英語訳1939)、『人間の自然』(1940)、『言語と言語障害』(1948)はシュッツの講義やゼミの推薦図書リストに掲載されていた。彼は著者と個人的に一九四九年に面会し、いつも長い電話による会話を通して彼との交際を続けた。「言語と言語障害、意識の構造」(1955a)の論文において、彼はゴルトシュタインの研究の第三の著書を広範囲にわって論じた。彼はこの著書を意識の哲学者たち(ベルクソン、メルロ＝ポンティ、グルヴィッチおよびフッサール)の、人間の精神の構造、なかでも抽象化と類型化の起源に関する諸発見を見事に確証したものであると見なしていた。ゴルトシュタインが証明したのは、類型化は、脳障害者にとって、具体的な諸特徴、諸対象、および諸々の具体的場面のなかの人物を把握することによってのみ可能であるということであった。したがって、これはフッサールが非本質的諸類型と称したことに通じる。ゴルトシュタインは、遠隔の体験もしくは予期される体験について一般化したり理解したりする能力がないことを、ある患者の「具体的」態度の制限、すなわち「抽象的」態度の欠落に結びつけた。シュッツはこの現象が「類型化と一般化の過程を統括する、諸々の関連性の異なる体系」に縮減され得るのではないかと考えた。「脳障害者の生への注意は直接的与件にまで還元されてしまっている」(1950a: 365, 390-94)と。シュッツはこの論文の草稿と複写の両方をゴルトシュタインに送った。ゴールドスタインはそれらを受け取ったことを知らせたが、内容についての議論はなかった。

フロイト

ここでの説明は、シュッツとフロイト(Sigmund Freud 1856-1939)の著作との関係を若干議論することなしには済まないだろう。シュッツがウィーンで研究していた時代に、フロイトの人気はその最初のピークに達した。フロイトの考えから社会学にとっての支援を得ようとしたパーソンズのその後のさまざまな努力とは対照的に、シュッツはフロイトを彼の研究の周辺にとどめたままであった。フロイトの名前は『意味構成』に現れなかったが、シュッツは折りに触れてアメリカ時代の著作ではフロイトに言及した。

「多元的現実論」において、彼は「フロイトとその学派の比類のない業績」として夢の生活と無意識との間の関係を明確にした点に認めた。しかしながら、シュッツはフロイトの無意識の概念と自我の「三次元的形状」［自我・超自我・イド］のどちらにも、思考の流れにおける志向性の位置について誤解があることを知った。シュッツは「さまざまな夢の生活はもっぱら受動的意識に限られる」――すなわち「目標や企画なしに」生起する――と強く主張したのに対して、フロイトは「さまざまな夢の世界の内部における意志や本能の支配的役割」を強調していたのである。しかしここにはなんの矛盾もなかった。意志、企画や目標は、夢のなかにその元があるのではなく、むしろ「目覚めた世界の内部にその元がある意志的諸体験の想起、過去把持や再生」(1945c: 561) として夢のなかに発現するのである。

彼の関連性研究のなかで、シュッツは無意識の「主題化」を論じた。「分析の技術は最初にその神経症的行動の隠れた動機を意識野の地平へもたらすこと、また最後にこれをその主題の核心に据えることにある」。患者はその隠れた動機をある「彼の人格の外のレベル」に連結することを学ぶのである (1970a: 14)。記号と象徴の講座において、シュッツはフロイトの夢象徴を議論するための授業時間を設けた。彼はある高名な精神分析学者を招いて、この主題の授業に取り組み、その後彼を議論に引き入れた。夢象徴は普遍であるのかという疑念を向けたのである。すなわち、ある中産階級のウィーン人がトラの夢をみる場合、それは、インドのジャングルに住む男がトラの夢をみる場合と同じ意味があるとあなたは私たちに断言しますかと。

五〇年代には、シュッツはヨーロッパのフロイトの後継者たちよりもアメリカの精神分析学者たちに関心があった。彼は、ホルナイ（Karen Horney）の環境要因を強調する研究に言及したし、フロイトから現象学的解釈へと転向したアレクサンダー（Franz Alexander）の研究にも大きな関心を寄せた。

アメリカの社会学者と心理学者

合衆国での生活はシュッツの先生世代を押し広げ、五人の社会学者ないし社会心理学者を含めることになった。三人は直接「シカゴの伝統」を代表し、一人はそのシカゴ学派の定礎に関わり、一人はミシガンで教えていた。

ウィリアム・I・トーマス（William I. Thomas 1863-1947）は、シュッツにとって彼の最も有益な概念、「状況の定義」の概念のゆえに重要となった。時折、シュッツはそれを「トーマスの定理」と呼んだ。彼はこの定理を「人びとが状況を現実と定義するなら、その状況はその結果として現実となる」という、強く心に訴える、そして主観的な表現形式において引用した（1955b: 194）。彼はこの着想を彼のいろいろの講義のなかでふんだんに用いた。シュッツの死後に出版された著書『生活世界の構造』は「状況の決定」（1973: 113-16）の一節を含んでいるが、これはトーマスの理論によって構築されている。ほとんどのアメリカ社会学者たちが、五〇年代には、トーマスの定理の主観的側面を無視して、文化的に予め規定された定義という意味合いにおいて――すなわち、習俗や慣習の別称として――もっぱらこれを用いたという事実に照らして、シュッツはこの定理の有する複合的意味合いを強調したのである。「社会的世界の相対的自然的な見方の一部を形成する類型化や関連性のシステムは、ある集団がその社会的宇宙の内部におけるその集団の状況を定義する手段の一つであり、同時に、その状況そのものの一つの統合的要素となる。しかしながら、〈状況〉と〈状況の定義〉という術語は、きわめて曖昧である。トーマスはつとに、状況内の行為者もしくは集団によって定義づけられる状況と、局外者によって定義づけられる状況との間に一つの区別がなされねばならないことを示してきた」(1957a: 50)。シュッツは、予め確立された集団の諸定義(その集団内で成文化されたもの、もしくは社会科学者たちによって規定されたもの)は、個々の集団成員の心にあるそうした定義の実際上の振幅から区別されねばならいこと、さらに、しかじかの個人たちによるしかじかの状況についての特異な定義づけも説明されねばならないことも付け加えた。

シュッツは状況の定義づけが失敗することもありうることにも注意を払った。「いつも－のように－考える」ことは、すでに確定された定義づけの道筋に沿って考えることである。状況の定義づけの有効性は、与えられた社会的条件の永続性、文化的定義づけの公正性、現存の類型化の充足性、そしてこれらの共通受容という一連の前提に依存している。「もしこれらの前提のたった一つでも検証に耐えられないならば、いつものように考えることは実行不能となる。その場合に「危機」、トーマスの有名な定義によれば、習慣の流れを遮り、意識や実践の変化のもとである危機が生じる」(1944a: 502)。

パーク(Robert E. Park 1864-1944)のことを、多くの人びとはシカゴ学派の最も重要な主唱者と考えるが、シュッツは彼についてほとんど言及していない。シュッツは論文「余所者」においてパークおよびストンクイストの境界人の概念を論じたが、この類型を、「集団生活の二つの異なるパターンの境界にあって、どちらに属しているのか分からない文化的雑種」と記述した(1944a: 507, 499, n.1.)。

ズナニエツキー(Florian Znaniecki 1882-1958)は、ポーランドの哲学者であり、アメリカで困難な状況に置かれたが、『ヨーロッパとアメリカにおけるポーランドの農民』という記念碑的研究のトーマスの共同研究者として社会学的名声を得た。この研究はほとんど「個人の記録文書」、すなわち手紙や自叙伝的記述に基づいており、これらにシュッツは大いに関心を持ったはずであるが、シュッツはそれに心を奪われた様子はなかった。彼はもっぱらズナニエツキーの後の研究『社会学の方法』（1934）に言及している。パーソンズはこの研究を彼の『社会的行為の構造』で言及していたが、シュッツはすべての社会現象を記述するためのズナニエツキーによる四つの「準拠図式」、つまり社会的人格、社会的行為、社会集団そして社会的諸関係について詳しく論じた。シュッツは、最初の二つの（主観的な）準拠図式の適用可能性が「主観的見地からすれば、すべての社会現象は社会的世界の内部における個人の行為に分解されうること……またこれらの行為それ自体は理由動機の体系……もしくは……目的動機の体系のいずれかとして説明され得ること」の事実から生じることを知った。前者は社会的人格に関連し、後者は社会的行為に関連する。加えて、どの社会現象もズナニエツキーの社会的関係と社会集団の図式の方向で研究することができる。これらの図式は「それらが他の（主観的）諸図式とか、一般に社会的世界の常識的体験とは相容れない……いかなる一貫性のない……諸要素も含まない……ならば、もっぱら客観的現象の領域に属する諸問題に」適用されうる。同様のことは、逆にいえば、「すべての主観的図式にも当てはまる」（1978: 136-37, nn. 58, 49）。

シュッツの先生世代の残り二人のアメリカ人社会科学者は、合衆国の現代社会心理学の基礎を築くことに貢献した。クーリー（Charles H.Cooley 1864-1929）とミード（George Herbert Mead）である。この二人は上述の社会学者たちとは比べられないほど強くシュッツの心を占めていた。

クーリー（1864-1929）は、ミシガン大学で教え、社会学的な関心によるものではない、社会集団に関する、社会の有機体論を唱導した。同様に、ジャーナリスト風とは言わないまでも、その評論風の著述スタイルは彼に対する偏見を今日の社会学の読者たちに生み出しかねない。しかし第一次集団、対面的関係、地の利、鏡に映った自我の諸概念や、子どもの社会化についてのクーリーの考えは、シュッツのアプローチに永く貢献し続けた。

シュッツはクーリーの最初の二冊の本『人間の性質と社会的秩序』（1902）および『社会組織』（1909）、それにジャンディ（Edward C.Jandy）による伝記に頼った。彼はクーリーの「鏡に映る効果」の理論を受け入れはしたが、それは「私たちは同僚の個人的な独自性を彼の独自の伝記的状況において捉えることは決してできない」という事実の一つの説明としてであった。同僚が実際最も親密な〝われわれ関係〟に入るのも「彼の人格の一部分とだけ」（1953c: 14）である。シュッツは、社会化の過程における鏡に映る機能を詳しく述べたのではなく、相互に接触している成人同士の認識の相補的形式として論じた。彼は同様に「鏡に映る効果」の消極的結果を内集団の成員たちに直面する余所者の事例において解明した（1944: 503）。ある集団内の外国人は彼自身の反照像をもっぱら一個の「反応のない、いい加減な」歪曲と理解し、こうしてクーリーが「鏡に映る効果」の消極的側面として記述した「屈辱」をかわす。その集団の一員においては、消極的な非難の言葉は恥を生み出すほうへ向かうのに、余所者はこれを鏡の誤りとして理解するほうへ向かう。社会学的に、シュッツは「鏡に映る効果」の概念を諸文化集団間の相互関係にまで拡げたのである。ある集団の一員は他集団の自然的世界観について固定観念を抱いており、しかも同じように彼自身の集団をステレオタイプ化したやり方で見ている（1957a: 54）。私たちのここでの体験は、付け加えるなら、ステレオタイプのステレオタイプ化である。

第一次集団というクーリーの概念に関するシュッツの問題関心は、フッサールの「コミュニケーションの共通環境」（1955b: 162）という考えとつながる彼の「ある特定の間主観的関係態」という対面的な出会いの諸特徴についての関心によるものであった。クーリーは「いかなるコミュニケーションにも必然的に先行する社会的交際の諸形式」があることを示した思想家であった（1951b: 78）。その他に、シュッツは、この概念、クーリーの第一次集団の概念が「明白でなく」「きわめて曖昧」であることを知った。(1945a: 371; 1955b: 199)。彼はクーリーの第一次集団を「親密で対面的なつき合い」であるとする定義に異議を唱えた。親密さは対面的関係の条件ではない。この術語は、相互に社会的注意を引く限り、「友だちの間の親密な会話であれ、列車のなかの知らない者同士の同席であれ、どちらにも等しく適用できる社会関係の全く純粋に形式的な側面」(1953c: 12) を指している。

シュッツは広範なクーリー批判を論文「帰郷者」のなかで書いた。そのなかで、シュッツは正確に「親密性の範疇は対面的関係の範疇から独立である」(1945a.371-72) と明記した。しかしクーリーの第一次集団の概念に対する中心的議論としては、この言明は的が外れている。シュッツは親密性の概念を、クーリーが意味したように、いくつかの対面的関係の特徴づけとする代わりに、すべての対面的関係の必要条件であると読み違えてしまったのである。「対面的」の術語は、もっぱら具体的状況、すなわち諸個人がなんらかの形で意図的にそして直接的に相互行為する状況に関連しているのであり、シュッツが正しく強調するように、そうであるから、このような現実の出合いは事実であり得るし、同様に親密であり得ることを認識している。すべての対面的な出会いが親密であるといった考えを正当化するようなものはクーリーの諸著作には存在していない。クーリーが明言したのは、第一次集団と彼が名づけたある種の小集団において繰り返され、またその小集団の特徴である対面的諸関係が親密な性質を帯びるということであった。一個の理念型的構成として、クーリーのこの概念は、その定義づけの諸特徴のなかに密接性と「親密性」を含んでいるという理由ではやり込めることはできない。それは単にその補完概念を要求しているに過ぎない。つまり、正反対の諸特徴、距離性と事実性を特徴づけの要件とする一つの類似集団概念である。クーリーはそのような補完概念を用意しなかったが、これは「第二次集団」の概念を展開し、それによって個人的な関わり合いのすべての種類と形式を一つの連続態上で論じるために必要とされる二分法を創り出したアメリカの社会学者たちによって用意されたのである。

クーリーは、「第一次理想」という考えを彼の第一次集団の定義に結びつけた。そのままでは、この考えははっきりせず、したがってシュッツがこの考えを避けるという理由は十分にあった。しかし彼はクーリーの出発点が、少なくとも、注意を要するという事実を見落とした。クーリーは、第一次集団の生活が「人類を貫いて」共通している諸々の「社会的理想」を生じさせると論じた。「人類」という旧式の術語が「文化集団」に代替されるなら、「第一次理想」というクーリーの考えは、概念的明確化と経験的検証を要するものとして真面目に受け取ることができる。「親密性」と同じように、「第一次理想」も――それらは、クーリーが「共感」のラベルを貼りつけた感情的諸特性の文化によって変化する表現として扱われるという条件であれば――「第一次集団」の理念型的定義への統合にとって相応しいかもしれない。

もしシュッツが、一九四五年（1945a: 371-72）に、これらの問題について議論する扉を閉ざしたとすれば、それはおそらく、彼がなお認識の優位というフッサールの原理の影響下にあったからであろう。この原理は、人間生活の感情の撚り糸の無視に、そのことが意図的であろうとなかろうと通じざるをえない。それ以上に重要なのは、フッサールの原理は成人の心を前提にしており、本来非認識的存在であり体験である子どもから、認識的である成人の発生を主題にする必要を退けていることである。新しく誕生した人間という動物が人間存在になるとすれば、それは主に感情の影響のもとにおいてである。

シュッツ自身も、シェーラーを論じた際、現象学のうちに感情の分析を含めることの大切さを認識した。同様に、彼は子どもの第一次社会化の考察をいっさい排除することも重大な後退であることに気づいた。新しく生まれた人間という動物の本来の「人間化」過程と幼時体験における第一次社会化過程の体系的説明という領域は、シュッツの著作のなかでは「空白」にとどまったが、彼のミードの著作への関心は――さらにピアジェの著作への関心は完全に――この空白を埋める必要を感じ取った一つの表れであった。仮にこの課題に専念する余裕を見出したとすれば、シュッツは、クーリーの研究、すなわち、子どもの社会化に関する一般的考察とその幼時期から自分の子どもたちについて継続して行った彼の観察日記の抜粋、これらの双方のなかに、豊かな示唆を発見したであろう。

ジェームズに次いで、ミード（George Herbert Mead 1863-1931）――シカゴ大学を拠点にしていた――は、シュッツにとって潜在的に最も重要なアメリカの思想家であった。ミードは、いささか進化論的であり本質的には発生論的である諸考察と行動主義者の諸前提から出発した。しかし彼は、いかにして人間生命体は意識と自我を獲得するかという中心問題の定式化を行った点で、両者を凌いだのである。いわば、ワトソンからジェームズへ移動しながら、同時に、デューイのプラグマティズムの意味で、能動的な社会的行動論を強調したのである。

第二次世界大戦以前には、ミードはヨーロッパでは全く知られていなかった。シュッツは合衆国に到着した後にミードを知った。そして彼は、パーソンズに関する初期論文のなかでミードの主要著書の三冊『現在の哲学』、『行為の哲学』、それに『精神、自我、社会』に言及した。そのうちの最初の二冊が「行為における時間要素の問題」にとって重要であると彼は考えた。三番目の著書は、彼の行動主義批判からミードを部分的に放免するために言及された。シュッツは「ミードの最も重要な理論の分析は別の機会を待たねばならない」とつけ加えた（1978: 134, n.16;138, n.67）。このように合衆国での生活の始りから、シュッツはミードの思想に出合い、ミードの評価を彼自身の視座から著すことを思い立っていた。しかしこの計画が実行に移されることはなかった。依然としてそれは実行されない企画の在庫分のなかに積み残されたままであった。しかしながらミードは、シュッツの「関連性の研究」のなかにみられるだけでなく彼の十三篇の論文のなかにも見られたし、一九四四年の春学期に、アルバート・ザロモンと共同で提出されたゼミナールのテーマは「G・H・ミード――哲学と社会学について」であった。シュッツは、現象学的心理学がジェームズやゲシュタルト心理学の考えに収斂するだけでなく、一定のミードの基本概念にも収斂することを力説した（1945b: 95）。シュッツの論文「多元的現実について」は批判と肯定の両面からミードを論じた。彼の注目はミードの「主我」と「客我」の間の区別に注がれた。後者の客我は「部分的自我」や「役割の取得者」として現れる。しかしながら、彼はこのジェームズ＝ミードの「客我」概念を一個の「かなり曖昧な術語」と考えたが、この術語の「厄介な意味合い」を議論することを避けた。それにもかかわらず、彼は、当の問題の彼自身の分析の一部が「行為遂行中の自我という全体、……「主我」と、諸行為達成の部分的自我、……「客我」との間にミードが設ける区別」と一致していることを認めた。シュッツは次のミードの言明に同意したのである。「主我は、その主我が行為を実行してしまった後にようやく体験されるのであり、またしたがって主我は体験的には客我の一部として現れるのであり、ということは、客我は私たちの体験では記憶のなかでのみ現れるのである」（1945c: 540, 541）。

その後の引用文で、シュッツは「ミードの長所は、少なくとも物理的事物という現実を、それと人間の行為との関係、特に手による諸対象の実用的操作との関係において構造化して分析した点にある」と強調した。この「操作領域」が「見られ、かつ手で扱われる」諸々の対象を含む「現実の中核」を構築している。シュッツは、彼自身の命題「私たちの仕事の世界、身体動作の世界、対象操作の世界、事物を扱う世界は日常生活の限定的現実を構築している」ことと、この「操作領域の優位性の理論は確実にまとまる」と付け加えた。しかしミードは行動主義者として彼の「接触によって体験される諸対象と遠くにある諸対象との間のその他の重要な区別」を強調しすぎた。シュッツの「自然的態度」の理論によって一つの修正がなされ得る。自然的態度の理論は「遠くにある対象を視覚によって認識すれば、その遠くにある対象を移動させれば接触にもたらされるという予想を……含んでいる……」からである。これらは「手の届く…範囲内の世界」の基本特徴であり、したがって、この世界はミードの操作領域ばかりでなく「見える領域や聞こえる範囲にある事物をも包含し、さらには、事実上の仕事に開かれている世界のみならず潜在的な仕事の近傍世界」をも包含している。間主観的並びに相互行為的な考察を押し進めながら、シュッツはさらに、二人の人物の現実の操作領域は「ここ」と「そこ」の関係に立つことを示した。一方の人物の操作領域は、「私の到達可能な操作領域であるが、もし私が彼の場所に置かれたならば、そして本当に、適正な移動によってその現実の場所に置かれるなら、それは私の現実の操作領域であるだろう」。この点において、ミードが現在という現実を「ここの替わりに、私たちがそこにいれば、存在するであろうもの」である一つの可能性と呼んだとき、ミード自身は、近くにある対象と遠くにある対象との間の行動主義者の二分法を突破してしまったことをシュッツはある脚注のなかで確証したのである（1945a: 546, 546-47, 548, 548, n.15)。

一九五六年に、シュッツはナタンソンへの手紙においてミードの業績を高く評価した。社会学的にみれば、彼は三つの重要概念、すなわち「理念型、社会的役割、そして社会化された意識というシェーラーの解釈」を「独立に発見」していたのである。哲学的にみれば、彼は「S・アレクサンダー、ホワイトヘッドおよびベルクソンによって繰り広げられたような時間概念の統合」、「至高の現実としての操作領域の発見」、「主我は客我の過去の諸々の段階を把握するだけである反省には近づき得ないということ」の認識、そして最後に、「ミードが共通の生活世界を分析する出発点」としての知覚に代わる行為の選択に信を与えたのである（1956.1.1)。シュッツは欠かせない問題として、ミードとその他の二、三の思想家たち、特にウェーバー、ホワイトヘッドおよびシェーラーとの関係に言及した。これらの示唆は、ミードの思想とフッサールの思想との収斂と差異というナタンソンの研究枠組みを凌駕していた。

「君も知っての通り」とシュッツはつけ加えた――「いつか僕はミードの論文を書かねばならないでしょう」と。この一九四〇年の計画は相変わらず備忘録に載ったままであった。ミードを「社会行動主義者」と呼ぶのはひどく偏っている。ナタンソンが論証したように（1956）、ミードはたしかに現象学の方向へと大いに動いていた。しかしナタンソンもシュッツもミードが現象学者であったとか、現象学者になったとは主張しなかった。彼は意識の発達という現象の理解に近づく方法を示した。彼は現象学的心理学の種々の局面を確証する洞察を示した。そして行動主義者や実証主義者の社会理論に対する闘いの一人の同盟者として場合によっては彼を呼び出すこともできた。シュッツが表したように、体験を「知覚による観察一般…および個別的に明白な行為」に限定するいかなる接近方法にも欠点があることにミードは気づいていた。「理想的に洗練された行動主義ですら、ジョージ・H・ミードによって……指摘されてきたとおり、もっぱら観察された行動主義者の行動を説明するだけであって、観察中の行動主義者の行動ではないのである」（1954: 262）。

先生世代――哲学者たち

シュッツは彼の先生世代である二人のドイツ人哲学者を大いに尊敬していた。エルンスト・カッシーラーとカール・ヤスパースである。

カッシーラー（1874-1945）は一九二三～二九年に『象徴形式の哲学』を、そして一九四四年に『人間』を著した。シュッツはこれらの著書を重んじて、繰り返し講義の参考文献にも加えた。ある論文でシュッツはカッシーラーの「象徴意識の病理」の論述を受け入れた。彼はそれが言語障害の現象学的研究に類似していることに気づいた（1950a）。彼の象徴化の研究において、シュッツは「象徴的付帯現前の発生」のカッシーラーの論述、それに諸々の神秘的体験における象徴化の役割についての彼の解釈を賞賛した。シュッツはまた『人間』から長い文章を引用して、人間のコスモスへの神秘的‐象徴的統合の複雑さについて論述した（1955b: 137, 179, 180）。

ヤスパース（1883-1969）は、ヒューマニズムと宗教的実存の哲学者であり、一九三二年に、象徴について一つの構想を展開したのであった。この構想はシュッツ自身が一九五五年に彫琢したそれと一致した。「象徴的付帯現前の諸特徴」について語る際、シュッツは「象徴の本質的曖昧性」、「象徴によって付帯現前される超越的諸体験の曖昧性」、そして象徴の意味を日常言語のさらに正確な言葉に置き換えることの困難性に触れた。これは「限界点で超越的なものが消滅することについて語る」とき、まさしくヤスパースが心に抱いた事柄であった。ヤスパースにとって超越的なものは諸々の暗号で現れ、「諸象徴の暗号文を解読することが人間の実存問題である」。象徴の暗号は、それゆえ、諸象徴の実存的鍵を握る人びとによって理解される「超越的諸体験」の手がかりとなる（1955b: 178, 184, 193）。

西ヨーロッパの哲学者たちのなかで、スペイン人、オルテガ・イ・ガセット（Ortega y Gasset 1883-1955）は、シュッツが彼に注意を払うずいぶん以前からシュッツの『意味構成』に通じていた。シュッツがシェーラーに関する長文の評論を書いたとき、彼はこの論文に対するオルテガの賛辞を知った。その賛辞は「形相的直観の……最初の天才」に捧げられ、この天才は、残念なことに、彼の複雑な著作に「秩序と構造をもたらす」ことは後世の研究者たちに残した（1956b: 135, 137）というものであった。オルテガへの関心が生じて、シュッツは彼の遺稿『人間と民衆』に注目した。その英訳本が一九五八年の初めにシュッツの手元にあった。同年二月のファーバー宛の手紙の草稿には、この本に対する彼の興奮ぶりが表明され、自分はこの本に関する批評を書いてみたいと告げた。『人間と民衆』はシュッツ自身の仕事に近いものであった。しかし、彼がおそれたのは、北米の読者のために、沢山すぎるほどの予備知識を提供しなければならなくなることであった。彼はスペイン語訳で、メキシコ年報『ディアノイア』に出版する論文を書こうと決心し、それが彼の「ドン・キホーテ」論文となったのである。シュッツはスペイン系メキシコ人の哲学者、かつてニュースクールの彼の同僚であった、リカセン・シヘス（Recasens Siches）に援助を求めた。残念なことに、コミュニケーションの難しさが遅延を生み、結局、シュッツの計画は手放された。

リカンセン・シヘスへの手紙のなかで、シュッツはオルテガの『人間と民衆』の印象を伝えている。シュッツはこの本を「社会学の哲学的諸基礎を概括する」試みと評した。それは著者であるオルテガがフッサールの哲学とウェーバーの社会学を自らの出発点として選んでいたから、シュッツのものに近い労作であった。さらに、オルテガはフッサールの『第五デカルト的省察』に関する一批判をそのなかに含めていた。これはシュッツが彼自身の三篇の論文（1942, 1953a, 1957b）のなかで押し進めた批判に類似していた。「私はこの論争について細心の分析を著すべく目下計画中です。この論争は、もちろん、かなりの程度、間主観性の問題のみならず、同様に社会学の哲学的基礎づけについても論じることになります」。オルテガはフッサールを出発点とする自分のアプローチが「フッサールと彼の弟子たちとは全く異なっている」と主張した。シュッツはオルテガの諸見解が「私たちのものと完全に両立しうる」ことを確信していた。両者は互いに補完し合うのである（1958.4.24）。

その著作にシュッツが関心を引かれた二人の哲学者――どちらも全くのアメリカ人というわけではなかったが――は、ホワイトヘッド（Alfred North Whitehead）とサンタヤナ（George Santayana）であった。ホワイトヘッドは、英国の教育を受けた思想家であり、研究生活の前半を母国で過ごし、後半を合衆国で過ごした。スペイン生まれのサンタヤナは、ホワイトヘッドとは逆の経過をたどった。

シュッツは一九五二〜五五年にかけて真剣にホワイトヘッド（1861-1947）に取り組んだ。シュッツはホワイトヘッドの世界解釈を避けはしたが、ホワイトヘッドの著作はいろいろの面で彼自身の立場と両立することを知った。彼のホワイトヘッドへの関心の鍵はサンタヤナ論のなかに見られる。この論文のなかでシュッツは彼を「世界、手元にある物や事の世界、私たちの身体と心の存在をとり囲み、またこれを含んでいる世界の内部に人間が生きていることから宇宙の解釈を開始する」思想家たちの一人として取り上げた（1952: 226）。シュッツの論文「人間の行為の常識的解釈と科学的解釈」（1953c）は、常識も科学も「何が体験における現実であるか」を考察することなしに進まないというホワイトヘッドの論述から始まった。この論文は元来プリンストン大学での発表のために書かれたから、シュッツはホワイトヘッドを自分と同じ考えを持つ代表者として紹介した。ホワイトヘッドは二つの目的を科学に当てた。(1)「体験と一致する理論」の確立、そして(2)「科学理論のうちに……これら常識的諸概念の保存」に至らしめる「自然についての常識的諸概念の説明」。ここに彼はホワイトヘッドとジェームズ、ベルクソン、そしてフッサールとの完全な一致を見出した。

ホワイトヘッドは、その上、科学的構成概念の形成と適用における常識的思考の二重の役割というシュッツ理論を支持した。あらゆる対象や過程についての常識的諸観念は、その対応する科学的諸概念のルーツであり、またこれらの科学的諸概念は方法論的には諸科学の解釈システムのなかに常識的諸解釈と並置されるべきものである。その後、シュッツはまたホワイトヘッドを、常識的知識は当然とみなされているが、しかし常に疑われ得るものであることを理解した思想家たちの一人としても引用した（1954: 265）。

シュッツのサンタヤナ（1863-1952）への関心は、ホワイトヘッドに関心を向けたのと同じであった。シュッツはサンタヤナの著書『支配と権力』を集中的に注意深く調べ、これについての論文を著した。シュッツは以前には決して政治哲学の領域に身を乗り出すことはなかった。今あえてそうしたとすれば、それは一人の政治哲学者であり、ウィーン時代からの親友、エリク・フェーゲリンの作品との真剣な関わり合いによるものであった。それはフェーゲリンに代わってということであるが。サンタヤナの著作の出版年である一九五一年は、シュッツがフェーゲリン『新しい政治の科学』の草稿を読んで激しく議論した年であった。一部で、サンタヤナとフェーゲリンの諸問題は重なり合った。一部で、シュッツのサンタヤナに関する批評は彼のフェーゲリンとの議論と合致した。サンタヤナの著作の哲学的人間学的基礎についての彼の力説は、フェーゲリンの根本原理へ挑戦する際に取った一つの立場が重要であることを明確にしている。

『支配と権力』が現れたとき、サンタヤナは八十八歳であった。シュッツはこの本を、具体的な諸現象と積極的参加からの引退を表す「お年寄りの代表的傑作」と呼んだ。この成熟した老思想家は「まさに社会生活の喜劇やドラマの、とらわれない、公平な観察者であり、彼はこれらの人間性や行動の基礎」とこれらの道徳的意味合いには「関心を抱いているが、これらの具体的結果には関心を抱いていない」(1952: 221, 222)。サンタヤナは自分の立場を「唯物論者」と名づけた。だが、シュッツが指摘したように、サンタヤナは「生」の表現としての「精神」、「生が感情もしくは思想の生粋な現実に触れる限りで」の「精神」を扱ったのである。そのような「精神は常に体現され、それゆえ、時間、場所、人、および環境の罠に捕縛され幽閉されているように見える。しかし、実際には、体現こそ精神という存在の原因なのである」。シュッツは、家父長制、軍事独裁制、および民主制の統治形態に体現されるサンタヤナの社会政治的構造の三つの「秩序」——生殖的秩序、軍事的秩序、および合理的秩序——について論じた。シュッツはこれらを「理念型的構成概念」と呼んだ。これらの構成概念が理論的意義を得たのは哲学上の理由からだった。「代議政体の理念を分析して、サンタヤナは諸々の社会制度の具体的諸形態が哲学的人間学の諸原理と関連する可能性、さらにはその必然性についての顕著な一例を挙げている」。「もっぱら生まれ出た生命体だけが生きたり考えたりできるという事実」から出発して、サンタヤナは社会の実体化に反対する強力な論拠を与えた。「社会のいうところの生命は社会を形成する諸個人の諸々の生命の結果として生じるものでしかない」。政体（統治）であれ社会であれ「ある人たちの精神による以外に合理的に統治され得ない」のである（1952: 221-22, 232, 241）。

しかしシュッツは、サンタヤナの「社会の生殖的秩序が、その他のあらゆる秩序の基礎となる至高の社会的現実であるという形而上学的前提」（1952: 246）には反対した。決定的であるものはヒトの生物学的存在ではなくその精神的 - 社会的存在である、と。

ジョン・デューイ

シュッツはアメリカの教育者でありプラグマティズムの哲学者、ジョン・デューイ（John Dewey 1859-1952）に常に関心を持っていた。彼はニューヨーク到着後ただちにデューイの著作を取り上げ、一九四〇〜四一年に執筆した最初の評論三篇のなかでデューイに言及した。その後ニューヨークでいくつかの会議でデューイの話を聴いたが、彼はこの八十歳の鋭敏な精神の持ち主に大いに心を動かされた。デューイはジェームズの「意識の流れ」から実用的活動の領域における自然的態度の我、シュッツの意味における仕事の世界への転換をすでに行っていた。シュッツはデューイの『人間性と行為』（1922）のなかに、シェーラーが『認識と労働』（1925）において現象学的基礎づけを与えた、実用的行為体験論への一つの貢献を知った。

フッサールをフォローしながら、シュッツは基礎となる存在論的原理を承認した。日常生活の世界は内世界的諸体験のみならず同様に人間的諸体験のあらゆる次元における基礎であり原的基盤でもある。

デューイのプラグマティズムという接近法のなかに、シュッツはこうした考え方の確証とこの考え方を詳細にしかも体験の異なる諸領域に向けて細く分けて展開することの大きな励みを見出した。特に、デューイは、シュッツの選択と企画があらゆる目的意識的な行為に先行するという分析、同じく彼の科学的思考と日常生活の実用的思考とを結びつける試みに役立った。

デューイは行為のプラグマティックな（目的）動機、すなわち「環境の諸々の対象や材料」の「使用と享受」そして自分たちの集団構成員に向かう実践的態度や異なる集団構成員に向かう実践的態度（1922: 63）から考察を始めていた。シュッツはこれらの考察を社会的世界のなかの人間あるいは社会的世界に向かう人間の立場という考え方の脈絡に位置づけた。この社会的世界を人間は「元来人間の現実的ならびに可能的諸活動の一つの範囲として体験している」。人間はこの世界の知識を「諸々の行為との関連性に基づいて」組織化する。人間は自分の周囲の世界を自分によって制御することのできる世界として理解しているから、「現実的にあるいは潜在的に手の届く範囲の部分に人間は特に関心を抱くのである」（1944a: 500）。伝統や習慣にもかかわらず、人間の環境の状況との関わり合いは決して完全に自動的であるのではない。文化によって規定される「状況の定義」がいつもぴったり合うわけではない。それゆえ、デューイの表現によれば、誰もが「未確定の状況を確定した状況」へ変えるには「立ち止まって考え」なければならないのである（1947a: 467）。

デューイはこの変換を『人間性と行為』において説明した。そこでの熟慮の定義は「種々の競合する行為の可能な道筋を（想像のなかで）ドラマ風に下稽古をすること」であった。「これまでの習慣と新たに放出される衝動」との葛藤が起こり、その葛藤が「有効な公然の行為」を妨げる。「熟慮とは、あり得る行為の種々の道筋が実際どうなるかを見出す一つの実験である。それは、諸々の習慣や衝動から選び出した諸要素をさまざまに組み合わせ、その結果としての行為がどうなるかを知る実験である。……

だがこの試行は想像のなかである」。「身体外部の物質的諸事実には何の影響も及ぼさない、思考のなかでためらいがちに行われる下稽古」である。思考が先行して結果を見越す、またそれによって思考が実際の失敗や災難の教訓を待たねばならないことを回避する」。公然の行動は取り消しできない。想像のなかの行動は修正できる。「想像した代替的行動はそれぞれその姿を想像の映写幕上に投影すること」であり、「それぞれの代替的行動の未来の出来事の絵」を繰り広げることである。熟慮は「活動が分解されること」の意味である。その既知の諸要素はいずれも「方向を変えた活動の中心となる力はない」が、「いずれも力の行使から他の諸要素を抑えるのに十分な力を持っている。活動は停止して反省に譲歩することはない。活動は、実行から生体内の経路に変えられて、ドラマの下稽古ということになる」（1922: 190-91）。

熟慮はある選択がなされてしまった時に終了する。その描かれた障害は、研究した諸要素の十分な組み合わせによって避けられていたのである。「一定の行為の方向」が再度確立されていたのである。選択とは「無差別・無関心のなかから好みが立ち現れること」ではない。「一本化した好みの立ち現れ」は「競合する好みのなかから」生まれる。それは「私たちの先入見」のしるしの下にいくつかの解決のほうを他のものとの対比において選んでいるのである。

シュッツは、デューイの「習慣と刺激の点から人間行動を解釈するという基本的な見方」――あるいは衝動を、これに加えてもよい――を共有しなかった。しかし彼はデューイの分析が「実質において完全に許容し得る」ことに気づいた（1951a: 170）。二、三の術語を変更すれば――習慣の代わりに処方、衝動の代わりに動機――、デューイの分析はこれらの問題に関するシュッツの考え方の説明のなかに直接統合することができる。デューイは行為理論をシュッツの十年前に展開し、またシュッツはデューイの行為理論を知らずに彼自身の行為理論を案出した。これは、二人の思想家によって――彼らは流儀と出発点において、互いに全く異なっていたが――社会学の一つの基本的概念を互いに独立に展開した顕著な事例である。シュッツは、彼自身の理論をいっそう明確にするために、デューイのいくつかの巧みな文言をデューイの諸著作から取り出し自らの著作に取り入れることによって、諸々の示唆を得たことの謝辞を表明した。いくつか例を挙げれば、型どおりに行動する個人の「立ち止まって考える」能力（1942, 1945c, 1970a, 1978）、ドラマの「想像のなかでの下稽古」（1943, 1945c, 1953c, 1959a, 1970a）、そして熟慮の概念（1943, 1951a, 1959a）である。

とは言えシュッツはデューイのプラグマティズムの基本的前提には同意しなかった。加えて、シュッツはさらにその内容の独創性においても、デューイに触発された部分の記述においても、一歩前に進んだ。例えば、他にも可能であるのにむしろある特定の行為経過のほうを選ぶという「私たちのバイアス」に関するデューイの暗示は、シュッツからすれば、十分に形を整えた関連性理論の一種の未熟な兆しにすぎない。その上、シュッツは人間行動のあり得る変化についてより完全な説明を与える方向に進んだ。例えば、一方のデューイは、行為者たちが下した決定の種々のプラスの結果に関心を寄せたのに、シュッツはマイナスの結果も同じように考慮に入れた。デューイは行為者が決定できなくなるような可能性を一切議論しない。つまり、その決定によって得られる目標が予測される時間や労力の支出を保証しないと考えられるために自分は代わりの方法を追求しないのだ、という行為者の決定であるシュッツは、どのような理由であれ、行為を控えるという決定もまた、それ自体が一種の思慮深い行為であることをウェーバーから学んでいたのである。

論文「行為の諸企画のあいだの選択」は、デューイの立場の限界を越えて前進するシュッツのやり方の主要な事例を含んでいる。繰り返し後者を引用しながら、シュッツはこの論文のなかでデューイの見解の特異な面を詳しく論じた。例えば「企画の時間構造」が「未来完了時制」における先取りとして理解されている。ここでも、デューイの理論において未完成であったものが、シュッツの諸著作では人間の行為や企画における複雑な時間要素の詳細な論述として現れた。現象学的な洞察がデューイを超える研究を成功させた。シュッツは、さらに、フッサールの「蓋然的かつ開放的可能性」の理論に依拠しながら、選択の幅と限界の考察を行った。開放的可能性は、どれもみなそれ自体では選好できず、常に「当然とみされている世界」のなかに存在している。個人はその独自な「自分史として規定された状況」のなかでしばしば「当然とみされている物事から」選択しなければならない状況にあることに気づくものである。このことが「選抜された一組の開放的可能性を、今後はずっと、選択の余地のある蓋然的可能性へと変形する。それぞれの選抜された開放的可能性は、それぞれの「重み」を持ち、それぞれの公正な審査を要求し、デューイの言う相反的傾向を示している」（1951a: 162, 169-170, 173）。「選択の手続き」は「もっと正確に記述される」必要のあることに気づいて、シュッツはフッサール、ベルクソン、ライプニッツに基づいた現象学的考察をデューイの解釈にみられる実用的諸要素に加味することに着手したのである。

前に述べたように、デューイがシュッツのアプローチを堅固なものにした第二の問題は、日常生活における推論と科学における思考との関係の問題であった。知識欲の深いことは日常生活における人間の行為者には知られている。人間はこれの必要あるいは衝動を感じるときにはいつでも作動させるものである。生という内世界的諸状況のなかで思考するとは、シュッツが述べたように、「特定の出来事の状態についての疑問の余地のない信憑し得る知識」に基づいている。この知識の内容は「当然とみなされる」が、しかし、これは「反証が現れるまで」にすぎない（1955b: 173）。もし物事が予期したような結果にならなければ、行為者は精神の労苦を経てその予期しなかった状況に対処することを余儀なくされる。デューイは人生を「遠出する旅人」、つまり、自信たっぷりに、まっすぐに自分は移動していると思い、自分の道行きに一顧の注意すら払わず、自分の目的地のことも考えない「遠出する旅人」に準《なぞら》えた。しかしこの旅人は突然立ち止めをくうかもしれない。傍目の者は「彼はなにかの障害にぶつかったのだ」と言うであろう。その旅人自身は「衝撃、混乱、動揺、不確かさ」を体験する。当座は彼には何が自分を襲ったのかも……自分がどこへいこうとしているのかも分からない。しかし新しい衝動、すなわち、探究すること、物事を調べること、物事を見て、何が現に進行しているのかを発見することの出発点となる、新たな衝動が覚醒される」（1922: 181）。「日常生活の世界とは、実際、その内部においてすべての探究が終始する、不問の基盤、だが常に問われ得る基盤である」。デューイはこのことをはっきりと彼の論理学、すなわち『探究の理論』（1938）のなかで理解していた。そのなかで彼は「探究の過程とは、統制し指示したやり方で、この基盤の内部で出合うもしくは現れる不確定的諸状況を「保証付きの主張」に変形する作業である」と記した（1955b: 173）。

日常生活の思考の基盤は、したがって、諸々の個人や社会集団の「相対的自然的な世界の見方」のセンターであるばかりなく、また当然とみなされているどんなことも疑問に付すことのできる、あらゆる探究にとっての基盤でもある。この意味において、生活世界は諸科学の揺り籠となり、諸科学の初期の方法の源泉となった。この考え方をデューイやフッサールとともに分かち合いながら、シュッツは両者よりもこの考え方をいっそう先に進めた。シュッツが示したことは、生活世界が問いや研究を引き出し、諸個人をしばし公平な観察者の役割に就けるということだけでなかった。同様に、記述上の語彙や解釈上の概念の形成はこの生活世界、常識的思考のセンターの一部であり一区画であることをも示したのである。彼が明らかにしたのは、すべての社会学的概念は、「社会的現実を……把握するためには、人間の常識的思考によって構成された思考対象に基づいて構成されねばならない」が、しかし「第二次構成物」としてこれらの思考対象から区別されねばならないということであった。シュッツは常識的構成物と科学的理論の形成との相違を探究した。また彼は、実用的目的から科学的目標への移行が日常生活の「至高の現実」から科学的構成概念、すなわち、日常生活の諸現象の科学的な説明――常識的説明と対比して――に備える科学的構成概念の「現実」領域への一種の「跳躍」に等しいということを証明するために、常識的思考と科学的思考の両方の「スタイル」を分析した。二つの間に残る操作的な結びつきは――もとの発生的な結びつきとは対照的に――社会学の諸概念の内容と生活世界の諸体験と諸類型化との両立可能性の要件である（1053c: 26-34; 1945c: 563-73）。

最後に、シュッツはデューイを「日常的思考の論理」の一提唱者として理解した。もっとも彼は、ライプニッツやフッサールと同じように、デューイも日常的思考を単に「当然のこととみなしていたにすぎず、手に入れてはいなかった」と付け加えたのであるが（144a: 501）。デューイの論理的「操作主義」は、その上、「固有の基盤を欠いており」、これを正当化するとすれば「ただ前述定的体験の領域に訴えることによって」（1945b: 91）、自発的体験の原初的な層の現象学的探究のうちにこれを見出すことができたのである。

先生世代の同時代人たち

フッサール、フォン・ミーゼス、そしてケルゼンを別とすれば、シュッツの先生世代のうち四人のメンバーだけが彼との個人的なつき合いを続けた。

おそらく、アルバート・ザロモンがシュッツをロバート・マキヴァァー（1882-1970）に紹介したのである。彼らの間のつき合いは心のこもったつき合いではあったが、それほど度々ではなかった。マキヴァァーはおそらく一九五六年の「科学・哲学・宗教の会議」やシュッツが彼の研究「平等と社会的世界の意味構造」（1957a）を展開したある合同ゼミナールに、シュッツを紹介する労をとっていたのであろう。この論文のなかで、シュッツはマキヴァーのいくつかの著作を用いたが、特権的社会層の差別的態度は、「力のある人びとがその仲間たちに賦課する諸々の関連性をゆっくりと辛抱強く変えていく」（1957a: 68）教育力によってのみ取り除けるというマキヴァーの考えに同意したのだった。この同意は驚くべきである。それは原則的に自分の社会的関心を公にするのを控えてきたシュッツが、マキヴァーのような人びとと最大級の社会問題を改良するための条件に関係する研究に力を合わせることを示しているからである。

シュッツは、おそらく、パリで、フランスのトマス主義者の哲学者ジャック・マリタン（Jacques Maritain1882-1973）に会っている。一九四〇年の春に、マリタンがヒトラーから合衆国への亡命を求めたとき、シュッツは彼と直ちに接触して、必要なアメリカの書類を手に入ることに尽力した。シュッツはＰＰＲ誌に、「近代科学、特に数学的方法の誕生」についてマリタンが行った講話の原稿を、論文として寄稿するようにと相当力を入れて勧誘した。それはフッサールの見解と類似した見解を述べたものであった。しかしマリタンはそれが一現象学雑誌への出版であるという理由で拒んだ。フッサールの立場と彼との間にはまさしく「一定の一致がみられる」からこそ、彼にはフッサールの立場と自分との相異を述べることが必要となるだろうというのであった（シュッツへの手紙、1941.5.24）。マリタンは現象学と新トマス主義との対面の可能性について語ったが、このような学術的な出会いはいまだに実現したことがない。

シュッツとジャン・ヴァール（Jean Wahl 1888-1974）、フランス現象学会長との間柄は、シュッツのパリ時代がその始まりであった。ファーバーは、シュッツの協力を得て、すでにドイツ占領軍によって収監されていたヴァールであったが、彼をなんとかヴィシー政権のフランスから救出しようと画策した。合衆国の各地で教えた後、ヴァールはフランスへ一九四六年に戻った。シュッツの専門的助力により、ヴァールのいくつかの論文がＰＰＲ誌に発表された。ヴァールは『形而上学と道徳の評論』の編集長となったとき、当雑誌にいつでも寄稿を給わりたい旨の招待状をシュッツに送った。残念なことに、シュッツはアメリカの諸実務に多忙を極めたので、ヴァールの雑誌には何も執筆できなかった。シュッツは戦後のフランス訪問でヴァールに再会し、同様に一八五七年のロワモン・フッサール会議、一九五八年のベニスでの哲学会議でも彼に会っている。

一九五五年以後、シュッツはアーノルド・ブレヒト（Alnord Brecht 1884-1977）と親しく意見を取り交わすようになった。彼は以前にはヒトラーより高位のプロイセン政府の最高専門官僚の一人であったし、亡命先の大学の最古参メンバーの一人でもあった。一九四三年以来、学部の同僚であったが、彼とシュッツが近しい間柄になったのはもっぱら五〇年代半頃であった。非常に高潔で優れた知性の持ち主であり、専門行政官から学者への転身は容易であった。政治思想史を研究するうちに、彼は知識哲学の歴史一般に踏みこまざるをえなくなった。彼はすばらしい哲学的センスのある理論家となった。彼の追究は著作『政治理論：二十世紀政治思想の基礎』（一九五九年刊行）のうちに表現を得た。この著作のはじめの二章は「科学的方法の理論」を論じている。社会諸科学と哲学との間の境界線を研究しているうちに、ブレヒトはシュッツの十分に精通していた諸領域に入り込み、彼に相談を持ちかけた。これらの章の原稿を読んだ後、シュッツはブレヒトに会い、何週間にもわたって内容についての詳細な討議を交わした。その後、九十余歳になって、ブレヒトはこの時のことを次のように振り返った。「基礎的な諸問題に対する共通の関心から生まれ得る、そして真理の探究に捧げられる人びとの生涯の最高に幸福な思い出に通じ得る……なんとも独特な交響の世界の悦ばしい体験でした。『今宵僕らは相共に年老いたり』と、（シュッツ、筆者）は私たちが別れるときに言いました」（筆者への手紙、1975.3.27）。

シュッツはブレヒトの方法論に関する諸章に修正変更を示唆したが、著者はそのすべてを受け入れた。こうして彼はとりわけ政治的行為を論ずる書物に相応しく、動機づけと自由意志に関する一節を追加した。シュッツとの意見交換の結果、ブレヒトはそのような行為の主観的諸側面の論述にとって重要である諸源泉を考慮に入れた。政治的現実は、同じように、人間たちによって主観的に体験される現実なのである。こうしてブレヒトは、ジェームズ、ベルクソン、ミードとフッサールに言及したし、同じくシュッツの「多元的現実」の理論にも触れた。さらに、彼はシュッツの類型論と日常生活と社会科学の双方における類型の役割の理論を受け入れた。ブレヒトはその著作の後の諸章ではゲルハルト・フッサール――フッサールの子息であり、平等の四段階についての現象学的研究の著者である――を引き合いに出している。また彼はシェーラーの価値理論や、ヴェルトハイマーによる平等のゲシュタルト心理学理論も状況の「客観的諸要件」を認識する主観的能力として言及し、そして、とりわけ、シュッツの一九五七年の平等と不平等が主題である論文に触れている。

ブレヒトは準備のないままシュッツと議論をしたのではなかった。彼はドイツ時代に二人の初期の現象学者、ニコライ・ハルトマンとマックス・シェーラーの作品に関心を示していた。いまやブレヒトは彼とシュッツの先生に取りかかったのである。ブレヒトはフッサールに二節を割いて、現象学的還元という「新しい方法」と折り合いをつけようとした。「プラトンの洞窟のなかのフッサール」と名づけられた一章のなかで、ブレヒトはフッサールの現象学の存在論的な弱さを示して、フッサールの批判的評価に至った。その存在論的な弱さは、なかでも、何の苦もなくあらゆる体験の一般性を想定するので、超越論的間主観性の理論の脆弱性という議論になってしまう。ブレヒトは、彼の関心の限られた領域においてさまざまな洞察を自分に提供する、さまざまな現象学的着想を高く評価したが、稼働しうる政治理論は現象学を基盤とするだけでは構築し得ないという結論に達した。

少しの間、シュッツのブレヒトとの知的関係はたいそう熱烈なもので、その激しさはその他にはシュッツ自身の世代の少数の者との関係に取っておかれたくらいである。マキヴァーやヴァールと彼の関係は彼の先生たちとのそれに類似していた。心からの関係ではあったが継続した理論の交換はなかった。マリタンは、自分の側から、新トマス主義と現象学の間にも、同様に彼自身と現象学者たちとの間にも明確な距離を保った。シュッツにとって理論的重要性を帯した先生世代の他の人びとは、個人的な知己ではなかった。シュッツはこれらの人びとのかなりの著作を自分自身の思索に関連あるものとして選んだ。全体として、それゆえ、本章で述べたシュッツの思想家たちとの関係は――ウェーバーからずっと――個人的な知り合いであるという誠心誠意の知的交流の親密さから、年長の同時代人たちの理論的業績に対する客観的な敬愛による丁重な儀礼的交際にまで及ぶものであった。

第五編　同時代人と仲間たち

第十章
同世代の学者たち

本章で取り上げるのはシュッツと同世代の知識人である。シュッツにとって重要であったが、シュッツの研究との密接な結びつきはなかった。親密な友人や仲間たちについてはこの後の章で紹介される。

同時代の知識人集団

ヨーロッパの社会学者たちと心理学者たち

同世代のドイツの社会学者たちとシュッツの関わりは大それたものではなかったが、その最良の部分はマックス・ウェーバーの研究者たちであった。シュッツはウェーバーの諸著作を調べて、『意味構成』の準備をしたのであり、しかも一九三二年には、まさに本領を発揮しつつあるウェーバー社会学者グループの一人となるように思えた。だが学者たちの動きはヒトラーによって停止された。それからの十二年間、彼らのほとんどは政治的に賦課された沈黙という孤独な幽閉状態に陥った。

　これに比して、二人のヨーロッパの心理学者が合衆国におけるシュッツの注意を引いた。スイス人としてヒトラーの手の及ばないところにとどまったジャン・ピアジェと、合衆国への移住によりそれから逃れたアーヴィン・ストラウスである。

　発達児童心理学の偉大な先駆者であるピアジェ（Jean Piaget 1896-1981）は、第二次世界大戦後にはじめて北アメリカで知られるようになったが、シュッツはピアジェをもっと早くにグルヴィッチを通じて学び、知っていた。成人の意識の心理学、フッサールの現象学的心理学に、ミードと同じように、適切な補足的見解を発表した学者としてピアジェはシュッツにもグルヴィッチにも重要であった。グルヴィッチがシュッツに知らせたことは次のようなことであった。ピアジェの研究を読むとピアジェは自らの数の構築理論の放棄を余儀なくされるのではないかと思えること、ピアジェの研究はフッサールの一般化と形式化の区別に一つの基礎を提供すること（1953.1.14）、そして観念連合による諸々の表示の起源についての研究はこれに対応するフッサールの研究を「全く根拠薄弱」（1952: 226）なものにすること、である。

　シュッツは、生活世界や自然的態度の考えが「精神の、いやそれどころか論理のすべての操作」の最も重要な下地であることを確証した思想家の一人としてピアジェをとらえていた。その発生論的認識論においてピアジェは「現に存続している世界について子どもたちの作る自然的仮定から」（1952.2.26）出発したのである。

　著名なドイツの精神分析家のアーヴィン・ストラウス（Erwin Straus 1891-1975）の著作にシュッツが関心を寄せたという記録文書の証拠は何もない。しかし、五〇年代の初めからずっとシュッツと親しく交際のあったナタンソンは、シュッツはしきりにストラウスの理論の重要性を彼に語っていた（筆者とのインタヴュー、1976.4.10）と私に教えてくれた。ストラウスは、シュッツと同様、一九三九年に合衆国に渡って、ケンタッキー大学に事実上の研究基盤を見つけた。そして主として北米における現象学を志向する精神医学の発展を育くむことに貢献した。ドイツにおいて、ストラウスはフッサールの超越論的現象学について懐疑的であったが、生活世界の考えは現象学を容認できるものにした。一人の臨床精神科医として、病理学的現象は健康な個人の立場から彼の「人間世界」内部で理解されねばならない、これが彼の確信であった。

アメリカの社会学者たちと心理学者たち

シュッツにとって関心のあるアメリカの社会学者たちのほとんどは彼の先生世代に属していた。シュッツがこれらの社会学者たちのうちに同じ世代の仲間として誰かを考えたとすれば、彼らが特殊なデータや情報源として都合がよかったからである。この傾向に対するいくつかの例外は、多少なりとも、ヨーロッパの伝統の影響下にある社会学者たちであった。

筆頭はパーソンズであった。報告したように、パーソンズとの出会いは互いに失望に終わった。その後の彼との交際は儀礼的で、軽く、そして時折のものであった。一九四二年、シュッツはハワード・ベッカー（Howard Becker1899-1960）と知り合った。彼はレオポルド・フォン・ヴィーゼとマックス・シェーラーのところで学び、ウェーバーの行為の社会学と方法論の影響力が大きかった。ベッカーとシュッツはPPR誌の「シェーラー・シンポジューム」号（一九四二年）に論文を寄稿した。シュッツはベッカー論文をシェーラーの知識社会学にとって有意義な論述として二度言及（1942, 1944）し、この主題に関するシュッツ自身の履修コース用読本リストの標準項目とした。一九五二年に、シュッツは、「構成」の用語が「理念型」と等価であることを、ベッカーの方向で、承認し以下のように擁護した。「ベッカーは〝理念型〟の表現を〝構成〟型という表現に置き換えることによってマックス・ウェーバーの理念型批判を始めた」(グルヴィッチへの手紙、1952.4.20)と。最後に、シュッツはベッカーの用語「方便としての合理性」を認めた。ある計画された行為のための当の手段をその目標にとって疑いの余地なく適切であるとみる社会的行為者の態度の名称である。この術語はウェーバーが「目的的行為」と呼んだものを包含している。それは目的的行為の主観的説明である。この術語がシュッツにとって重要であったのは、ウェーバーの行為概念の曖昧な点を避けている点にあった。とりわけ、この術語は、専門的論理学者もしくは社会科学者をあらゆる種類の行為の「合理性」の唯一の判断に変えてしまうパーソンズの合理的行為概念の明快な否認に等しいからである。

一九五一年と一九五二年には、ベッカーとシュッツは互いに時折連絡を取り合っている。ベッカーはシュッツに彼の著書『価値による社会的説明』の書評を『ソーシャルリサーチ』に執筆してくれるように頼んだ。シュッツは、明らかに、この書評を書くことはできなかったが、再版論文やガリ版印刷の論文をベッカーと交換し続けた。ベッカーとジョン・C・マッキンネーが、五〇年代中頃に、社会学的方法論の読本を準備したとき、ベッカーはこの読本の暫定的な概略のコピーをシュッツのもとに送った。これにはシュッツの論文「概念と理論形成」が含まれる予定であった。この企画の運命がどうなったのか私は知らない。この二人のさらなる交際の証拠はない。彼らはもちろん自分たちが同一の方向に進んでいることを知っていた。

評判のハーバードの社会心理学者であるゴードン・オールポート(Gordon Allport 1897-1967)は、リチャード・ウィリアムズをとおしてシュッツの注意を引いた。ウィリアム・スターンの「人格主義的心理学」の信奉者であるオールポートは、ウェーバーの理解社会学とシェーラーの著作を好意的にみていた。PPR誌の仲間は編集顧問として彼の協力を得た。シュッツは時折オールポートと手紙のやり取りをしたが、親密な交際には至らなかった。シュッツは一九三九年にオールポートの『パーソナリティ』(1937)を研究していた。また後にオールポートが個人の「理由の動機」のシステムを「正確に（社会的）人格の見出しの下に」(1960: 213) 論じていた一人の著者であることを知った。彼のシェーラーに関する最初の論文において、シュッツは事実に関わる情報も理論上の説明も両方ともオールポートの本を頼りにした。例えば彼はオールポートの「幼児の自意識を欠く理由の要約」を引き合いに出し、子どもたちは「反省の技術」をただゆっくりと獲得するとの結論を下した。子どもたちは「自分たちの行為のなかに生き」、そうしてただ後になって「同様に子どもたち自身の行為の諸対象」ともなるのである、と。その他にも彼は「他者理解」を論じようとする心理学者が出合う諸問題についてオールポートの説明を参照したのである (1942: 340, n.45, 340, 339,n.22, 328.)。

概念については、オールポートによる「表現」という用語の多義性の議論をシュッツは、「外部世界のある対象に投射されるわれわれ自身の感情」という事例を選びながら、高く評価した。シュッツは間主観的理解へのアクセスの道として「感情移入の理論や推理ないし類比」等の対立した諸理論を基礎づける諸概念の解明をオールポートの功績とした。最後に、シュッツはオールポートの心理学における「実験的方法の諸限界についての卓抜な批評」を高く評価した (1942: 346, n.59, 36.330, n.25, 325, n.7)。

ヨーロッパの同時代の哲学者たち

中央ヨーロッパ圏に関しては、シュッツはフッサールの研究家たちに特別の注意を払った。彼は初期にフッサールのもとでゲッチンゲンで研究した人びとには関心をあまり示さなかった。後期の研究家――フライブルグ時代からの――はその大半がシュッツの仲間であった。

若干のゲッチンゲン時代の研究家たちがシュッツの学術生活の周縁に現れた。ディートリヒ・フォン・ヒルデブラントは、哲学からカトリック政治へと転じたが、結局ニューヨークへの亡命者となった。スピーゲルバーグとおそらくシュッツも、ヒルデブラントにＰＰＲ誌への寄稿を懇請したが、その試みは失敗に終わった。エディス・シュタインとゲルダ・ワルターは現象学的考察を心理学的・社会学的中心主題に応用しようとした諸論文で知るようになった。だがシュッツはその論文がきわめて不適切であることを知った。ロシア生まれのアレキサンドロ・コアレは、ゲッチンゲンにやってくる前にベルクソンを学んでいた。スピーゲルバーグによれば、コアレは、二〇世紀の初頭に、ドイツ現象学とフランス哲学の間のリンケージを創り出すべく助力した。ＰＰＲのグループは第二次世界大戦後コアレに接触。彼は二本の論文をこの雑誌に発表した。シュッツは彼の協力を高く評価した。

このグループはシュッツよりも七歳から十歳ほど年長だった。マルティン・ハイデガーにシュッツはより多くの注意を払ったが、彼はこのグループの仲間であった。ハイデガーはフッサールに早くから関心を示した。しかしゲッチンゲンで彼を研究せずに、フライブルグで新カント派の哲学者ハインリヒ・リッケルトを研究した。ハイデガーは、フッサールがそこで教授職を受諾する一年前に、この大学の講師職を手にした。第二次世界大戦中は軍務に召集されたので、ハイデガーがフッサールと親密な接触をもったのは、もっぱら一九一八年以後のことであった。ハイデガーは、フッサールの助手として一九二三年まで活動し、その年マールブルグで教授職を取得した。マールブルグで彼は『存在と時間』を執筆したが、これは「フッサールに捧げる」という言葉とともにフッサールの現象学機関誌である『哲学・現象学研究年報』で刊行された。一九二八年フッサールは退職したが、その後任として彼はハイデガーを提案した。ハイデガーは受諾した。しかしその後まもなく二人の間の哲学上の違いが個人的な仲違いになって現れた。その仲違いは間接的に、フッサールがシェーラーとハイデガー双方の哲学上の立場を公式に拒絶することによって引き起こされた。哲学的裂け目は全く本物であった。この裂け目はフッサールの公式の論述によって創り出されたのではない。ハイデガーの実存主義は現象学的起源との結びつきが弱いままにハイデガー自身の哲学となるように運命づけられていたが、それはまだな お形成途上のものであった。

一九三三年に、ハイデガーがフライブルグ大学総長職を受諾した。つまり国家社会主義政権によって任命を受けた者として、ハイデガーはすべての教養ある哲学者たちにショックを与えた。第二次世界大戦後かなり多くのハイデガー研究者たちは彼もしくは彼の哲学に何か関係することを拒絶した。シュッツはフライブルグ大学の指導的立場の年代に書かれ署名された「ハイデガーの一連の興味深い記録文書」(フェーゲリン宛の書簡、1949.11.9) が入手できた。しかし彼は決してこれらを公には利用しなかった。シュッツはハイデガーの哲学も、また、その著者の政治上の欠点よりもむしろ哲学上の美点によって判断されねばならないと思っていたのである。

シュッツは決してハイデガー哲学の広範な議論に押し入ることはなかった。彼は『存在と時間』を、それが刊行された直後に読んだ。それを『意味構成』のなかで触れた。彼はハイデガーの「根本的に異なる意味の概念」から距離をとった。シュッツは、ハイデガーの術語「行為の投企‐特性」を受け入れたが、しかしその解釈は受け入れなかった。また彼はハイデガーの典型的な翻訳不能の言葉遊びの一つに触れた。人間の仕事によって作られるもの (Zeug) は、それを生み出す人間の志向作用の証拠 (Zeugnis) となる (1932: 9, n.4, 57, および57, n.2, 149および149, n.1)。アメリカ時代の著作物のなかでシュッツはハイデガーに七回触れている。

シュッツはハイデガーの「人間的実存の根本条件」について、「世界のなかに投げ出された」(1946a: 471) 存在の根本条件のメモをとった。彼はハイデガーも、また、「宇宙の解釈を世界の内部にある人間の生から」始めるのを知った (1952: 226)。シュッツは、われわれは常に「状況のなかに」生きるというハイデガーの考えを引用し、これは「状況の定義」（1970a: 91）の立場から理解されねばならないと付け加えた。その他に、オルテガの「社会の自動人形」、すなわち社会的規則に完全にしたがっている人とハイデガーの同一個人の「非本来的状態」（1959c: 92）との関係を明らかにしている。彼はハイデガーを身体とは外部世界における私《アイ》の表現であるという現象学的分析の考えを展開した著者たちの一人であると呼んだ（1970a: 172）。

最後に、シュッツはハイデガーを独我論ないし人格神のいずれかに訴えることなしに「間主観性の問題」を解決することのできなかったもう一人の思想家と評した。ハイデガーは「世界内存在」と「他者たちとともにある存在」との間を区別した。しかし彼の他者は、私が出会う「特定の実存」ではなく、むしろ私の実存への寄与として理解されている。非本来的状態では、私も他者もいずれも決定されない。「匿名形式の単調な実存」があるのみである。他者は「だれでも」である。ただ「私の最奥の実存の可能性としての私自身の死に対して自らの決断を下すことによって、私は私の個体的自己性を手にする」。それは私の真正さである。その時にのみ私はもう一方の者（他者）に対して真正さを与えうるのである。シュッツは、すべての具体的人間関係の一つの基礎的性質にまで高められる、このような「平凡な匿名性」が、果たして「二人の具体的存在の間の信頼関係の構築を説明」できるものか、と疑念を発した。他者との「共存」の概念は「独我論的議論と同じような仕方で私を孤立させる」（1948: 186-187）。この点では、したがって、ハイデガーの実存的に純化される意識はフッサールの超越論的自我に似ているところがあった。後者と同様、それは間主観性の現象を説明できなかったのである。

シュッツはハンス・ゲオルグ・ガダマー（Hans-Georg Gadamer 1900-2002）に一九五七年、ロワヤモン・フッサール・コロキウムで会った。シュッツの論文についてガーダマーは討議しなかったが、二人は自分たちの見解を私的に取り交わした。ガダマーはフッサールよりハイデガーのほうに類似しているが、超越論的現象学についてはシュッツのいう正統的スタイルに近い解釈であった。シュッツが亡くなって四年後、ガダマーは「現象学運動」に関する論文を刊行した。この論文にはシュッツの真っ向からの非難に対して、フッサールの超越論的現象学の見解についての実質的擁護が含まれている。

国際的な仲間たち

シュッツが個人的につき合っていた同世代の社会科学者や哲学者はほとんどがオーストリアやドイツの出身であったが、その他のヨーロッパの国々や合衆国の出身もいた。

その関係は、期間や密度においてさまざまであったが、二つに分けられる。長期間にわたる密度の濃いつき合い、それと比べると散発的で偶然のつき合い、すなわち通常は短期間に限られるが、必ずしもそうとは限らないつき合いである。ここでは後者のつき合いのみを取り扱う。

社会科学における仲間たち

シュッツの世代に属した大部分の知り合いはすでにウィーンではガイストクライスおよびミーゼス・ゼミナールのメンバーとして知っていた。前者はいろいろな知的職業や趣味の持ち主たちの寄り合いであった。後者はたいていは経済学者たちから成っていた。みな多少とも一般的関心を共有していた。シュッツはメンバーの数人と法律研究の背景を同じくし、他のメンバーとは限界効用理論への関心をともにした。しかし彼が個人的に最も関心のあることを分かち合えたものはごくわずかであった。

おそらくこれらのサークルのメンバーの大多数は傷を受けて合衆国への亡命者となった。知的な集団活動の長い年月をとおして形成された紐帯は新しい国でも維持された。第二次世界大戦への危機の年月、戦中、そして戦後初期をとおして、これらのサークルの離れ離れになったメンバーたちは、合衆国によって提供される安全を享受しながら、ヨーロッパに引き続きとどまった人びとの運命について互いに情報を寄せ合い、幾人かでもアメリカに呼び寄せる手筈を整えようと試み、そして戦後は、ヨーロッパ大陸で飢えている人びとのために食糧を送る計画を組織した。その後は、長期の病気のように、合衆国で、深刻な救急の必要に直面した人物を援助するために、物資供給の活動が企てられた。サークルは緩やかな相互援助の会へと次第に姿を変えていった。

シュッツのこうした知り合いとの知的なつき合いは少数の経済学者に限られた。ゴットフリード・ハーバラー（Gottfried Haberler 1900-1995）はハーバード教授の職に就いた。彼はシュンペーター＝パーソンズの学部ゼミナールの一員であり、この公開討論会の前でシュッツの発表のお膳立てをしたのであった。唯一の学問的討議が彼らの往復書簡のなかに見出される。それは科学上の諸命題を常識的判断から区別することについての意見交換である。シュッツのワルター・フリードリヒ（Walter Friedlich 1901-1975）とのつき合いは主に報告書、授業プログラム、文献などの情報を求めることにとどまった。

フォン・ミーゼスの学生たちの間でシュッツの知り合いのうち最も卓越した人物はハイエク（Friedrich August von Hayek 1899-1992）であった。一九七四年に最初のノーベル経済学賞の共同の受賞者であるハイエクは、独占と国家統制経済政策の時代にマンチェスター・リベラリズムの擁護者として活躍した。彼の一番良く知られた著作は、『隷属への道』（1944）と『科学の反革命』（1952）である。シュッツはハイエクを高く評価していたが、個人的な友人ではなかった。刊行された諸著作ではシュッツはハイエクに脚注で一度触れただけである（1953c, 11, n.29）。一九四一年、シュッツ＝パーソンズ論争を知らずに引き起こしたのは、ハイエクがロンドンの『エコノミカ』誌――彼はその編集者であった――にパーソンズの『社会的行為の構造』の書評論文を書くようにシュッツを勧誘したことであった。ハイエクは一九四五年、一九四六年、および一九四八年の合衆国訪問の際、シュッツに会った。一九四八年に、ハイエクはニュースクール校友会で「計画の潮流」と題した講演を行った。その前年に、彼は自由社会の擁護と改良に貢献し、私有財産と競争市場の信念の衰えによってこれまで助長されてきた全体主義的諸傾向に反対する「インターナショナル・モント・ペレリン協会」を設立したのであった。シュッツは創立委員として招かれなかったが、後に参加を求められた。一九四九年、彼はこの協会の年次大会に参加した。しかしそれ以外に能動的役割を演じなかった。

ニュースクールでは、シュッツと中央ヨーロッパの同僚たちとの関係は心からのものだった。また一般ゼミナールの週ごとの会合は各メンバーの研究報告や議論のための機会を提供した。シュッツはもっぱら三人の同僚と親しいつき合いをもつことになった。これらの関係は後の章の議論となる。同僚の社会学者、カール・メイヤー――おそらくヨーロッパでも合衆国でもウェーバー研究の著名な専門家であった――とシュッツは理論的交流はなかった。これはメイヤーがはっきりした新カント派の方針をとっていたためだろう。

哲学者の仲間たち

シュッツの世代に属したフッサールの研究者のうち四人が彼にはとりわけ重要であった。そのうちの最年長者がバファロー大学で教えたフリッツ・カウフマン（Fritz Kaufmann 1891-1970）であった。カウフマンは現象学の諸概念をディルタイとハイデガー両者の考えと結びつけ、芸術と文学、歴史そして宗教の分野で仕事をした。シュッツが彼と知り合ったのはバッファローへの早い頃の訪問の際であった。しかし二人のつき合いは控えめであった。それでもカウフマンは一九五八年に、スイスに向かう途中、シュッツを訪問した。その後スイスで亡くなった。シュッツが最後の病に倒れる前年のことであった。

高名なポーランドの現象学者、ロマン・インガルデン（Roman Ingarden 1893-1970）は、ナチス体制とコミュニズム体制のどちらからも教職活動を遮られた。それは彼がクラカウ大学の教授職に復職した一九五六年以前のことであった。西側では、文学および芸術の諸研究で著名になった。シュッツはインガルテンと一九五七年に面会した。このポーランドの哲学者が一九一九年以来、自由ヨーロッパを最初に訪問した時のことである。彼はロワヨモン・コロキュウムに参加したのである。オイゲン・フィンクに加え、インガルテンもフッサールの超越論的間主観性理論のシュッツによる批判を擁護することになろうとは、これこそこの会議からシュッツが手にした大きな満足の一つだった。二人は折に触れて手紙をやり取りして親交をはかった。シュッツはもう一度、一九五八年に、彼の最後のヨーロッパ滞在中にインガルテンに会った。シュッツはインガルテンがベルクソンについて行った長大な研究の最初の部分――おそらくドイツ語訳――を読み、またそれがドイツ語、フランス語、英語のベルクソンの全文献のなかで「断然最重要の文献」（インガルテンへの手紙1958.1.23）であることを知った。インガルテンの返事は、ベルクソンから離れて彼自身の批判的存在論に向かう自らの哲学の展開の道行きを語っている点で興味深い。この批判的存在論を彼は「芸術作品の存在の諸形式」（1958.2.22）の諸研究において試行していたのである。

ルードウィヒ・ラントグレーベ（Ludwig Landgrebe 1902-1991）は、一九三〇年までフッサールの助手として仕事をした。その後のプラハでの教授職はヒトラーのチェコスロヴァキア占領とともに廃止された。戦後、彼はルーヴァンにあるフッサール文献の財産管理の仕事を続けた。その後、ケルンの教授職に就いた。シュッツとの短い出会いがあったのは、一九三五年のプラハにおけるフッサールの講演の折であった。ラントグレーべはシュッツの諸著作を尊び重んじた。彼はＰＰＲ創刊号に、地平の現象学的概念を扱った論文を寄せた。この論文のなかで、彼は生活世界の理論に触れたばかりか、「故郷の世界」と「異郷の世界」との区別もしていた。シュッツが論文「余所者」において取り組んだ着想に一歩先んじていた。

オイゲン・フィンク（Eugen Fink 1905-75）は、ラントグレーベの後のフッサールの助手であるが、『危機』の執筆時期の間、緊密にフッサールに協力した。シュッツがフィンクに出会ったのは、フライブルグにフッサールを訪問した時であった。一九三三年に、フィンクは本当に率直にフッサールの哲学的な企てに内在する背理について論じた。この企てが未完状態だと仮定すれば、まだ実際にはこの背理は解決されていないと。アメリカ時代の著作のなかでシュッツはこれらの背理に言及したが、もはやその解決が望みえないことのほうに傾いた。シュッツが考えるに、フィンクは現象学を一種の理念主義的超越論的方向に押し進めてしまい、それがある消極的結果をもたらし、現象学の計画全体を問題に付すことになると。一九五七年に、フィンクは志向分析その他の問題を論じたフランス語の論文を発表した。それはシュッツの主張を支持する内容であった。すなわち、フッサールは「存在論的問題」を一つの全体として論ずることを避けてしまったこと、また緊要の生活世界の存在論は超越論的現象学に基づいて達成不能であること（1953b: 511, n.27; 1957c: 90）。フッサールの「操作概念」に関するフィンクのロワヨモン論文は、シュッツにフッサールの形相的現象学の再考を促した。これは第十八章で論じられるであろう。

ある時期ニュースクールでシュッツの同僚であった二人の哲学者について、彼らは現象学者ではなかったが一言されてよかろう。一人は著名な政治哲学者のレオ・ストラウス（1899-1973）であった。彼は、シュッツの友人のフェーゲリンの主題にいくらか類似している歴史的主題のためにシュッツに関心をもつようになった。もう一人はハンス・ヨナス（Hans Jonas 1903-1993）であった。彼はグノーシス主義の専門家として名声を博したが、その後哲学的生物学の方に転じた。一九五五年に、彼はニュースクールの哲学部を引き継いだ。時折シュッツと意見を取り交わしたにすぎなかったが、ストラウスはシュッツを高く評価し、シュッツの訃報記事を書いた――それは彼の哲学的奮闘とその知的展開の趣意についての見事な理解を示すシュッツのライフワークについて、簡潔な、しかし堂に入った評価であった。

シュッツにとって彼の世代の最も重要なフランスの思想家はモーリス・メルロ゠ポンティ（Maurice Merleau-Ponty 1908-61）であった。彼はソルボンヌではグルヴィッチの科目を取っていたが、一九四二年と一九四五年には、知覚の現象学に関して、最良の論文をいくつかものにした。シュッツは一九三八～三九年のパリ滞在中にメルロ゠ポンティに会っていたかもしれない。メルロ゠ポンティはシュッツの戦後ヨーロッパへの二つの商用旅行期間中に彼を再訪した。彼の要望により、シュッツは『意味構成』を一冊彼に郵送した。一九五五年、メルロ゠ポンティは、シェーラーに関する論文をこの「高名な哲学者」の号のために執筆するようにシュッツを招いた（1956b）。一九五七年、シュッツによる最後のメルロ゠ポンティ訪問があった。メルロ゠ポンティは彼の主要作品の英訳本の刊行を交渉しようとしたが、この計画の成果はなかった。

シュッツはメルロ゠ポンティの諸著作を講義科目やゼミナール、それにいくつかの著作のなかで論じた。一九四七～五一年の関連性論草稿では、シュッツは生体の体験をゴルドシュタインの用語とメルロ゠ポンティの「体験された空間」という考えにしたがって論じた。すなわち、空間は「身体の媒介によって」体験される。「志向性の空間」は人間の身体によって示される中心から体験されるさまざまな空間次元の知覚において認識される。しかしそれは同じように、さまざまの顕在的ならびに潜在的動作や行為がそのなかに位置づけられる空間としても「生き抜かれる」（1970a: 89, 171, 173-74）。一九五三年に、シュッツがフッサールによる間主観性の媒介者としての身体体験という見方が不十分であると語ったとき、シュッツはサルトルによって「私自身にとっての身体（対自身体）」として力説され、またメルロ＝ポンティによって「身体そのもの」として力説される諸段階が看過されていることを指摘したのである（1953a: 412）。シュッツは、言語障害に関する論文のなかで、メルロ＝ポンティを二度にわたって「前述定的原初的世界」および「前述定的領域における経験的一般的諸類型の構築」という自らの見方の確証者として引用した。さらに、両者とも個人の状況は彼の人間的環境を含み、個人の状況が彼のイデオロギーや道徳の態度を決定することに賛成した。最後に、シュッツは「諸々の現象学的方法の社会諸科学への適用可能性」に関して、シェーラーの「相対的自然的世界観」の理論——その世界観の構造は現象学的分析に従い、この相対的自然的態度の内容は特殊な社会的歴史的諸条件に関連するというものである——を含めて、メルロ＝ポンティと意見が一致した（1959c: 90）。

最後に、スペイン生まれの哲学者、ルイス・レカセン・シヘス（Luis Recasens Siches 1903-77）の名が挙げられるべきである。彼はウィーンでの博士課程修了後の研究をケルゼンとフォン・ミーゼスに関して行った。スペインで十年間教えた後、彼はメキシコ市で亡命教授となった。レカセン・シヘスはニュースクールの客員講師であった。シュッツは彼と以前から文通があった。一九五四年に、このメキシコの教授の妻がシュッツのドン・キホーテの論文をスペイン語に翻訳した。この二人の文通は続いた。手紙はスペイン語やフランス語や英語やドイツ語で書かれた。

ここで述べてきたアメリカの哲学者たちを別として、シュッツが親密な交友関係をもった二人の哲学者がいた。ドリオン・ケアンズとマーヴィン・ファーバーである。彼らは次章の最後のところで考察される。

第十一章 学者友だち

合衆国におけるシュッツのいっそう親しい知人たちの多くは生まれがオーストリアやドイツであった。ナチスからの亡命者としてこの国へ来たのであり、互いを一つの運命共同体であり、その本拠地が消滅した文化的伝統の代表者たち、そして知的関心や目標が一致しうる人びとだと考えていた。しかしその共同体はもっぱら潜在的なものにすぎなかった。そのメンバーたちは合衆国中に散り散りになっていたからである。実際の結びつきは個人から個人へであった、それも大部分が手紙を通してである。だれもメンバー全員を知らなかったが、各人はそのうちの幾人かと接触し、ある複雑なコミュニケーションネットワークの実に多くの主観的中心の一つを形作っていた。

シュッツの友人の第一のサークルは、個人的にウィーンですでに知っており、彼と知的関心を分かち合う友人から成っていた。「ガイストクライス」とミーゼスのゼミナールのメンバーたちであった。パリで出会った二、三人のフランスやドイツの学者も後に合衆国で彼の仲間になった。しかし彼が出会った大部分がドイツの知人たちであり、それに若干のアメリカに他の国から到着したヨーロッパ人たちだった。シュッツの人格形成時代にこれらの友だち関係が生じたのは、関係者全員を大いに引きつけた社会科学や哲学のアプローチの理論の可能性について共同して探究することへのやる気満々の関心からであった。後に、この交友関係は同じ基本的アプローチをともにしながら、これを互いに自分なりのやり方で追求する二人の人物の出会いとして動き出していく。一方の仕事は他方のものを豊かにした。

この交友関係は急速に理論的関心を超えて、個人的領域にも入り込んだ。これらの関係そのものにおいては、学問上の関心が一番大事である。しかし、シュッツの場合、知的相互関係は、クーリーの意味で、親密な人格的関係ないし第一次的関係に向かって進んだ。そういうものとして、シュッツの他者への関心は単に彼の理論的研究の傾向や進展を含むだけでなく、彼の健康も、彼の家族の健康も、彼の暮らしや就職問題も含んだ。その関わり合いは、大人の第一次的関係の特徴である相互特権と相互義務、さまざまな問題で他者から助けを求めることと自分の奉仕や援助の提供を含んでいた。こうした求め合いは躊躇なくなされたし、またその見返りに援助が気前よく提供された。

しかし合衆国でのシュッツの交友関係は、ウィーン時代の特色であった一つの特徴が欠けていた。彼の友だちはもはや地理的に簡単に届く圏内に生活していなかったことである。したがって、対面的な出会いは、進行中の交友関係にとってきわめて重要であるのに、何にもまして「一緒に哲学すること」を必要としたこうした関係では稀なことになっていた。書簡は個人的出会いの貧弱な代替品であった。

社会科学者の友人

シュッツには同世代の社会科学者のなかに三人の友人がいた。社会学者のザロモン、そして経済学者のローとマハルプである。

アルバート・ザロモン（Albert Salomon 1891-1966）はジンメルとウェーバーを研究していた。一九三五年に、彼は亡命先の大学に加わった。大変な感情家の彼は、最初の出会いでシュッツを友だちとして選んだ。彼はシュッツを彼自身よりも優れた思想家であるとみなしている風であった。客観的な観察者には、このような比較は控えめに映るだけであろう。もしシュッツが自らの関心領域における鋭く合理的な思想家であれば、ザロモンは人を魅了する話し手であり、また、彼が表現したくて選ぶ、容姿や観念の見事な肖像画を言葉で描く芸術家であった。両者の研究における実際の接点はごく僅かであった。シュッツの気配りや理解があってこそザロモンとの関係は最後の最後まで損なわれずに存続することができた。アメリカ時代の論文全篇のなかでシュッツはたった一度だけザロモンに触れている。「平等性」に関する論文（1957a: 74）で『進歩の暴政』の結びの一節を引用した。これは理論上重要な命題というよりも幾ばくかの政治上の知恵を含むものであった。二人は大の仲好しであり、時には学部の問題で一緒に仕事をし、時折、お互いを訪問したけれども、彼らがシュッツの関心の中心にある問題について真剣な討議を行ったことはありそうにない。彼らの個人的面会は、同じ小さい大学組織のメンバーであり、ニューヨーク市のそれほど遠くないところでお互いに生活していたにもかかわらず、両者が書いた手紙やメモの数から判断すると、それほど頻繁なものではなかった。往復書簡はたいへん変化に富んだ主題にかかわっているが、しかし理論的関心の問題についてはほんの少し触れているだけである。二人の間の明確な不一致点を卒直にザロモンは教室のなかで開示した。ドイツ語の諸論文のなかでザロモンはウェーバーに非常な敬愛を表明していた。合衆国でウェーバーに立ち戻ったとき、彼が知ったのは価値自由の科学の原則がウェーバーを社会学的実証主義者に改変していることであり、そこで彼はシュッツを印刷物や講義のなかで鋭く攻撃したのである。シュッツは、ウェーバーが社会学的思考の従来通りの考え——これをザロモンは「実証主義」と呼ぼうとしたのである——を引き継いでいると批難したが、他方で理解社会学の主観的な考えを推し進めようとしていた。ザロモンは、この後者の努力の革命的諸結果を思い描くことに失敗したのである。ザロモンにとって、これには何の問題もないと思った。彼の理論的推論のなかに価値判断を直接基礎づけることに関係したからである。シュッツは、これに対して、断固として「価値自由の科学」の原則に賛成し、ザロモンによるそれとは反対の議論に直面しても従うことはなかった。

二人の間のこの内輪もめの他に、利用できる材料は理論的関心の接点についていくらか触れている点である。二人が論文の抜き刷りを交換した際、相互の論文に対する反応は批判的議論というより、賛辞の手紙であった。

シュッツのザロモンとの関係とは異なり、シュッツの二人目のニュースクールの社会科学者との相互行為はずっと後に徐々に進展したが、どちらかといえば理論的色彩の強いものであった。アドルフ・ロー（Adolph Lowe 1893-1995）は世界経済研究所、キール大学、そしてフランクフルトの教授職を歴任していた。彼はイギリス経由で一九四〇年にニュースクールにやってきた。シュッツのローとの学問上の関係は五十年代中頃に始まった。ローがアメリカでの最初の書物に取りかかっていたときである――この書物はしかし一九六五年以前には出版されなかった――。

シュッツの経済学への関心は、あらゆる社会科学への関心のうちの一部であった。社会学に次いで、経済学は彼の研究と専門科学との相対的な関わりという私的尺度のなかでは二番目に位置していた。受けた教育や理論好みにより、彼の焦点は限界理論にあった。シュッツのローとの関係の意外な一面は、ローがミーゼスの正統派限界理論と対照をなす経済学の伝統を示したことである。学生として、ローは経済学に関心のある社会理論家、フランツ・オッペンハイマーの影響が大であった。彼にとって政治経済学は、経済システムを資本家とその総体の特徴との総合へと改造することにより政治家や社会改良家に仕える一つの実践科学でなければならなかった。フランクフルトで、ローはカール・マンハイムと友人になった。イギリスで、彼はこの友情を復活させ、マンハイムの多くの思想を受け入れた。マンハイムの思想はいまや――ドイツの破局の衝撃以後――オッペンハイマーの伝統にぴったりであった。「第三の途」として唱道され、このアプローチは現代社会の経済セクターの公共統制論を目指してその基本線の展開に努めた。

シュッツとローとは一九四二年以来互いに面識があった。シュッツが、一九四四年、ローにハイエクの『隷属への道』の一冊を贈呈したとき、ローはその贈物の謝辞に次の文を認めた。「貴方はハイエクと私とが二十年来の親しい論敵であることをご存じでないようです」と。ローとシュッツとの交際は一九五五年までぽつぽつと散発的であった。彼らはそのとき自分たちの広範な個人的やり取りが次々に理論問題をめぐる集中的な手紙のやり取りを引き起こす関係にあることに気づいた。これらの最初の手紙を書いたのはローであった。個人的な議論の後でシュッツは彼に論文「行為の諸企画の間の選択」の抜き刷りを郵送し、次いでローがこれにコメントを書いた。ローは、シュッツによる「目的の動機」と「理由の動機」の区別を受け入れることに難色を示した。そして彼は次のシュッツの結びの言葉によって自分が宙ぶらりんの状態にあることを知った。行為者と社会科学者は同じ現実を指しているかどうかの問いに、自らの論文では答えることができない。一二頁に及ぶ返書（1955.10.17）のなかで、シュッツは、生活世界の行為者は日常の行為における注意の選択性に傾くことによって「血の通っている」現実に直面するというローの論述に異議を唱えた。ある行為は、それが他者に向けられ、他者との関わりをもつ限り、二重の目標がある。実用的な結果だけでなく、同様に他者の行動を一理解すること」である。これは共同の行為者の目的の動機と理由の動機を把握することを意味するが、その把握はただ手元の実用的な目標達成に必要である程度までである。この場合、私たちは、当然のこととみなされている諸々の先行与件の類型や解釈の枠内で妥当と思われる説明や適度な見込み計算で満足する。これは第一のレベルでの社会的世界の体験である。第二の――社会科学の――レベルでは、社会的行動は理論的なやり方で観察され、記述され、分析され、またできる限り説明される。これらの活動は生活世界における行為のそれとは異なる。これらの活動目標は実用的でなく理論的である。行為者は適度に仕事し、社会科学者は合理的に仕事する。後者はその主題に人間行為者の行動を含んでいる限りでのみ、社会科学者は行為者と「同じ現実」を分かち合うのである。その他のあらゆる点で、特に一方の行為者による体験の説明と、他方の社会科学者による観察された社会現象の説明において、彼らは異なる諸現実を論じている。ローは、経済学の視座から、一経済的行為者と一経済学者はどちらも同一の現実の別個の諸側面を論じていると主張したが、シュッツは彼に対して次のように指摘した。日常生活の行為者たちは現実の一部分を彼らに利用できる諸々の社会的類型化の点から論じている。社会科学者はこれらの類型化をその主題に据えるのである。社会科学者の構成概念とは「社会的場面の行為者が社会的世界を解釈することによって構成された構築物」である。

ローは二通の手紙で答えた（1955.10.19, 1955.11.23）が、シュッツによるこれに対する反応はこれまで発見されていない。二通の手紙には、あらゆる経済的行為を一つの動機――利潤の最大化――の点から説明する伝統的経済理論と主観的要求の最適化を目指す限界分析とのどちらをも拒絶することが含まれていた。ローによって出された中心問題は「どのようにして秩序は無秩序の行為から生じるか」である。伝統的経済学者たちは市場行動の無秩序性を拒否した。限界理論家たちだけがこれを説いた。率直でないやり方で利潤動機を彼らの考察のなかに忍び込ませたのである。ここから、ローは自分の経済的機能主義という考えの議論を進める。それは経済的諸事実の記述と経済的処置の処方箋とを結びつけることであった。ここではこの理論に立ち入らない。シュッツに関して、ローは(a)社会科学者は観察した行動からその基礎になる決断や動機に「遡って」議論しなければならないこと、また(b)社会科学者は理念型を用いて仕事をしなければならないことに条件付きで賛成すると述べた。しかしシュッツは理念型に物理法則の厳密さを要請しているとも述べた。ローは、この種の信頼しうる法則は経済学には不在であることを認めた。シュッツはこれをあらゆる社会科学の営みの避けがたい特性であると思っていたのであろう。ローにとっては、これは将来において改善されるべき欠陥であった。

シュッツは、論文「行為の諸企画の間の選択」で、特に経済的行為を論じた、未刊行の第二部分をローに利用できるようにして、彼との議論をいっそう広げた。ローはローで、彼の著作『経済的知識について』のいくつかの章の草稿を彼に提示した。この本が世に出たとき、シュッツはこの世になかった。序文でローはカール・マンハイム、フランツ・オッペンヘイマー、クルト・リーツラー、そしてアルフレッド・シュッツに敬意を表し、それぞれの学恩を謝した。本文でのシュッツの直接参照はわずかである。だが、ローが後に多くを書いたように、彼はこの本の決定版では初期の機能主義から離れて、経済理論へのシュッツの接近法の最も大きな部分を占めていると彼が思った、「通常の原因－結果分析に代って目的－手段関係を用いること」へと移行した（HRGへの手紙、1977.12.20）。シュッツの影響力は、したがって、ローの思考の基本線に触れたのであった。

オーストリア人、フリッツ・マハルプ（Fritz Machlup 1902-83）は、シュッツと一九二四年にミーゼスのゼミナールで出会った。教育と使命感の経済学者、マハルプはウィーンを一九三三年に去り、合衆国へ向かった。彼のシュッツとの往復書簡はその翌年に始まった。一九三六年、二人は忘れられない夏休みを一緒にオーストリアのアルプスで過ごした。シュッツは友だちを再度一九三七年のアメリカ旅行中に訪問した。シュッツが合衆国の永住権を取得した少し後に、彼は再び数日間バッファローでマハルプの泊まり客として過ごした。彼のアメリカ生活の二十年間、シュッツは親しい友だちの他の誰よりもマハルプと頻繁に会っていたのかもしれない。彼らは経済学、社会学、方法論、そして哲学の話題について理論的にたくさん話し合った。この幅広い互いの関心は多くの抜き刷りの交換に、もっと直接的には、広範な往復書簡に反映されている。

マハルプは合衆国において大変傑出した経歴をもち、最後はプリンストン国際財務部門の統括責任者となった。マハルプはこの分野ではかなりの量の専門的研究を行った。しかし彼の中心的な学問上の関心は方法論であった。この関心は、おそらく、マハルプが限界理論に組み入れられる主観的接近法を一方で本気に採用しながら、しかも同時に正統派の経済自由主義から離れ去ったミーゼス門下生の一人であったという事実を別とすれば、多分、特別に珍しいことではなかっただろう。マハルプは主観的経済行為の一科学としての経済学の方法論に焦点をあて、そのような行為は社会的行為の原型ではなく、むしろ社会的行為の一つの特殊事例であると理解した。彼の方法論的考察は、彼自身の学問領域の広範な知識を頼りにして、社会科学一般ならびにとりわけ社会学における広義の社会的行為の理論に向けられた。これらの方法論的関心が彼のシュッツとの議論や手紙のやり取りの中心的話題となった。シュッツは、とりわけ特殊に経済的行為から社会的行為一般への移行を整えるのに彼を援助し、また、経済的活動の目的－合理的領域では、表面に現れない社会的行為の諸局面に対して注意するように促した。

彼らの初めの頃の手紙の交換の一つは、経済分析における、例えば費用返還や収益のような、「諸々の主観的概念の問題」、さらにそれらの概念と経済理論の客観的概念との関係に向けられた。シュッツは、それとなく行為者の経済的な諸目標の選択肢と理論家の解釈上の理論的目標のことを述べて、彼の回答を「収益と返還は誰と関連があるのか」という問いで応じた。マハルプはこの区別を適用すれば支配的な経済理論が大混乱となることに気づいた。この問い自体は、方法論的考察の道理に適ったものであったが、それは一経済学者が方法論的明快さに到達するためには、狭い専門用語による考察の範囲をはるかに超えなければならないということの証明であった。

マハルプとシュッツの間の方法論をめぐるやり取りはただ緩やかに進展したが、このやり取りが一九四八年と一九四九年における彼らの往復書簡の最も大きな部分を占めた。一九四九年に、マハルプは理念型――マハルプ自身がまだ十分に解明できていなかった主題であった――について自分のクラスで話してほしいとシュッツを招いた。彼はブリジマンの「精神的構成概念」と「操作概念」の違い、物理学の構成概念と経済学の構成された類型の違い、またフェリクス・カウフマンの「理論的法則」と「経験的法則」の違いに関する一連の質問をシュッツに提出した。さらに彼がシュッツに望んだことは、個人の行動に関する経済学の諸々の類型‐構成概念、諸々の相互行為モデル、経済学の時間経過モデル、そして行動の諸対象の諸類型におけるそれぞれの違いをはっきりさせることであった。ここでマハルプは彼自身の暫定的提案をしたが、それは、社会科学者に興味のある世界の大部分は「人間の活動によって影響され」、またしたがって大幅に予測が立ちにくいという認識に近かった。この提案は、社会科学者の妨げにはならなかったとしても、そのほとんどが自分たちの科学は予見のサーヴィスでありたいと望んでいる、大多数の経済学者の連帯感情を逆なでするのは必定であった。マハルプは社会科学に固有なパラドクスを示したのである。社会科学は「より精確」であればあるほど、社会科学はそれだけいよいよ抽象的となる――すなわち、それだけ社会科学はいよいよ人間行動の実際の諸事例と関係がなくなる、と。経済学者たちが「より多くのリアリズム」と具体性を求めるとき、彼らは例外なく精確さを失う。彼らの抽象的予測は無益である。彼らが自分たちの考察をより体験的な水準に移す場合、例外なく予測能力を失う。シュッツは個人的にこうした事柄のすべてについてマハルプと議論する機会がなかった。事実、彼はマハルプの授業に姿を見せることを取り止めなければならなかった。急な仕事でメキシコへ出かけなければならなかったからである。シュッツはその後、彼にいくつかの手紙で返答しようとしたが、若干のごく一般的な考察や感想を述べるにとどまった。これらの手紙のなかで、シュッツが指摘したことは、自然科学も社会科学もどちらも生活世界の異なる部分に自らの注意を向けるより、選択的に「共通の生活世界」のほうに注意を向けるということであった。自然科学の概念は、人間の行為領域の外部にある諸対象や諸過程を論じ、社会科学の概念は、原則的に、「もっぱら人間の諸行為を論じる」(1949.11.20)。

方法論をめぐるやり取りは五〇年代初めにも続いた。シュッツは論文「人間の行為の常識的説明と科学的説明」の最初の草稿をマハルプ宛に郵送した。折り返しシュッツは彼の友だちが執筆中である本の方法論部分の草稿を受け取った。シュッツはマハルプの草稿のなかに彼自身の考えの多くが直接確証されているのを知り、また種々の違いがあることによって興味をそそられた。特に、マハルプによる、最初は自由競争の条件下の、次はカルテル下の、個別の会社、産業、および全体的経済体系についての理念型的構成概念の場合がそうであった。マハルプは、マハルプなりに、シュッツの草稿、これは元来プリンストン大学での諸方法に関する会議のために準備され、二年後に出版されたが、彼はまるでシュッツの身代わりのようになって、この草稿全体の展開に関与した。

一九五四年に、マハルプは論文「経済学における検証の問題」によってある新たな論題を持ち込んだ。この論文の注目すべき点は「検証」という術語の曖昧な用い方を解明したことであった。経験上、検証は検証の一過程としての実験ならびにその過程の肯定的結果を意味する。方法論上、検証はもっぱら論理的演繹による試験の結果にのみ意味が限定される。諸々の経験的仮説の検証とは無効証明(反証)の不在を表すだけである。さらに、マハルプは経済学における二つの等しく支持しがたい方法論的立場を放棄した。経済学を一個のアプリオリの真理システムとして考えること(フォン・ミーゼス)およびその反対の、諸事実から推論されない理論命題を承認しない経験主義的立場（ハッチンソン）である。マハルプは、経験上有意味でなければならぬが、経験の諸々のテストを必要としない高いレベルの一般化と、前者の高いレベルの一般化から演繹されても、経験によってテストされねばならない低いレベルの諸仮説との間を区別した。最後に、彼は用いられる「分析装置」のモデルを展開した。その自動機械の投入産出は観察された現象に一致しなければならないが、その装置自体は諸々の索出的目標のために構成された理論的構成概念の一システムである。その装置の基礎部分は、シュッツと同じ仕方でマハルプが扱った経済学の諸理念型であった。シュッツはこの論文に強く印象づけられた。彼はもっと明快になるように細かな改善をいくつか示唆したが、しかし分析装置のモデルは彼には難物であった。彼はその投入産出の機構をもっぱら原因から結果への推論を許すだけの一方向的装置と考えた。経済学者は結果から出発してその原因を探らなければならないことが多い。マハルプは、しかしながら、彼のモデルの基本設計に固執した。彼はそれが「あらゆる目標」、予側、説明、方策のために動くものであることを確信していた。それはバックするギアを必要としなかった。

シュッツとマハルプは互いに接触を維持し抜き刷りを交換し続けたが、それ以上の理論的ないし方法論的討議の進展はなかった。

哲学者の友人

シュッツが親しく仲間づきあいをしたのは何人かの中央ヨーロッパの哲学者と二人のアメリカの哲学者であった。このうちの五人をここで論じてみよう。カウフマン、スピーゲルバーグ、クーン、ケアンズとファーバーである。

フェリクス・カウフマン

合衆国ではフェリクス・カウフマン（Felix Kaufmann 1895-1949）とシュッツは最小限の協力を守る生き方を身に付けようとして、友だち関係を回復することに失敗したのだった。カウフマンはニュースクールの哲学科の指導的メンバーの一人であったが、シュッツにそこの教授職を探すようにその気にさせることはなかった。それでも彼らは、戦後、一緒に働いたし、ヒトラー時代にはヨーロッパに残留しているフッサールの研究者たちの運命の確認や、生き延びて居場所の確認された人びとのためにあらゆる援助を惜しまなかった。二人は抜き刷りの交換をしたこともある。カウフマンの死とともに終わる十年間に、彼らは互いに三十五通もの手紙を書いた。それらの手紙には若干の学問上のやり取りの便りが含まれている。

手紙のやり取りのいくつかはシュッツの出版物に関わるものだ。例えば、シュッツの論文「余所者」を受け取った後、カウフマンは興味深い示唆を思いついた。この研究は土着者のコミュニティのなかの余所者の状況に関する内部と外部の見方の問題にまで拡げることができないか。誤解があるなら、同じく理解も促進し得るのではないか。余所者がその在郷者コミュニティの「客観的」な見方を獲得するチャンスがあるなら、在郷者コミュニティの構成員たちは自分たちを「客観的観点」から、つまり、その余所者の靴を履いてみることを彼から学びうるのではないか、という諸点である（1944.7.27）。二つ目の手紙の交換は、シュッツの論文「現象学における若干の主要概念」に関するものであったが、これは明らかに二人の間の哲学的相異の核心にまで及んだ。カウフマンの最初の論評は広範囲に及ぶものであったようだが、現在は保存されていない。しかし彼の立論の骨子はシュッツの回答から垣間見られる。いくつかの細かな論点を省略すると二つの主要な争点が残る。

カウフマンがそれとなく知らせたのは、「実際の仕事の世界」と「科学の世界」では類似した認識的選択が現実に行われているのに、シュッツはこの両方の世界の間の違いを過大に強調していることであった。これは形式的には正しいといえる。しかしシュッツは、選択された事柄についての意味の解釈が必然的に違うことを強調したのである。両方の領域における同一の選択は不可能である。なぜなら実際の仕事の世界における選択は実用的動機によって導かれ、他方、科学においては、選択は知識の全領域の総体としての科学の状況によって左右され、さらに、科学的手続きの諸規則によって左右されるからである。意味の異なる領域として、二つの領域は、様式あるいは達成・成果において同一の基準では測れない。科学的操作の起源は生活世界のうちにあるために、それらの（形式的）構造はいろいろ類似していることは事実であるけれども（1945.9.17）。

持論を変えないカウフマンの反応を受け取って、シュッツはこれらの相違は、二人が議論のなかで自分たちのそれぞれの哲学的アプローチに折り合いが付けられなかった昔に遡るということに特に言及した。カウフマンによる哲学的省察の諸要件の記述に同意してから、シュッツはこう言葉を続けた。「それを超えて私は問題にしているのです。一体いかなる立場を、実際の仕事の世界の立場からのズレにおいて、そのような哲学的――もしくは……理論的――基礎的立場は意味するのかと。また一体どのようにして後から合理的再構成によって詳細に説明される、これらの前理論領域の意味合いは立ち上がるのか……前理論的領域の記述の助けにより、私はこれらの意味合いの形成物についての明晰さの獲得を目指しているのであり……その後これらの形成物を、理論家が一個の『被説明項』に転換するのである」（1945.9.25）。

この一節はシュッツの基礎的立場とカウフマンのそれとの対比において私の目に留まった最も明白な記述である。それは、シュッツが、最終的には、科学的思考の起源は生活世界の体験、行動、推論のなかにあると現象学的原則を守ったのに、一方のカウフマンは反対の原則を提唱したことを示している。

カウフマンからすれば、生活世界の道理は、科学に源泉しなくとも、科学的な思考の手続きによって支配されるのである。この相違はカウフマンとシュッツの間のやり取りにとって中心となった方法論問題に関係している。

カウフマンのアメリカでの研究は、その努力の大部分が、ウィーンで生活していた頃に元々ドイツ語で発表した方法論のさらなる展開のためのものであった。彼はいまや当の主題に関係するかなりの論文を執筆し、彼のオーストリア版を書き直して、一九四四年にはその英語版が『社会科学の方法論』の題目で刊行された

カウフマンを一流の方法論者として確立した推論の方向は、これらの刊行物からはっきり明らかになる。カウフマンは現実の諸科学を方法の規則や所与の知識組織の点から諸構造に区分けした。原則上、あらゆる科学の方法論的諸構造は、任意の具体的な科学に対して論理的に先行して存在し、またあらゆる科学の具体的内容から独立して存在する、一般的な方法論の組織の変種ないしは適用に他ならないということである。方法論は、そのとき、数学や論理学と同じ仕方において任意の具体的科学に先立ち、またこれらの科学に課せられる、普遍妥当の形式的規則の一領域となった。このことの意味であるが、もちろんこうした方法論は主題の諸々の要件や諸々の負担に由来する経験研究の特殊領域でなされる方法論上の諸経験によって明らかにすることができない、もしくは明らかにされるはずがないということではなかった。科学者の直接の実用的仕事に立ち戻るこの点検作業を通してのみ、方法論的諸手続きの諸規則が科学的実践に当てはまることを誰もが確かめることができる。この理由により、伝統的な精神科学による社会科学の自然科学からの分離は究極の方法論レベルで正当化されるということをカウフマンは認めなかった。理解の方法と因果的説明の方法との対立は、経験科学の両分野によって等しく尊重されるべき手続きの一般規則にとって二次的派生的であった。かくして、一九四〇年に、彼は現象学

「学説」と論理実証主義「学説」の間の「よりよい理解」を示唆し得たのである。両分野はその方法の違いを解決できるし、いわば、同じ方法論の屋根の下で平和に生活できると。

カウフマンの思想的関心について間違った印象を作り出さないように言っておかなければならないことがある。彼の方法論的立場の高尚な形式主義は、他方で、彼の現象学への衰えることのない哲学的関心の継続を可能にしたのだということである。例えば、一九四一年に、「経験の二つの層」という論文を書いた。一つは科学的操作の方法論的意味の確立に通じる層であり、もう一つは意味の構築というフッサールの現象学的領域を表す層である。一九四四年に書かれたシュッツ宛の手紙で、カウフマンは「前述定的な思考についてささやいているフッサールの後期の諸著作の深みからの声」（1944.10.29）によって自分が再三再四魅了されていると述べた。

シュッツは、これまでカウフマンの方法論的推論に常に印象づけられてきたし、その著書がオーストリア版を凌ぐ進歩であると喜び、これを歓迎した。彼はこの進歩が主要にはデューイの『論理学——探究の理論』をめぐるカウフマンの考察によるとみなし、一般的に、純粋に形式的で普遍的な「一般的方法論」という理念を承認した。だが彼は、すでにウィーンでカウフマンの「命令文」——一人の者によって与えられる諸々の命令を他の者に伝達する文——について、さらに価値もしくは規範の扱い方について自分が述べた諸々の留保条件を守った。しかしシュッツは自分の昔の議論を再び述べなかった。カウフマンは周知の議論であったからである。ところで一社会学者として、彼は（命令を与える）社会的支配の諸問題が論理的諸関係に縮減され得るとか、あるいは価値判断についての一つの方法論的取り扱い方が、「価値」から分離され得ない、その社会的・個人的「関連性」の問題を始末するものだとか、このどちらの意見にも賛成できなかったことは理解するに難くない。仮に彼が一般的方法論を受け入れたとしても、それはある最も一般的レベルにとどまり、実質的諸科学の固有な関心である諸領域を侵害しないということを、彼は確かめたかったのである。

この精神において、シュッツは社会諸科学の方法論の諸問題を扱ったカウフマンの著書の第二部について別の批評を発表した。カウフマンのこの領域における基本的諸命題に異議を唱えるのではなく、むしろ異なる基本的諸命題の立場から議論した。彼は社会科学にとって重要であるのに、カウフマンによって論じられていない問題を念頭に置いた。例えばシュッツは、誰もが行為、コミュニケーション、間主観性、主観的意味と客観的意味、社会科学的諸類型の構成の特殊な構造、とりわけそのなかで生活し行為する人びとによる社会的世界の解釈と社会科学者による同じ世界の解釈との間の関係についての包括的議論に立ち入ることなしに、どのようにして社会科学の特殊的方法論とその主題を展開できるものか、これは理解できないと述べた（1942.10.21）。社会科学の方法論にとって不可欠であるこの話題のカタログは、帰するところ自然科学と社会科学との基本的相異という精神科学的原則の再度の主張となり、また、科学的思考のあらゆる形式のルーツは究極的に生活世界のなかに根ざすのであり、それゆえこの結びつきは切断されるべきではないという揺るぎのない原則を黙って再び承認することを含意している。

言わば、シュッツは自らの意見を、カウフマンがその高いレベルの方法論の扱いについていろいろな説明によって答えている、その説明にぜひ必要なものとして提供したのである。諸科学の特殊的諸類型の諸領域という「環境問題」は、探究の論理的構造の下位に位置づけられ、したがって彼（カウフマン）の主題ではないとシュッツは言う。

カウフマンは一九四九年に突然亡くなった。シュッツは彼のために追悼の辞（1950b）をニュースクールで述べた。シュッツはカウフマンの著書を自分のいくつかの科目の必須のテキストとし、また社会学専攻と哲学専攻の共通科目としてのカウフマンの方法論の科目を引き継ぐことを承諾した。シュッツの出版物においてカウフマンの著書への参照は稀であったし、概して、より広い理論的考察にというよりも、むしろ特殊な論点に絞られていた。

ハーバート・スピーゲルバーグ

スピーゲルバーグ（Herbert Spiegelberg 1904-1990）は一学期をフライブルグでフッサールに就いて学び、ミュンヘンのアレクサンダー・プフェンダーの下でPh.D.の学位を授与された。プフェンダーはフッサールの形相現象学を受け入れたが、彼の超越論的還元の方法は受け入れなかった。スピーゲルバーグの博士論文「理念の本質について」は一九三〇年にフッサールの『哲学と現象学的研究のための年報』に発表された。彼はヒトラーの乗っ取り以後ドイツを離れ、一年をイギリスで過ごし、そして一九三八年に合衆国へ渡った。一年間スウォスモアで教え、アップルトンのローレンス単科大学で二十二年を過ごし、一九六三年セント・ルイスのワシントン大学教授の地位を引き受けた。

合衆国では彼は『現象学運動』（1960）とその姉妹篇『心理学と精神分析における現象学』（1972）という二巻本の研究で最もよく知られている。しかしながら、彼は単なる一人の現象学史家であるだけではない。彼は現象学的著述の感銘深い書誌目録を積み重ねてきている、一人の独自の哲学者なのである。

スピーゲルバーグはシュッツの存在をヨーロッパで知ったが、彼に個人的に面会したのはつい一九三九年の国際現象学会設立の折のことであった。その時以来ずっと彼は、ニューヨークにやって来るたびにシュッツを訪問し、ペンシルヴァニア在住の折にはいっそう頻繁に、また中西部にいたときは五回程度シュッツを訪問した。シュッツに会った最後は彼が亡くなる三週間前、一九五九年の復活祭の休暇期間中であった。それは「ある感動的な体験」であった。「彼が助かる見込みのないことを私たち二人とも承知していたから」である。彼はこの悲劇的な出会いに魅せられて、「シュッツを偲んで」『現象学運動』を献呈した（筆者への手紙、1977.11.6）。

シュッツとスピーゲルバーグの間の往復書簡は広範すぎるほどではなかった。いくつかの書簡には哲学的議論の寸評や示唆が含まれているが、残念なことに、これらはそれほどには著作には結実しなかった。しかしスピーゲルバーグ教授が私に知らせてくれたように、彼のシュッツとの個人的なやり取りは手紙の交換よりも「それ以上のものであった」。一九四三年に、前にも述べたように、スピーゲルバーグとシュッツは一冊の「フッサール読本」の出版を企画し、いかなる方針に基づいて読本用の選択抜粋がなされるべきかについて議論した。だがこの企画は沙汰やみとなった。そのとき相談を持ちかけられた二人のアメリカ人哲学者は、その全体のアイデアに冷淡だった。マーヴィン・ファーバーはその必要を認めなかった。なぜなら彼はペンディングになっている『現象学の基礎』の出版が読本の出版を不必要とするだろうと確信していたからである。また、ドリオン・ケアンズはフッサールの主要著作のいかなる部分も含まれてならないと主張した。その理由は彼自身がこれらのすべての翻訳を計画していたからであった。

抜き刷りの交換に引き続いて、スピーゲルバーグはシュッツの四篇の論文にコメントを加えた。シュッツの返答が利用できるのはそのうちの二つだけである。三つのやり取りがここで考察される。最後のものは術語の問題に関係している。

スピーゲルバーグはシュッツの論文「多元的現実について」に六つの批判的コメントを述べた。(1)体験中の過程（ノエシス）についてのシュッツの叙述は優れているが、彼はこれらの体験の諸対象（ノエマータ）についてもいっそうの考察を試みて然るべきである。(2)現実の異なる諸領域を「意識の緊張」の異なる程度によって判別するというシュッツの考えはあまりに隠喩的すぎる。また、これらの緊張は注意や予期とは異なることを明確にすべきである。(3)シュッツの生活世界の「エポケー」という特殊概念は、懐疑を括弧に括ることであるが、これは現象学的還元の行使から生活世界へ立ち戻る一哲学者によってのみ論証されうるものである。(4)シュッツによるハイデガーの根本的不安概念の日常生活における意識への適用は、たしかに妥当であるとしても、根本的信頼という対概念によって補完されるべきである。(5)幻想の領域内部における異なる認識様式の可能性の問題が指摘されねばならない。『不思議の国のアリス』のなかで受け入れられる矛盾は現実主義的ドラマでは受け入れがたい。(6)「多元的現実について」のタイトルは「現実の諸類型」と置き換えたほうがよいだろう（1946.1.15)。これらの論点のうちの四つは、シュッツの異なる意味領域のための異なる認識様式によるという考えに関係している。それらはシュッツの研究が探究的性格のものであることをはっきり示している。もちろん、彼が限定的意味領域のうちの小部分を取り上げたにすぎないこと、また、これらのそれぞれが、同様に、下位類型の構築を許すものであることを承知していた。

「根本的不安」に関する彼の所見で、スピーゲルバーグは現象学的性格というよりも、実存主義的性格のものである諸考察に触れている。スピーゲルバーグにとって、その関連問題は、不安が唯一の実存の根本的性格——こうした用語の導入が許されるとすれば——であるかどうかであった。不安は、ある個人の生涯計画およびそのプラン（必然的に不完全で、流動的な、終焉不能の）実現の進行中の試みの形成の背後にある推進動機の複合体における究極の推進力として生じる。不安だけがスピーゲルバーグの根本的信頼によって相殺される（キルケゴールの弁証法の意味における）実存的根本性格であるのか、あるいは同様に別のものもあるのだろうか。

シュッツはこれらの問題を追究しなかったし、私はこれを行った他の誰も知らない。しかしスピーゲルバーグは真面目な研究を要する重大な実存論的問題を示したように思う。

スピーゲルバーグによって提起された最後の論点は、「多元的現実」としてシュッツによって記述された問題複合の名づけに関連するものであった。ここでの問題点は明らかに見方の問題であった。シュッツは「多元的宇宙」というジェームズの観念の存在論的意味合いを、そのすべてが体験中のその個人にとっては疑いの余地なく現実である多元的領域の意味合いにその問題を縮減することによって取り除いた。彼は主観的諸体験の異なる「様式」の最も適切な名称としてこの「多元的現実」のラベルを選んだ。スピーゲルバーグは、それとは違って、彼が「現実の諸類型」について語る必要を示唆した時には、分析する哲学者のことを意味したのである。一方で、彼は「現実は一つであり分割不能である」という存在論的論議に戻った。しかし彼はこれを下位分割する用意があった。他方において、彼は観察者の外部からの見方を採用した。理論活動において、観察者は一般化された類型諸概念を取り出し、またこれらの類型概念をそれらの実質である個別的にユニークな諸経験からのみならず、それらの主観的諸基盤からも完全に抽象する。

スピーゲルバーグの諸論文に関するシュッツのコメントのうち、あるコメントは一番に触れるに値する。それは「フッサールの現象学とパースの現象学」を論じたものである。この論文が一九七七年に書かれたとき、スピーゲルバーグは「ただの偶然の歴史的な作品」（筆者への手紙、1977.11.6）と呼んだ。しかし、この論文はシュッツの特別の関心を引いた。アメリカのプラグマティストたちとの折り合いをつける彼の初期の試み以来、シュッツはパースの思想を自分のものにしようと思っていたが、なかなかうまくいかなかった。スピーゲルバーグは、そのとき、彼にアメリカのプラグマティストのうち最も難解な人物へ近づくコースを提供したのである。

スピーゲルバーグとシュッツの間の初期の長い議論は一九四三年に行われた。議論は、手紙で行われ、スピーゲルバーグの論文「人間平等の擁護」――一九四四年に出版された――の草稿に関するものであった。その論文は、関係する哲学者パースの「平等」の術語をめぐる理論上およびイデオロギー上の混乱に秩序を与え、そして平等の主要次元を明らかにしようとする真摯な努力であった。スピーゲルバーグの目的は、平等の理念の原義を回復し、その基礎を見出すことであった。この術語が有する多くの異なる側面についての議論で明らかになったことは、何であれ、平等を現実的に語ることこそ、天賦の才を異にし、しかも実に多様な社会的状況のなかで生まれる人間たちの間では有意義であるということであった。誕生によって獲得される種々の属性は、この意味では種々の修正を必要とする。それらは「不当差別」になる。こうした概念の吟味を越えて、スピーゲルバーグは一方では彼の意味での平等の実現に関する種々の現実的考察を提出し、他方では、問題の倫理的諸原則をどのようにすれば究極的に正当化しうるのかについて探求をあえて行った。

シュッツはこの論文を丁寧に読み、その考えが明晰であることを褒め、論文の現実的提言に賛意を表した。しかし彼はこの論文を一篇の哲学の作品とは考えなかった。彼はこの論文の隠れた形而上学的立場と考えられるものを拒絶したが、主要な批評は方法論的社会学的なものであった。シュッツの信念は、その他のいずれの社会問題とも同じように、平等は現実の社会生活レベルで論じられねばならないこと、そして二つの異なる視座、すなわち不平等関係にある当事者たちの視座と公平な観察者の視座という面から論じられねばならないことであった。その返事のなかでスピーゲルバーグが強調したことは、今日の状況——あらゆるヒューマニズムと西洋文明の原則の実践に対するヒトラーの全面的蛮行——は、文明のそもそもの基礎に関する問題に確固とした解答の準備を必要とするのだということであった。たとえ純粋に哲学的解答が手に入らなくても、自らの「哲学以外の責任」観により「現在の焦眉の危機」に向かって「最良の可能な解答」を手に入れようとしたのである（1943.9.6）。一九三五年のウィーン講義でのフッサールのように、スピーゲルバーグは国家社会主義のイデオロギーと実践上のニヒリズムに対抗して——自分なりのやり方とその限られた範囲のなかで——意見を述べなければならないという道徳的責務を感じたのである。その次の手紙でシュッツはスピーゲルバーグに、自分は彼の試みが「非正当である」とか「哲学者に値しない」という意味合いで言ったのではないと確かに言った。自分が述べようと思ったことはその問題が哲学的方法では解決されえない質のものだということにすぎない。遂行されるべき事柄を、私たちは「私人」として遂行するのである。ところで、私たちが「私たちの全人間性を発揮する」のはまさにこの意味においてである。（1943.10.1）。私たちは自分たちの実例によって説得し印象を与えることはできる。しかし私たちは論理や科学によって自分たちの結論が間違いなく正しいと確信したり論証したりすることはできない。

ずっと後になって、スピーゲルバーグは私宛の手紙のなかでこのやり取りについて意見を述べた。平等に関する彼の論文は「形而上学の意味ではなく、大部分が論争点を分けることとの意味であった」というのが彼の説明だった。シュッツはこれを理解しなかった。これらの論争点に関心を向けず、基本的に視座の問題に関わったからである。

スピーゲルバーグとシュッツとの間の第二のやり取りが起きたのは一九五七年、ロワヤモンのフッサール・コロキアムの時であった。シュッツはフッサールの超越論的間主観性の理論に関する彼の論文のコピーをスピーゲルバーグに郵送し、とりわけ彼の「第五デカルト省察」の批判に関して、彼の論評を乞うた（1957.5.10）。スピーゲルバーグは応えた。「『第二の還元』およびフッサールの意味での間主観性の構築に関する諸難点を、貴兄は詳細に明らかにしたが、これは実によく私の納得するところだ……」（1957.6.21）と。にもかかわらず、彼は人間の身体の類比による他我の認識というフッサールの議論を追求しようとした。例えば、私の手と私の隣人の手は、並べてみれば、同じ形で私に与えられる。このような移行現象によって、彼は「フッサールの感情移入は、他者の心的生活の構築に向かうこの小さな橋を避けて通ること」が可能ではあるまいかと聞いた。これが幻想のなかの自分自身の「私」の可変性と結合されうるなら、誰もが「一定種類の他者理解」への通路を手に入れることができるのではないか。

スピーゲルバーグは次いで身体類比の論議を限界まで実行してみることに賛成の議論をした。もっとも彼はこのフッサール「擁護の試み」がフッサールの超越論的間主観性の理論を救出できることには疑念をもっていた。このようにして彼はシュッツの主張「間主観性は先行与件の生活世界のなかに与えられている」に賛成したのである。彼は「間主観性」の表現ですら自分は満足しない。なぜならこの表現は「他我（他の主観性）問題」と仲間（共同主観性）――他者たちでないとしても――の問題との違いを隠蔽しているからであるという感想で締めくくった。

その回答のなかでシュッツは、彼のフッサール批判をスピーゲルバーグが支持していることに感謝の意を表した。その人自身の身体と他の人の身体の統覚の移行現象に関してシュッツが強調したことは、もしもその人の身体がある視覚的ならびに触覚的対象として理解されずに、現象的にある本源的な範囲内で有形の対象の審美的構造として与えられたとすれば、このような現象は起こらないだろうということだった。これが事実であるのはフッサールの還元後であろう。しかし、生活世界の諸領域では、いかなる移行現象も起こらない。諸現象は「ただ与えられる」。目に見え手に触れる具体的領域では、感情移入論はさまざまな困難に陥る。男性は女性に、健康な人は病気の人に、青年は老人に感情移入できるだろうか。生活世界の内部では、私自身を基礎として他者の身体の構成について語ることはできないようにみえる（1957.6.26）。

スピーゲルバーグのもう一篇の論文がシュッツの注意を引いた。この論文は、「現実現象」を論じたもので、一九四〇年に出版され、何度か二人の間の個人的討議の主題となったようである。その討議自体は彼らの往復書簡に反映されなかったが、シュッツは彼の論文の一つのなかでこれらの討議に触れた。スピーゲルバーグは後にこの論文が彼のその後のどの論文よりもシュッツの強い関心を引いたということを強調した（筆者への手紙、1977.11.6）。

この論文でスピーゲルバーグは、諸現象のなか、あるいは背後にある現実があること、しかし「重要な諸理由」が目の前の現象とリアルだと知覚される現象、つまり「現象学的実在主義」としての現象との間に厳密な一致がみられるという主張を不可能にすると結論づけた。疑いもなく、現象学的直観の普遍的に先験主義的な明証性というフッサールの定立に関するこの挑戦は、シュッツの最も細密な注意を引いた。彼の論文『多元的現実について』のなかで、彼はスピーゲルバーグの「リアリティに関する懐疑しうることと疑わしいことの分析」を歓迎した。彼自身の論文の脈絡で彼はそれを自然的態度における人間の「素朴なリアリズム」に適用されるような「哲学的懐疑のデカルト的方法」の一表現として受け取ったのである。彼はスピーゲルバーグの「現象学的還元」の論駁に関しては詳述しなかった。おそらく彼は超越論的現象学の諸問題に関する判断をなおも保留していたからであろう。その代わり、彼はスピーゲルバーグの現実性の諸規準、「準備、存続、知覚の周辺、具体的対象の諸限界、抵抗、そして一致という諸現象」がとりわけ注目に値すると思った（1945c: 550-51, 551, n.16a）。

スピーゲルバーグとシュッツは自分たちのそれぞれの方針のなかに、積極的にも消極的にも、刺激する多くの事柄を見出した。一九七七年に、スピーゲルバーグは、この両面的関係について次のような啓発的な説明を持ち出した。「……私たちの出会いの意味の一つは、哲学的背景がフッサールの後期フライブルグの現象学とその超越論的理念主義にあったシュッツと、主にミュンヘンでゲッチンゲン時代のフッサールの（一見中立的ないし現実主義的）現象学の反理念主義的解釈のなかで訓練を積んだ私とが、とりわけシュッツの〈危機〉以後、すなわち、彼が超越論的現象学を遂行し得ない自分自身に気づいた時以後、実に多くの共通基盤を見出したことであった」（筆者への手紙、1977.11.6）。

スピーゲルバーグがフッサールの哲学活動のごく初期の局面をよりどころとし、シュッツがその晩期の局面をよりどころとしていること、これが両者の間の現象学的理解の決定的な限界を示している。スピーゲルバーグの現象学の概念は非主観的概念あるいは、むしろ非自我論理的概念であった。シュッツのそれは主観、自我に根ざしていた。両者はそれぞれの基本的立場において決して譲らなかったが、彼らはその哲学的関心のその他の多くの領域では一致した。このような率直さは哲学者たちの間では珍しいかもしれない。しかしシュッツの関係したところでは珍しくはなかった。これは私たちのもっと後のシュッツとグルヴィッチの関係の分析において示されるであろう、そこでは現象学的自我論理と意識の非自我論理的概念との明白かつ切れ目のない対立がその他の幅広い問題における遠くまで及ぶ一致を妨げなかったし、また対立と同意の交錯のなかに存在した哲学的交友関係を制限しなかった。

ヘルムート・クーン

ヘルムート・クーン（Helmut Kuhn 1899-1991）は、シレジアで生まれ育った。第一次世界大戦中にドイツで軍役に服した後、哲学と言語学をブレスラウ、インスブルグとベルリンで学んだ。新カント派の影響からディルタイに、そして結局はフッサールの哲学に移った。彼の独自な関心は美学や芸術哲学のほうへ発展した。一九三三年、彼はヒトラーのドイツ政権下、ある宗教的抵抗グループに加わった。その二年後、オランダ人伝道者によって秘密国家警察に告発されたが、どうにかこれを逃がれた。彼は新しい住まいを合衆国に確保し、チャペル・ヒルにあるノース・カロライナ大学の教職を得た。他の亡命学者たちとは異なり、彼はノース・カロライナ大学でもデューク大学でもすぐに学問的生活に没頭した。自分のドイツの文化遺産を維持しながら、二つの大学の学問的風土について的確な理解を育み、『美学史』を一人のアメリカ人教授、キャサリン・エベレット・ギルバートと共同で書き、一九三九年に出版した。彼の中央ヨーロッパの亡命者たちとの交際はパウル・ティリヒ、レオ・ストラウス、エリク・フェーゲリン、マーヴィン・ファーバー、それにPPRを取り巻くサークルを含んでいた。一九四九年、彼はドイツへ戻り、まずエルランゲン大学で教え、その後ミュンヘンで教えた。彼のアメリカでの出版物は美学関係の著述から倫理哲学や現象学的考察に達していた。彼は現象学を基本的には方法として理解した。しかしながら、フッサールの超越論的理念主義の方向でなく宗教の方向でこの解釈を超える方へ向かった。

シュッツは四〇年代の初め頃にクーンと知り合い、文通を開始した。その最初の手紙は一九四二年春の日付がついている。それはクーンがシュッツをニューヨークに訪問した後に書かれた。クーンは、その翌年の間に、シュッツがニュースクールで教え始めたことを知った時、彼の返事は「あなたが現役の教師でないとはこれまで思ってもみませんでした」であった（1943.5.4）。

三度だけクーンとシュッツとの個人的な会合が記録に残っている。その後の手紙から分かるように、その会合は哲学談義で満ちあふれていた。残念ながら、手に入る往復書簡のファイルは不完全であり、二人のやり取りは完全には確定されてない。手に入る証拠は相手の論文に対する各々の反応を示している。私は最初にクーンの著作に対するシュッツの反応を論評し、次にシュッツの著作に対するクーンの反応を論評することにしよう。

シュッツの注意を引いたクーンの最初の論文は、フッサールの地平概念についての解説（1940）であった。シュッツは、一九五三年に発表した「人間の行為についての常識的説明と科学的説明」の論文においてクーンに言及した。一九四二年の夏に、クーンは論文「倫理学における事実と価値」をシュッツに送った。シュッツの広範な論評の原稿は見出されていないが、それに対するクーンの応答からすると、シュッツは、行為者とその行為者の行動を解釈する公平な観察者との関係を区別しないでいることに反対したことが推測される。クーンが価値について語ったところで、シュッツは「だれの価値か」という問いを提起した。クーンはその問題の重要性を論議せずに、「いかにしてこの区別が、最終的分析において」、すなわち、体験と世界の全体についての瞑想において「なくなるかを論証すること」に熱中していたのであると主張した。この（形而上学的？　筆者）レベルでは「正しい」態度と「真の」認識とは一致するという。そんなことはあり得ないとシュッツが明言したであろうことは間違いない。彼はスピーゲルバークのある論文の類似した立場に応えてそう言明したのである。

それでも同じ年に、クーンは『自由の忘却と記憶』の著書を出版した。自分は国家社会主義の虚無主義的精神に対してこの攻撃を書いたが、もっぱら「ヨーロッパ人のためにヨーロッパの再征服に参加」（1942.11.22）しなければならなかったからだとその理由をシュッツに説明した。シュッツは――ある入手できない手紙のなかで――この書物を論評した。クーンの反応はシュッツの論評に対する彼の熱意を表している。シュッツは、その他いくつかの点にわたり批判的論評を行ったが、これらをクーンの目標にとって重要ではないと思った。しかるに、クーンはこの論評を期待される個人的な出会いの期間中の「逍遥学派のような扱い」とすることを提案するほどに重要と考えた。

一九四五年に、シュッツはクーンのエルンスト・カッシーラー著『人間』の書評を見つけた。『人間』は、ほっそりした本だが、この著者の労作『象徴形式の哲学』を、ある意味では凌ぐものであった。シュッツはその本についてのクーンの議論が見事であり、カッシーラーが新カント派の先生たちの基本線を越えて提出した有益な方法についての説明は実に注目に値することを知った（グルヴィッチ、1945.9.19）。

一九四四年と一九四五年に、クーンはシュッツの四篇の論文の抜き刷りを受け取った。最初の論文は「余所者」論であった。シュッツの「認識論的状況」の説明は素晴らしいと思ったが、余所者の懐疑的忠誠心との関係は「改宗者の強烈な忠誠心」との関係によって補完されることをクーンは指摘した（1944.3.8）――シュッツにとってはなじみ深い研究を押し広げるのに適切なこの指摘は、いわば局所的な話題へのちょっとした手出しであった。クーンは同じく「帰郷者」論文も気に入って、「亡命」や「帰還」という用語に出合うと自分は何時もうっとりとなってしまうという感想を述べた（1945.6.5）。

シュッツの「多元的現実」論も同じようにクーンの賛成を得た。この論文の他の読み手とは違って、彼は「自然的態度のエポケー」というシュッツの概念語が適切な言い回しであると思ったのである。しかし彼は「根本的不安」の仮説――不可欠の人間的動機づけとしてその人自身の避けられない死を恐怖するという仮説――をシュッツが承認していることにはやや不満であった。この仮説では一つの消極的体験が「基本的体験」へと昇格されていると彼は指摘した。これに対する反対意見を挙げ得るとすれば、「この〈根本的不安〉はある根本的な超生物学的傾向の結果としてもっぱら理解可能となる」（1945.9.15）ということであろう。第二の手紙でクーンは、自分の立場をもっと詳しく説明した。自分はシュッツが「根本的不安」と呼んだ現象に異議を唱えたのではない。関わり合っている「諸事実」が「形而上学的に押し黙ったまま」なので、解釈に付されねばならないということを自分は述べたのだ。と。消極的に不安から始めるとある袋小路に入ってしまう。「根本的不安を、言ってみれば、根本的希望に関係づけることによって解釈し、存在の喪失を存在の所有に関係づけることによって解釈するほうがいっそう合理的ではないだろうか」（1945.11.22）。

さらに、クーンの提案は、シュッツの「根本的不安」とその対立語である「根本的希望」の用語を対にすることであった。この提案は「根本的不安」と「根本的信頼」を一対にするスピーゲルバーグの提案と類似している。後者は、二七三頁に記したように、シュッツによる同一論文の議論の中にみられる。しかしながら、クーンは指摘した二分法の二つの用語のバランスに賛成する議論をしたのではなくむしろそれの「積極的」に対極させることのほうに優位性を帰した。彼のキリスト教徒らしい信念の深い所からそうしたのである。したがって彼はシュッツの実存論的基礎もスピーゲルバーグの存在論的基礎も破棄したのである。代わりに、彼は基本的に神学的形而上学に訴えた。この神学的形而上学がクーンに世俗的人間の有限性を——恩寵の作用により、超越者に永遠の世界に加わるチャンスを与える——超越神の無限性の視座のうちに置くことを可能にした。

クーンは合衆国を一九四九年に去り、亡命と帰還のサイクルを全うした。この引っ越しがシュッツとの関わりの終わりとなった。彼は英語の本を二年後にイギリスの出版社から刊行した。『無との邂逅』という題名であった。囚われない議論でも論争的な議論でもなく、その本は実存主義、特に、第二次世界大戦後アメリカの知識人の間で流行った形式の——すなわち、サルトルの諸著作から、わけても、哲学的真摯さが欠落していると思われる著作から出発している実存主義の責任を問うものであった。

さらに、クーンはフッサールの現象学について詳述した。明らかになったのは彼がある形而上学的立場から論じたことであり、この立場を彼は素朴な実存主義に対して上位関係に置いたばかりでなく、彼がこれまで受け入れてきた現象学の諸側面に対してもそうしたのである。シュッツがこの本を実際に見たかどうかは不明である。

最後のヨーロッパ訪問の間、一九五八年の夏に、シュッツはミュンヘンにクーンを訪問したが、クーンは夏季休暇中で町から離れていたために二人は会えなかった。シュッツは、クーンと合衆国で一緒に過ごした友情を間違いなく忘れていなかった。

ドリオン・ケアンズ

二人のアメリカ人哲学者、ケアンズとファーバーはシュッツと関係が深かった。二人ともフッサールについて研究し、ハーバードでPh. D.を得た。哲学的には、シュッツはファーバーよりケアンズのほうに近かったが、親しくしていたのはファーバーのほうだった。

ドリオン・ケアンズ（Dorion Cairns 1901-1972）は親しくフッサールと二年間研究をともにして、彼の哲学を徹底的に学び知った。彼自身の著作と授業はフッサールの現象学のあらゆる本質的側面についての体系的解説と批評に捧げられた。シュッツのように、彼は超越論的間主観性の理論についての根本的な批判者となった。彼は『デカルト的省察』と『形式論理学と超越論的論理学』を翻訳し、またボイス・ギブソンの頼りにならない翻訳と取り換えるために『イデーン』の第一巻を再翻訳した。ケアンズはしかしこの再翻訳をなし遂げる前に亡くなった。『イデーン』は、彼の学生、フレッド・ケルステンによって完成され出版された。

シュッツがケアンズと出会ったのは三〇年代の中頃、フライブルグで、幾度かフッサールを訪問した折であった。一九三七年、シュッツが最初に合衆国を訪問した時に、二人はその交友関係を新たにした。シュッツが永住権を得てニューヨークで暮らし始めたとき、二人は文通を始めた。文通は、しかしながら、一九四二年に中断した。ケアンズは空軍に入隊し、情報局の将校ならびにドイツ人戦争捕虜調査官としてヨーロッパに配属されたからである。戦後、ケアンズは帰国し、結核を患ったが、次第に健康は回復した。しばらく彼はイリノイのロックフェラー単科大学で教師の仕事を再開した。しかし彼は終身在職権が得られなかったので、ニューヨークへ移った。その後しばらく彼は無職だった。シュッツは最終的に彼がニュースクール大学院の教員に任命されるように取り計らった。一九五四～一九六〇年彼は客員教授であった。次いで彼は正教授職が与えられ、一九六九年、引退の年まで勤め上げた。この間、彼は現象学を生粋に哲学的関心事とするニュースクールにおけるたった一人の哲学者であった。

シュッツとケアンズとの初期アメリカ往復書簡はいつもシュッツの論文と関係があった。シェーラーの間主観性に関する彼の著述もその一つであった。シュッツ自身は、ケアンズが書いたシュッツについての長文の批評を、シュッツ自らの論文と併せて出版してはどうかという提案を添えて、ファーバーに送った。ファーバーは、そうするよりも通常の論文の形式でケアンズが自分の考えを述べることを提案した。しかしケアンズはこれを行わなかった。ケアンズのもとの批評は確かめようがないが、その批評の一般的趣意はシュッツがケアンズに書いた手紙のなかに含まれている一文からそれとなく連想できる。「フッサールの立場からすれば、ほとんど確実に、あなたの批評は正当化されます。しかしたとえフッサール理論の柱のいくつかを犠牲に供されねばならないとしても、私は自分の原則的な見方に固執せざるをえません」(1942.3.5)。

ケアンズがイリノイで生活している限りは、二人はなんの交際もなかった。しかしニューヨークで二人はいくつかの大学や学術に関わる問題について共同して働いた。互いに電話をかけあった。個人的に会うことはめったになかった、また手紙はほとんど書かれなかった。ケアンズがニュースクールの学部構成員の一人となった後でさえ、二人の間には集中して哲学上の意見を交換することはなにもなかった。彼らは異なる領域で仕事をした。どちらも相手の実際の仕事の領域を十分に承知するための時間がなかった。レスター・エンブリーが私に話してくれたように、ケアンズはシュッツの最後の病気の際に彼を訪問した。彼は「シュッツが自分たちはもう再びお互いに会うことはないだろうねと言った、あの時の彼の最後の面会の心に沁みる話を語った」(1974.10.24) のである。

マーヴィン・ファーバー

シュッツは国際現象学学会の設立とＰＰＲ誌の発刊という両方の事業に関してマーヴィン・ファーバー (Marvin Faber 1901-80) の親しい協力者となった。こうした共通体験が二人にとって永続する友情を形づくった。この友情が編集方針に関わる意見の違いに由来する噴出した諸々の重圧をはね退けたのであり、またこの友情こそが哲学的方針の違いに直面しても弱まることはなかった。後者が議論になるのはまれであった。彼らのやり取りは合衆国内外の現象学者たちのために学術上の活動拠点を創出し維持するという共通の努力によるものであった。

ファーバーの双肩にＰＰＲ誌の継続の全責任がかかった。彼は合衆国では、純粋の現象学雑誌としての質を維持するのに十分な寄稿作品も、必要なだけの購読者もどちらも見出せないことをこの上なくよく知っていた。初めに述べた指針に合わせて、この雑誌を非現象学の寄稿者たちに開放しつづけた。この方針は、現象学者のサークルが準備できるよりも多くの購読者を得るという利点があり、また他方現象学の寄稿論文をその他の哲学的傾向や学問諸領域と関係づけることにもなる。そうなれば現象学はその孤立状態から脱却できるし、アメリカ哲学の主流のなかへ流れ込むこともできるだろう。

この目標は多くの亡命現象学者たち、あるいは少数の彼らの仲間であるアメリカ人思想家にすら十分に理解されなかった。シュッツは、実業という彼の職業柄から実務的に必要な事柄に対する鋭い眼識力があって、ファーバーにとって特別に大切な共同者であった。原則的に、彼はアメリカの現象学をセクトのような孤立状態に留めおくことになる障壁の打破という目的を共有した。ファーバーの編集計画がＰＰＲを取り巻く最初のサークルのうちの何人ものメンバーから批判を引き起こしたとき、この問題が編集方針の一つとなったのである。現象学的でない論考やファーバーとフェリクス・カウフマンによる論文に対してさえ、これらを冊子に含めることに反対する少数の現象学者たちの憤慨した抗議の声――その声は大抵ひそひそとであった――が発せられることがよくあったが、シュッツはそのたびにこれを鎮めた。できる限り、シュッツは一仲介者として活動し、いつも物事をまるく治めることに成功した。シュッツ自身はファーバーの書いたものに決して賛同しなかったが、彼はファーバーを批判する人たちに、マーヴィンは一編集者であると同様、当然彼自身も等しく本雑誌のページを利用して然るべき一思想家でもあると忠告した。仮に彼の書いたものが不服なら、自分たちの考えを異なる意見の論考のなかで示せるではないかと。

第二次世界大戦後、もう一つの方針問題が生じた。雑誌ではなく現象学運動そのものに関係する問題であった。戦後、アメリカの現象学者たちの側でヨーロッパの破局を生き延びた現象学者たちとの接触を再び確立しようとかなりの努力が払われた。しかし結局アメリカ人側はヨーロッパ大陸の運動を再活性化することに主要な役割を演じなかった。ルーヴァンのフッサール文庫は、フッサールの全文献遺産を受けとり、ベルギーのドイツ占領の期間中これを守り通し、これが恒久のヨーロッパセンターとなった。ヘルマン・ヴァン・ブレダの指揮下、この文庫はフッサールの膨大な文献遺産を少しずつ出版する準備を始めただけでなく、オランダの出版社ナイホーフと提携してこの桁外れな仕事に相応しい出版センターを創出した。生き残ったフッサール研究者たちはこの文庫で新しい研究のチャンスを見出し、徐々にヒトラー十二年間の孤立状態を乗り越えていった。五〇年代中頃までには、甦った現象学運動はヨーロッパにおいて一連の国際的現象学者会議を組織するほどに強まった。ファーバーを中心としたアメリカ側はファン・ブレダと協同することに何の困難も見出さなかった。ヴァン・ブレダはこの間のPPRの外国顧問編集委員の一員であったが、ちょうど同じようにファーバーがヴァン・ブレダによって発案された『フェノメノロジカ』シリーズの編集委員の一員となった。シュッツ自身はこれらの国際的な努力のなかで相互の不安を和らげ誤解を吹き飛ばすことにかなり如才のない才能を発揮した。

ファーバーとシュッツの間の学術上の協力は大部分が間接的であり、他の人びととの著作物の編集上の決定に関係していた。しかし彼らのいずれもが相手の寄稿論文には多大な関心を抱いた。シュッツは、ファーバーがPPR誌の第一号に学術論文を寄稿するように主張し、また別の機会にはファーバーが論文をどこか余所に発表した時に抗議もした。そしてファーバーでシュッツがこの雑誌のために論文をもっと書くようにといつも促していた。一九五二年、ファーバーがアメリカの哲学講義シリーズを引き受けたとき、シュッツにシュッツ自身の号を検討してほしいと繰り返し勧誘に努めた。

一九四三年に、ファーバーはフッサールの初期作品に関する彼の徹底的な論考を、『現象学の基礎』の表題で出版した。ファーバーがハーバード大学出版会との契約に署名したことをいち早く知って、シュッツは著者宛に手紙を書いた。これはまた「私たちの雑誌が表す理念にとって大成功です」（1942.7.20）と。シュッツはこの本がファーバーの手による単独の業績と考えていたのに、ファーバーの方は序言のなかで術語についての示唆や現象学運動の取るべき方向についての議論がシュッツに負うものであることを何としても謝辞にしたいと思った。シュッツが謝辞に値するようなものではないと感想を述べると、ファーバーはシュッツ宛に手紙を書いた。「私たちが初めて出会った（一九三七年）、マハルプ家での忘れられない夕方に始まる我々の会話を思い起こすべきだ」（1943.9.15）。シュッツは Philosophical Abstract（『哲学的概要』）のためにこの本を次のように書評した。「本書はファーバーが彼自身のさまざまな論文のなかでフッサールの種々の概念についてアメリカの多くの読者に十分な説明を必要とする際に指示、参照しうる情報源として有用である」と。

ファーバーがフッサールとともに研究し、フッサールとの親密な個人的触れ合いがあった頃、フッサールは研究の中間期に入っていた。この時期の最初の主要な研究の具体化が『形式的論理学と超越論的論理学』であった（これは一九二九年、ファーバーのハイデルベルグにおける第二の研究期間を終結した二年後に出版された）。それにもかかわらずファーバーの『現象学の基礎』の研究は、フッサールの一九〇〇年に終焉する、いわゆる現象学以前の時期の諸著作の広範囲な解説と推敲から始まった。その研究の大半は、後期著作への時折の照合と結びつきながら、『論理的研究』（1900-1901）に当てられている。最終章だけ（全体の六分の一弱）がより一般的な批判的考察になっている。それはフッサールの理念主義への移行についての論述を含んでいて、この批判的議論にシュッツは全く賛成したのである。ファーバーのその後の諸著作は、フッサールの未刊草稿一式の利用によって援助され、現象学的哲学の最終成果への一つの反動を含むことになった。彼の批判的評価は科学的で歴史的な視座に基づき、現象学者たちによって用いられる方法論をはるかに超える、ある包括的で、自由な方法論との結びつきにおいて行われた。特に、ファーバーが現象学に見たのは、彼がどの哲学的アプローチにも見たものと同様の、そのアプローチの生成と発展が社会歴史的諸条件に依存している姿であった。

社会学的諸研究においてシュッツは、フッサールが、一九三〇年以後、生活世界という概念によって取り扱った現象学の例の意味層のほうに彼の関心を向けた。それぞれ異なる観点からファーバーもシュッツも、フッサールの超越論的構築哲学をあらゆる現象学の絶対確実な土台にしているフッサールの継承者たちの「正統的現象学」を必要としなかった。その上、二人とも、フッサールの決断、現象学を超越論的還元によってその「自然的」環境から二度退いて省察する孤独な自我の上に基礎づけること、この決断から生じるさまざまな難点を知った。ファーバーは、正当な根拠により、これはフッサールを「実践的理念主義者」に変えてしまっていると考えた。シュッツはファーバーに同意した。だが、シュッツは生活世界における個人の本質的に社会的な諸体験に集中することによってその改善方法を探した。ファーバーは、なによりもまず、自然的進化や文化的進化の諸事実を直視しようとする「反省の様式」を目指した。フッサールはその実証科学批判によって彼自身と弟子たちを自然の体験や知識の諸事実から遠ざけてしまったのだ、とファーバーは論じた。彼の意図はそれゆえ現象学をあらゆる意味で廃棄することではなかった。ファーバーは科学と哲学の世界のうちに現象学の「相応しい地位」を与えようと願ったのである。フッサールの理念主義的形而上学的主張は放棄されてもよかった。内省的分析の一つの厳密な方法としての現象学的手続きは、種々の手続きを認める一般的方法論の基準に従いながら、専門の記述的学科として維持されてよかった。

ファーバーはこれらの考えを、彼が一九五一年、ＰＰＲ誌に公表した「体験と超越」論文や同様にその他の出版物において表現した。ＰＰＲ誌に関わる最初からの仲間である一部の現象学者たちはファーバーが現象学的方法はその他のアプローチの哲学者たちによって用いられる雑多な方法論的装置と同様に重要性のないものと宣言したことに熱狂する様子はなかった。公平に言って、しかしながら、一九五一年以前にもそれ以後にもファーバーは現象学者たちに彼自身の諸原則や諸制限を与えようと思っていなかったことは一言されねばならない。出版された諸論文の著者たちの哲学的距離がなんであれ、紙幅の許す限り、ＰＰＲ誌はその他の哲学的諸傾向を代表する諸論文と一緒に雑多な現象学的寄稿論文のために開かれていた。この雑誌は、シュッツが呼んだように、現象学者たちのための「入植者のための敷地」にとどまった。

ファーバーとシュッツの間の親密なつき合いは独特なものだった。それは長期に及ぶ専門的共同関係の成功から出来したのであり、シュッツのその他の学者たちとの親密なつき合いには欠落している数々の試練を受けることに曝された。ケアンズとのきわめて控え目な関係は別として、シュッツとファーバーの交友関係はシュッツ自身の世代の一アメリカ人思想家との唯一の親密かつ長期にわたる個人的なつながりであった。

第十二章
エリク・フェーゲリン——哲学の逆境にある友人

合衆国におけるシュッツの友人としては、ここで述べる三人が個人的結びつきのあった他の社会学者や哲学者よりも——相互の知的関心の強さや広がりにおいて、学問上の関わりや個人的な絆において、その関係の継続や固執において——彼に対していっそう親密であった。その三人の友人の最初がフリッツ・マハルプであった。他の二人はエリク・フェーゲリンとアロン・グルヴィッチであった。シュッツは、二〇年代の初め頃からマハルプを、三〇年代の中頃からグルヴィッチを知っていたように、フェーゲリンを前々から知っていた。シュッツがこれらの三人の男たちと行った広範な手紙の交換は交友関係の各々に明確な画像を与えてくれる。すでに述べたように、彼らは多次元的交友関係というパターンにおいて似通っていた。実際の中身は、しかしながら、三人ともそれぞれの人柄やそれぞれの示す学問的関心が異なったように、違っていた——三様のユニークな交友関係、つまり三様のユニークなダイアド関係がみられる。

シュッツのマハルプとの関係の主たる特徴は「純な」友情と名づけたくなる、互いの人柄への惚れ込みだった。もちろん、この二人が理論的関心、とりわけ社会科学の方法論領域における理論的関心を不断に共有し合っていたのは事実である。グルヴィッチとの関係は、第十三章で詳細に議論されるが、二人は大いなる友情と相互の学問上の諸問題への徹底した傾倒という全体としてバランスのとれた関係をくり広げた。現象学的心理学的関心の同じ大きな存在領域の内部にある学問上の諸問題に彼らは異なる関心をもちながら相互に関連した観点から追求したのである。二人は互いに呼べば応えられる圏内にあったばかりでなく、どちらも立場を入れ替え相手の観点に自分を置くことができるという才能があった。まさしくこの才能こそ自分たちが一つの理論的収斂点に向かって動いているという強い気持ちを相互に抱かせた。シュッツによる視界の主観的相補性の定立は、二人の関係の歴史のうちにきわめて興味深い強く心に訴える共鳴点をみたのである。

さてこの章の主題はフェーゲリンである。フェーゲリンとその研究のためのラベルを見つけることは容易でない。彼は古代学者であり、ギリシャ語学者ならびにラテン語学者であり、キリスト教以前の近東文化の専門家であった。そして中世研究家であり、近代哲学全体の知識を備えた思想家であり、政治哲学史家であり、同様に歴史と政治思想の哲学者であった。この伝記の目的から、私たちは一連の哲学思想体系の社会的政治的諸帰結の本来的意味をめぐる諸研究だけを扱うことにする。

政治哲学史の哲学者

フェーゲリンは一九〇一年にドイツのケルンで生まれた。ウィーンで政治学を学び、一九二二年にPh. D. の学位、博士（政治学）を受けた。ウィーン大学の講師の地位を得、その後同大学の准教授となった。国家社会党が彼を一九三八年に解雇した。彼は合衆国へ渡り、ハーバード大学での一年任期の任用教員から再び教えることを始めた。ついでベニントン単科大学とアラバマ大学で教えた。一九四二年にルイジアナ大学の教授職となり、十六年後にはミュンヘン大学で講座を持つことができた。

その十六年間をフェーゲリンはルイジアナの州都バトンルージュで過ごした。最も徹底した研究の時期であり最大の成果達成の時期である。この地で彼は代表作『秩序と歴史』のための予備的研究をほぼ行い、その四巻が一九五六年～一九七四年の間に公刊された。一九五〇年まで彼が発表した一連の関連した論文が、一九五一年には、シカゴ大学ウォルグリーン講義招待となった。これらの論文は続いて『新しい政治学』の書名で出版された。この本のかなりの注目が『秩序と歴史』の承認の道を固めた。

この著作はその視野においてまさしくトインビーの『歴史の研究』に継ぐものであるが、接近法や目的においてそれは大いに異なる。研究のはじめの頃に、フェーゲリンは自分の接近法をシュッツへの手紙のなかで説明している。自分は政治哲学の〝諸原則の歴史〟を書いているのではない、自分の目論みは政治思想家たちや諸学派の「明示的諸命題」が諸時代を貫いて思想家たちの「世界に対して抱く態度によって条件づけられている」こと、そしてその態度自体が「その個人の知的構造の諸要因によって、諸々の周囲の伝統や感情によって、また社会的諸要因、すなわち、当の思想家を自分自身に関わりがあるとして駆り立て一定の立場をとることを動機づける社会的諸要因によって条件づけられている」ことを証明することにあると。歴史の過程は主要には「諸々の感情の水準で」生じるのであり……、「それは――ごく大まかに言えば――歴史の決定因――として示し得るような意識の諸層についての前理論的構築分析の問題である」(1943.1.16)。

これが彼の研究の内的指針の言明であったとすれば、フェーゲリンはその外的目標を「人間、社会、および歴史の基本類型」――それらの類型の「諸々の象徴による自己表現を含む」――の歴史的継起に関する研究の問題として示した。『秩序と歴史』の最初の三巻は、一九五六年と五七年に矢継ぎ早に現れ、これらの指針や目標を一群の膨大な史料を通してありありと伝えた。フェーゲリンのミュンヘン大学への転出とそれに続くそこでの「政治学研究所」の設立者ならびに所長としての義務は計画された六巻のうちの残りの出版の準備にかなりの遅延をもたらす原因となった。しかしながら、この研究の再開は同じく内部的困難をも準備した。第四巻が現れたとき——第三巻から十七年後——それは説明の最初の文化‐進化の原理についてのある重大な修正を含んでいた。歴史の進行のなかの諸々の社会の自己解釈のうちに現れる「意味の諸形相」を確立するという目標はそのままであった。しかしながら、それまでにフェーゲリンが分かったことは、これらの経験的調査を絶えず「前方や後方や両脇に」動かして、なんとかそれらをほぼ同時的に「複数の結節点」と出合うようにすることであった。

もともとの直線的歴史説明の構想を放棄しなければならなくなった時、フェーゲリンは六十年以上も昔にマックス・ウェーバーが自覚した一つの真実、一人の歴史研究者の歴史的‐社会的主題は無尽蔵であるということに直面した。『秩序と歴史』の第四巻は最後の出版であった。これはフェーゲリンの記念碑的計画の結論を示すものではなかった。[1]

私はフェーゲリンの著作のもつずば抜けた内容上の豊かさとその根本的な哲学上の諸原則を概観する試みを差し控えよう。両方とも二人の文通に反映されており、それらは現行の資料が許す限り、以下の説明の一部となるであろう。

シュッツとフェーゲリン

一九五八年に書かれた、シュッツへのある手紙のなかで、フェーゲリンは「生涯続いた」(1958.3.8)

自分たちの関係について述べた。その八年後にはウィーンでのこの交友関係の始まりについて書いた。両者ともこれまで新カント派の方法論の教育からフッサールの現象学へという同一の歩みを辿って来て、社会科学のイデオロギー的解釈の不毛性に関するウェーバーの洞察とこの歩みを結びつけた。イデオロギーの信奉者たちのことがすでに問題の一部となっていた。社会的行為ないし政治的秩序の理論の展開を図ろうとして、両者は異なる哲学的方針をとった。シュッツは持続的に現象学的方法を用いて前進した。フェーゲリンはプラトンやアリストテレスに取りかかった。しかし二人は、社会秩序についてのプラトンやアリストテレスの諸理論がフッサールから得られるかもしれないそれらとは全く異なるものだということを十分に自覚していた。

一九三三年以降、中央ヨーロッパの政治秩序に対するヒトラーの暴行は純粋に学問的討議を行うには益しなかった。シュッツとフェーゲリンが個人的学問的つき合いを再開したのは、二人ともようやく合衆国に落ち着いてから以後であった。アメリカで彼らは遠く離れて暮らしたが、頻繁に手紙のやり取りした。フェーゲリンはハーバードで毎夏多くの時間を過ごし、そこで原典研究に励んだ。時折ニューヨークとかフィラデルフィアに出かけねばならなかった。シュッツとの会合はこうした機会のすべてに準備されたわけではなかったが、それでも一九四〇年と一九五八年の間に少なくとも十一回フェーゲリンはシュッツに会っている。彼らの文通はこれらの会合が理論的討議づくめで、引き続きこれが文面によるやり取りへと移ったことを証している。

話題の多くは各々が現に執筆中の主題やシュッツが受け取った『秩序と歴史』の諸章の草稿に基づいていた。シュッツとフェーゲリンは多くの関心を分かち合ったが、二人はしばしば理論上の問題を異なる方面から扱った。二人のやり取りは、そこで、往々論争の的になった。彼らの哲学上の立場は根本的に異なっていた。シュッツには、私がすでに他の個所で記したように、フェーゲリンは一人の「逆境にある友人」[2]であった。本当にこれらの違いは彼らの個人的交友やお互いの知的業績に対する深い敬意に少しも影響しなかった。

もっと高い哲学的水準では、二人の違いは双方にとって同じ探究であったが、その取り扱い方が別々で多様であることを意味した。過去を振り返って、フェーゲリンはそれを「哲学的思惟を動機づける諸体験」を解明する飽くなき努力として記述した。シュッツなら、その探究はまた「人間の生活体験をその自然のままの個人的‐社会的諸水準において解明する努力」でもあったとつけ加えたであろう。この意味においてたくさんの実質的理論的問題を分け合ったばかりでなく、その探究が特殊なテーマや問題を論じる多様な努力に統一を与える一つの一般的問題をも分け合ったのである。

フェーゲリンは一九六六年に二人の共通の探究の取り扱い方の相異が、一九四三年頃、次のような形で現れたと書いた。フッサールの哲学的思惟は諸対象についての体験がモデルになっている。これに対して古典的哲学は「超越的‐神的存在のノエシス体験」のモデルを選択してきた。二人の友人はそれぞれある批判的転換をはからねばならなかった。シュッツはフッサールの超越論的間主観性の理論の失敗に直面しなければならず、またフェーゲリンも「社会秩序のあらゆる哲学」に対して依然基礎的である例の古典哲学が「必ずしもその最後の言葉ではない」ことを是認しなければならなかった。一方では、「諸々の世界内在的行為の網の目」がシュッツの意味において承認されねばならなかった。他方では、「体験とシンボルの間の関係」が一つの核心問題となった。例えば、自らの研究分野において、フェーゲリンは研究のアクセントをプラトンの神的存在から人間の体験へ移さねばならなかった。これが『秩序と歴史』のフェーゲリンによる基本計画の修正のもっと深い理由であった。形として、これまで政治理念の歴史であったものが、「意識の哲学――すなわち秩序の体験、秩序の象徴的表現、根本的制度、そして最終的には意識そのものの秩序についての新しい研究」（フェーゲリン、1966: 17-20）のほうへ向かったのである。

この回想による説明によれば、ウィーン時代を通じてフェーゲリンはシュッツとともに現象学的方法にかなりの関心を共有していた。この関心は一九二八年に目立ちはじめ、三〇年代中頃まで続いた。しかしながら、フェーゲリンはその知的生活を確立し始めるや、素早くこの共通の基本線から離れ去った。一九四〇年まで、彼のフッサールへの関心は欠けていた。彼の主要な研究計画に関する限り、思索に影響を与え続けたにしても、それは潜在的なままであった。立案した計画の半分がすでに実行されてしまってから――彼自身の主題の重みのもと――彼は彼の最初の現象学的な知識在庫から出てくる諸概念に再び慎重に頼ったのである。

彼はこれらの最初の現象学的諸概念を決して捨てはしなかったけれども、これらの概念をフッサールから切り離し、自分の主要著作とは関係のないものと見なしているようであった。しかしフェーゲリンは彼の固有領域と見なしたもののうちフッサールのものはフッサールのものとして公平に扱った。一九四三年に、ニューヨーク訪問の折、フェーゲリンはシュッツとの、そして多分カウフマンとも同じように、熱の入った討議に巻き込まれた。この議論が彼に与えた影響はかなりのものだった。この討議に触発されて、彼はフッサールに関する大変批判的な論文――これは後で論じられる――と二つの草稿を書いた。「想起」論は過去の諸体験の想起に関する自分史的実験に関する報告を含んでいた。「意識の理論について」は「想起」論についての理論的論評と解釈を含んでいた。彼は両方ともシュッツに郵送したが、これらを一九六六年に『アナムネシス――歴史・政治の理論』（ミュンヘン）という書物の第三章と第二章に編集して出版した。プラトンの語彙アナムネシスとは、イデア、その存在を早い段階で知っていたが、とかくするうちに忘れ去られてしまったこのイデアを再想起できる精神の能力を意味する。疑いもなく、この語彙は、記憶の問題を論ずるためにはなにも近代人を要しない、むしろわれわれ西洋人の知識の最も大きい源流である古代ギリシャ人たちに頼ることができる、このことを力説するために選択されたものである。持続の現象や意識の流れは重要であったが、ベルクソン、ジェームズやフッサールがこれまで想定してきたように、それは時間の意識としてではなく、「むしろそれを通じて世界が意識の秩序に入るために押し込まれる肉体のボトルネックとみんなが思っている、ある体験として」重要であった。意識は流れるのではなく、むしろ「ある経過の体験――私たちが〈内部から〉知る唯一の経過――」を実現するのである。我《ザ・アイ》、フッサールの構築する作因は体験のうちにはあり得ない。我《ザ・アイ》は「なにか」が私《ミー》を動かしているということを意識するだけである（1966: 40-44）。

　私の考えでは疑いなく、これらの観察は、それらの解釈とは無関係に、一種の現象学的心理学の方法の適用から生じたのであり、またしたがってベルクソン、ジェームズ、およびフッサールの諸研究の隣に位置している。フェーゲリンは自分はフッサールなしでも「現象学すること」ができるということを示そうと願い、シュッツの知らない事柄を彼に一切示さなかった。つまり心理学の次元ではフェーゲリンはベルクソン、ジェームズ、その他の人たちを自分が満足できるように解釈したのである。他方、フェーゲリンは集中してすでにフッサールに取りかかっていたし、また記憶の領域に彼が手を出したのもニューヨークの友人たちが彼に提起した現象学的説明要求への一つの反応であった。彼の反応のプラトン哲学的な表題が示すように、記憶のすべての理論のルーツは古典的ギリシャ哲学に基礎づけられるとフェーゲリンは主張した。だがシュッツは例のアナムネシス論文を現象学的アプローチの拒否とは考えなかった。彼はフェーゲリンが諸々のシュッツ問題の扱い方に対する現象学の価値を否定しないことを確信していた。またシュッツ自身もフェーゲリンの主要な主題に対するプラトン＝アリストテレス的哲学アプローチの価値を否定しなかった。このことをシュッツは、一九五二年、フェーゲリンの短い一巻、『新しい政治学』、フェーゲリンの大計画の内容と傾向についての大変魅力的な要約と予測を熱心に学生たちに向かって話すことで示したのである。

相手の哲学上の出発点に対するこの寛容さがあってこそ、フェーゲリンとシュッツは有意義な対話に携わり、また自分たちの違いをきわめて率直に語ることもできた。多分意図的にではなくむしろ現実的に、フェーゲリンは自分の思想から現象学的推論の諸領域へ入る橋を常に開いておいたのである。一九四三年に、友人たちがファーバーの『現象学の基礎』の研究について意見を交換したとき、シュッツは「時折私たちは自分たちの意見を、まるで互いに複写したかのように似通って述べている」(1943.12.25) と書いた。九年後、グルヴィッチはシュッツ宛にフェーゲリンの『新しい政治学』は「彼が認めたいと思っている以上に私たちに、つまり、現象学に近接している」と書くことができた。この本は「歴史上の諸々の能動的社会の現象学」を論じているし、その方法も現象学的である。シュッツがこの意見をフェーゲリンに伝えたところ、シュッツやグルヴィッチが彼はそうしていると言っているように、自分は現象学的方法を用いていることを「喜んで認めるよ」とフェーゲリンは返答した(1952.12.1)。

たとえシュッツがこれまでフェーゲリンを知らなかったとしても、彼の仕事の特徴や原則の説明を彼から受ければ、彼はただちに魅了されてしまっただろう。社会学者である彼は『秩序と歴史』が政治理論や哲学をそれらの社会的基盤において明らかにしようと意図する著作として期待できたし、また現象学者である彼にはそれが「歴史を決定している」「重層的意識の前理論的構築の一分析」を告げるものであることに興味をそそられたのである。

フェーゲリンとシュッツの間の書簡のやり取りではフェーゲリンの究極の目標や原則について触れることは滅多になかった。通常、彼らは特殊な話題に時間を費やし、しばしばその話題は『秩序と歴史』の個別の章から選ばれた。しかしながら、シュッツによって持ち出され、フェーゲリンによって重要であると考えられた、論争点の議論は後者の大きな諸目標のために役立った。具体的な論点に対する批判的反応ですらシュッツが友だちの努力を励ます意図で友人に与えた一つの援助であった。

バトンルージュでは、フェーゲリンは学問的に孤立して研究した。それでも彼は研究の過程で生じる種々の厄介な問題について議論する必要を大いに感じた。同じように彼は、タイプライターミスやありそうな些細な誤りが生じた場合、各章の論旨が明快かどうかについて調べられる有能な読み手を見つけようとした。はじめから、彼はこの目的のために彼の友人たちの誰彼との関わりを求めた。しかしシュッツこそこの仕事についての理解があった唯一の人物であり、また多くの理論的方法論的論点の批判的討議を通してその展開に寄与することができた唯一の人物であった。

不完全な記録文書のために、シュッツが『秩序と社会』のどれだけ多くの章の草稿を見て論評を寄せたのか、私には確かめられない。しかしその論評の数は相当なものである。彼はいくつかの草稿には質問、説明の要求、事実の論評、異論、文章体裁の示唆等々とともに、一つ一つその本文に注釈を施した。その他の草稿には一般的見解を書いた。さらにその他のものはその内容を読んだだけであった。フェーゲリンの主要作品を作り上げる過程へのこうした参加は一九四一年に始まった。それが終わったのは一九五八年、『秩序と社会』の第二巻および第三巻を受け取るのと同時であった。このかなりの傾倒がシュッツを進行中のフェーゲリンの巨大な仕事に精通した唯一の人物にしたのであり、またしたがって彼の思想の質について判断する唯一の人物にしたのである。一九五五年に、彼がグッゲンハイム基金のためにフェーゲリンの所見を書いたとき、フェーゲリンを「第一級の影響力のある精神の持ち主」と呼んだ――この時期に私が彼とともにした話のなかで彼が表明した見解でもあった。フェーゲリンに対して、シュッツの批判的思考の効果は遍く行きわたり、しかも永続的であった。一九六六年、フェーゲリンはある覚え書ノートのなかで自分たちはシュッツが亡くなってはじめて終わりとなった一生ものの哲学的対話に夢中であったと書いた。「しかしそれは終わったのか。ともに分け合った思索と相互批判のほぼ四十年は、一方の作品のなかに諸々の足跡を残しているばかりでなく——彼らはその取り組んでいる研究の間じゅう、もう一方ならこれについて何と言わねばならなかっただろうかと自問する、一つの習慣的な癖も同じように残している。われわれの時代の最も優れた哲学的思索家の一人は依然として私の思索にとって沈黙の協力者である」。

この沈黙の協力関係が最も強かったのは、フェーゲリンが彼の主著のはじめの三巻を完結するのに要した十七年間であった。フェーゲリンの側では、シュッツが出版したほとんどの論文の抜き刷りを受け取り、そのうちのいくつかの論文には論評を加えた。フェーゲリンの語った対話はたくさんのエピソードからなっていた。それらのいくつかは実際には資料として提示されえず、証拠も乏しく不完全であるが、かなりの重要な主題は往復書簡から明らかになる。年代順には、これらの主題は、フッサール『危機』研究の原本の諸節、感情と合理性の問題、関連性問題、間主観性の問題、フェーゲリンのグノーシス観、および歴史的社会的理論化の究極的哲学的投錨である。

フッサールの『危機』書の議論

一九四三年に、フェリクス・カウフマンはフェーゲリンに、フッサールの『危機』研究の最初の二つの部分を載せた、ユーゴスラヴィアの雑誌『哲学』のコピーを送った。この著作の大部分はまだ出版されていなかった。フェーゲリンはこれらの評論に対する自分のさまざまな反応をシュッツに郵便で送った。フッサールの果たしたことをフェーゲリンは「われわれの時代の最も重要な認識論上の成果」と呼びはしたが、これに深く失望させられた。彼の意見では、あらゆる認識論と同じようにそれは単に「哲学への一つの序言であり、それ自体は基本的哲学的企てではなかった」（1943.9.17）のである。シュッツはこの議論に対して、彼がフッサールの重要な諸成果と考え得る事柄を指摘することによって反論した。すなわち、前述定的領域の発見、間主観性問題の措定、論理学および諸科学の生活世界の諸基礎への還元、内的時間意識の研究と空間の構築である。これらの成果はすべて基本的哲学的諸問題に関係している。またこれら問題が認識論の範疇に入るのであれば、「後者（認識論）に専念することは一哲学者の努力に十分に値する」と。シュッツはフッサールの超越論的現象学の擁護はしなかった。フェーゲリンのように、根本的形而上学的諸問題の解決がフッサールの未刊行の所蔵文献のなかに隠されているとは思わなかったが、しかしこれらの解決への「多くの貢献」をこれに期待できると思ったのである（1943.11.11）。

当時入手できる『危機』書の諸篇では、フッサールはどうしても一人の哲学史家であるようにみえたし、フェーゲリンも彼をそのように判断した。多くの他のヨーロッパの思想家のように、フッサールはもっぱら古典ギリシャ時代と近代の時代に集中し、ヘレニズム、初期キリスト教、中世の時代、および諸々の他文明の二千年を無視することによって歴史を貧困化した。彼の結論は、フッサールがこれを行ったのは古典ギリシャに起源をもち、その最終的基礎づけを彼自身の哲学のうちに見出す一つの哲学的目的という自らの構想に役立たせるためであったということであった。「かくなれかし！」の絶対命令による「現世の経過の意味的調和」を持ち込んで、フッサールは自分が歴史論争によって論駁され得ないことを確かめたのである。

フェーゲリンはさらに論じた。彼の歴史概念のゆえにフッサールは「世界の哲学的認識の客観性」にも「自我の根本的主観性」にもいずれにも手が届かない。代わりに、彼の歴史目的論は、「アヴェロイス［Averroes 1129-98。宗教と哲学の一致を説いたアラビアのアリストテレス哲学の注釈家］主義的思弁の一事例」、個々の霊魂をその霊魂の一粒とする一つの世界霊魂を想定するものであると。一人の「進歩の哲学者」に過ぎない者として、フッサールは、人類のもっと初期の世代を一つの究極的目標を目指す諸段階に過ぎないとするこの思想（アイデア）に驚きを表したカントに真っ向から反抗したのである。フッサールの目的論的声明には現象学者たちを一つの「究極のセクト」に転換しうるような一つの「メシヤ主義的要素」があった（1943.9.17）。

シュッツは、フッサールの意向がフェーゲリンの語っている通りであるなら、フェーゲリンは正しいだろうと答えた。しかし彼はそのようなことを全然思ってもみなかった。彼はただ「われわれの時代の西欧の哲学者の自己省察」に関与したに過ぎない。フェーゲリン自身のように、彼は「自分自身の実質的動機の自分史的想起」を行ったのである。その違いは、彼が「自分史（自伝）の媒体のなかにこの哲学の伝統全体を、しかしもっぱらそれが彼自身の思索の一個の生き生きした動機であったし、現にそうである限りで含めた」ということであった。シュッツはフッサールの基本的立場についての解釈をほぼ一〇頁にわたって示した。これを示し終えたとき、彼はフェーゲリンがフッサールに向かって進めた「すべての立論」をほとんど論駁したことに確信をもった（1943.11.11）。

フッサールはデカルトを近代哲学の原始祖として導入し、彼の省察を現象学的還元の不完全な形式として論じた――不完全であるのは超越論的自我を世界の再構築の出発点とすることができなかったからである。フェーゲリンは賛成したが、フッサールはデカルトの還元のうちに認識論的意味を理解しただけだとつけ加えた。デカルトの神の存在に対する証明の失敗は、しかし、関連のないことであった。そのような証明はすでに知られてしまっていることを「異なる源泉」から合理主義的に表現するスコラ主義的技法であった。デカルトは一人のキリスト教徒的思想家であるのをやめずに世界を認識しようと欲した。フッサールはこの問題性を理解しなかった。彼はデカルトの超越論的自我が志向的に諸対象に向かっていることを理解した。彼は自分の心理学的自我、「世界の内容としての魂」が超越論的自我に滑り込むことを知った。しかし彼は超越を目指す、デカルトの自我の第三の意味を把握しなかった。フッサールは「真の形而上学」との結びつきと「自我の基礎的主観性」の諸限界の範囲を超えるチャンスを見失った。この問題は「どこから自我はその機能を獲得するか」を見出すこと、そして「世界の客観性を主観性のなかから基本的に確定する」ことである。フッサールはこの課題に触れさえしなかった。代わりに、彼は「ある歴史的課題の内在論」に逃避した。それゆえに、彼は哲学の決定的な諸問題、純粋な超越性の諸問題への接近を見失った（1943.11.11）。

シュッツはフッサールがデカルトの超越論［カントの認識論では「先験主義」の訳語があてられる］を無視してしまったことに同意した。しかしながら、フッサールよりもデカルトにとって超越論ははるかに重要だった。フッサールがデカルトから選び取ったことが唯一超越論的現象学を樹立するために重要であったし、またそれがフッサールの思索の主要な動機となって現代の伝統に入り込んだ。デカルト哲学の残余のことは、その他の諸々の哲学的伝統にとってどんなに重要であっても、彼の目的には無連関であった（1943.11.11）。

広範囲にわたる返事のなかで、フェーゲリンはフッサールのそれとして示したシュッツの立場に反対するものではないことを強調した。しかし彼はこの画像が「フッサールを忠実に写した肖像画」であることに懐疑的であった。この点に関して自分は不利な立場にあると彼は思った。シュッツはこの『危機』書の意図について、フッサールがこれに取り組んでいた間、広範に及ぶ彼とフッサールとの個人的な意見交換から判断することができた。フェーゲリンは出版された諸々のテキストに頼らねばならなかったが、彼が思ったことはテキストがシュッツの説明とは違うということであった。フェーゲリンは喜んでシュッツと一緒にフッサールの「自分史の想起」を辿ろうとしたが、この構想の結果がどうであったかといえば、フッサールはこれを実現しなかったし、シュッツはこれを拒否しているようにみえると彼は主張した。フェーゲリンが依然として疑ったのは次の点であった。フッサールの歴史解釈は一つの純粋に個人的なものである彼の「哲学的情熱」が「彼の伝統が彼のものであるばかりでなく客観的にヨーロッパ人のものでもあり、また……関連して人類のそれでもあるという確信」に根ざしているようにみえることである。これは一つのジレンマである。もしフッサールの客観性の主張が正当化されるなら、彼の「歴史的」説明にはその歴史的正確さに関する批判的考査が必要である。この場合、事実によるそれらの考査の承諾を拒否することは正しくない。ところで、もし彼の「歴史」が主観的－自分史的解釈であるなら、客観的妥当性の主張は捨てなければならない。このジレンマから抜け出る道は、フッサールの立場を一つの「宗教的－メシヤ的特徴のもの」として受けとることであろう。人は「メシヤ」に追従する必要はないが、「彼の宗教的に動機づけられた魂」を尊敬しなければならない(1943.12.28)。

フェーゲリンは、自らの解釈とシュッツの解釈とが異なったのは、これらの帰結を避ける同じ必要から生じたのだと付け加えた。シュッツは「現象学的主題」の説明を受け入れ、フェーゲリンはそうしなかった。彼らは時折互いに議論倒れに終わった。彼らは異なる哲学上の諸原則を適用したからである。これが彼とシュッツの間の問題だった。フッサールのヨーロッパ人の危機について、それは「哲学の諸努力では解決されない」とフェーゲリンは強調した。一人の哲学者は「自分のできる目一杯まで自分に慣れる」ようにする以外になにもできないのだ。この試みにおいて彼はヴィコやパスカル、マックス・ウェーバーとカール・ヤスパースのような思想家を含むヨーロッパの伝統のもう一つの「大きな潮流」から支援が得られるだろう。これらの思想家たちは皆、「孤独な実存の問題」を論じている。

フェーゲリンの最後の書簡は、「きっと」シュッツと彼は「お互いに自分たちを分かり合えている」と思うという意見を添えて終わっている。いずれにせよこの意見のやり取りはそれぞれの「自己理解」に大きく貢献することになる。一九四三年の『危機』書をめぐる議論はこの異論で終わらずに新しいラウンドの議論に入る。この論争はシュッツとフェーゲリンが互いに自分の立場を説明した後に終わりとなった。

感情と合理性

シュッツとフェーゲリンはどちらも初めはマックス・ウェーバーの行為理論の支持者であった。ウェーバーの考えには行為のいくつかの基本類型がみられるが、その類型の極端なものは合理的行動と非合理的行動の二分法を示している。これらの類型は方法論上の道具である。もしウェーバーが合理的類型を優位とみなしたとしても、彼は問題発見的な理由でそのようにしたのである。人間行動の合理的側面を「理解すること」は非合理的な側面を理解することより容易である。理論的には、非合理的側面を合理的モデルからの偏奇として扱うことは少しも面倒でない。しかしながら、行為の二分法の理念上の単純さは二つの異なる要素の割り込みによって台無しにされる。一つは、主観的多様性ならびに状況の多様性のうちにある人間の行動の現実態であり、これがしばしば任意の類型論的システムの適合性に対して異議を申し立てる。もう一つは、社会科学者たちが知らないうちにもしくは熟慮のうちに彼らの諸構成概念に存在論的意義を付与するしばしばみられる傾向である。大抵の人びとの大抵の時の行動がより合理的であるかそれともより感情的であるかどうかは事実の問題である。それは容易に存在論的問題になり得る。人は〝生まれつき〟、本質的に理性によって導かれるのか、それとも感情によって駆り立てられるのか。

社会科学者の理論的方法論的論争では、この種の存在論傾倒は合理的行為あるいは感情的行為のいずれが人間行動の研究の出発点であるべきかという方法論の問題によって覆い隠されるといってもよい。

シュッツはウェーバーとともに最初の選択肢を選んだ――これはフッサールの現象学への傾倒によっていっそう強固になった意思決定である。フッサールの現象学は、他のどんなものを含むにしても、近代合理主義の伝統のなかに位置づけられる。フェーゲリンは、第二の選択肢を選んだ。彼はこのあとに論議される形而上学的傾倒によって導かれたのである。

一九四五年に、フェーゲリンは〝感情対合理性〟が「私たちの不断の問題」であることをシュッツに思い出させた（1945.4.21）。論争が起こったのは、例えば、一九四三年に、シュッツの論文「社会的世界における合理性の問題」についてのフェーゲリンの議論である。フェーゲリンは合理的行動が「社会的現実のしばしば計画上は重要な現象」であることを認めた。合理的行為の諸々の概念は形成されうる。しかしあらゆるその他の行動を合理的行為からの偏奇として論じるべきであり、論じうるとするウェーバーの主張に彼は異議を唱えた。全体としてパレート理論に反対しながら、フェーゲリンはパレートのなかに「人は社会学的分類の問題を感情の理論の側から成功裏に論じることができるし、またそこから合理的行為の領域へ進めることができる」（1943.9.28）という彼自身の見解の確証を見出した。一九四五年に、フェーゲリンはパレートの出発点を共有するものであることを繰り返して述べたが、パレートと自分の違いも強調した。「パレートは〝法則〟の規制的理念のもとに一般化の社会学」を書こうとした。フェーゲリンは「歴史の聖霊論」（1945.4.21）、特定の歴史的時代あるいは文化に浸透している霊の理論を書こうとした。

彼自身の実質的研究のパースペクティブから、フェーゲリンはパレートとウェーバーの両方についての批判を次のように示した。パレートは「制度の理論、すなわち、感情と目的に適った合理的行為とが相互に交差する交点の理論を作り出すことに難がある」。ウェーバーは、彼の支配の理論では、「合理的形式から伝統的形式へ、そして伝統的形式からカリスマ的形式へ移動したが、一方、社会‐構成的には、その起源はカリスマにある」。

　ウェーバーがこうしたのは、フェーゲリンが示唆するには、彼が「感情と価値の領域には気楽さ」を感じなかったからである。その結果はカリスマの末端に彼に都合のよくない一切合財を積み上げることであった（1943.9.28）。

　フェーゲリンは、ごく最近の最も合理的な形式から支配の諸形式の社会学的分析を始めることの正当な方法論的理由の存在を看過してしまったようであり、また彼は、ウェーバーの図式における感情の範疇あるいはカリスマの範疇を残余的範疇にした個人的理由を単純化しすぎたようである。しかしシュッツに向けた質問という形式でさまざまな異論を一般化したとき彼は正確であった。フェーゲリンは「どのようにしてあなたは合理性の概念から、あなたによってもまた、なぜか〝標準〟〝生涯計画〟や〝恒常的な動機〟のなかに含まれている諸感情に到達するのか」をシュッツから学ぼうと思ったのである。問題は、実際、シュッツの社会的行為の理論における最適な明確さを手にすることが重要だった。残念ながらこれに対する反応は記録にはない。

関連性《レリバンス》の問題

　一九四五年以後、「関連性の問題」が前面に出た。シュッツはこの永続的な不一致の問題のもう一つの議論をフェーゲリンの『新しい政治学』序説の草稿に関する彼の論評によって呼び起した。その返事の中で、フェーゲリンは動機の価値を古典的－キリスト教的倫理の諸々の「善と徳」に結びつけた。善と徳は人間の存在論的本質に由来する。ウェーバーによる目的合理的行為と価値合理的行為、および責任倫理と絶対的価値の倫理という二元的概念は、当面する存在論的問題を彼が無視することからの悩みである（1951.4.30）。

一九五二年までに、シュッツがフェーゲリンに認識させたことは、彼がひたすら願っているのはあらゆる倫理体系を含んで、「すべての異なる具体的関連性諸体系に適用されうる、関連性の普遍理論」を展開するということである。これを首肯しながら、シュッツは関連性の理論のさらなる主題、「いわゆる選好的行為の問題」や「人間行為の動機の一般理論」を列挙した。そして「完全に仕上げられた関連性理論とは動機の現象学以外のなにものでもない」（1952.11）のだと。

フェーゲリンはこれを「できない相談」だと考えた。しかしシュッツは主張した、「私たちはさらに前進もしている」し「……動機の現象学の大変優れた作品が現に具体的に存在している」と。彼は今日の政治経済学や理論社会学に、ゲシュタルト心理学に、哲学ではフッサール、ホワイトヘッド、ミード、マルセル、そしてリクールの諸著作のいくつかにみられる諸論考を挙げた。フェーゲリンの異議申し立てを意識して、彼はこのリストに『新しい政治学』を加えた。

屈することなく、フェーゲリンは「アリストテレス型の〝学問としての〟倫理学」を、これこそ「まさに哲学的人間学を基礎にした例の関連性論となりうると、その可能性を論じた。シュッツは、再び、そのような可能性を否定した。彼がフェーゲリンと一致したのは、関連性の一般理論は哲学的人間学のうちに根づかせなければならないこと、またそれは動機の諸形式の詳しい動態的説明、つまりそれらの歴史的説明を含まなければならないことであった。しかし「なぜ哲学的人間学は、デンプ［Alois Dempf1891-1981 カトリックの哲学者］の一表現を用いるために、もしそれが同時に人義論［人間の義務についての問い］――人間の道徳-神学的弁護論――であるならば、もっぱら可能であるはずなのか、彼には理解できなか」った。

シュッツはさらに他の問題領域も心に描いた。グルヴィッチが「自己理解の諸形式」と呼んだ「形式的関連性問題」に彼は注目した。分類の如何にかかわらず、あらゆる類型の関連性に共通している形式的構造である。これらは次のような種類の問いと関連し合っていた。いかにしてあることが私の関心を引き起こすようになったのか。「これは私に関心がある」という言明の実用的・理論的意味はなにか。これらの問いは「問われることのない所与」の基盤から現れる。これらの問いは、そのなかで満足のいく答えとして解釈される、分析可能な条件の存在を前提にしており、またしたがってこれらは私たちにとって当然のことと思われる世界についての知識に加えられる。

これらの問題は、同時に存在する諸々の関心を論じることにより、日により時間により変化する諸々の関心を論じることにより、また私たちが一つの次元から他の次元へと切り替える時に、現実の異なる諸次元の関連性の諸体系の間の関係を論じることにより、さらに詳しく追究されなければならないだろう。最終的には、あらゆる社会的諸関係は「関係する人びとの関連性の体系の重複ないし一致に基礎を置いている」のである。

シュッツとフェーゲリンは具体的研究の分析道具として役立つ関連性の理論の「形式的」諸要素に関して共通の基盤を見出した。この理論を関連性の諸類型の図式を超えて、［意識］現象の心理学的諸考察の諸領域、さまざまな間主観的・社会的な細分化、そして人間の体験という多元的現実の一つあるいはいくつかの領域内部の関連性の推移領域へと押し広げるという彼のプログラムによって、シュッツは関連性の現象学を目指して進んだが、結局、それは動機の現象学と同じものだった。果たしてまたどの程度までフェーゲリンがこの方向でシュッツをフォローし得るものか、一九五二年の手紙の交換のなかではっきりしなかった。フェーゲリンの最終目的は、いずれにしても、関連性の諸々の判断となる「善と徳」の最終的序列の樹立――別言すれば、倫理学の絶対的規準の樹立にあった。シュッツはそのような規準はいずれも恣意的であり、多分〝科学的〟な妥当性も得られないし、常に形而上学的思弁の分野にとどまるであろうと主張した。シュッツとフェーゲリン双方の関連性理論は社会の科学研究の方法論並びに理論の次元では両立可能であった。しかし哲学としては、双方は両立不可能であった。

間主観性の問題

一九五二年の手紙の交換のなかで、間主観性の話題が一つの副次的問題点として浮かび上がった。サルトルとフッサール双方とも汝‐問題の解決に失敗していることを強調して、フェーゲリンはこの問題に関する彼自身の立場を紹介した。

人間と人間の間の実存的紐帯は（人間と世界と神の間のそれと同じように）我と汝の間の分化に先立つものである。世界（神、コスモス、社会、他の人間たちからなる）は、この〝存在〟の内部における諸々の実存が自らをはっきりと分化してしまう以前には彼自身と同じ種類の存在として理解されている。通路は我から汝へと至るのではなく、むしろ他の（まだはっきりと区別されていない）諸々の実存からなる〝存在〟への未分化のままの参加から対象と存在の分化、そして特に我と汝の分化へと至るのである。私の考えでは、この主張は〝精神〟の歴史、特に、神話の歴史の諸事実の体験的歴史的状態を言い表している…分化を遂げた我は分化を遂げた汝に意識をとおして到達し得ず、むしろ〝存在〟への（秘跡の体験等による）前意識的参加の遡及をとおしてのみ到達できる（1952.9.13）。

デカルト以来、この通路は孤立した個人意識に訴えることによってふさがれてきた。シュッツはこの論述に、一九五二年十月の、今となっては手に入らない手紙のなかで答えた。フェーゲリンが、シュッツの語ったこととして引用したものである。

いかにして人は相互補完的な理解を得て具体的人間相互の社会関係において合意を得ることができるのか、いかにして人は他者の実存の知識からその他者の〝かく－ある〟へと至るのか、またいかにして人は、ここから、他者の具体的動機理解へと至るのか、これを私たちはプラトンやアリストテレスのいずれからも学んでいない。おそらく、後者の修辞学における類型論は別として、彼らはここではいずれの問題も、何も知らなかったのである。

これに答えて、フェーゲリンは「これからも長くこの汝－問題について論争しましょう」と述べた。彼はフッサールの意味での問題解決の提案をする心づもりはなかった、彼は問題が〝存在〟の本源的体験領域の内部にあることを示したかったのである。彼が同意したのは「他者の〝かくある〟の知識はその他者の諸活動や諸言明の観察という周知の諸方法による以外にないということであった。これらの方法から、私たちは他者の〝かくある〟の諸像を形成する。これらは大抵痛々しい驚き、個人的面識が進み、その他者が私たちによって想像される彼の〝かくある〟とは両立しないようなさまざまな行為を引き受け、言明を行うとき、基本的に誤っていることが証明される」（1952.10.19）。

これに続く（資料として手に入る）返事のなかで、シュッツはこの汝－問題が、フッサールによって定式化されたように、もっぱら「デカルト的モナド化の孤立意識」によって作りだされたということに同意した。そしてこれを意識における諸対象の構成という枠組みの内部で解決するフッサールの要望は満たされ得ないものである。しかしながらシュッツは、外部観察による以外に「他者の〝かくある〟の知識は存在しない」ということを認めなかった。フェーゲリンによる「社会的現実の内部における自己解釈とその問題についての理論的で、各自の哲学的な論じ方の間」の区別が用いられねばならない。とはいえ「具体的生活における自己解釈の段階で、他者の〝かくある〟の認識は全くあり得ないとは主張できない。これは確認を得た知識というより信念であろう、しかしそれは盲目のものではなく、多くの実用的成果に通ずる」。「われわれが互いに理解し合えるという基本的信念は、少なくとも実用的関心が要求する限りにおいて、世界の自然的態度の一つの公理である」。これは誤解の開かれた可能性を含んでいる。そして「理解と誤解の諸形式の分析は、開かれた可能性というこの枠の内部において、原則として、理論的に実行されうる。それ自体哲学的人間学の一部なのである」(52.11)。

フェーゲリンは間主観性を存在の普遍的存在論の二次的派生物であると言明したが、間主観的理解が実際に可能であることには懐疑的であった。シュッツは、この問題をその現象学的諸次元に限定し、少なくとも与えられた相互行為の諸目的の限界のなかで、それによって、誤解が起こることを排除することなしに、こうした理解が可能であると主張した。

原則の不一致

シュッツとフェーゲリンの間の重大な違いは哲学の違いにあり、それはただ徐々に明るみに出てきたのであった。彼の出版物では、フェーゲリンは究極の形而上学的信念を棚上げにして、歴史の基本的精神パターンと彼が考えたものに集中した[3]。

フェーゲリンによれば、人間精神の歴史がその決定的歩みをとるのは千年に満たない期間であって、その間にモーゼとヘブライの預言者たち、インドのウパニシャッドと仏陀、古典ギリシャの哲学者たち、そしてキリストが顔を出している。この時期に世界の神話的解釈はイスラエル、インド、中国、ギリシャ、そしてローマ統治下の地中海地帯の諸文明内部で相互に独立して生じた、新しいさまざまな形式の体験によって乗り越えられた。彼の信じられないほどの労を惜しまない調査においてフェーゲリンはこれらの出来事を探究して、これらの公分母は「〝存在〟が世界超越的なものとしての本性を示す、精神的爆発」のそれであることを明らかにした。『秩序と歴史』の最初の数巻において、フェーゲリンは「存在における上昇跳躍」のことを語った。後に彼はこれらの跳躍を「啓示」と呼んだ。西洋文明においては三つの啓示がやがて溶け合った。「シナイ山上の啓示は、自らの歴史的形式における実在をその選びの民に課した世界超越神を明らかにした…ギリシャ哲学は理性、すなわち訓練を積んだ問題追求のうちに神の精神《ヌース》に近づく人間の精神《ヌース》を明らかにした。キリスト教の啓示は神性が人間のほうに降り立つことを明らかにした」。啓示は人間存在の無歴史性をそれ以前からそれ以後を切り離す一つの境界標を創造することによって破壊した。「フェーゲリンの最終分析では、歴史とは有意味的出来事の網を通る神的現実の時間の流れである」（Sebba, 1977: 661-63）。

フェーゲリンは、なぜある人は啓示された真理を受け入れ、他の人びとはそれを拒絶したり、また反抗したりするのかの問いには答えなかった。だがこれらの歴史的諸事実は途方もない結果をもたらした。キリスト以来の西洋世界に関する限り、「啓示への抵抗」はグノーシス主義の形式をとった。フロリスのヨアヒム（Joachim de Fiore1138-1202）は、その教義のなかで、歴史過程のなかに救済を移し入ることによって、この原‐異端説の原型を創出した。この「神の内在化」により、人類は人類自身の救済の創り主であると言明された。一つの結果として、キリスト教世界の政治領域は宗教から切り離され、イデオロギーの立場から自己を神聖化することによりその「再神化」の道を捜し求めた。今や、救済は世俗の世界のなかに据えられたのである。ボルシェヴィズムもファシズムもどちらも啓示に反対するグノーシス主義的抵抗の最終的結果である。

シュッツは、本当に長い間、フェーゲリンの考えの形而上学的側面に気づかないままでいた。彼がフェーゲリンの二律背反的歴史観に直面したのは『新しい政治学』[4]（1952）を読んだときだった。この中でグノーシス主義の対抗原理はある絶対的超越性の肯定原理を浮かび上がらせ、これに暗い影を投げかけた。シュッツはその最終的な重要性がはっきり摑めなかった。一九五二年一一月に、彼は著者に、この広範囲な書物の大部分を含んだ、二十七頁の手紙を書いた。フェーゲリンはシュッツにほぼ同じ長さの二通の手紙（1953.1.1, 1953.1.10）で返事を書いた。これらの最も長く書かれた手紙文の交換のなかで、シュッツが選んだ問題点は、それらが著書にどのような結果となって現れるかといういくつかの問題点であった。フェーゲリンは彼に逆の順序でこれらに返答することに決めた。

シュッツの問題はグノーシス主義の概念とその歴史における役割と基本的に関連していた。彼はフェーゲリンの西洋社会の脱‐神化とイデオロギーによる再‐神化の主張には何の不足もなかったが、そのことと宗教的グノーシス主義との結びつきが彼には理解できなかった。シュッツはこれを個別の歴史的事例に関して論じたが、しかし同様に彼は「歴史の形相」の問題にも触れたのである。

フェーゲリンは「グノーシス主義者の革命の大道具」であったし、いまもそうである「二つの技術装置」について書いていた。聖書の誤用を偽装するために、カルヴァンは彼の神学諸論文を「最高の思慮あるキリスト教徒のコーラン」として書いた。同時に、彼は「いかなる反対をも押さえつける最も有効な手段」として「批評の諸道具を厳重に禁止」した（1952: 138-40）。シュッツは異議を唱えた「これらの二つの技術的道具は一般的性質のものであり、あらゆる社会分野とあらゆる形式の社会に属するものである。それゆえ、グノーシス主義とは関係がない」と。それらは社会権力の表現である。「いかなる種類の権力もそのコーランとタブーを作りだす。異端者たちは、常に、この闘争のなかで腐敗する」。フェーゲリンは、そこでただちに、彼の最初の論述を「思想抑圧の一つのユニークな事例」を示すと修正した。

グノーシス主義者の政治の二つ道具の存在と応用に代わる説明を求めて、シュッツはフェーゲリンの書物『民族と国家』を引き合いに出した。これは一九三三年に刊行され、「対抗－理念としてのユダヤ人」の一章を含んでいた。シュッツはこの対抗－理念の基礎について省察した。「どの理念も、一度力を得るや……その対抗－象徴を必要とする……あなたの意味におけるいずれの象徴も同時にある否定の象徴体系を前提とし、またいずれの神学も同時にある否定の神学を前提としないかどうかと私は目下自問している」。ある弁証法的な緊張が「その象徴体系のこれら二つの肯定と否定の極の間」にあるし、またなければならない……「おそらく歴史の形相がここで追求されなければならないだろう……」

フェーゲリンは歴史的立場と対抗的立場というこの考え方を受け入れた。これは「それが歴史のなかの本質であり歴史の本質ではないとして理解されるかぎり、歴史の本質の一部である」。しかしながら注意は歴史的に特殊な立場とその問題の具体的内容に向けられねばならない。任意の具体的立場と対抗的立場についての相対的メリットが確定されねばならない、相対主義が勝利を収めるべきでないとするなら。「ソクラテスが正しく、アテネ人が間違いであった」ことを支持しなければならない。同じことはキリスト教徒の超越論とグノーシス主義者の内在論の立場にも当てはまる。

フェーゲリンは、キリスト教徒の超越論の側を選び、これを哲学的真理への唯一の道と同一視したのである。シュッツは反論して問いかけた、つまり「どうしてキリスト教の終末論なしに自由な魂を守る形而上学が……存在しないと言えるのか」。フェーゲリンはこれを「決定的な問いかけ」と称した。彼は超越的体験の解釈がキリスト教的枠組の外部でも可能であることを認めたのである。プラトンとアリストテレスがこれを完成したことは、歴史的事実である。しかしさまざまな超越体験はさまざまな程度の差異を認めることでもある。プラトンの洞窟の比喩を指して、フェーゲリンはこれには何かが抜け落ちているると主張した。影を見ている者の一人が無理やり振り向くように「強いられ」て、洞窟の入口へ引きずり出される、そして今や太陽を知る。ところで「この男を振り向くように強いているのは誰か。そういうわけで「神の恵みの問題」がプラトン主義の次元で持ち出される。プラトンの「強制力」はキリスト教が神の恵みによって啓示として発見したものである、「人生への超越の介入の体験として……これは新しい」。「哲学的な専門的結果において」、誰もその後、超越をキリスト教以前の考えでは論じ得なくなった。

一九五二年のやり取りの五年後、フェーゲリンはフッサールの超越論的間主観性の概念に関するシュッツ論文の批評の枠組みのなかで現代のグノーシス主義の話題に立ち戻った。シュッツへのある手紙のなかで、彼は「あなたの方が私ほど高く評価していないかもしれない理由で、すなわち、グノーシス主義者フッサールの一研究として」この研究を歓迎すると書いた。フッサールの超越論的間主観的構成は考え違いをしていたことに同意して、フェーゲリンは以下の問いを持ち出した。「なぜフッサールは数十年間、頑なにこの誤りに固執して、再三再四新しい構成の試みによってこの誤りに立ち戻ったのか」と。フッサールの失敗を分析して、シュッツは「確信をもってその構成の動機を論証した」とフェーゲリンには思えた。すなわち「世界の消滅と観想する哲学者、精々のところ、観想する党派的コミュニティによる孤独からの世界の再創造。そしてまさしくこれはグノーシスである」(1957.5.31)。これについての彼自身の考えは、さらに「大きな調査」を必要とするが、自分はシュッツとさらに個人的な意見を交換しながらこの調査を早速にも探り始めたいと思うと彼はつけ加えた。シュッツが返事を書いたかどうか私には定かではない。シュッツは難病の初期の段階に入っていた。望まれた個人的な議論すら行われずに終わったのかもしれない。フッサールを「グノーシス主義者」と断ずることにシュッツが同意したとは考えられないままである。彼にはフッサールの失敗についての彼なりの哲学的説明があった。すなわち、失敗は本来的にフッサールの超越論的自我の概念から生じたのであり、本来的に形而上学的原則からではなかった。

全体としてのフェーゲリンの仕事について、シュッツは一九五二年に「過去数千年の歴史的展開のなかでグノーシス主義への転換が歴史的にはキリスト教的終末論の内在化から出発したという、君によって論証された歴史的事実」に自分は少しも異議を唱えていないと論述していた。この内在論化とグノーシス主義の間の結びつきは歴史的であったが、しかしいかなる哲学的必然性も構成するものではなかった。よしんば「誰かがあなたの雄大な歴史発展の循環理論を承認するとしても、このキリスト教的終末論への還元が理論として主張し得るかどうかという問題は残っている」。

これらの考察により、シュッツはフェーゲリンの究極的信念の痛いところに触れていた。彼の友人によって考えられた現実的諸問題を議論する代わりに、フェーゲリンは、何が自分の最内奥の感情のうちに、あらゆる哲学思索や歴史研究へと自分を動機づけるのかを彼に明かすことを決心した。

最終の土台

フェーゲリンのグノーシス主義の概念の議論に入る中途で、シュッツは以下のように書いた。初め自分は、友だちの目的が「キリスト教哲学内部の内在論への転換の内在的発展をただキリスト教徒の視点から示すこと」であると思っていた。現在は、しかし、自分は「あなたがキリスト教の教義の立場を完全に承認している」という印象を得ていると。

その返事の最初の手紙のなかで、フェーゲリンはシュッツがキリスト教と哲学を結びつける彼のやり方に対して行った「実に精力的な反論」に本気で取り組んだ。彼は「その著書の背後にありながら、そこでは詳細に説明しえなかった諸考察」について語ることを決心した。

最初に、彼が論じたことは「哲学や……政治思想の伝統的歴史が古典古代と近代を認めながら、他方キリスト教の思想やキリスト教の一五〇〇年のほうは人類の発展における一つの欠陥であるかのように論じられているという事実」である。しかしキリスト教は「無視してよい質の取り扱いでは済まされない」、つまりこれは「プラトンやヘーゲルと同じ理論的慎重さで」取り扱われるべきものである。

キリスト教は「史的救済論のグノーシス派の人びと」と「本質的キリスト教徒」に二分される。仮にグノーシス主義が勝利したとすれば、教会は歴史上の影響力をもたなかったであろう。教会はパウロの教説による世俗の秩序との妥協と信仰者たちの……キリストの歴史的神秘体への変容によって」一つの政治権力となった。「本質的キリスト教」の世俗的勝利は、四つの「批判的」神学並びに哲学の成果によって確保されたのである
(1)キリスト論。これは歴史的見方のなかで理解されなければならない。キリストの時代には神は珍しくなかった（ギリシャ時代の諸王、ファラオたち）。新しかったのは、(a)惨めな終末に至る一人のプロレタリアとしての彼の社会的地位、(b)ある社会集団のためではなく全人類のための「彼のとりなしという人間的立場からの普遍的作用」、(c)「他の神々の隣の一神としてではなく神そのものとしての……」受肉。キリストは「歴史におけるあらゆる神々の終点となる神そのものである」。これは「第一級の批判的浄化」であった。
(2)三位一体の教義。これは別個の宗教的諸体験を一つの神学的象徴に結合する。これらの体験とは、(a)「神の徹底した超越」、(b)神の「召し出しによって変様する」自然への介入、すなわち「〝人間的本質の超自然的形式〟を日常人の〝自然的形式〟の上に重ねること」、そして(c)「忠実な信者たちの共同体のなかの聖霊の存在…」である。徹底した一神教は「神の徹底した超越」を退廃させ破壊してしまった

のであり、「世俗の諸権力を恵みの神に準ずる分配人たち」と見なしたのである。

⑶聖母神学（マリア論）の教義。これは「救済の業への被造物の参加……」をもたらし、これを聖母神学による秘跡へと引き上げた。

⑷トマス神学。トマス神学の中心にあるのは、「神学上の諸判断」が「ある超越的主体（これについてのいかなる世俗内的体験もありえず、もっぱら信仰による体験のみがありうる）を、ある〝理念化された〟、そして無限化された世俗内的述語」に結びつける「ということの承認」である。この教義学は「大変複雑な宗教的諸体験を詳しく説明し、これらを区別する象徴の網である……」キリスト教神学は「宗教的諸体験の一千年以上の秘宝」であり、「これらは教父たちやスコラ哲学者たちの前代未聞の共同事業のなかで、徹底的に分析され、区別されてきた」。

これらの考察の誤解を防ぐために、フェーゲリンは「本質的キリスト教」とカトリック教会とは同じでないことを説明した。この批判的神学的研究は「いつも〝文字通りの〟原理主義者による教義解釈……と勘ちがいされた」のである。

シュッツはフェーゲリンの最終見解の表明をその書かれたもののなかにある精神において、フェーゲリンが、これまで、自ら固守してきた基本方針を内々に説明したものとして受け取った。彼がこれらの説明をしたのは議論のための論点としてではなかった。むしろ、その説明によって最終的に、シュッツはなにがフェーゲリンの研究を動機づけたかを知り、理解できるからであった。彼は真っ先にあらゆる科学的証明を越える信念を抱き、育み、そして議論する権利を認める人間であった。また彼は――あらゆる哲学研究のための普遍原則としてそれらの信念を承認するよう圧力がかからない限り――進んでそれらの信念自体を尊重した。彼は、また、自身の研究のためのさまざまな前提条件の必要を確信したが、それらの前提条件を人類の内的自然をその人間的実存に徹底的に解消して理解しようとする哲学的人間学に求めたのである。

　最も深い信念をシュッツに打ち明けて、フェーゲリンは彼らのそれぞれの究極の哲学的原則が両立不能であることを明らかにした。どちらかがセクト的性向の人間であったとすれば、二人の基本的不一致が根深いという認識は、彼らの友だち関係を駄目にしてしまったであろう。しかしながら、どちらも相手に対する自分の学者的尊敬と温かい気持ちを失わなかった。これは彼らにとって難しいことでなかった。二人はそれぞれの社会科学的研究の諸領域に入る広範な問題について一致していることを知っていた。彼らは社会科学が自然科学から自律している人文学的研究領域であると理解することで一致していた。どちらも人間の動機を理解することが彼らの学問の主要な目的であるというウェーバーの信条を承認した。以上のことはそのような目標を正しく追求することとの議論の余地や事実としてさまざまな不一致の余地を残したが、しかし、これらは合理的にかつ実用的に解決されるものであった。どちらも彼ら究極の信念が彼らの実際の仕事の結果につながることを自覚していた。しかしここでさえ議論の余地が、少なくとも、シュッツの側には残されていたのだった。シェーラーから彼は知識の三分図式論、「支配のための知」「知のための知」「救済のための知」、すなわち「技術」「純粋科学と哲学」「宗教」の三分図式論を受け容れていた。シュッツとフェーゲリンは「知のための知」の土台に立ち、論理実証主義の技術化した科学方法論の諸原則を社会科学に押しつけることに対する戦いでは緊密な味方であった。

　シュッツは宗教知識を思想家たちの正当な関心の一領域として認めたが、社会科学の諸領域に基本的に宗教的・倫理的見解が侵入することには頑なに反対した。この点で彼は直接的間接的にフェーゲリンとともに、何処で「救済のための知」が中止し、どこで「社会科学の領域」が始まるのか、という境界をめぐる論争に巻き込まれた。社会科学的推論の哲学的前提を解明することとの必要性を理解するがゆえに、シュッツはここで自分が論争だけでなく議論の明確な説明を求める難しい問題に直面していることをよく自覚していた。フェーゲリンは、シュッツのすべての友だちのなかで、彼の基本的立場の最も真摯な挑戦者であった。フェーゲリンはフェーゲリンで、シュッツのさまざまの疑問や批評に直面した時には同じように注意を払った。

そのようなわけで、フェーゲリンとシュッツの間の友情関係は、共通する関心の中核部分を分け合うと同時に、根本的な哲学方針の部分では互いに対立するというものであった。ほぼ四十年の間、二人は相互の挑戦と不一致に劣らず、一致と協力による学問的つき合いから利益を受けたのであった。

第十三章　アロン・グルヴィッチ——哲学上の収斂

唯一無二のグルヴィッチとシュッツの友情関係は、個人的に二人が多くの類似点をもち、両者の学問上の人生計画とも混じり合って育まれ強められた。彼らの中心となる理論関心が一致したのは、二人がただ現象学者であったばかりでなく独自のアプローチによる研究者として——ゲシュタルト心理学のグルヴィッチ、ウェーバー社会学のシュッツとして——例の現象学運動に参加したからであった。結果として、彼らはいくつかの息長く続く領域を共有し、異なる視角からこの領域に入り込んだが、きっと何時かは共通の解決に達するものと期待していた。

グルヴィッチとシュッツを——生粋の哲学的な現象学者たちに対比して——「応用」現象学の提唱者として考えてみると、二人の方法論上の問題が類似のものであったことが分かる。それは自分たちの独自目標のために現象学的心理学的洞察を批判的に導入することである。同じ理由で、彼らは特に一定の現象学的諸仮説を自らの独自な分野の諸事実と突き合わせることを身につけていた。このような突き合わせが現象学理論本来の部分の調整となって現れた。この意味では、また、彼らは批判的現象学者であった。もしも現象学的洞察が彼らの特殊な研究領域のさまざまな現象の理解を鋭いものにしたとするなら、そうしたことについての独自な観察は逆に前者のテストケース、ひょっとすると調整策として役立った。二人は、互いに密接な接触のなかで仕事をしながら、現象学を変化させるための洞察と独自理論の一種の総合において、独自のアプローチを繰り広げた。

意識野の現象学

グルヴィッチは一九四〇年に合衆国へやってきた。八年間の多様な教歴を経た後、ブランダイス大学の学部の構成員になった。一九五八〜五九年には、フルブライト教授としてケルン大学で教えた。その後、ニュースクールの大学院教授会の構成員になり、そこで十二年間教えた。

アメリカに在住した間に、グルヴィッチは二十五篇以上の英語論文とドイツ語とフランス語の九篇の論文を発表した。彼の主著である『意識野』*The Field of Consciousness* の基礎は、ソルボンヌ講義で準備された。この研究は五〇年代に最終の形態をとったが、その四年前にその第一版が、フランス語訳となり出版された。元原稿は一九六四年に出版された。

アメリカ版の本書の序言のなかで、グルヴィッチの強調したことは、本書が「現象学について」ではなく、「一つの現象学的研究」を示して、「活動中の」一人の一現象学者を報せることであった。フッサールの「諸概念や諸理論」についての彼の取り扱いは厳密に「この研究で扱われる問題と直接関係のあるもの」（1964: vii）だけに限られた。

グルヴィッチにとって、意識野とは「主題野」である。主題はある意識野周辺のさまざまな現象のうちに現れ、諸々の周辺的変形がみられても、現象学的には同定可能であり続ける。さらに一つの全体としての意識野は、その意識野のもとで「主題が立ち現れる光とパースペクティブ（観点）」を措定する。精神的諸活動は「存在の三つの秩序、1．意識的生の流れ、2．（意識諸活動が）体現されるわれわれの存在、3．知覚の世界……に属する諸事実やデータについての覚醒を常に同伴している」。ある種の主題は、科学理論の主題のように、これらの秩序のいずれにも属していない。

意識諸作用の覚醒とは「現象的時間」の覚醒である。しかし反省とは「意識諸作用の主題化」である。現象学的分析は「現象的時間のもつれをほぐし、距離をとり、はっきり分節化してその構造を明らかにする」のである。我々の存在は「体現されている」のであるから、我々は「外部世界と絡み合っている」、我々の「身体の構えや動き」をぎりぎりのところで体験している。このことは知覚にも身体的行為にも当てはまる。このように現象的時間の限界意識、我々の体現された存在、および知覚の世界は常に存在している、つまりこの三つの存在の秩序は「特権を与えられた地位」を有する。なぜならこれらの秩序は我々の主題的注意の性質とは関係なく常にそれと一緒に与えられるからである。しかし存在のその他の諸秩序に一個人が直面するのは、もっぱら彼が「明らかに先の三つの秩序に属している諸データ、諸対象および諸項目に関わる」場合である。この限界意識の不変的構造があってこそ「我々の主題的活動がいかなる方向を指示し、その活動に対する我々の集中がいかに強かろうとも、我々が決して現実を見失わず、現実と接触すること」を保証するのである。

この現実の覚醒は「我々自身が他の内世界的諸存在者の間の内世界的存在の世界のなかに生存している心身相関的諸存在であるという自覚の形式をとる」。これが自然的態度の核心である。それゆえ、「現に存在することとしての世界の現れと内世界的諸存在者としての我々自身の覚醒は現象学の原則的主題と問題のうちに数え入れなければならない」。

グルヴィッチの主要論文におけるこの簡略化した表現による結論（グルヴィッチ、1964: 414-20）はシュッツの研究にとって彼の研究が無条件に重要であることの十分な証拠である。

グルヴィッチとシュッツ

グルヴィッチとシュッツの間柄は対話する友人という意味である。しかし周囲の事情がこの関係の実現を許さなかった。一九四〇年と一九五九年の間に、二人は個人的会合のために五十回に近い手はずを整えた。手元の資料はそのうち十四回が実現され、残りの半数は取り消されたことを裏づけている。チャンスは他のも同じく不首尾であったのである。

ウィーンにあって、シュッツは生き生きした知的交流の生活を満喫していた。パリにあって、グルヴィッチは彼なりの道に入り、フランスの知的エリートたちのさまざまな活動に熱心に参加していた。合衆国にあって二人が知ったこと、それは形成途上の知的思想や進行中の学術的著作についてインフォーマルに議論するには全体の知的環境が好ましくないということであった。二人の亡命者の友人や知人はそうしようと努めたのだが、ヒトラー以前のベルリン、ウィーンやパリでの知的生活は、アメリカの土壌では回復されようがないことを知った。友人たちはみな広大な国中に四散していた。結果として二人は知的に孤立した生活を余儀なくされた。

一九四〇年に、グルヴィッチはシュッツ宛に「『他の人たちと一緒である』時も同じように私たちの孤独は……」と手紙を書いた（1940.8.23）。個人的な会合が例外であったから、二人は手紙に頼らざるをえなかったのである。

十年経って、グルヴィッチが『意識野』に関する彼の草稿の最初の部分に対するシュッツからの書面によるさまざまな反応を手にした時、彼の返答は次のようであった。「ちょっとした問題を一緒に話し合う人間もいない環境で、一切合財を新たに考え抜き、体系づけることは……ただ困難であるばかりか、しばしば円のなかをぐるぐる回っているのではないかと自問することにもなります……」。彼はシュッツによる彼の研究の「保証」を、それが「世界でもごく限られた数の人物の一人によって、この問題において有能であると僕が考える、この国で唯一の、判断に権威がある人……によって書かれた」として何にもまして心に留めた（1951.8.1）のである。それよりも早い時期に彼はシュッツを〝私の思索の友人〟と呼んでいたのだった（1950.10.9）。シュッツも全く同じように感じた。グルヴィッチは「これらの問題を理解しているたった一人の人物であり、またそれゆえにその批評を留保なしに僕が重んじているたった一人の人物である」と（1951.10.12）。

滅多にない友人との個人的な会合は知的孤立という砂漠を通り抜ける旅のなかのオアシスであった。ボストンで三日間グルヴィッチと過ごした後、シュッツは彼に次のように書いた。「僕は君たち二人とご一緒して幸せでしたし、僕としては、議論が最高に重要でした……これらの議論はきっと思索の糧をたくさんもたらしてくれると思います」（1953.6.11）。そしてグルヴィッチは「沈黙の誓願から三日間の免除を認められたトラピスト修道士の気持ちと似たような新奇な体験」（1953.6.11）について語った。時が経つにつれて、個人的な対話に対する要求は大きくなった。最後の個人的意見の交換は一九五八年に行われた。ベニスでの国際哲学会議の期間中であった。「はっきりしたのは、僕たち双方にとって長期間一緒に過ごすことがどんなに大事かということです」とシュッツが彼の友だち宛に手紙を書いたあと、彼の願ったことはグルヴィッチの計画したイスラエル旅行の後、彼らが互いに「もっと長い時間」会うことであった（1958.11.1）。グルヴィッチは「僕らに都合のいい時に十日あまり互いに話し合うことが絶対に必要です……」（1958.11.22）と応じた。だがこの計画はシュッツの死という究極の挫折によって打ち砕かれてしまった。

二人とも本当に互いに気心が合っていた。かつてグルヴィッチは「僕ら二人は言葉なしでも互いに分かり合っている」と書いた（1945.5.20）。シュッツのジェームズ論文に新鮮な印象を受け、ジェームズについて研究に取り組んだ時に、グルヴィッチはシュッツに対して、彼自身のさまざまな意見が彼との対話の形式を帯びていると説明した（1940.11.20）。繰り返し、グルヴィッチはシュッツが彼のさまざまな考えを再考しているという見解を言葉に表した。彼が草稿『意識野』についての長い一群のコメントを受け取ったとき、グルヴィッチは手紙に次のように書いた「本当に、君は僕が論じなければならないさまざまな問題をもう一度考え抜いている」と。彼はこれらの問題にまつわるさまざまな困難を知っていたから、この草稿を読む間シュッツがどんなに莫大な量の骨折りがあったか、彼には分かったのである（1952.2.17）。

グルヴィッチがフランス語版『意識野』を彼の妻とシュッツに捧げ、また英語版を「シュッツの霊に」捧げたとき、彼は長年にわたって困難な仕事における無言のパートナーであった一人の友人に向かって感謝の気持ちを表したのであった。シュッツはこの努力についてなんらの犠牲とも思わなかった。シュッツはこの草稿の最後の部分を精査した後、彼はグルヴィッチに「初めの年からずうっと、自分がこの著作の成長に参加させてもらったことに対して」有難うと感謝した。この協力により彼の思考の範囲はぐんと広がり、もともと彼自身のものではない考えに夢中になり、自分の立場のいくつかを考え直すことにもなったからである。グルヴィッチは、順繰りに、当の草稿がシュッツの批評に感化されて哲学的な形をとってきていると感じた。「一方がもう一方から恩を受けているとすれば、それは僕のほうです……」（1952.1.25）。シュッツにとって、この体験は「もっぱら友だちとともに哲学することができる」というシェーラーの名言の確認であった。グルヴィッチにとって、それは「人が何たるか、人は他者のおかげなり」というゲーテの格言の確認であった。

しかし二人は〝互いに崇め合う会〟を形づくるようなことは決してなかった。互いの書き物の読み手として、二人は率直な批評家であった。そしてどちらも相手の批評する声に注意深く耳を傾けた。グルヴィッチは双方の気持ちを次のように書き表した。「君はただ一人、私がその人物の立証に関心をもっている人物であり、立証を否定する場合には、繰り返し僕に考え直させ、僕の立場を再承認してくれる」(1950.10.9)。

この意味では彼らの知的関係がよく育ったのは承認と同じように論争であった。両要素は二人の書簡の交換のまさに出発から現れていた。なおもパリにあって、グルヴィッチはニューヨークのシュッツ宛に意識の志向性に関する自分の論文を郵送し、彼に感謝したのだが、大概それは「君との討論のおかげで僕の抵抗力は最高に発揮された」からであった。彼が望んだのは矛盾の更新であり、さらなる討議であり、またしたがって「それ以上の刺激といっそうの推進」であった。グルヴィッチは再び彼との「熱狂した討議」に巻き込まれたくてうずうずしていた。このような討議こそ、その他の点で生きることの魅力をすっかり失ってしまったような状況においては、人生を生きるに値するものとするのであろう(1939.8.5)。シュッツがジェームズに関する論文の冊子をグルヴィッチ宛に送った時、彼はグルヴィッチに反応してもらおうと「これについて書く」ように懇請した(1940.11.2)。数ヶ月後に、グルヴィッチは論文「意識の非自我論的概念」をシュッツに送った。この主題は二人の間の哲学上の相違の核心であったし、なおあり続けるはずであるから、グルヴィッチはこう釈明した。「拙稿に対する大兄の拒絶がどんなに深いものであるか、承知しております……まさにこの理由のゆえに私は大兄による拒絶のはっきりとした理由の表明をいただければ――それも私的討議だけでなく、雑誌に印刷して――この上なく感謝いたしたいと思っています」(1941.4.20)。この雑誌にグルヴィッチの論文は掲載予定であった。

グルヴィッチはシュッツとのこの初期の論争を楽しむようにみえたが、この論争はグルヴィッチの友だちにはよくなかった。「私はあなたの心情や考えを忖度していないのではないか」と、彼はグルヴィッチに書いた。「私たちが時折決定的に理論を違えてしまう時ほど私には深く不幸せなことはありません」。しかし彼はこれらの違い自体が「相互理解の原的な基盤の前提である」（1941.2.22）と考えて自らを慰めたのである。彼の応答に対してグルヴィッチも、同じく、自分たちの関係の積極的な意義を力説した。底の底、つまり哲学的関心の底土のことを語って、彼は自分たちは両方とも単に似通った底土ではなく、むしろ同一の底土に根ざしているとの期待を表明したのである。この隠喩は長い間この友人たちに生き続けた。おそらくその期待は、シュッツがかつて述べたように、ともあれ「達成されうるもの」であった。ところでその後グルヴィッチは、うまく方向づけられ、着実な努力の積み上げによって生み出される、完全な心の一致に向かう相互の前進という見解を例示する、一つの新しい隠喩を持ち出した。

一九四五年九月に、彼はシュッツ宛に「自分がトンネルで掘削していると、もう一方の側の労働者を合図する掘削音が聞こえてきます」（1945.9.3）と書いた。十五年間、この「トンネル」は彼らの個人的話し合いや往復書簡にとって絶えず回帰する一つの引喩となった。ついに、グルヴィッチは大きな前進について語った。「今や私たちの一方が掘り出す岩を、もう一方の建設作業のなかで使用できます」（1957.10.31）と。

ある危機

その初期の時代にグルヴィッチとシュッツが巻き込まれた熱のこもった議論は彼らの友情を固める

のに役立ったが、理論目標の一つの読み違いはこの友情をほとんど崩壊寸前にしてしまった。彼らの関係のこの――ただ一回の――危機は、シュッツの論文「余所者」によって突如引き起こされた。グルヴィッチは、シュッツの幾人かのニュースクールの同僚と同じように、消極的な気持ちでこの論文に向かった。彼は余所者の類型の過度な一般化について語った。自分がそうしたいと思うときにいつでも母国に帰国できる、「旧いタイプの移民」、これと新時代の亡命者、つまり「この奇妙な存在の特殊な諸特徴は……形式化によっては片付けられない。これらの特徴は君の記述する根本的には無害の適応困難な事態とは比べられないものだ」――との間の生々しい違いを抹殺している、と。とりわけ彼が強調したのは、この亡命者は自分が忘れようとしてではなく保持しようとして歴史的文化的過去を携えて此処にやってきたことである。アメリカ合衆国では、彼は国外追放中の善良なヨーロッパ人なのだ。彼の危機は、「再オリエンテーションの図式、行動パターン、生活様式」のような諸範疇では記述されえない。

グルヴィッチは、シュッツの諸範疇が日常生活の瑣末な問題に適用される場合には、これらの「相対的正当性」を争わなかった。しかしこれらの範疇は、科学や哲学原理の問題においては無効である、「形式社会学的考察」の諸成果であった。[1]「一方の日常生活の場合には誰もがすることをしないのは愚の骨頂というものです。しかし他方の科学や哲学原理の場合には常識に対立することが真正な知的義務となり、それゆえ道徳的義務ともなります」、つまり常識的世論が語ることが何であれ、「対象そのものを追求する」というヨーロッパの哲学には三千年の古い伝統がある。それゆえにグルヴィッチはシュッツに「形式社会学の諸概念の限界は何処にあるのですか」と強く問いかけるのであった。仮に後者が無限の効力を与えられるとなれば、自由に操作しやすい、心理学的で社会的な動物としての人間という見方に通ずることにならないか。グルヴィッチは、シュッツが自分の論文は「一つの社会学的研究であり、そのようなものとして普通の人びとの問題に興味があり」、普通の人とは別であると自らを考えている

「少数の人びとの特殊問題には興味がない」と答えることはあり得ると思った。それでもしこれが事実であるなら、どうして、われわれの時代において、「普通の人びとへの関心」が「［哲学上の］真理の問題」に優先すべきであるのかと彼は問うたのであった（1944.7.16）。

これはグルヴィッチに理由があってその感情が流れ出た私の承知するたった一つの例である。このような場合にはすべてそうであったが、シュッツは、大いに自分の邪魔となるに違いないこうした攻撃には応じなかった。二人の往復書簡目録では、普段は月ごとに数通に及び、まれに四週間以上の合間があるものの、「余所者」についてのグルヴィッチの書簡と彼のシュッツに宛てた次の書簡との間には十一ヶ月の間隔が存在している。

グルヴィッチはシュッツの論じている話題にではなく、それとは異なる平面上にある問題に本腰をいれた。この問題も、同じく、自分が適切な注意を要すると言ってもかまわないだろうと。ところで彼はシュッツのテーマを瑣末なものと考えたが、同時にシュッツが哲学的真理への関心よりも「普通の人びとへの関心」に優先権を与えていることを手本にもした。哲学的思考のなかで瑣末であるものが社会学的思考のなかで話題として重要でありうるし、実際特定の場合には、「自然的態度」と生活世界に関係している思想家にとっても重要である。ここでグルヴィッチは二つの両立不能の意味領域を支配する「関連性の体系《レリヴァンス》」を混同してしまっている。理論的科学的研究の諸領域のなかで活動する思想家の重大な関心は、日常生活の諸関心の「実用性」の角度からの評価的な批判をただちに受け入れるわけではない。それは、ちょうど日常生活の利害や関心が科学的哲学的思考を支配している関連性の規準による評価的「測定」に服さないのと同じである。シュッツは、移民にとって、その日常生活が重要な問題になることを明らかにしたのだった。なぜなら移民は、これまで当たり前のことと思い込んでいた、自然的世界観の大部分が、大いに不確かなものになっているからである。したがって、彼は新しい国で生活を開始するという精神的衝撃の諸体験になんとか折り合いをつけなければならない。

シュッツは、それゆえ、移民の基礎問題を扱ったのである。彼はそれ以上に多様な移民問題——古い仕来りの温存や文化的適応の諸々の要求に対する防御のためのゲットーの形成、あるいは亡命哲学者たちの知的貢献の保全とこれらの異なる知的文化への普及——を扱いはしなかったが、彼はそれらの問題の存在を否定しなかったし、それらの問題を研究する必要性も否定しなかった。

このことを知らずに、グルヴィッチは一つの包括的問題をめぐって最初に発言したが、その結末が厄介であったように、この問題自体も厄介であった。われわれがすでに述べたように、「余所者」論についての彼の批判から生じた沈黙を打ち破るのにグルヴィッチは一年のほとんどを要した。彼はシュッツに論文「現代のニヒリズム」の別刷りを郵送した。これは多分「形式社会学」に対する彼の先の精神的衝撃への一種の後知恵であったのかもしれない。論文はひろく「現代の心理学的自然主義」及び行動の自動運動を論じている、つまり「心理学的・社会学的理論の根本的な誤りは、ニヒリズムが人間に備わっている思考の一様式として考えられている事実にこそあるのだ。しかるにニヒリズムは、実際には、ある特殊な歴史時代の曲解なのである」。グルヴィッチは、理性の退廃のスケッチを試みた。理性は数学に縮減されてしまった後、心理学的自然主義へと退化し、またしたがって、理性は操作者や宣伝家への道を開いた。彼らは、次々に、「全体主義の実践」で終わった。論文のかなりの部分は、ヒトラーの敗北以後、いっさいの虚無主義的退廃過程の再発を予防するために、「自由世界」の唱道者たちによって承認されなければならないような態度についての考察に捧げられていた。

シュッツは次の短評をもって応答した。「私はあなたの著作をとても入念にしかも細心の注意を払って読みました。あなたは驚きになるかもしれませんが、私は心底から留保なしにあなたの表現なさったすべてのことに同意します……」。今やシュッツはなぜグルヴィッチが「形式社会学」をその攻撃の標的として取り上げたのか、その理由がさらによく分かった。この批判は「哲学的思考における社会学主義についてのあなたの正しい拒否のうちに根ざして」いた。だが彼は産湯とともに赤子を投げ捨ててしまった。社会学者たちが社会学的手段を用いて、宇宙の謎等などの解決を主張することは、たしかにニヒリスティックであろう。

ですが中間領域――相対的自然的世界観の領域――があります。この領域の記述と分析には、ちょうど社会学的諸範疇が最も控え目な哲学的問題の説明に不十分であるように、哲学的諸範疇も同じく不十分です。例えば、「適応」――この用語は全く不明瞭のままです――これは、あなたの論文で扱われる問題領域ではなんの資格も持たないとしても、社会学者がこの用語で特徴づけ、記述し、その意味合いを尋ねることができる、また私の意見ではそうするのが当然である、一定の出来事が日常生活の内部に存在しています。(1945.6.11)

その次の数ヶ月の間、グルヴィッチとシュッツはニューヨークで互いに顔を合わせた。彼らは以前のさまざまな違いやいろいろな誤解について議論し合ったに違いない。後になってグルヴィッチはこれらの意見交換の「火花の散る論争」について語ったが、しかしこうもつけ加えた。しかしシュッツによる別の論文を取り上げる時には、当時「私たちは、実際には、思ったほどかけ離れていたわけではなかった」(1945.9.3)。

親密な協同の時期

一九四四年の仲たがいは和解され、シュッツとグルヴィッチの関係は高速ギアに転じた。次の七年間グルヴィッチの主要な企画『意識野』の展開のなかで、シュッツはこの企画を次第に加速させる役割を果たした。これは、シュッツの『意味構成』の具体化におけるカウフマンの役割そしてフェーゲリンの『秩序と歴史』の展開におけるシュッツの役割に準えてよかろう。

自分のことのように、シュッツは、グルヴィッチの仕事に関わり始めた。グルヴィッチが一連の草稿コピーをシュッツに送り始めた四〇年代の中頃である。一九四八年頃はもう、シュッツは「この仕事の進捗を見つめる名誉に与っている」(クルト・リーツラー宛の手紙、1948.11.12) と書いていた。この草稿は一九五〇年に完成されたが、なおも数年間グルヴィッチはその完璧を期して努力した。シュッツの論評の大部分は一九五一年および一九五二年に始まり、その草稿の修正部分に関係した。

その本の補正版はシュッツに少なからぬ印象を与えた。そのいくつかの部分を読んだ後に、シュッツはこう論評した。自分にも馴染みのある、グルヴィッチの個々のアイデアの多くが……今や一つの焦点に向かいつつあり、また自分にも新しい、多くの重要なデータが一段と深い連関を、主題的にも周辺的にも、先取りしている、と。シュッツは、グルヴィッチがジェームズやピアジェその他を介して自分の問題への通路を切り開こうとする、その方法を称賛した。「眼の前にある著述は、フッサールがこの術語を用いた真摯な意味において〝始まり〟です」(1951.7.16) と。

シュッツによる盛りだくさんの個別的な論点に関する批評や示唆の一覧を掲げることはいかなる目的にも役立たないだろう。そうすると主要な論争点に対するシュッツの批判的反応が別々に議論されることになるからである。一般的な二つの要点のみここで論評しておこう。

この著作の第二部は、グルヴィッチがシュッツに示したように、「ゲシュタルト理論のまとまった歴史的‐理論的基礎づけ」に充てられた。グルヴィッチはこの第二部を「独創性がなくはない」と考えた。自分はゲシュタルト恒常性というただ一つの現象の分析からこの理論の全内容を導き出したからであった（1950.10.9）。シュッツはグルヴィッチがこの理論に対する彼自身の貢献を過小評価しているのをみて、「君の努力はゲシュタルト理論の創立者たちの研究に欠けている、この理論に哲学的基礎を与えることを目指すものだとはっきり言明すべきである」と彼を励ました。グルヴィッチは彼の意見にしたがって論述を改めた。シュッツは喜んだ。今度は「分かりやすく事実としてなにを君の研究がゲシュタルト心理学の哲学的基礎の解明に貢献するかを偽った（もしくは生粋の）謙遜な気持ちでも、また思いあがった態度でもなく述べてある」であった（1952.10.24）。この貢献はグルヴィッチの最も実質的な中味のある説明に通じる道を開いたが、ここで考慮されるべき第二の論点が彼らの研究の継続と関係してくる。その草稿の短い「結論」はシュッツの熱のこもった論評を呼び起こした。「君は、終楽章のために…一番美しい主題をとっておくモーツァルトみたいだ」。シュッツは三つの主題を指摘した。(1)シュッツが「きわめて重要」と考えた、三つの恒常性の理論。明らかに、彼はここで境界意識の「不変的構造」に関するグルヴィッチの所説に言及したのである。「どの瞬間においても、現象的時間（あるいは意識の流れ）、私たちの肉体を与えられた存在、および知覚世界は、これらの存在の秩序にそれぞれ関連するデータや項目の自覚をとおして、意識に現れる」。(2)「肉体を与えられた存在」の概念。これは「私自身の死について知ること」や「誕生によって世界のなかに投げ込まれること」といった、シュッツにとって大切な基礎的実存論的洞察に一つの位置を提供しうるだろう。(3)「私にではなく、むしろ君に対して大きな問題を創り出した」一つの論争点、つまりいつも私たちの周囲には間主観性があること、すなわち「他者の存在についての私たちの知識」があることである。これには、当然ながら、

「他者たちとの意思疎通が含まれている」。

グルヴィッチは、なおも『意識野』にその最終的な形を与えるべく懸命に作業を行っていた時であり、わずかな発言にとどめた。例の「結論」は実際に「三つの恒常性」の論述に捧げた、もう一つの研究への序説であった。それの最初の草稿は第二次世界大戦中に書かれてしまっていた。当時、メルロ＝ポンティやサルトルの関連した研究に近づく機会がなかったので、全面的修正が必要とされた。最初は、グルヴィッチはこの研究を『意識野』の一部にしようと思った。今度は、この研究を一冊の独立した書物として取り扱おうと決意したのであった。フランス語で書こうと思い、*Les Trois Dimensions du reel*（『現実の三次元』）と名づける予定であった。明らかに、これは書かれず仕舞いだった。

現象学の諸問題

グルヴィッチとシュッツの間の重要な論争はグルヴィッチの論文「意識の志向性について」から始まった。この論文のコピーをシュッツは出版に先立って手にした。論文のなかで、グルヴィッチは知覚における諸対象の同一性の総合についてのフッサールの分析を細かに論じようとした。問題は、ある意識の諸作用が間断なく時間的変様を被るなかで、いかにして同定しうる同一対象が、その意識に存在しうるのかということであった。フッサールはノエシスとノエマの学説において一つの解答を予め示していた。ノエシスは体験する作用を指し、ノエマは意図や意味としてその体験の対象を指す。したがって、その「実在の対象」を指すのではない。つまりノエマは一つの理念的存在である、と。フッサールは、この学説を「ある客観化の心的状態」のなかで「その体験する主体が一つの対象に直面させられる、その心的状態の記述的報告文」として提出したのである。グルヴィッチは「この種のどの心的状態も時間性のほかに同一性によって説明されねばならない」と結論づけた。それゆえ、同一性は時間性がそうであるように、基礎的なこととして還元不可能な事実として処理されねばならなかった。これがグルヴィッチの「意識の相関概念」の基礎となる。それは意識の二重性の理論に行きつく、つまり「時間性と同一性とは正反対の極でありながら、しかし、互いを必要としている」。意識は、相互に対応している「諸作用のプラン」と「意味のプラン」の二層化した構造を準備する。「ある作用を体験することはある意味を現実化することと同じ事柄である」。これに照らしてみれば、志向性は主体を意味、理念的統一体に向き合わせる「意識の客観化機能」となり、またこの意味、理念的統一体に、同一のものとして、主体は思うがまま幾度も際限なく立ち戻れるのである」。これは志向性のすべての構造にも現実的ないし理念的諸対象にも適用される（1940: 73-83）。

シュッツは、十三頁にわたる手書きの手紙でグルヴィッチの論文に応答する前に、これを徹底的に詳しく調べた。彼は時間性と同一性の間の関係が意識の根本問題であることに同意した。そしてグルヴィッチの二層性の定立は「ある特殊問題の明示的表現のための一つの暫定的中間的解決」としてなら承認されてよいとの意見を述べた。しかしシュッツはこれを正確な記述の最終の成果としては承認しなかった。意識の二層性は事実で証明されるものではない。それは「〝同一〟の現象に二重の解釈をまかせる可能性の一つの言語表現」である。ある者は自然的態度から出発して、世界を疑問の余地なく与えられたものと仮定し、それから意識の諸事象を分析していくと、ここで時間の問題に突き当たる。またある者は「志向的諸成果の構成」を意識の流れにおいて追跡していくと、〝同一の事物〟の把握を妨げる〝裂目〟を発見することもある。グルヴィッチは同一性をもっぱら対象体験の意味で理解した。シュッツは〝現実の対象〟あるいは〝事物〟の同一性に関心をもった。いずれのやり方も二元論のパラドクスに通じるが、しかし、「これは私たちがここで〝同一性〟という語に幻惑されているからである。志向性（の諸作用）とは異なり、意味（意義・思念）は不変でありうる。事物についてはそうはいかない。自然的態度においては、ある特定の木が、いつも違った仕方で見られているけれども、その木は「同じ」と呼ばれる。この「同一性」は、完全に意味の同一性とは違っている。私たちが素朴に事物の同一性と意味の同一性を等値すると、次の三つの事態が起こりうる。(1)ヒュームに倣って、同一性は仮象であるという結論を得る。(2)フッサールに倣って、志向性の構成的能作としての「同一の意味」は存在するが、同様に同一の「事物の意味、すなわち複数ノエマ」もあるとの結論を得る。(3)ライプニッツに倣って、不可識別の同一性の原理を受け入れる。シュッツは最後の結論に賛同した。この原則を時間に適用すれば「問題への真の通路」が見出されると。

さらにシュッツは話を続ける。この問題はさらにもっと深部に及んでいる。ここで「すべての主観哲学」は、「客観的世界の事実」を予め括弧に入れてしまった後、これに精通することの「困難さ」に直面する。生活世界として、この世界は「それに独自の意味を、私に解釈するようにと差し出されている意味を伴って、そこにありのままに存在している」。しかるに、超越論的態度においては、「［超越論的自我としての］〝私〟がこの世界を自分で産出したかのように〝私〟は作用する。けれども、〝私〟は意味と新しい意味を除いて何事も産出しない」。生活世界における最も単純な行為すら諸々の〝同一の〟事物および学習と反復がなされうる〝同一の〟操作を前提にしている。これは同一の意味であるのか。ある伝言を書くというテクニックは諸々の〝同一の〟文字を形づくるための〝同一の〟動きを反復することにある。この〝同一性〟は、その伝言が書き手と受け手との間の関係のなかで演じる意味を指すのではなくて、その書かれた言葉の言語的意味と同じであるのか。なるほど同一性は意味の純粋な現象と解することもできる。しかし、これによって、同一性はノエーマタ［noemata 志向性の対象的契機である noema の複数形］」に限定される。諸事物は還元によって〝無化〟され、また、諸事物とともに、内世界的自我それ自身も無化される（1939.8.29）。

シュッツはフッサールのこの問題の扱いを一つの回り道と考えた。内世界領域から出発すべきなのだ。これは、「しっかりした現象学的洞察の全体系」に合致した成果をもたらすであろう、彼の示唆する将来の研究において証明されなければならないことである。超越論的還元の結果、フッサールはノエマとノエシスの二元論を生み出してしまった。そして今度はグルヴィッチが彼の意識の相関概念のなかでこれを引き継いだのであった。

その後グルヴィッチの立場を批評するなかで、シュッツはノエーマタの話題に戻った。例えば、『意識野』の第四部の議論では、彼はグルヴィッチが意識の内実であるノエーマタの優先、そして体験作用過程であるノエシスの無視という論じ方に異議を唱えた。

他方で、シュッツはグルヴィッチの「恒常性仮説の破棄」を歓迎した（1951.8.29）。この仮説は、一言でいえば、感覚与件はそれに対応する物理的刺激によって完全に決定されるという主張である。あれやこれやの形式で、フッサールやピアジェばかりでなく初期のゲシュタルト理論においてこの仮説は承認されている。この仮説の破棄は、過去の諸体験が知覚に影響することを示す証拠に由来する（グルヴィッチ、1964：87-92, 98）。

心理学の諸問題

シュッツとグルヴィッチのどちらも合衆国に腰を落ち着けると早速にウイリアム・ジェームズに注意を集中した。彼の現象心理学的諸考察は二人にとって一つの挑戦であったが、二人ともこれを受け取った。一九四〇年に、シュッツはウイリアム・ジェームズに関する論文の草稿コピーをグルヴィッチに送った。この論文はどこでジェームズの考えがフッサールの考えと「合体」するのかを見出す意図で書かれたものであり、ジェームズを一人の現象学者にすることではなかった（1941: 442）。コメントのなかでグルヴィッチは、ジェームズがフッサールのノエマの概念を先取りしていたというシュッツに同意した。しかしさらにその現象学者は独特な心理学者である。したがって、彼に対して、現実は「常にもっぱら彼の思考の対象において与えられる」。これがジェームズの思想からフッサールの「構築の問題」への橋を形づくる。ここから進むなら、「内部から」、「思考の対象と心理学者の現実の素朴な並置」を解消できる（1940.11.7）。シュッツは同意したが、彼の論文の限られた枠内ではこの問題を詳しく書くことはできなかった。

シュッツの説明はこうであった。フッサールは、ジェームズのそれと類似した心理学的基盤から、対象が意味に変更される現象学的還元へとさらに進んだのだと。グルヴィッチの提案はジェームズの思考対象それ自体が意味、すなわち、「還元において残留されるもの」（1940.11.7）に他ならないということであった。シュッツは、ジェームズがそのことを明確に述べないまま、還元された領域内で多くの記述を行っていたことに同意した（1940.11.16）。

ジェームズの［意識の］縁暈の理論はフッサールの［意識の］地平概念と関連があるというシュッツに同意して、グルヴィッチはさらに細かい区別を導入した。内部的地平と外部的地平は同じ部類のものではないこと。加えて、「ジェームズの縁暈の概念は縁暈と［意識］野の間の結合を保証しその意識野の一貫性を保証するこれらの諸要素に関係するばかりでなく、また意識の流れそのものの連続性を示す諸要素にも関係している」（1940.11.16）。主観的時間に関して、シュッツはジェームズの［意識の］縁暈がそれぞれの今に属する過去把持《リテンション》と未来予持《プロテンション》を含むことを示した。ここで、グルヴィッチは、ジェームズの意図が「フッサールのそれと並行であるばかりでなく、同一である」とつけ加えた。実際、縁暈という表題はもっぱらこれらの現象のためのものであるはずである。「これはしばしば私たちが議論してきた問題を思い出させます。私が主張するように、［意識］野と［意識の］縁暈の間に基本的な区別をなすべきかどうか」（1940.7.11）。シュッツは、ジェームズの［意識の］縁暈が「きわめて異質的な諸範疇の混成」であることに同意したが、グルヴィッチの見解のほとんどがジェームズの縁暈理論とグルヴィッチの意識野理論との関係の取り扱いの問題にあると考えた。

続いて、グルヴィッチは縁暈がジェームズのためにさらに別の役目も果すことを強調した。縁暈は言葉の一般的意義や「有意義性の現象」を引きうける。ジェームズが諸縁暈のこの「多彩な多様性」を導入したのは「曖昧さ」を心理学におけるその正当な地位に取り戻そうと思ったからである。感覚主義者たちは、意識の流れを見失ってしまった。ジェームズはこれを取り戻したいと思った。グルヴィッチは「妙な発見」をした。縁暈によって囲まれた一つの中核としてジェームズのうちに生起する事態が、「常に古典的感覚主義の認める与件」ということである。「例えば、語体は感覚与件として生起する。その感覚与件を有意義として特徴づけるものが、その語体の縁暈である。これはパズルのように考えるものである。縁暈は一時的推移的であると言明されるのだから、これによって意味は固定されも客体化されもしない。つまり「語体」のみ安定である。さらに、意識の流れの統一も損なわれる。なぜなら、一時的推移的な縁暈とは「名詞的部分から名詞的部分へ急ぐもの」、つまり対象の思考のもつ意味上の統一が縁暈の束の間の移ろいやすさのなかに「再び見失われる」一つの跳躍を意味するからである。グルヴィッチは、それゆえに、ジェームズの縁暈はフッサールの単定立的諸作用と関係しているとするシュッツの意見に異議を唱えたのである。その代りに、グルヴィッチは、ジェームズの縁暈理論の整理のために為されるべき事柄に関していくつかの提言をおこなった。

シュッツは、ジェームズと感覚主義の間の結びつきに注意が必要だとするグルヴィッチに感謝した。しかしジェームズにとって、諸々の語だけが名詞的諸部分であり、全体の文章や意味自体は「消えゆく縁暈」に固有のものであるとする意見には賛成できなかった。彼は統語論の諸要素および意味の諸要素により構成される、文章も、同じように名詞的諸部分であると考えたのである。そして、こうも主張した。「文章の意味は……単定立的相関項として持続において自己構築する複定立的把握から現出する」と。彼は縁暈理論の重要性を主題野と境界意識というグルヴィッチの概念向きに縮減することを望まなかった、シュッツが示したのはむしろグルヴィッチの考察の出発点となった、あらゆる地平的差異に先立って与えられる諸要素のほうに自分の関心があるということであった(1940.11.16)。グルヴィッチは最後の論点には返事をしなかったが、個人的討議において、「もし私の理解したような特定の限定した意味として、いくつかの私の言明が理解されるなら、私たちの間の合意は実に簡単に得られる」(1940.11.20) 自信があった。

グルヴィッチ自身はジェームズに関する二本の論文に精を出した。一つは、口頭報告のために準備され、「ジェームズの急進的経験主義」を扱った。もう一つは、出版が予定され、「意識の流れの〝推移部分〟のジェームズ理論」に焦点が当てられた。第一の論文を推敲しながら、彼はジェームズから現象学への概略を次のように描こうと思うとシュッツに知らせた。ジェームズの「純粋経験はノエマとなる」。ジェームズの世界と私《アイ》とは「経験領域内部の二つのシステムとなる」ジェームズの意識の問題は「私《アイ》問題となり、そして〝経験の流れ〟は私たちのよき純粋意識である」。これによって、グルヴィッチは現象学に「ジェームズの諸々の立場を十分に徹底すれば行き着く」(1941.6.10) ということを示そうと思ったのである。その後シュッツは若干の論評を行った。とりわけ、ジェームズの「心理学者の誤謬」の考察をグルヴィッチがウェーバーによって触発された言語に翻訳したことにシュッツは興味を抱いた。つまり〝主観的〟の用語は二重の意味に受けとめられる。(1)「心理学者による〝客観的〟意味付与に対比される心の状態」の研究、そして(2)何が〝客観的〟であるかを〝主観的〟な仕方とは何か別の仕方で決定することは不可能であること（1941.1.18）。しかしシュッツは、心理学者が彼自身の心を研究する諸事例にグルヴィッチが意図的に限定することを残念がった。その問題は汝や我々が含まれるときにのみ展開されうると。

グルヴィッチはこれらの論評についてニューヨークを訪問したとき、予定を組んだ期間に個人的に議論したいと思ったが、これを取り消さなければならなかった。明らかに、グルヴィッチはこの論文の主要な考えに手を加えて、彼の長大な論文をPPR誌に掲載した。それは「意識の流れの〝推移部分〟のウイリアム・ジェームズの理論」（1943）である。

シュッツは、PPR誌の共同編集者として、グルヴィッチ論文の批評過程に関わり合いをもった。論文の出版をそのまま推薦する一方で、彼はグルヴィッチにこう伝えた。論文についての詳しいコメントを書きとめる時間が自分にはない、しかしジェームズは時間を彼の意識理論の唯一の一般的構造的要素にしてしまったという論文の結論には賛成しかねると。シュッツは、この結論が正当であるとは思わなかった、そこでシュッツは厳密に「私たちの間」の見解の違いを示したが、それは論文を変えることの編集上の要請を意味しなかった（1942.12.24）。残念なことであるが、ジェームズの意識理論解釈の論争点はその後の往復書簡では取り上げられなかった。

自我論理《エゴロジー》の諸問題

シュッツとグルヴィッチの最も重要な継続問題――自我の理論をめぐる両者の不一致――は、彼らの関係の最初に生まれ、最後まで残った。グルヴィッチが一九四〇年一二月、論文「非自我論理的意識の概念」の草稿を郵送したとき、この問題は完全に視野に入った。同封の手紙のなかで、彼はこう説明した。「この論文では、一切がサルトルです――線を引いた若干の事柄を例外として――、しかも一切がグルヴィッチです……この問題はしばしば私たちの間で議論になりましたが、その答えは厄介です。私たちは双方とも超越論的自我では何か具合が悪いのを長年の間知っています。ですが私は、サルトルにしたがって、その上それより以前に彼とは独立に、あなたの方向とは正反対の方向で問題に当たっています。なにかが放棄されねばなりません。あなたの場合は超越論、サルトルと私は自我がドロップアウトすることになります」(1940.12.19)。シュッツはグルヴィッチとその後まもなくフィラデルフィアで面会し、そこで二人ともＡＰＡ（アメリカ哲学会）の年次大会に出席した。彼らは例の論文について話をしたと思われるが、その後のニューヨークでの期待された徹底的討議は行われなかった。両者は最も重要な領域において基本的不一致に直面しているのを知った。一九四一年四月にこの論文の出版後に、グルヴィッチはシュッツに手紙を書いた。自分は「拙稿に対するあなたの拒絶がいかに深いかを承知しています」と。そして彼にＰＰＲ誌で公に応答することを求めた。このような応答は現象学的思考を進めるだろうし、これは論争において誰が正しいかの問題よりもっと重要であると。シュッツは半ば承諾の気持ちに傾いたが、その他の業務が彼の応答を執筆する妨げとなった。したがってシュッツの伝記から相応の主要論文が欠けている。もし執筆されていたなら、その論文は彼のシェーラーとサルトルの自我理論に関する批評論文と同じように有意義な論文となったに相異ない。

それにもかかわらず、シュッツはこの問題を忘れなかった。彼のシェーラーに関する論文（1942：339, n.43）に七百語の脚注をつけ、サルトル＝グルヴィッチの論旨についての優れた要約を提供して、次のようにその中心点を繰り返している。

　私たちが反省の態度をとらない限り、自我は現れない。反省という意味は、作用Ａを作用Ｂの対象とするために、前者（作用A）を後者（作用B）によって把握することである。しかしながら、その作用Bの番になると、作用Bは、ある第三の作用によって把握されないし、その第三の対象とされない。把握する作用自体はある非反省的態度をもって体験される。これは同一の意識の流れに属する心的事実とは異なる対象に関係する作用の場合と同様である。たしかに、反省作用によって、その把握される作用は、ある人格的構造や、それが〔反省の作用によって〕把握される以前には存在しなかった自我とのある関係を獲得することはできる。しかしその把握する作用は自我を一つの対象としてもっぱら扱っている。自我は把握される作用の自我であり、把握する作用の自我ではない……自我は把握される作用のなかよりも、それを介して立ち現れる。自我は諸性向、諸行為および徳、欠点、才能などのような特定の性質といった、特定の心的諸対象の総合的統一体である。

それらの心的諸対象は「その支柱を自我のうちに有する」が、その自我は「もっぱら反省の中で、諸性向の背後に地平において立ち現れる」のである。それゆえ自我は「反省的諸作用のノエマ的相関項」にすぎない。シュッツはこの見方に次のような論旨で反論した。グルヴィッチによって用いられる「地平」「性向」「作用」やその他の術語は、これらの術語が有意味となる自我論理的意識とすでに関係している。同じことはグルヴィッチが〔彼の命題を説明するために引用している〕諸事例にも当てはまる。「仮に彼が次のように述べるとしよう。私が困っている友人を知って彼を助ける場合、そこにはいかなる自我論理的契機も含まれていない。私に与えられるのはただ〝助け‐の‐必要な‐私の‐友人〟だけであると。仮にそうであるなら以下の点こそ明言されねばならない。そのハイフンで結ばれる表現の個々の要素〝助け〟〝の〟〝必要な〟〝私の〟〝友人〟もすでに自我に関係しており、この自我にとってのみそれらのいずれもが存在しうるのである」と。

シュッツはこの脚注の草稿を出版前にグルヴィッチ宛に郵送した。グルヴィッチはこれに応答したが、その手紙は残されていない。シュッツは返事に取りかかったが、三頁目以降は中断している。彼は彼自身の立場の境界線を描き続けた。自我は、体験内容としては、もっぱら反省のなかで見えてくるのであるが、しかし自我は自我自身の行為において自らを体験している。これらは二つの自我ではなく一個同一の自我である。「もしも行為する私を焦点に据えることができず、――それはもっぱら反省のなかで得られるとなれば――、自発的能作について語ることも、また一般に、能動性と受動性の反対語について語ることも、何の意味もなくなります」。「現象学的に記述可能であるこれらの根本的事実」についての知識の源泉も得られないことになる。非‐自我論理的見方の行き着くところは、私は反省によって「自分の考えていることを振りかえるだけで自分の行っていることは振り返らないという主張になる。しかしながら、私は自分自身が行為していると考えることはできる」。よしんば行為することが「もっぱら所作を、つまり外部世界への介入を意味するとしても、所作は私の所作である」。現象学的分析において証明できるのは私《アイ》が自ら私のさまざまな行為を行ってきたことである。（1941.11.11. ドイツ語版『シュッツ＝グルヴィッチ往復書簡』では1941.11.12）。

初期のアメリカ時代の論文の中でグルヴィッチによって提起された問題は、さらに発展した論争には至らなかったが、シュッツとの往復書簡のなかでは生き続いた。思うに、二人ともそれぞれ他方が譲らなかったと承知している一つの問題について明言しなければならないと思っていたことを明らかにしたのである。

グルヴィッチは基本的に自分の立場をサルトルの立場と同じものとみなしていたから、シュッツの論文「サルトルの他我の理論」（1948）は、一九四〇年の論争の間接的な継続としてみてよい。他我《アルターエゴ》、つまり自我の対をなす我の理論について、グルヴィッチはシュッツの批判を受け入れた。その批判の論拠は以下の点にある。サルトルの他我理論の難点は他者が私によって私の用途のための用具や対象としてみられているという点にある。他者も、これに続いて、私《ミー》（客我）を見て、私を彼の用具や対象として構成する。ところで、私は主体としての他者について何の知識を手にしなくても、私は対象としての私自身に直面している。これでは一切の間主観性を不可能にするが、この理論は「私を見つめる他者に……魔法の力を」注いでいるのである（1948: 196-98）。グルヴィッチはこの最後の論評に興味をそそられて、これに一つの説明を施した。サルトルのアイデアは、サルトルの意図したものとは違っているが、超越論的レベルで意味をもつかもしれない。しかし内世界的レベルではこの理論はよく理解できる。「他者が志向的に彼自身を私に関係づけるとき、ちょうど私が私の手を観察する時にその手が私にとって対象となり、また私が私のある行動を反省する時にその行動が私にとって対象となるのと全く同じ意味で、私がその他者の対象となる……相互的人間関係を私を見ている他者によって理解されることに縮減するとはなんという発想であるか」（1948.5.22）。

一九五二年、フッサールの『イデーンⅡおよびⅢ』についてのシュッツの批評論文は、グルヴィッチとのある理論的不一致の土台を決定的一致にもたらす端緒となった。今度の不一致はフッサールに見られる一義性を欠く自我用語に関連するものであった。グルヴィッチはフッサールの「現実の心理学的な私《アイ》」と「世人の私《アイ・マン》」の間の違いの説明を求めた。シュッツは自分には分からないと答え、次のようにコメントした。「時には現実的心理学的な私は感性の身体領域に限られている」、つまり別の脈絡では、「それはあらゆる性格の性質、能力、才能を含んでいる」。最後に、「人格主義的もしくは精神的私が、間主観的な環境」のなかで「少なくとも彼が他者たちと意思疎通にある場合には、世人の私を含んでいることが分かる」。

その他に、グルヴィッチは類似の不明確な事柄をフッサールの「三つの私、すなわち世人の私、心理学的私、超越論的自我、——さらにリストを広げる可能性を排除しない——」のなかに指摘した。これらの曖昧な事柄は「私の非自我論理の挽き臼の上に大量の水を流し込みます」。「私の理論にはただ一つ、私、経験的私、あなたがお望みなら、個人が存在するだけです」。グルヴィッチはこの具体的な私の個々の諸層を調べるつもりであることを公言した。基本的には、それはある「構成されたもの」であり、その構成こそ研究されねばならない。自我は「事物と同様に一つの実体概念」である。自分の理論は、「少なくとも、単純さという利点がある」とグルヴィッチはつけ加えた。シュッツはフッサールの多元的自我が紛らわしくごたごたしていることを認めた。シュッツの考えはこうだった。この難題は、フッサールが構成的方法と理解した、その「過度に熱狂的な使用」から自らを救い出そうとしたフッサールの「絶望的な試み」の結果であったと。しかしシュッツはその結論に与《くみ》しようとはしなかった。なぜならフッサールは問題を、私《アイ》とは一つの「構成されたもの」以外の何ものでもないという間違った視角から取り組んでいたからである。意識の自我論理の構想こそ支持されるべきであったのである。

概念化と類型化の諸問題

論文「人間の行為の常識的説明と科学的説明」を執筆しながら、シュッツはグルヴィッチに知らせた。これは「常識と科学的類型化の間の関係について私たちの間にはどれだけの一致がみられるか」(1952.1.25)を明らかにするでしょうと。グルヴィッチは、「主観的解釈の必要性、……社会科学者たちの諸対象は〝参与している〟諸主体であるという事実の正当な考察」(1952.3.9)について二人が一致していることを確認した。続いての手紙(1952.4.4)でグルヴィッチはこの論文の真価を認めた。さて、次のように述べることもできよう、つまり「実際の人間たちは彼ら自身を一定の仕方で理解し、世界と彼ら自身の両方を解釈しているのであるから、人間たちを扱うあらゆる科学においては、その対象は、参与する主体あるいは諸主体によってそれが理解されるように、その正当な位置を獲得するのでなければならない」。グルヴィッチはある一点の説明を求め、その他の点については話し合いたいと告げた。これらの疑念は、細かい表現を除いて、シュッツの主要な論旨とは関係がないと彼は述べた。根本のところでは彼らは一致していた。しかしグルヴィッチはシュッツの合理的行為者についての説明の一点を「いつも誤解していた」と書いた。

シュッツは、理念型的に構築される合理性が日常生活のなかの行為者たちの不完全な知識〝等々〟の一つの理念化であることをはっきりさせた。しかしどうして理念型の人形が実際の人間よりもよい立場にあると言えるのか。グルヴィッチは、「科学者の好意によって」手に入れられる理念型の知識と、科学者自身の知識との間を区別することが必要であると思ったのである。明らかに、科学者は自分の構成したある理念型に帰することよりもっと多くのことを知っている。したがって、「二つの合理性」が区別されねばならない。理念型的に定義づけられる「行為の合理性」と、行為モデルを構成する科学者に関わる「認識の合理性」である。

その返事（1952.4.20）のなかで、シュッツはグルヴィッチの難点が自分には全然分からないと述べた。理念型の人形は「日常生活における人間よりもずっとましであると述べているのは全くそのとおりです。そして人形の有する知識と科学者自身の知識との間を区別しなければならないこともそのとおりです。後者だけが人形は何を知りうるかを決定します」。もちろん、「二人の科学者の間の理想的な討議」を構成することもできる。これは「厳密に合理的な行為の範例モデル」であるはずである。この場合には、グルヴィッチの難点は消えてしまうように筆者には思える。シュッツが疑わしく思ったのは、グルヴィッチが合理性の席を、これに内包されるあらゆる範疇、方向づけ、動機づけ、目標設定、達成の可能性等々を含めて、もっぱら思考の過程のうちに見ているということであった。

グルヴィッチはシュッツの解説を「諸事物と［これらの］一つ一つに付加される意味の構成」ないし少なくとも「ある異なる操作として知覚に入り込む」意味の構成を示すことであると読解した。彼は意味や意味の変更は事物のなかに刻まれるが、これらの事物は純粋な［対象］ではない、むしろこれらの刻まれたものや……沈澱物そのものによってそれとして基本的に定義づけされ構成される対象であると論じたのである。シュッツが構成概念と称したもの、これは「それ自体データや事実に属する」と。シュッツは意味構造が事物構造に付け加えられるとの意見には与しないと抗弁した。他方で、彼は諸構成概念が当然諸事実や諸データに属することには同意した。グルヴィッチは、さらに、シュッツによる所与のデータの記述は常識人の体験を詳述するのか、それともこの体験についての現象学的分析を詳述するのか、いずれであるかと尋ねた。シュッツは自分の研究はみな「自然的世界観についての現象学的分析」を意味すると答えた。それは「見出すがままのものを見出すがままの仕方で提示し記述する」現象学的遠近法において「常識的世界の分析」を提供するのである。

一つの新しい主題がグルヴィッチの次の質問によって告げ知らされる。「あなたが記述する常識人にとっては、ある高度に社会化された構造についてのある類型化された知識という〝構成概念〟にそれから置き換えられる、個人的（私的）知識というものがあるのですか」。グルヴィッチ自身はこの選択肢に懐疑的であった。いかなる体験もまさしく社会的類型化のおかげではないのか。シュッツの示した事柄は、現象学者がその体験から身を引き離し、その体験を主題化することによって体験することを指している。その体験自体は「身から引き離されないし主題化されない」。シュッツの答えはこうであった。「私は、もちろん、もっぱら教育的な理由で理論上独我論的自我から出発しますが、その後で社会的世界に付随する諸構造を導入します。このことは……最初に社会化されていない諸々の個人的体験の可能性を私が信じているという意味ではありません」。シュッツが構成概念の助けをかりて現象学的分析にかける自然的世界観は、それ自体構成から自由でない。グルヴィッチによってまとめられるような諸問題は彼の諸研究の領域には存在しない。ある共通言語の体験によって特徴づけられる日常生活の世界では、類型化はみんなの「一致のシステム」にしたがって作り出され伝達される。「自然の世界は徹頭徹尾社会的です。自然的立場における……この世界についての私たちの知識は、これもまた、社会的です」。

自分の立場で、グルヴィッチはシュッツとの一致点を次の文章のうちに要約した。

私ならむしろこう言いたい。日常生活の体験が分析されるのだ、つまり、構成される意味構造が(日常生活の体験から)解き放され、主題化されるのだと。この後に、理念化と例えば構成概念の領域がはじまる。体験と科学的構成との間の連続性というあなたの命題はこれに何も抵触しないと思います。またこの命題に……私は完全に賛成なのです。この命題は私にとって科学論の脈絡における異なる主題についての私自身の省察の大歓迎すべき一つの証明です。(1952.4.4)

一九五三年五月初めに、シュッツはニューヨークでの方法論に関する会議において論文「社会科学における概念と理論形成」を発表した。グルヴィッチはこの論文のコピーを受け取った。彼は、この論文が「人間的行為の常識的説明と科学的説明」と合わせて社会科学の領域をすら超えて、見込みのある科学論のための土台を準備しているとコメントし、またこの論文刊行の準備を示唆するのであった。

シュッツは社会科学の構成概念と自然科学の構成概念の間の基本的な違いを強調したが、グルヴィッチは彼に、自然科学者たちもまた諸事実を解釈していることを同様に強調するように助言した。この見かけ［上の違い］は理論的概念形成の認識論的諸構造における意味内容の違いによるのである。同様に、グルヴィッチは自然科学における検証も、同じく、「社会的行為によって構造化される」一つの過程であることをシュッツが明確にするように提案した。これはあらゆる科学が生活世界に根があるというフッサールの認識に由来する。シュッツはあらゆる科学的諸操作がこの生活世界の諸構造の内部で行われることを認めた。

グルヴィッチは、フランスで一九五九年に出版された、「概念意識」に関する彼の論文を同じ方法論の領域に持ち込んだ。それは一年前のベニスでの哲学者たちの学会に準備したものだった。シュッツは一九五七年にその草稿を受け取っていた。グルヴィッチはシュッツに、これは彼自身の概念形成論の展開における最初の一歩であり、フッサールとメルロ＝ポンティに基づいているが、シュッツの「フッサールの後期哲学における類型と形相」（1959b）に決定的に影響されたということを説明した。シュッツはこの論文の初期草稿をグルヴィッチのためにケンブリッジへの訪問期間中に読んでいた。

シュッツの批評は長大なものであった。彼はこの論文のいずれの命題もすべて一つの章の見出しになると手紙に書いた（1957.12.7）。この批評は「この論文に向けられているのではなく……もっぱら論文が明らかにしている大変重要な問題に……向けられている」と述べて六頁をいっぱいに満たした。世界の前述定的諸体験にしても、諸命題関数の部類という概念構造にしても、一様に論じうるかどうかは疑わしいとして、彼は以下の五つの問題の区別を提案した。(1)類型および概念の形成、(2)ある体（経）験をある個人の知識在庫のなかで利用できる、ある類型概念のもとに包摂すること、(3)習慣による諸類型や構成される諸概念と言語表現との関係、(4)グルヴィッチがすでに類型化されている諸知覚の前述定的意識から始めることの意味合い、そして彼がそこから概念形成へと移行するための手順の意味合い、そして(5)社会化ならびに間主観性が姿を現すようになる論点、である。「問題群」――すなわち、いろいろな質問のコレクション――と呼ばれる最初の二つの論点は、それぞれが一つの研究のテーマであった。第三の論点は、類型表現の機能をゲルプやゴルドシュタインによる脳損傷患者のさまざまな研究を調べることによって解明するグルヴィッチの試みに対して向けられる。この彼のコメントは「病理学理論からの援助を期待することに対する彼の若い時からの不信」を表していた。

第四の問題群は「グルヴィッチ問題」に充てられた。その焦点は類型形成から概念形成へ推移する問題についてのグルヴィッチの論じ方にあった。グルヴィッチは彼の研究を「すでに諸類型によって秩序づけられた――したがって第二次的段階にある――、述定的生活世界」から出発した。これをグルヴィッチの特権と名づけ、シュッツは後者の弁別に取りかかった。

> 一定種類の対象の知覚……とこの対象を一つの見本（すなわちある特殊事例の一つの標本）として統覚することとの間の弁別である……この弁別は知覚の述定的意識がすでに類型的であり類的であることを意味している。［類型から］概念への移行は二つの段階を踏んで行われる。第一に、その類型的特徴において知覚される対象は、その対象に内在する部類的諸特徴が当の対象から切り離され、引き続いて、それらが意識の特殊な諸対象として把握されるというように、切り裂かれるのである。その結果、部類的特徴であるものが一般的な特徴に変えられる。今や、知覚の当の対象が一つの概念となった。それと同時に、これが部類への通路を拓く――第二の（可能な）段階、理念的――プラトン的意味での理念的－諸概念および規範的諸概念の基礎づけに向かって進行する。

シュッツはこれをすべて素晴らしいと感じたが、しかしこれは諸類型の形成そのものを一つの準備段階に作り変えているのではないかと指摘した。この点について、彼はこれと対応する、一つには〝発生論〟、もう一つには〝主題化〟に焦点を当てたいくつかの疑問を紹介した。そこでこのいくつかの疑問には答えを出さなければならないことになる。

最後の問題群を構成するのは「シュッツ問題」であった。これは、基本的には、「だれもが知っている」対象についての単純な知覚はすでに前述定的に部類として発現するのか、それとももっぱら社会的媒体の使用、つまり言語によってそれらの類型的ならびに類別的な諸特徴を獲得するのか、この確認を意図するいくつかの問題に分けられていた。第四の問題群を第五の問題群と並置しながら、シュッツは質問した。「あなたから見ると、間主観的である主題化（＝主題の形成）は存在するか。またそうであれば、どのようにしてこれは可能であるか。また私から見ると、間主観的である関連性は存在するか。そうであれば、どのようにして可能であるか」。

シュッツは論述を二人が個人的討議のための土台として用いることを提案したので、グルヴィッチは比較的答えが簡単であると思えた一点だけを手紙（1957.12.12）に書いて返事した。

何がある特定の類型化を規定するのか、また誰にとって諸対象が「同じ」であるかと君はお尋ねです。そうです。社会環境とそれの関連性を考慮しなければなりません。私の世界においては、諸々の特定の関連性（あなたの意味で）が支配しており、したがって諸事物はこのやり方で類型化されます。これらの類型化を私は両親等から受け継いできました。そして受け継ぎの媒体は、とりわけ言語です。どのように類型化が言語に先立って現れるか、これについてはピアジェ、スターン、ビューラーその他が指針にされなければなりません。私の考えでは、類型化されない体験というのは決して存在しません。精々、二、三の個別の対象や生物がある別のやり方で類型化される世界のなかに存在する位です。私たちは一つの区別をしなければなりません……。一方には類型化そのものと前述定的体験を規定する構造のような類型化。他方には、あれこれの社会的世界において受容される固有の類型化です。あるいはこうも言えます。体験の構造は、類型化によって一般にそして形式的には決定的に共同－決定されますが、別々のやり方で特殊化されると。特殊化のあらゆる変化は体験の類型づけとしての体験の一般的条件の土台の上に発現し、この土台を前提にしている。これは関連性に帰着する現象とまさにパラレルです。

この意見の交換は、記録に留められているグルヴィッチとシュッツの間の最後のものであり、二人の対話が末頼もしい新しい高みに辿り着いた時に幕となったことを示している。

理論上の諸問題

グルヴィッチはシュッツの論文「多元的現実について」を「あらゆる研究の分岐点」に置いた。彼が大いに感動したのはドン・キホーテの体験の二つの現実の説明であった。仕事の世界としての日常生活世界の提示、そして科学的理論の世界の論じ方である。だがその上に、最近になって彼は双方が同じ領域に重大な現実的関心から焦点を当てていることに気づいた。多元的現実とシュッツが名づけたものをグルヴィッチは存在の諸秩序と名づけた。しかしながら、彼とシュッツはこのテーマに正反対の視点から近づいた。「あなたはいくつかの模範的事例を手元に持ち合わせて、多元的現実の存在を説明していますす。お尋ねしますが、ある存在の秩序の一貫性を秩序として構成するのは何ですか。私の答えは関連性です」(1945.9.3)

シュッツは、自分が生粋の問題を論じていることは確かだが、その成果については暫定的なものと考えているとだけ答えた。二人の意見交換は一九五二年に再開された。シュッツが「存在の諸秩序」の一節および「シュッツの限定的意味領域の理論」の一節を含む、『意識野』最後のパートの草稿を受け取った時である（1964: 382-91, 394-404）。グルヴィッチはこう書いた。シュッツは、生活世界から出発したことにより、「自然的態度における現象学的心理学の範囲内で」彼の研究を貫いた。彼は多元的現実の存在の意義を哲学的探究の一つのテーマにすることはなかった。これに対して、グルヴィッチは「諸々の限定的意味領域……において生じる存在問題」に関わった。彼は「それぞれの領域の立ち現れを一つの内在的に結び合った首尾一貫した範囲……」として取り扱ったのであり、また彼が意図したのは現象学的説明、すなわち「……脈絡との関わり、および……脈絡の無限の継続の関わりを示す諸体験から…当該諸項目の実質的内容に基づいた関係として……理解される、レリバンシーの諸体験から」現象学的説明を行うことであった（1964: 400, 401）。彼がシュッツの立場を議論したのは、もっぱらその立場の諸前提の一つ、「シュッツによって主題化されていない一現象」を明らかにするためであった。そのようにして「現象学的心理学の内部に立ち現れる諸問題を徹底した形式で論述することによって超越論的・構成的水準を開示することの……可能性」を示したのである。

これらの節に関する批評（1952.1.25）のなかでシュッツは自らの初期論文を現象学的心理学として特徴づけること、またグルヴィッチの考察を構成的現象学として特徴づけることに異論がなかった。主に、彼はこの二つの領域〔現象学的心理学と構成的現象学〕が出合い、交差する一つの分野に焦中したのである。それは時間、異なる意味領域との関係における時間、とりわけ「幻想の時間」である。グルヴィッチがなぜ「幻想する時間と幻想のなかでその幻想される内容に帰される時間との間を区別するな、彼には理解できなかった。グルヴィッチは想像される時間を「準客観的時間と名づけた。シュッツはその時間を幻想にはない一つの要素、ただ間主観的であることを意味するのみだと考えた。他方で、彼は、彼の論文のなかで、「標準時間」という用語を説明していないことを認めた。彼はそれを今度はこう説明した。「すべての異なる時間は、内的持続から生じ、内的持続に流れ込む」のであるから「ただ個々の持続の〝交差〟を意味するのみである。ここから時間の不可逆性が生じる」と。全体として、彼はグルヴィッチの「存在の諸秩序」の理論にも、シュッツの初期の「限定的意味領域の理論」にある弱点についてのグルヴィッチの発見にもさらなる明確さへと向かう重要なステップを見たのである。双方ともこれらの問題の完全な理論的一致に向かって動いているらしいとシュッツは思ったのである。

シュッツの論文『象徴、現実および社会』（1955b）は、グルヴィッチの手紙に書いたように、「少なくとも『多元的現実』に関する論文と同様に重要であり、後者を前者がある意味で引き継いでいる」（1954.10.13）のである。「この論文が明らかにすることは、サイン（記号）関係が象徴関係と同じように付帯現前の形式であること、それにサインはもっぱら一つの……領域に関係するのに、他方、象徴は二つの現実領域を相互に関係づけるということ」（1954.6.21）である。

グルヴィッチ（1954.10.9）はシュッツの要点にコメントする。「付帯現前は、超越あるいは、というよりも、生活世界の多数の超越から説明されるべきだというあなたの主張は、その単純さにおいて全くの驚きです」と。種々のコメントは将来のためにここでは差し控えなければならない。ただグルヴィッチはシュッツが目印、表示、記号と象徴の間に設けた区別を受け入れた。シュッツの返答はこうだった（1954.10.13）。事実、「付帯現前こそさまざまな超越的体験を……〝今としかじか〟の状況に統合するために用いられる、多くの手段――いや唯一の手段――である」、これが自分の確信であると。これは生活世界そのものの問題ではなく、むしろ「時間構造」の問題である。この時間構造こそ生活世界の時間に瞬時に相前後して現出する現象を結びつける、すなわち、過去把持と再生、未来予持と予想によって〝みかけの現在〟を生活世界の時間に関連づける、時間構造の問題なのである」。仮に「自然的態度における生活世界の時間構造があるとすれば、それはもっぱら私の実際の市民的（〝みかけ〟の）な今における例の〝今としかじか〟を超越する諸要素を統合することによってのみ考えられる。これと同様のことは……実際に与えられる空間構造、すなわち、自然な〝現実に手の届く範囲の世界〟、〝ここ〟が〝以前の（以後の）手の届く範囲の世界〟や〝他者の手の届く範囲の世界〟によって超越される空間構造にも妥当する。これらはすべて人間存在の、つまり、有限な意識の基礎的事実である」。

象徴関係の外部で、この超越は生活世界を超越するのではなく、むしろ瞬時の〝今－ここ－云々〟を超越するのである。それは時間における見かけの現在の超越であると私はつけ加えておこう。シュッツは今への過去と未来の付帯現前的包摂のみが生活世界を可能にすると力説したのである。この「一般理論」は、「付帯現前を超越によって説明することではなく、逆に、生活世界の構造を超越の体験をとおして説明すること」を目指すのである。この考えは「全くの驚きものかもしれないが、しかし決して単純ではない」。

シュッツの論文に関してグルヴィッチの第一の異論は、シュッツの「付帯現前」という用語の使用についてであった。「あなたはこの用語でもっぱら諸要素を対にする（対化）の関係にある一方の要素が超越的であるものと理解しています……」。これが次の質問になる。「いかにして対化の存在は付帯現前される要素のうちに現象として表現されるのか。白地の上の諸々の黒い線が文字として理解されるなら、それらのものは現象として取り替えられるのか。もしそうであるなら、いかにしてか。諸対象が付帯現前図式に左右されるとすれば、いかなる理由によって私たちはなおも統覚図式について語ることができるのか」。シュッツは、連合の現象学的諸問題の考察に立ち入ることを望まなかったと宣言していたので、グルヴィッチは「ここで、果たされなければならないさらなる研究」の標識としてこれらの問題を提出したのである。シュッツは自分の付帯現前の構想を擁護した。グルヴィッチの文字として理解される黒い線の事例を取り上げ、彼は次のように述べた「私の恐れるところですが、……あなたはこの場合あらゆる体験を知覚に還元する犠牲者の一人になっているのではないか。理解されているのは、もちろん、文字として解釈されているところの黒い線だけです」。

グルヴィッチは質問した。「怒りの顔の表現は付帯現前の一つの事例かどうか」。怒りは表明である。さらに、ある言語的表現を理解することとその著者の動機を理解することとは等しくない。「自己表現した個人の内部生活についての遠回り」は必要とされない。言語記号には特定の地位が授けられるべきである。私は私が読む言葉の意味のなかに住んでいる。言語記号は透明である。これは怒りの表現には当てはまらない。私が怒っている誰かを見るとき、私は怒りの表現の中に生きている。シュッツは、「もし言語の意味と具体的個人の私的生活との同一視を止めるなら」、後者は言語記号と同類であると主張した。「たしかに、何かを聞いたり読んだりするとき、ひとは言葉の意味のなかに生きている。しかし語義とは、その個別の著者（話し手）が、知られていようと匿名であろうと、彼がその語に結びつける意味の記号です」。ある言語共同体に属する誰もが意義と意味の間の連結を確立している。怒りの人相学的表現は派生的である。「神々の怒りはそれ自体表明であるが、ギリシャの悲劇作家にとって、それはもちろん人相学的にではない。ポセイドンが送る海の怪物は、彼の怒りの記号（実際には象徴）である」それは超越のままである。海の怪獣によって付帯現前され、それが一人の賢者あるいは祭司によって解釈されるのか。

グルヴィッチはシュッツの考え、付帯現前によって、ある事物がある文化的対象に変化するという考えに異議を唱えた「ハンマーを道具として」見るとき、「その道具性は概念の一構成要素である」と。別の言い方をすれば、「生活世界の内部に〝純粋体験〟の層」というフッサールの（誤った）観念の承認を意味することになる。私は社会文化的諸対象を取り上げて、これらを諸事物に分解することはできる。だが諸事物から出発すると、私は文化諸対象に到達するのにさまざまな厄介事に直面する。シュッツは、これに対して「かくかくしかじかの性質をもつある事物についての統覚的知覚とその事物の付帯現前である道具としての統覚的知覚との間を区別することは、生活世界におけるその事物の「純粋体験」を要請しないと主張した。「付帯現前的事実という状態に含まれている、あらゆる感覚与件は、社会的に条件づけられていること、つまり、学習されなければならないということであって、これを明らかにする」のはすべて彼の意図に添うことであった。

グルヴィッチが自問したのは、「象徴」という用語は聖なるものを俗なるものから区別することに限られるべきではないかということであった。元来、聖なるものは象徴化されない。聖なるものは「私たちの立場から、象徴であるものに現れるが、関わりあったものの立場からは、現れない」。聖書では、超越はヤコブの石に現れる、つまり「その夢をみる前までそれは眠るに手ごろな枕石であった……その夢の後は……神の居所である。こうして、神聖なるものはその姿を石のうちに現す。神聖なるものは石には及ばない」。超越は、ここでは、介入のために「完全に具体的な形の現実と」結び付けられる。レヴィ＝ブリュールに賛成して、グルヴィッチは「特定の諸々の事実や出来事が聖なるものに〝与える〟のだ」と述べた。この聖なるものがこれらの存在を規定するのである。それらは「諸々の事実や出来事ではない」。「私たちがこれらの事実や出来事を象徴として解釈する時に」、私たちはそれらをそのように作り変えるのである。シュッツよりも自分のほうが「さらにラジカルだ」と思いながら、グルヴィッチは「聖なるもの」を日常的現実のなかに含めた。グルヴィッチはこの考えに梃入れして好奇心をそそる以下のようなコメントを付した。生活世界の概念は、科学によって構成される〝世界〟に対比して日常生活の世界の現実を引き立たせるために導入される一つの「論争的な概念」である。「科学を身につけていなかったならば、私たちはこの概念を必要としないだろう」。

シュッツはこれらの考察に二重の考え違いがあることに気づいた。第一、「聖なるものは象徴的なものの一領域であるにすぎない」。グルヴィッチの考えは「一般的象徴構造（芸術作品、エチケット、夢の世界……）には適しない」。レヴィ＝ブリュールの〝参与〟は、その基盤にある事実の状態について全く何事も」述べていない。一つの貼り札である。いずれの限定的意味領域も「もっぱら象徴的に生活世界の内部において作り出されるのであり……そもそも種々の象徴自体が日常的存在の現実に属している。象徴されるものはその現実を他の〝意味領域〟のなかにもっている」。グルヴィッチが聖なるものをある集団の生活の現実に属するものと考えたとすれば、彼は実際に「ラジカル」であったことをシュッツは強調したのである。第二に、「科学は人間が一つの〝世界〟を構成する現実の一領域である」ことにシュッツは同意した。しかし彼は、これは「あらゆる他の現実についても同じである」と主張した。生活世界はただ科学によって必要とされる概念であるだけではない。それはあらゆる他の限定的意味領域との必要な並置のなかで際立つのである。

関連性問題

『意識野』第四部のなかで、グルヴィッチは「あらゆることが両立可能となる」一つの基準点について論じていた。これこそ「関連性の作用」であるとシュッツはコメントした。夢の関連性は日常生活の実用的な関連性のスタイルを示さない。グルヴィッチは知覚過程が無限であると述べたのだから、シュッツは、それならば、「ある提出された課題のために我々はいかに遠くまで知覚の地平を見通さなければならないかを決定する関連性の体系を必要とする」と説いた。ここに、「関連性の実用的な機能」が論じられることになる（1952.3.17）。

著書の第五部に関するコメントのなかで、シュッツ(1952.1.19)は関連性の話題を再度取り上げた。シュッツが注目したのは、グルヴィッチの関連性の研究が「ノエーマタ」の分析に限っていることであった。この目的のためには、シュッツ自身の主題的、解釈的および動機的関連性の間の区別は必要とされないことにシュッツは同意した。しかし、もしこのノエーマタへの限定がグルヴィッチにとって原則の問題であるとなれば、シュッツは反対せざるを得ないだろう。

著書の第六部の脚注(1964: 398, n.46)のなかで、シュッツの関連性論は二つの問題を引き起こすとグルヴィッチは書いた。(a)「いかなる諸経験から〝日常生活の世界〟において一般的である関連性体系とは異なるものが生じるのか」、(b)仕事の世界の関連性体系ほどに基礎的ではなく、むしろシュッツが異様に力説する「根本不安」に由来する諸体験に関連している関連性体系の起源とは何か。シュッツ(1952.1.25)は「ここには私の解決していない大きな問題がある」ことを認めて、目下の研究では「疑う余地ない所与という観点から」部分的解決を見出そうとしたのだと付け加えた。同じく、彼は共同責任という問題を考えていた。グルヴィッチは、特殊的関連性の諸原理は非現実的存在の諸秩序に属すると述べていた。しかしシュッツが見つけたのは「あなたはそれらの秩序の起源を追求していないし、それらの秩序の諸特徴も説明していない」ことであった。ある「大きな課題」が彼ら双方に拡大されて浮かび上がり、しかもそれぞれ自分の研究の場でこれを実行しなければならないことになる。とはいえシュッツには、自分の現在の研究ではグルヴィッチのほうが非実用的関連性体系の起源に対してシュッツよりも近い距離にあるように思えた。他方シュッツのエポケーの変様論や意識の緊張の変化論——(「これをあなたは暗々裏に拒否しているように思いますが」)——は、多分特殊性の問題の解決に対してより近いところにあった。返信(1952.2.27)のなかで、グルヴィッチがシュッツに「主題野の変様は然るべき内容について理解を掘り下げるべきであった」と強調したとき、シュッツは正しいと述べる余裕があるだけであった。だがグルヴィッチのほうはこの話題について幅広く彼の最初の刊行物、『主題と純粋自我の現象学』のなかで書いていた。一九二九年に執筆したとき、これらの問題の論じられるべき方向性をすでに彼は確立していたのである。後日それらの記述は書き改めなければならないものではあったが。

哲学上の諸問題

往復書簡のなかで、グルヴィッチとシュッツがフッサールの仕事のより大きな側面について議論することは滅多になかった。二人はフッサールの主義や識見をほとんど吸収し自分のものにしていた。フッサールは無言のまま彼らの多くのやり取りのなかに生きていたのである。直接フッサールに焦点をあてる機会が生じたのは、一九五四年、『危機』書の出版の折であった。この大著は実に熱狂的にグルヴィッチとシュッツ双方によって迎えられた。グルヴィッチはこの大著を徹底的に研究して二篇の書評論文をＰＰＲ誌に書いた。これらの「単なる報告書」と、グルヴィッチが名づけた仕事に、彼は一年以上もの研究を費やした。フッサールの『危機』書は推論と論証の複合からなる見事な論評であった。フッサールはこれらの論評をもう一つの「新しい始まり」と考えた。シュッツへの手紙のなかでグルヴィッチはその報告書の第一篇の意図と内容を以下のように書いた。

これらの事柄、特にガリレイの分析は、広範に論述されねばならないと思います。アメリカの読者に提供されるべき情報は、⑴諸学の危機のもとに我々が理解している事柄、⑵歴史性の哲学的諸問題、就中《なかんずく》フッサールによって修正されたヘーゲル的形式の歴史性の哲学的諸問題の特徴、⑶物理学の構成をめぐる歴史の現象学的論議とは何か、もっと正確に言えば、いかなる次元でこの論議は行われるべきか、でしょう。

彼が明らかにしようとしたことは、「近代的スタイルの学問は自明ではなく、むしろ一つの問題」であること、「理解されるべき」何かであり、また「このような理解にはフッサールによって着手された――否もっぱら着手されたにすぎないある種のきわめて複雑な考察を必要とする」ということであった。第二の論文は、生活世界の理論を紹介し、フッサールの現象学への新たな転換と固有の心理学を明らかにすることであった（1955.5.24）。

グルヴィッチはこれらの論文に批判的論評を加えないままにした。彼がシュッツに説明したように、二篇の論文は最も厄介な問題に関係していたからである。彼はこれらの論文を講演「カントとフッサールの意識の概念について」の枠組みのなかで発表する計画を立てた――ハーバード哲学クラブでこの講演を行うように招待されていたのである。グルヴィッチは彼の友人に次のように伝えた。これらの難点は、「結局のところ超越論的水準上の間主観的複雑化に行き着くのであり、フッサールによる意識の自我論理的概念」の堂々めぐりであると。最近カントとライプニッツを研究し直してみて自分に分かったことは、「いかにカントの先験的統覚（ライプニッツのモナドの所産としての……）が道理に適うものであり、またそれに比して」――「その機能を全く失っている」――「フッサールの純粋現象学的自我がいかに深く道理から外れているか」であった。

グルヴィッチの第二論文への遅ればせながらの反応のなかで、シュッツは、フッサールの一連の思想の鋭く、簡潔な提示のなかに――（フッサールの）基本的立場の弱点が〝驚くほど〟論証されている」（1956.1.1）ことを力説した。シュッツ自身の批評は、社会的歴史的諸問題に関するフッサールの省察の弱さに向けられた。大体において、これらの論文はグルヴィッチのフッサール批判の理由をより明確に知る上で彼には役立った。グルヴィッチの批判はその書物の粉砕を意図したのではなかった。他の者たちは「フッサールが実際に何をこれまで成し遂げてきたのかが分かる」ようにしていることに対してグルヴィッチに感謝しなければならないだろう。

グルヴィッチ＝シュッツ往復書簡には、フッサールについてのその他のさまざまな批判的論評が含まれている。二人は、操作的に用いられる諸概念に見られるかなりの不統一とかその他の細々した不備な事項をあれこれ探し回ったが、時にはその根幹にも触れた。後者に関しては少なくとも二つの基本的な違いがグルヴィッチとシュッツの間に現れた。一つは、すでに言及したように、自我論理の問題であった。もう一つの違いはフェーゲリンの著作のある議論のなかで生じた。フェーゲリンの形而上学的立場に異議を唱え、グルヴィッチ（1953.6.11）は存在論一般に対する反感を宣言し、それからシュッツの「存在論化する傾向」に対する彼の「抵抗」について語った。ホッブスはこう言った。「自分らの手で創らなかったものは自分らには分からない」と。

シュッツはフェーゲリンの準神学的存在論に与しなかったが、しかしフッサールの「領域存在論」、つまり実質的科学の諸分野の形相的相関項の解決にも応じなかった。グルヴィッチに返事（1953.6.15）して、シュッツはホッブスの格言に同意した。「あらゆる理解と自己理解の存在論的基盤は原則的に認められない」と。しかしながら彼はそれが記述され得るものではあると考えた。「私たちに〝課せられる〟ものを受け入れる、受け入れないは、私たちの〝知的理解力〟のうちにない」。それは「コスモスにおける人間としての私たちの地位」というものである。フェーゲリンとは異なり、シュッツは現象学的省察のなかで立ち現れる事態を超えて、人間生活の本質的条件にもっぱら関わったのであり、またおそらく現象学的方法を用いて解決されるかも知れない問題提起とか研究の主題の仮説に通じる、一種の理由の動機としての信念の解明にも関わったのである。いずれにしても、シュッツは伝統的形而上学よりも、哲学的人間学に傾斜していった。

差異・挑戦・一致

以上で述べたことは、グルヴィッチとシュッツの間で何時までも続く基本的な違いの二つ、自我論理と存在論である。三の目の違いは、意識理論の中枢である知覚の選択に関わっていた。『意識野』の序論において、グルヴィッチはこの野を「共現前的データの総体として」定義した（1964: 2）。シュッツ（1954.4.20）は過去把持を含みながら、それより以前の諸々の体験や固有の記憶を排除することは――（よしんばこの意識野がその与えられた主題の体験と共現前しているとしても）――この意識野の定義を狭くしすぎるとコメントした。しかしグルヴィッチはこの定義の変更を拒絶した。「過去把持」は主題や指標のなかに見出されるが、「再生」と「記憶」は「知覚には」不在だからである。シュッツ（1952.1.25）の主張はこうであった。この狭さの背後には、日常生活の世界の現実を知覚においてみるというグルヴィッチの決断がある。だが知覚は「仕事の世界における現実の構造に基礎づけられている」のである。

これは知覚やそれらの統覚的現実化は間主観的脈絡のなかで理解されるべきであるという意味である。「物質的な事物の知覚ですら間主観性を前提にしている」、諸々の社会制度に言及するまでもない。社会制度は、そもそもの始めから、「他の人たちの意識の諸成果である」（1952.3.17）。同様に、シュッツは自由選択についての件も、誰もが「その間主観的次元に一切何の注意も払わない」（1952.1.19）場合にのみ、受容し得ると考えた。もし間主観的次元を考慮するなら、誰もが自由選択を制限する「課された関連性」を見出すだろう。最後に、シュッツは、グルヴィッチが厳密に個人主義者としてのアプローチを堅持できる理由をそれとなく仄めかした。それはただ自分の明言した諸前提の範囲を超える暗黙の諸仮定を作っているからであると。シュッツは一例として間主観性を示し、もう一つの例として知識の社会化を示した。

他方、グルヴィッチもシュッツも自分たちが横並びで研究をし、似通った結果に至り、そして相手の探究のなかにさらにまた啓発を得ていることを知った。グルヴィッチが「行為の諸企画のなかの選択行動」というシュッツの論文原稿を読んだとき、彼は「開かれた可能性の確証」や「自分の本のなかで取り上げた同じ主題の数頁にわたる分析の凝集」を見出して有頂天となって喜んだ。注目すべき点はシュッツがグルヴィッチのものをまだ見ていなかったことである。二人の思考の動きが横並びであったことのもう一つの証拠である。グルヴィッチは同様にシュッツがライプニッツ、ベルクソンおよびフッサールの思想の収斂を彼の研究領域のなかで論証したやり方に感謝した。このような収斂は自己理解されるものではない、つまり三人の思想は全く異なる脈絡のなかで展開されていたのである。なによりも、グルヴィッチはシュッツのベルクソン解釈の重要性を強調した。「あなたは全く正しい。持続のなかで生起するものは、未来の状態のモデルづくりです。これは未来完了時制において想像され、また結局のところ私たち自身の行為から生じます。あなたの考察は「開かれた可能性が蓋然的可能性へ変形するとは何を意味するのかを明確にします」。フッサールのこのような変形概念をその他にも活用するために、グルヴィッチは「フッサールの概念とあなたの概念の両方の要素を含む」（1951.6.24）、「選択肢」の用語を提案した。

シュッツは『意識野』の第五部を受け取ったとき、彼は「私にとって新しい——そのすべてが大変刺激的で重要な——事柄をまたたくさん」発見したと書き記した（1952.1.19）。グルヴィッチは「非公式の」意見の不一致を思っていたが、シュッツは「実際いかなる事実上の違いも」見ずに、その上「再三再四、原則問題や多くの追加事項」のなかに相互の確認を見出したのである。

もちろん、グルヴィッチの主要研究はシュッツにはそれでも難解であった。彼は「奇妙で疑わしい」たくさんの決まり文句を見つけた。「これらの表現を自分の言葉に翻訳するために私はまず変換式を探さなければなりません」(1952.1.19)。同様に、書物の最後の部分はシュッツの称讃を呼び起こしたが、「もちろん、私にはいろいろな質問、疑問、反対意見があるのです」(1952.1.25)という所見は、気になるこれらの問題を片付けるのに数年はかかるという彼の認識の現れであった。

グルヴィッチは、見たところ、いくつかのシュッツの決まり文句の不案内さによってそれほど困ることはなかったが、しかし時折これらを誤解しがちであった。この場合その友だちが何時もはっきり分かるように何とかしようとしたのであり、また、それによって、シュッツがある時述べたように、自分たちの違いは見た目よりもはるかに小さいことに気づいたのである。

全部が全部、例のトンネルの比喩が含意するように、グルヴィッチとシュッツの理論展開が共通の会合の基盤に向かって収斂したのかどうか、これを確かめるためにはもっと広範囲にわたる多くの調査が必要であろう。そのような収斂のプロセスが形成途上にあったとすれば、それはとてつもなく複雑であった。

シュッツとグルヴィッチ

シュッツとグルヴィッチの関係は学術上の緊密な協同と「生粋の友情」の間で釣り合いのとれた関係であった。その一つの大きな難点は、不幸な外部環境がこの親交を十二分に生きることを許さないことにあった。二人の個人的な会合は実際珍しかった。双方とも自分たちの手紙の交換は対話の「生き生きした現在」の貧弱な代替品にすぎないと思った。両者とも「一緒に哲学すること」が思索の最高形式であるとする思想家たちであった。

彼らは変わることなく哲学的理論的目標の追求に専念した。これらの目標は、見た目には、彼らに課された使命のようにみえるし、またシュッツが生活設計と名づけたものでもある。使命感は彼らの知的探求の厳しさによって示唆される。しかし二人の仕事の精神は用語「使命」の中核相を拒んでいる。彼らの業績には伝道的目標の最終的なものがない。彼らの刊行物において二人が注意したのは、自分たちの省察や研究をどこで止めたかを示すことであった。二人の知的廉直さが命じたことは、何が分かったかだけでなく、同じように何が分からなかったか、何をこれまで発見し、何がなお発見されなければならないかも書きとめることであった。彼らが提出したものは、「追って沙汰あるまで有効」という、シュッツの但し書きつきで提供されたのである。批判的挑戦と積極的期待のどちらも質問形式で示すという彼らの性向は、追求する主題が何であれ、それは開かれたままであって、それは今までのところただぼんやりと知られている諸潜在力と今までのところまだ知られてない別の諸潜在力を含んでいるという、彼らの信念の一つの表現であった。グルヴィッチとシュッツは最終の知識や哲学的真理の宣言者というよりも、未知未到の領域の探究者であった。

この探究の姿勢こそ、基本的諸原則に触れる不一致を含めて、重大な理論の不一致によって二人の友情は損なわれないままであったという事実を説明する。彼らの間の議論は公平であったが抑えの利かないものでもあった。いくつかの個人的議論は相当に熱が入っていたに違いなかった。人間として彼らは互いを好いていたし、自分たちがこのような論争をする破目に陥るのは悲しいことだとも思った。思想家としては、彼らはその同じ論争を、さらに考えを深め、自分たちの立場の弱点を認め、また自分たちの前方の小道をもっとはっきり知るためには、歓迎すべき挑戦なのだと考えた。彼らは互いからそれなりに〝学んだ〟。自分たちの仕事場の孤立状態では生じなかった考えや示唆を受け入れることによって、いや受け入れるのではなく、むしろ自分たちの作業の継続のなかでそれらを注意深く考えることによって、時には、論点とその反対の論点のさまざまな議論を自分たちの出版物の本文に書き入れることによって、そして、さまざまな反対の立場についてのさらなる理解を彼らに伝えるという努力のなかでこれらの考えや示唆を拒絶することによって彼らは学び合った。

すべて彼らのアメリカ時代を通して、互いのほうに向かって歩んでいるという感情が二人にはあった。いくつかの思想の出発点と土台を彼らは共有していた。実にしばしば、二人はこれまで一度も議論したことのない論点で一致しているのを発見したし、あるいは互いに独立に行った努力に同じような結果が得られるのを発見した。もちろん意識の現象学的心理学やフッサールのこれに対応する見解の解釈の諸相を含め、彼らには一致のみられない広い範囲の主題や構想が存在していた。グルヴィッチがこれまでの過去とこれから予想される二人の間の不一致に関してシュッツに宛てた手紙に「実際には、これは私たちの研究する領域の違いの問題です」(1951.11.6) と書いたとき、彼はこの範囲のことを念頭に置いていたのである。彼らの研究する視座の違いから生じた違い、したがって両立できなくはない違いが彼らの文通にもたらされる不一致の大半を構成した。グルヴィッチは間主観性の問題を無視している、あるいは当然のこととみなしているとシュッツが繰り返し、厳しく非難することですら、遠近法の違いの範囲内で起きている。

他方において、彼らの間にはこのような説明を受け付けない哲学的ないし理論的な不一致もあった。この不一致はさまざまな機会に繰り返され、また彼らの友情と協力の全期間を通じて減ずることはなかった。筆者は、シュッツの立場から見た場合に、いくつかの最も重要かつ頑なな不一致を簡単に述べておくことにする。意識の非自我論理的概念に関するグルヴィッチの主張、知覚を人間の体験の研究における最有力点に挙げる彼の主張、現象学的論議の存在論的拡張の必要を認めることの拒絶である。

トンネルの隠喩はこれらの基礎的諸事例には適用されない。これらはある本来の終着点もしくは最終状態をもたない複雑な仕事であった。知的生活のどの地点でも、それぞれに、相手の主題の出発点やその後に続く諸々の知的中間点を持たない諸々の開かれた地平が自分の前にあった。もしも知的掘削者たち〔シュッツとグルヴィッチ〕が出会ったとしても、彼らの仕事は――実際生活のトンネル建設者たちのそれとは異なり――完成をみたということにはならない。彼らの出会う地点があるとすれば、それはある第三次元の共同掘削作業の出発点に印を付けたということであろう。以上の論評は現象学についてのフッサールの三つの最初の理念に敬意を表するものである。すなわち、現象学は端緒である。現象学は「永遠の哲学」である、つまり現象学は一つの方法である。グルヴィッチもシュッツもどちらも自分たちの努力をこの光に照らして判断した。二人の往復書簡から私たちが学ぶことは、もう一方の者が諸々の特殊な考えを拒絶することを彼らはたびたび先取りすることである。シュッツは、自分の諸発見が正しいから変えられないとは決して主張しなかった。繰り返し強調したことは自分の「諸問題」の重要な関連性をひたすら確信していることであった。この意味で、シュッツはグルヴィッチに賛成したのである、グルヴィッチは確信をもってこう語った。自分たちの議論において、誰が結局〝正しい〟だろうか、自分たちのどちらも結局間違っていることが分かるものだろうか、これは、彼らが互いに競い合いながら最高に可能であるものに向って努力する限り、大した問題ではない、と。あるとき、グルヴィッチはシュッツに確かにこう述べた。自分の研究に必要不可欠であると思っていた現象学的諸原理の一切を放棄することになった時でも、自分は相変わらずシュッツの友人にとどまるつもりだ、と。

グルヴィッチとシュッツは人間の体験という無尽蔵の領域を――それぞれ自分のやり方で――探究したのであり、また二人とも、後継者たちが人間と人間の条件について学ぶというおそらく終わりのない課題をさらに追究する筋道を記録することによって人間存在に関する私たちの洞察の範囲を押し広げたのである。

第六編　後継者世代

第十四章
教え子世代の学者たち

シュッツの教え子世代としてここで扱うのは一九一〇年以後に生まれ、彼の存命中に、直接にあるいは間接に、彼の研究の軌道のなかに入り込んだ人たちである。

社会学者たち

合衆国でシュッツが接触した多くの若手社会学者たちのうちの一人、リチャード・ウィリアムズの名はすでに挙げられた。本章ではガーフィンケル、シブタニ、およびウォルフが論議される。

ハロルド・ガーフィンケル

一九四九年に、シュッツはハーバードのパーソンズの教え子、ハロルド・ガーフィンケル（1917-

2011）と近づきになった。彼は学位論文「他者の知覚――社会秩序の一研究」を準備中であった。彼の主要テーマの一つはシュッツ、もう一つはパーソンズから由来した。シュッツへの手紙のなかでガーフィンケルはこの研究の目的を次のように記した。

すぐれて社会学的ですが、この学位論文は二つの主題をめぐって計画されています。第一は、あるパーティのいろいろの体験がそのまま一つの社会関係であり続ける、その分析的に理解される諸条件の理論的考察です。それとその効果や影響です。他我は自然的態度の一つの構成因であり、他の認識様式の採用を妨げる要因でもある。この他我を含む、諸々の意味構造を体系的に「破壊すること」が、知覚者の表現の場に見られる行動や言葉の素材を行為の表現の有意味的連関へと絶え間なく変換し続ける能力に対して、一体どのような影響を及ぼすか、これを実験によって検証することです。

彼は学位論文の準備にあたってシュッツの諸著作に自分が深く引きつけられたことの理由を述べた。とりわけ論文「多元的現実について」と『意味構成』に興味を抱いていた（1949.12.5）。ガーフィンケルはシュッツとの個人的面会を求めていた。しかし彼らが初めて出会ったのは一九五二年の方法に関するプリンストン会議においてであったと思われる。この会議はガーフィンケルによって計画・準備された。プログラムにはシュッツの論文「人間行為の常識的説明と科学的説明」の発表が含まれていた。

一九五三年に、ガーフィンケルは謄写版刷りの三篇の論文をシュッツに送った。第一の論文、「社会学的態度に関するノート」はプリンストンにおけるガーフィンケルの学生たちのために書かれた。その四つのセクションのうち三つはシュッツの著作からかなり引用されたものである。論文はシュッツによる日常生活の態度と科学的・社会学的態度との並置の詳しい説明からはじめられていた。ガーフィンケルによる主張と説明は独創的であり、彼がこの論文の出版を拒んだのは残念というほかはない。彼の考察の結論は彼自身についての辛辣な考察に当てられた。(1)一方で社会学者たちは「自然的態度の前提」にしたがって彼ら自身の意思決定を行いながら、社会学者たちはその研究において、またその研究のために決定を下す実際のやり方を研究することが必要である。(2)この「重要な無定義の用語」の多元的な含意を調べる「意味の理論」が計画されなければならない。

シュッツはこの論文をたいそう気に入った。シュッツはいくつかの論点を明確にするように示唆し、そしてガーフィンケルが、厳密に合理的行為はもっぱら科学的理論化に関わる人たちの間にだけ起こるというパレートの考えを受け入れていることには反対したのだった。しかし、科学者たちの調査研究の決定事項から評価する「客観的世界の諸々の種類」の研究というガーフィンケルの示唆に心が動いた。シュッツはガーフィンケルが「このまだ発見されていない宝島の探検家の一人」であろうことを期待した。

第二の論文には合理性の問題が扱われている。ガーフィンケルは再びシュッツから出発して、科学の合理的手続きと日常生活の合理的手続きとの間の基準の違いを長々と論じた。「合理性の諸属性」について言及する代わりに、彼は「諸活動の諸特徴」を取り扱おうとしたのである。これよりも、彼は「穏当さ」をもって日常生活の思考の一つの特徴と考え、これは生活世界の諸出来事に当事者たちが帰する関連性と深く関係していると考えた。「穏当さ」の社会学的研究は日常生活の諸々の「関連性」の研究とリンクされるというものである。さらにガーフィンケルは「日常生活の態度の特色」の一つを指摘した。すなわち行為の「合理的諸属性」は類型的期待が働く「ルーティン化される状況ないし標準化される状況の下でのみ」可能となり繁茂するのであると。別のセクションで、ガーフィンケルは日常生活における不確実な状況をうまく処理する過程を明らかにした。もしある人が自分はその解決のために「重要なあらゆること」を知っていると主張するのであれば、「他の人たちの期待にしたがって」いかに行為するかも知っており、したがって「彼の状況の客観性」を手に入れ、彼の社会的関わり合いの「匿名性と共同社会性」の諸属性を守ることになる。最後に、ガーフィンケルは「日常生活の態度の諸規則の内部に枠づけられる仮説の検証」を論じた。こうした検証は、もちろん、敬遠されてよい。行われるとすれば、これらの検証は次の二点を考慮することによって統制される。(1)ある出来事が生ずるという事実とそれの正当化とは切り離せない、そして(2)失敗に対してはその失敗の責務が何であるかを見極めることが要求される、つまり何事かあるいは誰かが失敗の責めを負うべきである。

シュッツは全体としてこの論文に内包されている難題に積極的に反応した。「社会的世界における合理性の問題」(1943)とプリンストン論文のなかでの考察は問題を研究し尽くしてはいなかった。彼にはガーフィンケルが分析を続けるなかで「かなりの進歩」を遂げたことが分かった。シュッツはいくつかの用語に関する異論を述べ、またガーフィンケルが引き合いに出したマックス・ウェーバーの形式合理性と実質的合理性の間の区別は、曖昧模糊として解明されないままであることも指摘した。合理性と穏当性の区別の労作に関して、シュッツはガーフィンケルが「とても素晴らしい研究」を行ったことが分かり、これらの議論を推敲してぜひ出版してほしいと願った。

ガーフィンケルの三番目の、一九五三年に書かれた論文は、「タルコット・パーソンズとアルフレッド・シュッツによる四つの〝前理論的〟問題の比較」を試みたものであった。それはこの二人の理論家を広く読むことにより、彼らの対象、体験的な理念型、観察の領域の一部としての観察者、そして「主観的」諸カテゴリーの利用についてそれぞれの理論を比較したのである。ガーフィンケルは第一の問題を認識論の問題として考察し、パーソンズのカント的立場にシュッツの現象学的立場を戦わせた。パーソンズは「現実の対応理論」を提示した。しかしながら、シュッツはカウフマンの「適合的一貫性の理論」と同義の「理論の一致＝適合理論」を提案した。前者の理論は現実（実在）の世界をその解釈的概念的表象から分離する。後者の理論は具体性をもっぱら「一つの意味のまとまりとして構成された対象」のうちに見出し、またしたがって「多元的現実」の構想に至る。

またもや残念なことに、ガーフィンケルはこの比較研究を刊行しなかった。この論文は、パーソンズとシュッツのその後の諸著作を検討しているが、それはまるで一九四一年に交わされたパーソンズとシュッツの間の意見交換に関する一つの外からみた論評のように読み取ったものだ。シュッツはこれに手短に答えた。自分とパーソンズの間の重要な違いが「前理論的」であるかどうか疑わしいと思うこと、またガーフィンケルが「対応」と「一致＝適合」の理論という用語で何を意味しているのか定かでないことを。いずれにしても、シュッツは係争点がこのような二分法に解消され得るとは思わなかった。さらに、シュッツはパーソンズとの違いを存在論的あるいは認識論的である——実に驚くべき見解——とは理解しなかった。それよりも、彼は「研究の水準」の違いとして理解されるべきだと考えたのである。パーソンズについてシュッツは次のように詳述した。

体験的諸研究は、もし必要なだけ十分に行われ、概念図式にしたがって分類されるなら、純粋に理論的水準でもっぱら処理されうる諸問題への洞察に必然的に通じるものと考えている。私は、体験の諸事実をある根本の哲学から出発し、意識の構造の現象学的分析によって得られる洞察の特殊な適用として説明しようと試みるのである。その結果パーソンズは矛盾に陥る。なぜならパーソンズは、社会学、トールマンの意味での行動主義的心理学、人類学、精神分析学、小集団を観察する調査結果の諸々の発見を調整することによって、役割、期待など……のような一定の基礎的諸範疇を用いて行為の理論を本当に手に入れようとしているのだから（1954.1.19）。

パーソンズの理論的定式化の手続きのこの特徴づけは、一九五一年に出版されたパーソンズ＝シルズの著書『行為の一般理論を目指して』に対するシュッツの反応であった。彼は、各自が異なる理論枠組みで扱っている、いろいろな陣立ての心理学者たちや社会科学者たちからの諸論考の組み合わせのうちに、パーソンズが当時構築していた一般システム理論内の曖昧な言葉や矛盾の増殖以外のものを見なかったのである。依然として彼は相違を研究の異なる観念に解消することは支持できないと考えた。パーソンズのシュッツとの往復書簡からなる著書［邦訳『パーソンズ＝シュッツ往復書簡：社会的行為の理論論争』］に寄せた「一九七四年の回想」のなかで、パーソンズ自身はシュッツとの違いを認識論的なものと呼び、彼の新カント派的立場とシュッツの現象学を戦わせている。一九五四年、ガーフィンケルはロサンゼルスに去った。彼は国際的にはシュッツの解釈者としてよりもエスノメソドロジー学派の創立者として知られるようになった。エスノメソドロジーはそのシュッツ的起源を否定しない一つのアプローチである。

タモツ・シブタニ

シブタニ（1920-2004）は、シカゴで教育を受けた社会心理学者で社会的相互行為論の第三世代を代表する。学生時代にシュッツの初期論文に通じるようになった。彼は諸個人がさまざまな社会集団に向かうオリエンテーションの主観的諸段階の研究や諸個人の相互行為的絡み合いの研究によって評価を得た。一九五五年に、シュッツは彼に論文「遠近法としての準拠集団」の抜き刷りを求めた。シュッツは彼自身の数本の論文をシブタニ宛に送った。シブタニは「いくつかの共通した関心について話し合うために個人的に面会すること」（1955.6.24）を希望している旨返事した。しかし二人の出会いはなかった。

シュッツは「準拠集団」の用語をその社会学的語彙のなかに取り入れた。シブタニがシュッツの諸著作に取りかかる明白な手がかりを見出したのは、彼の主著『社会とパーソナリティ』（1961）を準備した時のことである。彼は膨大な数の原資料を頼りにしたが、調査した著者のなかにはシュッツ自身も取り扱ったかなりの数の著者たちやシュッツのアプローチによく調和するその他の著者たちがいた。

シブタニはシュッツの論文四篇を引き合いに出した。初期のシェーラー研究、「余所者」論文、「行為の諸企画のなかの選択」論文、そして「人間行為の常識的説明と科学的説明」論文（1942, 1944, 1951a, 1953c）である。シブタニは最後の論文を「常識的概念の基礎を形成する外見上の類似性の下にあるものを見つめ」、また日常生活のなかで、「人びとが普通の仕方で振る舞う」事実を説明する最初の重要な試みであるとして歓迎した。「余所者」論に関する簡潔なコメントのなかで、彼は亡命知識人たちには困難に困難が付け加わることを強調した。亡命知識人たちはホスト国を読書で知るが、彼らはそれらの書物のなかの行動や反応の自明な方式を何も知らない。「博識である」ことは、と筆者は付け加えたいが、同じくその新しい国での生活の基本的諸段階について知らされないままであることにより誤って知らされることを意味する。シュッツの論文「行為の諸企画のなかの選択」は「遠近法」の議論に役立てられ、積極的に未来に向けられる。「……その人の遠近法《パースペクティブ》とは、体験の先を走って体験を定義づけ、これを案内する、一つの略図のようなものである」。シェーラーの間主観性についての理論は、適切に、相互行為過程としての役割取得を論ずるのに役立った。「……他の人たちの内部体験についてなされる推論はある人の無言の行動の予測となる……人びとは共演により互いの行動を察知できる」。とりわけ、シブタニは、シュッツが注目するように言っていたシェーラーの間主観的な感情理論に目を開かされた。「……全ての人間は一定の類型的な感情によって特徴づけられる。実際、類似の感情の気づきによってこそ文化的境界を横切る役割取得がなし遂げられるのである（1961: 19, 44, 50, 144, 395-96)。シブタニはシュッツ宛に彼の著書一冊を献呈しようと思っていた（筆者への手紙、1977.4.4）。しかしシュッツは生きている間に、一人のミード流社会心理学者による的を射たパーソナリティ研究のなかに彼の研究の諸段階がこのように統合される姿を見ることはなかった。

クルト・H・ウルフ

シュッツの教え子世代の社会学者で彼の友人となったのはただ一人、クルトH・ウルフ（1912-2003）である。彼はフランクフルトのカール・マンハイムのもとで学んだ。一九三三年にドイツを離れたあと、フローレンス大学で学業を終えた。合衆国では、最初オハイオ大学で教えたが、一九五九年にブランダイス大学に加わった。彼は知識社会学への変わることのない関心を保持してきたが、実質上はこれを乗り越えていた。

ウルフとシュッツが出会ったのは一九五〇年頃である。理論的接近法は異なっていたが、共通した関心が彼らの間の大きな結びつきを作り上げた。不完全ではあるが保存されている往復書簡によって私たちに許される判断の限りでは、彼らの理論上の違いは二つの範囲と関連している、つまり、⑴特定の哲学的原則――この場合は実存哲学的諸原則の独自な変形――を社会学の一般理論の領域のなかに承認すること、⑵知識社会学の諸原則及び固有な主題である。両方のテーマとも根本問題である「社会学とはなにか」を問題にしなければならない。

彼らの議論は五〇年代の初め社会科学におけるモデル構成に関するプリンストン会議の折に始まった。二人ともこの会議に招かれていた。会議に先立って彼らは報告論文の草稿を交換し合った。彼らはその後の論争を予兆する種々の問題をめぐる見解の違いを抱えて顔と顔を合わせたのである。

最初の討議からウルフが主唱した基本的立場には、「降伏と捕捉」という着想が要となった。彼は世界をその直接性において体験することを、すなわち、世界との能動的な関わり合いのなかで見開いた両眼で体験することを「降伏」と名づけた。そしてその後で人の注意を引き起こすもの、あるいは人の意志に訴えるものは何であれ、これを「捕捉」と名づけた。ウルフの立場は存在と思想、体験と反省的理論の存在論的二元論に立脚する、西洋的合理主義の反省的 - 分析的接近法に対立している。それは哲学的実存主義にも同意しない一つの接近法である。ウルフはさまざまな現象学的洞察を利用したが、彼独自の実存的方向をとるほうに傾いた。

「人間行為の常識的説明と科学的説明」に関するウルフの論評を受けとって、シュッツ（1952.4.21）は自分と彼との違いを次のように要約した。ウルフは「分割されないもの」をあらゆる「科学的問題的なもの」の基礎と考えたが、シュッツは科学的諸活動がそれのみで閉じられ、それに特有の「現実のアクセント」を有する一つの意味領域であると考えた。ウルフの意図は「科学的活動に人間性を十分に回復させること」であった。シュッツはそのような試みは内部矛盾に苦しむだろうと考えた。シュッツは「その分野を科学の対象として私の科学的考察の圏内に提示し得る前に、ある一定の抽象化の活動を実行しなければならない」からだと考えた。それは私たちの常識的な体験と違っていない。「常識的思考から科学への一定の連続」は存在する。後者が「科学であり得るのは、もっぱらそれが生活世界に縛られているからである」。「現実の人間たちはある点で私を理解し、世界と彼ら自身を解釈している」がゆえに、「彼らは科学を追求することができる」。ウルフの「降伏と捕捉」の用語は、科学的には正当化されない実存的存在論的概念である。科学者はでたらめにではなく、まさにここのところで、他のところではなく「捕捉」をしなければならない。ウルフはおそらく捕捉できるとする現実についての特別な期待から出発している。

シュッツもウルフもどちらも相手の議論に屈しなかった。ウルフは次の二十五年を「降伏と捕捉」という自らの構想の洗練と展開に費やした。そしてシュッツも、その生涯の終わりまで、科学的研究の立場が生活世界の直接的諸過程と生活世界の多元的諸体験から相対的に自立することを主張した。シュッツとグルヴィッチが意識の「非自我論理的構想」をめぐって論戦を繰り返し行ってきたように。

一九五五年に、ウルフはシュッツ宛に「社会学――以前と以後」という論文を郵送した。「以前」とはある研究の「前科学的段階」の意味である。そもそも、ひとは「主題、方法、および理論に関する先入観を一時中止」しようと努める。うまくいけば、人はあらゆる意味で「その人の全存在」の承認を求める「あるトータルな体験」に入り込み、またこのようにして特定のユニークな状況にそれを引き渡すのである。ウルフはすでに確立された概念装置全体のエポケーから始め、直接的体験の流れに深く入り込み、その入り込んだ状況のなかで自己を表すことを示唆したと言ってよい。降伏は、それゆえ、「一つの探求の道具のための厳しい試練」である。降伏の段階に続く反省の段階において、社会学者は社会学的概念装置に立ち戻り、これらを反省によって想起された諸体験と対照してテストすることができる。「社会学的概念装置は再考案により正当化されるか、修正されるかが明らかになる、あるいはその結果それらの概念装置は取り替えられる」。これを果たしてしまうと、「当の社会学者はことによると修正された彼の概念装置を用いて作業を進めようとする、まさに彼が「先立つ降伏なしに」作業を続けてきているように（1956: 151-52）。

彼の社会学観そのものの展開に目を向けると、ウルフはアメリカ社会学を「社会学以前的」と特徴づけた。「アメリカ社会学には社会の歴史理論によるインスピレーションがない」。同じことは人間世界についての他の解釈アプローチにも当てはまる。これらは「どの政治組織によっても、政治的に無害であり、またそれゆえに大目にみられ、利用されたりさえする」。ウルフにとって、「社会学以後」とは価値判断から自由な「政治的にも社会学的にも妥当な社会学」のためのプログラムを意味する。このプログラムは一つの社会哲学と関連づけられるであろう。つまり、「存在と当為の切り離しえない融合において示し、またしたがってその見物人を単なる一人の観察者にするのではなく、むしろこの社会から切り離されえない、ソクラテス的な問答やその批判者ともするような……、この社会についてのパースペクティブ（見方）が得られる諸論点」を提供する社会哲学である。社会学者たるものは「社会を変える」ことを目指すべきであり、少なくとも彼の寄与によって社会の改変を準備すべきである。社会学そのものがその歴史的状況のなかでのみ理解され得るのであり、社会学を非歴史的学問として論じるのは「この分野の歴史的使命を裏切るものである」（1956: 153-58）。

この論文に反応して、シュッツ（1953.10.22）はこう述べた。「あなたがこの世界を甘受しこれに身を引き渡すやり方に対して大いに共感します。私は、学問が超越の体験――これこそ……ひとり私たちを人間に創り変えるものですが――に通じるただ一つの道である、あるいは最良の道、あるいは全く特権化された道であるとすら考えている人たちの間には入っておりません」と。しかし、ひとは科学を「あなた（と私たちみんな）の抱く文化による不安のもっぱらの原因」と考えるべきではない。この謙虚な科学観は限界を曝け出す。それはウルフの期待を叶えることができるだろうか。シュッツは、ウルフがマンハイムの歴史主義的社会学観――すなわち、ヘーゲル＝マルクス流の究極目的が沁み込んだ「歴史過程」に仕える知識分野――から彼自身を一掃し切れていないのではないかと危ぶんでいたのである。

ウルフはシュッツに自分はマルクス主義的立場の特徴である「党派的献身」の類を主唱するものではないことを請け合った。また彼はヘーゲルのような目的論にも与しなかった。ウルフのさまざまな社会批判的志向は非イデオロギー的なものであった。しかし彼は一つの歴史相対主義を提唱した。あらゆる知識はその知識が台頭し繁茂する社会歴史的状況に関連しているという立場である。この歴史相対主義が「降伏と捕捉」への方法論的肩入れと一緒にされた。心底からの知識は人間の生活の生々しい出来事が認識的洞察を引き起こす、その社会過程に没頭することによってのみ獲得されうる。このほかにも、彼は信頼のおける科学的手続き、「反対事例の体系的調査、代替的説明の吟味など」をなしに済ませるようなことはしなかった。

ウルフはこれらの原則を正当に取り扱っていない立場を逃避主義者とみなした。その他の社会学的接近法における基本的な違い——例えば、新実証主義と理解社会学の間の違い——は問題にならなかった。彼はこれらをすべて「社会学以前」の範囲に追いやったのである。シュッツは一点に絞って彼の懸念をぶちまけた。ウルフによるウェーバーの「価値判断からの自由」という社会学説の批判である。ウルフが社会生活や社会学における存在と当為の非分離性を宣伝した箇所で、シュッツは科学が評価的決定と政治的関与という重荷を担うことはできないと主張した。多くの社会学者たちは政治的に活動するなどという動機を持ち合わせていないのではないか。持ち合わせたところで、彼らは何をなすべきかについて一致しないだろう。奇跡的に一致したところで、彼らは何事も決して達成しないに決まっている。これを否定することが一つの信念の遂行なのである。

シュッツはいっそう不十分な根拠に基づいて例の「降伏と捕捉」の二分法を素っ気なく拒絶した。その存在論的実存論的なニュアンスのゆえに、シュッツはこの二分法論を本来の社会学的手続きに適用するという基本的な妥当性の認識がなかったのである。五〇年代の期間、「降伏」はウルフにとって——社会学的な水準において——研究される人びとの生活過程に没入することを意味した。彼はそれを「ある企画した研究に対する態度」（1956: 152）と呼んだ。それは研究計画の中心局面、フィールドワーク段階において効力を生じるものであった。

解説として、この伝記の執筆者（筆者）は以下の論考を掲載する。

ウルフは自分の語ったことを体験した。ロマ（スペイン語系ニューメキシコ人）の集落において彼が繰り返し行ったフィールド調査の期間に自ら説いたことを実行した。そのさまざまな調査結果の報告によって判断すると、彼自身の「捕捉」は社会学的に実に注目すべき結果をもたらした。その後、彼はこのロマ体験を「低いレベル」の一種の降伏と考え、それから、彼は不可能なこと——降伏と社会学的諸対象を、私が推測するに、一つの解釈図式にまとめることにより——を試みていたのだと考えた。私はこの追想による批判論を一つの哲学的批判論であると理解し、また、拙稿「理念型と降伏」（1987）のなかで筆者が示そうとしたように、以下のことがこの原則の社会学的関連性を損ねていると思っていない。社会学者あるいは人類学者は、彼らにとって未知の生活様式や思考様式を有する人間の諸集団を研究しようと思うなら、彼らが闖入したその文化的状況に身柄を「引き渡す」ほうがよい。また彼らの新奇な調査諸対象について、公式文言で彼らを導いた先入観の理論図式を忘れるほうがよい。もしこれを行わないなら、社会学者や人類学者は単に自己を確認するための諸仮説に対する回答を携えて帰国することになり、彼らはその集団の「文化」の「理解」を誤ってしまう、と。

シュッツは二つの理由でウルフの「降伏と捕捉」の社会学的意義の可能性を認めることができなかった。「勤務時間後の学者」として、シュッツはフィールドワークに関わることを想像すらしなかった。例えば、彼はある重大な社会的体験の機会、他の人たちの実際の生活世界が生活世界の認知的図式とは異なっているという体験の機会を逸していた。さらに、彼は、具体的経験調査の体験のない一人の思想家によって構成され、あらゆる特殊科学の上に重ねられるとする、カウフマンの方法論的形式主義の影響から完全には脱していなかった。例えば、理念型の構成のための固有の諸規則に比べてそれらの経験的基礎を保証する問題が暗くなる。少なくとも、シュッツは社会学的概念構成に入力しなければならない経験的知識を当然のことと思っていた。

ウルフとシュッツの間の二番目の論争は、その起源をマルクスにもち、ウルフに最も影響力のあった先生の一人、カール・マンハイムによってかなりの修正を受けた知識社会学の銘柄に関係するものであった。このアプローチによれば、諸社会科学は少なくとも社会政治的な諸条件によって規定され、ある組み込まれた政治機能をもっている。それらは支配階級の道具であるか、あるいは既存の支配階級に反対する人たちの政治的変革の道具として奉仕するかのいずれかである。ウルフはこのような見解を彼の論文「知識社会学と社会学理論」——一九五七年執筆——の草稿のなかで繰り返し述べた。知識社会学の歴史の中でマンハイムは「部外者と参与者」図式において特権的地位を占めている。ウルフは内部者の「全面的関与」という方向へ歩みを進めた。

シュッツはマンハイムの知識社会学が、特にアメリカにおける、現場の「問題を故意に歪曲している」という理由でこれに反対した（1956.6.26）。この問題はヨーロッパの一九世紀の発展の産物ではないとシュッツは主張した。この問題は古代においてソクラテス以前から懐疑論に至るまで見出されるだろうし、一六世紀以来のフランス哲学もこの問題に精通していた。これがそうであるのは、本来知識社会学の問題が生活世界の内部に起こるものであり、それは（ガリレイ——科学の意味での）科学的思考が存在するはるか以前に起こっている」からである。

ウルフは知識社会学が「現代世界の衝撃的体験」の「理論的抽出物」として存在すると主張したが、これは「その理論自体の出現がもっぱらこの衝撃的体験に依存するという意味ではない」ことを認めた。衝撃的体験は、「……この意識の超越の一因である……私たちの時代の意識のいくつかの連接の一つである」。例えばこれは「ソクラテスの立場自体をその時間と場所のなかで洞察する時には、その衝撃的体験の再生として現れる。「ある超文化的人間性」はこれによって「諸々の独自文化」を無視することなしに仮定することができるのである（1959b: 585, 575）。

ウルフは「知的精神現象の科学的妥当性がそれらの起源とは何の関係もない」ことを認めていた。しかしそれらの現象の内在的解釈には社会現象の生ずる諸条件についての内在的解釈と対化されねばならないとも考えていた。こうした二重の解釈が、彼の主張では、「いつでもどの特定の場合でも可能である」ことである。彼は、これを「存在論的二元論」と名づけた。シュッツはなぜこれらの二種類の解釈が存在論的分裂となるのか理解できなかった。「自然主義は……私たちの時間と空間の分析から一つの希望として生じた悟性の一形而上学的前提である」という言明にはなんの正当化の理由も存在しないとシュッツは考えた。さらに、彼はウルフの「科学的真理と実存的真理」——一方が「諸命題の真理」であり、他方は「現実に対する反応」である——という対置に異議を唱えた。最後に、アメリカ社会学は個人を実在と解釈することで「心理学的実在主義」を標榜し、またあらゆる集合体を構成概念であると論じることで心理学的実在主義を「社会学的唯名論」と結びつけているとのウルフの特徴づけに、シュッツは賛成しなかった。これと正反対のことがヨーロッパの社会学に当てはまるとウルフは考えた。

一九五八年に、ウルフはシュッツにもう一つの論文「社会学と歴史」のコピーを送った。彼はこのなかで思想や思いつきの二元的段階のことを語った。ある意味で両者は推論の産物であり、論理的な、つまり、「判断の無時間的基準」の産物である。また別の意味で両者は外部自然の「因果的諸継起」のなかにうまく入りこむ。科学的目標は、それだけでは、歴史認識の様式には表れない。逆に、ある研究の最終結果は歴史的である。一度私がその思いつきを考えたり、行ったり、物を作ったりしてしまうと、その思想……や仕業あるいは産物が一つの因果連鎖のなかの環となり、これらは他の人びとの思いつき……や私自身の思いつきとの関連において吟味されるようになる」。ここまでは、シュッツは完全に同意することができた。科学的企画の最終的所産は、その出版を含めて、問題の科学の公的領域に入り込み、その領域における一定の知の立場から吟味に曝され、そして、それによって、今に至るまでの科学の歴史に連接される。しかしながら、ウルフは、それ以上のことを念頭に置いていた。「私の提唱は理論的関心の放棄ではありません、むしろ現代の歴史的診断の基礎、つまり、実践的関心の基礎を定式化することにあります」(1959a: 3/33, 36)。シュッツは、もちろん、賛成していない。

シュッツはマンハイムの立場の拒否を正当化したように、彼がウルフを公平に評しなかったこともありうる。回想のなかで、ウルフが強調したことは、「一方における、知識社会学がその独自の名によって一つの自覚した企てとして生まれた時点の問題と、知識社会学の諸問題の無歴史性――一度その企てが生れてしまうと、今や何時でも何処でも知られるようになる――との間」の明確な区別を彼がしているということであった。別の言葉で言うと、彼の立場は次のような信条に具現されていた。すなわち、これまで認識されてこなかった、あるいは目下断片的に取り扱われている諸問題、話題、係争中の問題の取り扱いには、これらの問題の深さと複雑性に対して公平に注意を向けるような組織立った科学的関心が必要であり、この実現のためにはある特殊な一連の社会歴史的諸条件を要するというものであった。ウルフがさらに論評したように、人間存在の普遍的社会的諸条件――これをシュッツは念頭に置いていた――に固有であり、またしたがって「何時でも何処でも研究しうる」諸問題が存在するということを立証するためには、それに対応する知識の理論の確立を必要とする(1977.1.17)。

これらの論評はウルフとシュッツの間の違いを明確に表現してはいるが、その違いを解決していない。二人はフィールドそのものの主題に関して一致しなかった。ウルフはその条件のもとで――歴史的事実の問題として――イデオロギーが発生し諸々の特殊社会的‐科学的問題が提出される外的諸条件に焦点を絞った。シュッツは日常生活の知識に注意を向け、主としてその知識の文化的‐言語的伝統への投錨にではなく、むしろ日常生活の知識を生活世界的諸体験の諸過程のなかで諸個人が吸収する点に焦点を絞ったのである。これに種々の派生的諸問題、とりわけ、特定の社会集団ないし社会において利用される一定の知識の配分の諸問題が付け加わった。

二人の知識社会学論争において、シュッツとウルフにはそれぞれが自分の領域の定義を受け入れるのは相手のそれを排除するために議論しているようにみえた。両者のどちらも彼らの定義やそれらの指示する特定の社会現象は排他的でなく、むしろ相補的であるという可能性には思い及ばなかった。

哲学者たち

シュッツの教え子世代の哲学者たちは、社会学者たちより多様な原点の持ち主たちであった。筆者は一人のドイツの亡命学者、二人の最も若いドイツのフッサール研究者、二人のフランスの哲学者および一人のアメリカ人を選ぶことにしよう。

ドイツとフランスの思想家

ヴェルナー・マルクス（1910-1994）はハイデガーのもとで研究を行った。彼は一九三八年に合衆国にやってきた。ニュースクール博士課程修了後の研究は経済学、社会学、心理学と哲学の諸分野に広がっていた。一九五五年に、彼はハイデルベルグへ出かけた。一九五六年に、彼はフライブルグ大学のフッサール＝ハイデガー講座の職に就いた。五〇年代初期の間、ニュースクールの哲学の講師として、彼はシュッツと公の関係があり、またハイデガーの哲学に集中した私的議論をシュッツと行った。彼らの間の主な相違はシュッツが『存在と時間』のいくつかの意見を受け入れ、ハイデガーの後期著作を拒否したことである。マルクスは、その反対の立場をとった。シュッツは、あらゆる哲学的悟性の存在論化と筆者が名づけるものに異議を唱えた。マルクスによるこの立場の擁護文は記録に残っている。シュッツの返答はこれまで発見されていない。

ヴァルター・ビーメルとルドルフ・ボェーム

シュッツの教え子世代の他の二人のドイツの哲学者はルーヴァン・グループを代表している。この哲学者たちは、フッサール文書保管所でフッサールの膨大な文献遺産の精査とその部分的刊行に、継続して労を厭わず働いていた。

ヴァルター・ビーメル（1918-2015）は恐らくフッサール以後の現象学に対する最も重要で誠実な調査研究を提供した。彼は現存する『危機』の諸草稿に沿って、三篇の論文と多数の短い文書の補遺を付してこれをまとめあげ、一九五四年の著作の刊行を最後まで見とどけた。ビーメルはシュッツとフッサール文庫に関係する問題について書簡を交わした。一九四七年あるいは一九四八年にビーメルは、シュッツのルーヴァン訪問の折に、個人的に彼と面会した。彼はこの文庫の蔵書保有状態についてシュッツに案内する係であった。彼らの最後の出会いはそれから十年後ロヤモンのフッサール・コロキュウムにおいてであった。

ルドルフ・ボェーム（1927-　）は、フッサール文庫のビーメルの後を継いだ。一九五二年以後、彼は文庫問題の件でシュッツと書簡を交わした。一九五四年、彼はブリュッセルの哲学会議で個人的にシュッツと会った。シュッツはその後のヨーロッパ旅行の度にルーヴァンを訪問したから、ボェームはフッサールの哲学伝説に関する彼の情報源となった。ルーヴァン訪問の間じゅう、彼らはフッサール哲学の諸問題をめぐる議論に熱中した。振り返って、ボェームはこう書いた。「シュッツが私に真為のほどをあくまでも質したのは、フッサールの保管文書のうちで彼にとって最重要の主題についてでした。内容的には、とりわけ構成の問題、自我論理《エゴロジー》と間主観性の問題、そして生活世界の存在論の諸問題について議論しました」（筆者への手紙、1978.3.13）。

ボェームは彼自身の立場から、すべての現象学には個人主義的基礎からある一貫した社会的基礎へのラジカルな転換が必要だと言わないまでも、望ましいことだとシュッツを説得しようとした。「私のほうから、シュッツに次の見解を承認するようにとしきりに促しました。基本的に、現象学的に理解される〝社会的現実〟は、たしかに重要であるが、応用現象学の単なる部分的領域では全然ない。それは現象学的哲学（もしくは哲学的現象学）のまさしく対象となるべきものである」。しかしシュッツは「この挑戦にかなりの抵抗」を示したと、ボェームは付け加えた。このラジカルな一歩のもたらす結果を彼が恐れているのではないかとボェームは思った。明らかに、シュッツは彼自身の現象学的心理学的基本線を断念する気配はなかった。

シュッツは、著作のなかで、フッサールの提示しなければならない物事をすでに超えているとボェームは確信していた。「当時すでに私はシュッツが基本的にフッサールの生活世界ノートを調べる必要がないという印象をもちました――フッサールの諸見解に比べて、彼の見解や洞察のほうが本当にもっと豊かでしたし、もっと成熟していましたし、はるかに具体的でしたから。フッサールの見解は、シュッツのそれと比較すると、単なる仄めかしのなかにほとんど溶暗し去ってしまいます」（1978.3.13）。

シュッツは一九五九年五月に最後の手紙をボェーム宛に口述した。それは、ボェームが「フッサールの社会科学に対する重要性」論文を、ヴァン・ブレダによるフッサール記念特集号のなかに含めて編集の準備をしていることに関係するものだった。

マイケル・デュフレンとポール・リクール

マイケル・デュフレン（1910-1995）。フランスの実存主義的現象学が第二次世界大戦後シュッツの目にとまった。最初のフランス再訪問の間に、シュッツは「フランスの書店で、デュフレンが現象学と社会学に関する論文を寄稿している、ソルボンヌ大学社会学部による刊行物が真っ先にフッサール記念号にある私の論文を論じている」（ナタンソンへの手紙、1953.10.6）ことを見つけた。それは「現象学と社会科学」（1940）である。デュフレンの論文はおそらく「社会学と現象学」であったはずであり、一九四七年に Échanges sociologiques 号に出た。

シュッツはポール・リクール（1913-2005）によるフッサールの『イデーンII』解説を高く評価した。フッサールの超越論的間主観性論についての彼自身の疑念に対する一つの裏付けをこの解説のなかにシュッツは見出した（1953a: 409）。リクールが五〇年代初期に、合衆国でゲスト講義をしている際、シュッツはリクールとの会合を準備しようとしたがかなわなかった。

モーリス・ナタンソン――教え子にして友人

モーリス・ナタンソン（1924-1996）はネブラスカで学位論文「ジャン＝ポール・サルトルの存在論批判」（一九五一年出版）により博士学位を得た。彼はポスドク研究の奨学金を受けて、ハーバート・スピーゲルバーグの示唆で、この研究をニュースクールで行った。彼のサルトルに関する書物一冊をシュッツに送ったところ、シュッツは現象学に関して彼の個人指導にあたることに同意した。正規の研究報告書をナタンソンから受け取った、スピーゲルバーグは、シュッツ宛に半年後その努力が実り豊かな土壌に注がれていると書いた。すでに、ナタンソンが「アメリカの現象学にとって最大の希望の星」（1952.6.24）を代表する少数の若手アメリカ人の一人であることを彼は確信したのである。

ナタンソンは社会科学の博士号のために研究していたが、学部のシュッツやその他の社会学者たちのたくさんの学部講義科目に登録を申し込んだ。彼の博士論文「ジョージ・ハーバート・ミード――社会科学者と哲学者――」は、最優等の評価を与えられた。その高い質にもかかわらず、ナタンソンは出版社を探すのに相当に苦労した。ようやく一九五六年に『ジョージ・ハーバート・ミードの動的社会理論』の標題で日の目をみた。彼は博士論文の内容を徹底的に切り詰めなければならなかった。ミードの思想形成に役立った歴史的影響の解説、ミード批判論者の議論、ミードと他の哲学者や社会科学者との関係に関わる長大な章、これらすべてが割愛された。

ニュースクールでの研究二年目、ナタンソンは哲学部の講義科目に登録を申し込んだ。その後、ハウストン大学、ノース・カロリナ大学、カルフォルニア大学バークレー校とサンタ・クルス校、最後にエール大学で教職を得た。八年間のシュッツとの往復書簡のなかで、彼は哲学者の年次会議の部会もしくは各種の雑誌に提出した二十五篇の論文について言及した。彼はやがて第一級の思想家、深い感銘を与える話し手、そして無類の優れた文筆家となる器であった。

ナタンソンがニュースクールで過ごした二年間は彼の知的生涯にとって決定的であった。一年後、彼はシュッツにこう記した。「私が手に入れたものは、あらゆる私の将来の知的活動の中核となるばかりでなく、あらゆる私の将来の哲学的営為の土台にもなる、変わらないそして揺るぎのない要素だと思っています。……私はニュースクールでともにした私たちの二年間をいつも懐かしく思い出すでしょうし、いつもこれが私の知的発展の決定的な転換点であったと考えるでしょう」(1953.10.1) と。シュッツにとっても、また、ナタンソンとの出会いは特別に価値があった。彼には以前にも優秀な学生がいたし、一九五二年と一九五三年の間にも何人かいた。だがナタンソンは修業中の真の哲学者として彼のところにやってきた、最初の学生であった。これらの二年の間に費やしたシュッツとナタンソンの師弟関係はシュッツの生涯の終わりまで継続する人格的精神的な絆の基盤となった。

定義上、師弟関係というのは非対称的関係である。しかしナタンソンはこの関係に一つの例外的精神のみならず特殊なスキルを生き返らせた。彼は英語が達者であった。ナタンソンは早速シュッツに対し、英語の言語的な面での〝編集〟助言者として勤めたいと申し入れた。成人になって第二外国語を習得するすべての知識人がそうであるように、シュッツは英語に精通しているとは全然思わなかった。前置詞の正しい使い方や動名詞（1954.7.25）の細かな特徴について「私の先生として君のような友だち」が必要であるとナタンソンに語った。おそらくこれに英語の統語法を付け加えることもできた。英語を話し英語を書くドイツの知識人は何時もこのことに悩んでいるようにみえる。ナタンソンはシュッツの書いたものにとても関心を示し、次第に彼の問題や前提について優れた理解をものにしていった。ナタンソンはシュッツが他の現象学者たちと一緒に抱え込んでいる種類の事柄について彼と対話することができるようになった。ついに、この傑出した教え子はある哲学的企てにおけるシュッツの協力者の一人――彼が哲学上の同等者として会話を交わしうる年少の友人――となった。

一九五二年に、シュッツはナタンソンと一緒に『イデーンⅡ』および『イデーンⅢ』として紹介されるフッサールの一九一三年の『イデーン』の最後に刊行された継続部分の翻訳の仕事を始めた。シュッツの私的書庫には伝説の書類綴《と》じ「エドムント・フッサール『短縮素訳版イデーンⅡ』一九五二年四月～一〇月」、それと「アルフレッド・シュッツとモーリス・ナタンソンによる私的目的のための（簡略）自由訳版、エドムント・フッサール『イデーンⅡとⅢ』」と名づけられている二冊の多量の草稿綴りが含まれている。この計画を達成しようとして、ナタンソンはシュッツと一緒にかなりの時間を費やした。シュッツが翻訳の最初の原稿を起こし、ナタンソンがこれを編集形式に整えた。ナタンソンがニューヨークを去った後、二人の共同作業は郵便によって継続された。

一九五四年に、ナタンソンは、同じやり方で、シュッツの『意味構成』の翻訳を一緒にやりましょうと示唆した。しかしシュッツはこの考えを受け入れなかった。アメリカの読者には、彼のこの書物が狙いをつけた中央ヨーロッパの読者へのアプローチとは違ったふうになされるべきだと思ったからである。アメリカ人がよく知っている着想や説明を用いて理論を伝えたり説明したりするには、「地元向け伝達ルート」が図示されていなければならないのだと。明らかに、シュッツが思ったことは、彼の元々のウィーン時代の研究に見合うアメリカ版の執筆のために、ジェームズ、クーリー、ミード、デューイそしてその他のアメリカ哲学者や社会科学者を動員することであった。ナタンソンはシュッツにこの計画を思いとどまらせようとした。ナタンソンは分かりやすい言葉に翻訳する時が来たことを確信していた。しかしながら、シュッツは、断固として変わらなかった。最終的に翻訳すべきであると考えた彼の書物の唯一の部分は、「直接世界《ウムヴェルト》、同時代世界《ミットヴェルト》、先代世界《フォアヴェルト》、および後代世界《ナハヴェルト》」すなわち、他者との直接的共存の世界、同時代人の世界、先人たちと後継者たちの世界を論じている同書第四章である。

ナタンソンの編集上の判断が信頼できることをシュッツはすぐさま確信した。その年のおそくになって、彼は論文「シンボル、現実、そして社会」の草稿をナタンソンに郵送し、その校訂を依頼した。相応しいと思うように変更し、反復を削除してくれるようにと伝えた。「君は僕の考え方をよく知っていますから、きっと、僕と打ち合わせしなくとも、君の提案は申し分なしです」。シュッツは、ナタンソンが校訂した原稿をそれの掲載される「シンポジュウム号」の編者に郵送する以前に自分のチェックが必要だとすら思わなかった（1954.7.2, 1954.7.13）。しかしナタンソンは誠実にその校訂の進行をシュッツに報告し、変更を最小限にとどめ、はっきりと読みやすくするためにほんの二頁だけタイプし直した。そしてその草稿をシュッツに郵送した。シュッツは彼の行った「すばらしい仕事」に感謝し、ナタンソンがすでに直してくれた表現のうち小さな修正を二つ施しただけであった。

その論文の校訂をしながら、ナタンソンはシュッツとは異なる三つの理論上の論点についてコメントを書きとめた（1954.7.21）。コメントは付帯現前の概念、「当たり前のものと思っている」世界の考え、超越の観念に関係したものだった。シュッツの応答はナタンソンの言及と同じく広範に及んだ。

ナタンソンはシュッツの象徴化に関する論文の最大の長所を「基本的水準の付帯現前理論」の確立に見た。この理論が、はじめて、サイン（記号）、マーク（目印）、象徴等の間の違いについて満足のいく定義を可能にしたのである。彼のコメントはシュッツが論じていない、あるいはほんのわずかだけ論じている「いくつかの要素」に集中した。第一に、彼は「付帯現前する項がサイン（徴候・記号）、すなわち、誤謬による、あるいはもっと深い理由のために、その対応する意味されるものとして受け取られるサインであるような状況」を持ち出した。彼のあげたのは、「ネコ」という言葉を聞いたとたんに逃げ去る『不思議の国のアリス』のネズミ、ユダヤ教の礼拝では「その名前が現にあるという理由から」特定の名前を神に向かって避けるなどである。第二に、彼は「寓話の領域」に触れて、これは「あなたの理論の応用にとってすばらしい眺め」を提供した。その実り豊かさはC・S・ルイスの著作『愛のアレゴリー』によって説明されるだろう。ルイスは「アレゴリーの有する説明の二重水準、そのなかでは付帯現前する水準が表層の物語であり、他方の付帯現前される水準は象徴される物語である……」を展開したのである。第三に、彼が思ったのは、付帯現前の理論が「象徴化の究極の水準」を構成する「神秘主義の分析のための興味深い基盤を提供していることである。そのなかで「奇妙な転倒」すなわち、「象徴化自体がその付帯現前する項となり、至高の現実に現れる表現手段を求めても得られない」ことが生じる。「それはそれ自体を求める付帯現前する項である」。第四に、ナタンソンは「付帯現前の理論の一般的代表象について」彼の抱く「主な難点」について語った。シュッツは付帯現前の現象学を説明しなかったし、特に、彼の象徴理論は、その条件次第で決まる「志向性の理論」を論じていなかった。第五に、シュッツは彼の主題の存在論的諸側面をそれとなく仄めかしているが、しかし読者に対し、その主題の存在論的扱い方に含まれる必要性について「十全な意味合いを理解する」ように準備しなかっの探究に私たちを呼び戻す」だろう。

シュッツは最初の三点をさらなる研究のための示唆として受け取ったかもしれない。彼は後の三点に本気で取り組んだ。見失っている付帯現前の現象学については、彼は受動的総合という原初的事実の記述以上のことをなし得るものかどうか怪しんでいた。後者、受動的総合は、記憶とか内的時間と同じように一つの「自発性の形式」である。能動的総合のように、それは意識の一つの還元不能の特徴である。存在論に関しては、シュッツは現象学的哲学にとって重大事であるが、付帯現前には何の関係もないと述べた。存在論について彼が触れたのはもっぱら「言語の内的形式」の術語を議論した時だけであった。語形論や統語論のうちに言語はその集団の世界観の相対的自然的段階を反映する。この見解の展開は彼の論文のコンテクストでは根拠づけられなかった。最後に、カッシーラーの象徴の諸形式を彼は意味の限定的諸領域と考えていると述べた。ナタンソンがそれとなく仄めかしたように、象徴の諸形式が意識の構造への新しい洞察に通じるだろうということに彼は賛成しなかった。

「当たり前のものと思われている世界」に関して、ナタンソンはシュッツによる「常識のリアリティ」の分析によって引き起こされた「古傷の痛み」について語った。常識が間主観性の問題を解決したと仮定するのは全く公正ではない。なぜなら「間主観性は常識のリアリティにとってなんの問題もない」のだから。その上、この水準にはなんの曖昧さも存在しない。「市井のひとは彼の常識体験から抽出される類型化を用いることができる。常識体験とは、その場合、常識的慣用法に見られる〝こころ〟のような言葉が有する意義である。しかしながら類型化は意味ではない。類型化は、多くの場合、意味を避ける一つの方策として…働く」。哲学的分析を介してのみ、〝こころ〟のような、諸々の概念の仮定も「解き明かされ、またそれゆえに諸々の意味も明確となるのである」。常識的思考は多くの物事の決まり文句を含み、決まり文句はみな「かなりの曖昧さ」を示す。

応答のなかでシュッツは自分の思考の基礎が当たり前のものと思われている世界であることを再び認めた。フッサールの生活世界の概念、G・E・ムーアの常識の概念のように、当たり前のものと思われている世界は哲学的人間学の根本概念として認められねばならない。この立場からみれば間主観性は「常識的世界における最初の既知要素であるばかりでなく、あらゆる哲学的営為の明らかにされていない前提条件でもある」。ナタンソンは行きすぎだった。間主観性は、「他者のこころの存在という意味ではなく、むしろ他者の思いつきをともにするという意味では」常識のリアリティの一つの問題である。私たちが、毎日の生活の真っただ中で、二重の意味で独我論と孤独の問題に出合うのは、世界の内部における私たちの状況という部分である。すなわち、私の人格の部分は「不可解な独我論の牢獄」のなかに生き、また私には反省によって把握できない「本質的に生の諸体験」がある。最後に、曖昧な常識的構成物が「社会的世界をチェックする」、つまり「宇宙の基本的不透明さが超越性のあらゆる体験の中核にあり、他者のこころの超越性もそれらのうちにある」。

ナタンソンは、象徴化の超越性に関するシュッツの発言がきわめて啓発的であることを知っていた。しかし彼は「象徴化、つまり超越の問題と私の生活の諸主題と私が呼ぼうとしている事柄との間の……基本的関係」の理論を展開することが結局は望ましいと考えたのである。毎日の生活のなかで中断される諸活動は主題の継続として理解されてよいだろう。「私の生活を特徴づけ、明らかにし、しかも入り組んだ形で私の生きている間じゅう保持され解釈される、象徴の諸主題の理論」を展開することができるはずである。おそらく「常識のリアリティの最も深い象徴」は「もっぱら詩歌や文学のうちに明確な表現を見出す主題」であろう。

「諸主題」という語のこうした用い方にシュッツは魅了されなかった。現象学では、この語はそれとは別のことを意味する。『危機』書のなかで、フッサールはこの語にBeruf［職業、または召命］をあてた、つまり、社会的役割というのはいつもそのようなもう一つの主題なのである。〝主題〟に関係のあるすべての語は「基礎的な関連性の構造や関連性の体系に関連している」。トーマス・ウルフ（1900-1938）、カフカ（1883-1924）その他の諸作品のなかに、ナタンソンは「象徴からではなく、社会的現実を照らし出す象徴的諸主題から得られる超越」を見たのであった。シュッツからすれば、これらの作家たちは「日常生活の関連性の諸構造」を超越するのである。一般的にいえば以下のような意味である。

> 私の伝記的状況を左右する関連性の構造はその直接の現実を超越しており、必然的に私には不透明のままである……私は私自身の伝記的状況を体験できるが、それは……ただ付帯現前的に類比的統覚によって、私の記憶にとどまっている、もしくは思い出される過去と私の未来のさまざまな予期を含んでいる。そしてこの自伝的状況のあらゆる時間次元は生活世界のそれとは別の諸現実の参照を含むのであるから、これらの他の諸領域との関連ある諸関係は単に象徴的に把握され得るにすぎない。

「私の生活の主題」とナタンソンが呼んだものを、シュッツは関連性のシステムに還元した。生活世界の超越の文学解釈を含むこの理論の諸分岐はたしかに精査されねばならないだろう。しかしこうした精査は新しい概念の構成を保証するものではなかった。

　その他いくつかの意見交換も議論に値する。一九五一年一一月に、ナタンソンは「自己の不在」として定義した、サルトルの「対自の他者」という概念を記した説明によって以前の会話を追求した。サルトルは他者の生活世界を拒否しない。彼は「意思疎通状況の暗黙の失敗と挫折」に関心がある。自己たちの間の具体的諸関係は「究極の挫折感と実験的破砕」であることが判明する。人間は「対象である他者を所有できるだけだ」。サルトルの生活世界は「存在論的廃墟の領界」である。他者との意味の共有というシュッツの考えは生活世界の一つの水準であった。他者は「受苦と混乱」、「実存の曖昧さ」、「言葉のもつれと混乱」、「孤独と孤立」、そして「社会的困惑」である。サルトルは生活世界の「幻想的な豊かさ」を視野にもたらした。この光のなかで、シュッツの解釈の「オポチュニズム」は「影のほうに移り去らねばならない」(1951.11.14)。ナタンソンはここで生活世界の二つの水準の理論を狙ったように思われる。この示唆に対するシュッツの応答は記録にはない。しかしながら、間主観的意思疎通における失敗の可能性を受け入れたとしても、それらが上首尾な意思疎通や理解と同じくらいに生活世界の一つの実存条件であるとする考えを彼が拒否したであろうことは明らかである。

一九五五年の春に、ナタンソンは「限定的意味領域としての歴史」に関する論文を書いた。ナタンソンは「大きい」歴史と「小さい」歴史とを区別した。文明の歴史と忘れられた普通の人びとの歴史である。シュッツは、大きな歴史を反省的態度の構成物であり、小さな歴史を〝賦課的関連性〟と〝内在的関連性〟による自伝的歴史（自分史）であると定義して自分の案を示した。ナタンソンは後者がある限定的意味領域をそれ自体で構成するという考えを拒否した。つまり「意味のそれぞれの領域がその固有な歴史的次元を有する」からである。シュッツは生活世界の主要な諸性質が歴史の領域に入るものであることを認めた。しかしながら、この領域はいくつかの追加される諸段階からもっぱら既知となる。(1)時間の遠近法は「持続と標準時間の両方から歴史的現実の過去、現在と未来の諸次元へ変化する」、(2)距離の要素が導入される、歴史的出来事はもはや「手元に」存在しない、(3)基礎的曖昧さは歴史的出来事のすべての解釈に内在する、(4)「その歴史的世界は常識的解釈者――彼はもっぱら過去の断片と現在の狭い部分を意識している――によってある断片的なやり方で把握される」。

ナタンソンは、自らの論文で毎日の生活の意味領域と歴史のそれとの間の「相異と類似への手がかり」を得るための「断片性」に着目した。毎日の生活者からすれば、「大きな歴史」は「主観的図式のなかで解釈される」。毎日の生活者に対して「大きな歴史」が提供するものは何であれ関連性のプリズムをとおして反射されるし、また創発的諸性質はその個人の歴史的な意識を構成する諸断片にほかならない」。「歴史の断片性」には三つの段階がある。「その個人が意識している歴史的断片、この意識自体の断片的特徴、および小宇宙スタイルの断片性」である。これらの段階が一緒になって歴史の意味領域の一つの優勢な特徴を示すのである。「歴史的過程の諸断片が存在する、当の歴史的過程の指示物は、個人の統制と操作を超えている。歴史的過去は毎日の生活の解説者の力に余るものである。まさにこの事実こそ、歴史的小宇宙という現実の土台である彼自身が第一に重要であるとの信念を保留するわけを説明する」。サルトルとハイデガーの類似した理論に対する反対理由を表明した後、ナタンソンは「現象学的哲学の一主題としての死の問題の理解」の方に進んだ。その主たる議論はペット動物とか近親者の死を体験している子どもを例にしたものであった。このような体験とともに「その子どもも同じく死んでしまうのだという異常な、ほとんどこっそりたくらまれた認識が生ずる」。大人にとって、死は「私たちの毎日の生活のうちにある両価値的問題性」であり、「私たちの存在の地平」である。「死は私の見慣れている環境のなかで体験される諸要素に付きまとう異常な意識として現れる」。それは「見慣れているものとともに……付帯現前される」。

シュッツのコメントの二頁だけがこれまで保存されている（日付は不詳、一九五七年一〇月初旬に書かれたと思われる）。そのなかで、シュッツは幼児体験が死の「異常性」という永続的不安を生み出すとか、あるいは分別のついた個人に付きまとうその他の関心事がこれを形成するとかという仮説について疑念を表明した。彼自身の諸々の体験はナタンソンの仮説を裏づけることにはならなかった。「どの立場でアルフレッド・シュッツは新カント主義哲学の真理の信念の持ち主であるのか、あるいはモンテロの戦いの少年であるのか」。さらにまた、彼はナタンソンによる死の現象学的解釈の基本線が短すぎると考えた。「この問題への接近は内的時間の分析を理由にしてもっぱら可能であり、限定性、記憶、あるいは予期についての観念、あるいは主観的に言うならば、希望や恐れ（もっとよく言えば、諸々の心配事）の観念を可視化するのである」。ナタンソン（1957.10.10）は、その話題が、全体として、彼の考察よりもさらにその他の問題に及んでいることには同意した。しかし彼はその問題の一つの段階に自己限定しても差し支えないとも思った。「いかにして私はこの世のなかで私が死ぬこと、この世のなかで死なねばならないこと、この世のなかには死が存在することを理解するに至るのか」。

一九五七年の終わりに、ナタンソンは「哲学と社会科学」という表題の論文の草稿をシュッツに送った。そのなかで、ナタンソンは方法論を「特定の秩序をもった哲学的参加」と定義した。「自然主義者」の諸方針に反発して、彼は「社会的行為の解釈における意識と主観的意味の優位性」を力説した。「哲学的に方向づけられる方法は……社会的現実がそのなかで理解される概念枠組みに関係している。彼はこれを「メタ哲学的方針」と名づけた。この方針の「哲学的根拠づけ」はフッサールの「意識の志向性の学説」において与えられる。意図的活動の全範囲は現象学的研究の主題と理解されるのであるから、社会的世界における行為者たちの意図的生活は明らかに現象学の範囲に含まれる。そしてここに哲学的関心と社会学的関心とは単一の一致した冒険的事業へと合流する。すなわち、社会的行為をその対象に付与する意図的意味によって理解する試みである。したがって、現象学は明白に、哲学的理解である。これ以上に、現象学は「現象学自体の方法を基礎づけることができる」。現象学は社会的世界の哲学を準備する。

シュッツはただちに応答し（1957.12.7）、この論文を「しかるべき理由に基づく大変説得力のある議論」と呼んだ。彼は以下の三点を指摘した。⑴ナタンソンは、現象学に起源をもたない諸々の主観的アプローチに「現象学的」の名称を当てている。これらのアプローチと本来の現象学との間の違いを維持するために、シュッツは代替語〝現象主義的 phenomenistic〟――哲学者のボヘンスキーによって用いられている表現――を提案した。⑵シュッツはナタンソンの「メタ哲学的」の語に不満を抱いた。哲学が「自己を根拠づけること」であるのならば、メタ哲学の余地はない。⑶現象学はあらゆる社会現象の理解への直接の途を提供するというナタンソンの仮説に関して、シュッツは、フッサールがかつて試みた、形相的現象学からの近道は存在しないということを強調する本質的な疑念を表明した。

ナタンソンとシュッツとの間のやり取りの――どちらかといえば不完全な――証拠は、ナタンソンがシュッツから二種類の反応を引き起こし得たことを示している。別のところでも知られている雑多な諸問題に関する立場についての論評と説明、彼の著述のなかで、これまであったとしても、稀にしか触れていない諸問題についての論述である。ナタンソンによる生活世界の複合構造、象徴化の錯綜体、あるいは毎日の生活の断片化、不確実性と内的挫折についての諸考察は、シュッツの理論的分析の多様な局面拡大を押し進める現象学的社会学的関心の話題である。意見や解釈の違いは生じたが、それは一つにはある相当に複雑な主題の熟達に励む学生の産みの苦しみを表現するものであった。また一つにはある哲学上の不一致と結びついた解釈の変種を示していたのかもしれない。フッサール哲学に分け入る前に、シュッツはベルクソンの思想に没頭していた。ナタンソンは、これに対して、サルトルから出発したのであり、また彼にとってフランス実存主義のこの変種の最も肥沃な要素であるものを彼の斬新な現象学的方針とうまく融合させるのに時間を必要とした。ナタンソンとシュッツの間には純粋に哲学上の違いがあったが、それは、しかしながら、彼らの関係を損ねるものでも、また彼らの遠くまで及ぶ知的協力関係を損ねるものでもなかった。

結びの言葉

ナタンソンはこの伝記のなかで注意を引いたシュッツの唯一の直接の教え子である。五〇年代の間、ここで述べるに値する他の学生たちも彼のところで学んだ。この十年の前半期における社会学者にはピーター・L・バーガー（1929-）、トーマス・ルックマン（1927-2016）、そしてヘルムート・R・ワーグナーらがいた。後半期における哲学者には、フレッド・ケルステンやリチャード・ゼイナーがいる。しかしながら、彼らのいずれも、ナタンソンと同じような、自分たちの先生との徹底的かつ継続的な関係に入ることはなかった。そしてシュッツが亡くなった当時、学者としての評判を得たものはいない。彼らは、ナタンソンとともに、シュッツの直接の教え子世代の中核を形作ったが、その物語は、シュッツ理論の普及と発展という、シュッツ以後の時代に入りこむのである。

第Ⅲ部
「生活世界の社会学」以前・以後

この伝記の最後は、シュッツのライプニッツ、ベルクソン、およびフッサールの哲学との関わり合いを問題にする。三人はそれぞれシュッツの意識の現象学的心理学の情報源、またその触媒ともなった哲学者である。一番の影響力をもったのはフッサールである。シュッツはフッサールの意味での一批判的現象学者であることを自認していた。ベルクソンの影響が二番目にくる。現象学的哲学者たちはシュッツの現象学的思考におけるベルクソンの役割をしばしば軽視しているのだが。ライプニッツは遠く離れた三番手である。ごくわずかであるが、しかしライプニッツには極めて重要な貢献がある。

ところで、ここでの私の関心は実質的諸理論に対するシュッツのさまざまな貢献に限らない。私は基本的に、シュッツの理解する、単純な意味での超越という用語に関心の焦点を置いている。ベルクソンの直観主義もフッサールの形相心理学もどちらも主題は心理学的であるが、意図や実施となると哲学的であるから、双方とも自分たちの主題を超える哲学的意味や意義を併せもつことになる――少なくとも、超越が著者たちの思想という大きな基盤から切り抜かれて、超越自体の権利において〝経験的〟実質的諸領域として取り扱われる場合には、そのようなことになる。ベルクソンとフッサール両者にとって、超越はすでに〝心理学的〟発見の意味を確定した哲学的諸構造の沈殿物であったのである。

シュッツが自分の主要な情報源から現象学的心理学的考察に打ち込んだとき、哲学上の自由を彼は主張したのである。大変な苦労の末に、というほどのことではなかったが、彼はベルクソン哲学の全体の上部構造に決着をつけた。フッサールに関しては、超越論的現象学についての大きくなりつつある疑念をさらけ出しながらも、彼は知的に自由でありえたのである。

ここにシュッツにとって益するライプニッツとの関連性が生じる。シュッツは、フッサールの超越論的推論、部分的には同じく形相論的推論の――ますます多くの側面の――はっきりと支持しがたい事情がその基盤の基本的欠陥にあることに気づいた。『危機』書のなかで、フッサールはデカルトにこれらの土台の歴史的根源があることを示した。しかし、シュッツの確信はデカルトの土台が不安定であり、デカルトの最初のそして最も厳しい批判者、ライプニッツの土台によって代替されるべきであるということであった。

　これらのごく原初的な考察は、[1]大方の期待に反してこの結論部分をフッサールに限定しないで進めるという本稿の試みをある面で正当化してくれる。

第七編　理性——直観主義者・自発性

第十五章
ライプニッツ――合理主義者の伝統

哲学の上では、シュッツは西洋哲学の合理主義者の伝統のなかにあった。彼の著作において、その歴史的関心はごくわずかであった。過去のさまざまな時代の思想家たちに触れたのも、歴史的理由からでなく、すっきりしないあるいは多義的とみえる理論の諸側面に光をあてようとしたからである。この意味で彼は現象学の無歴史性というフッサール本来の原則をそれほど悩むことなく理解した。フッサールが西洋の哲学的遺産の人文主義的精神の諸特徴の承認を熱っぽく弁護し、それとともに、彼自身の哲学における歴史的なさまざまなルーツを弁護したのは、いよいよヒトラーがこの哲学的遺産を破壊するという兆しが出てからであった。[1]

フッサールは、近代哲学の開祖であるデカルトに注目したが、このデカルトの二元論的思考が近代的推論の数学化の源泉、その上、主観的超越論の伝統の起源ともなっている。フッサールにとって、デカルトの認識的存在論――「我思う、ゆえに我あり」――の原理はわが意に適っていたし、また彼はデカルトの「懐疑の方法」が現象学的方法の先駆けであることに気づいたのである。シュッツは、これとは逆に、デカルトをほんの少し用いただけである。代わりに、彼はデカルトの亡くなる四年前に生まれた一人の思想家、ライプニッツ（Gottfried Wilhelm Leibniz 1646-1716）に注意を向けたのである。

その時代風潮［百科全書派的知性］にあって、ライプニッツは実際家であり、哲学者であり、数学者であり、それに神学の著述家であった。グルヴィッチの優れた研究（一九七四）によれば、ライプニッツの哲学を統一する原理は汎論理主義、「大論理が世界全体ならびに世界のあらゆる部分のなかに沈殿され実現される……という観念」であった。この世界には二つの層がある。人間の諸モナドを含む、諸々のモナドの領界、それと存在する実体の現象の領界である。いかなる論理構造も存在論的構造に対応する。世界の調和は神的「大論理（Logic）の主体」によって予め創られている。神の意志は見つけられるべき唯一の「論理の外にある動機」である。神意の「かくあれかし」の厳命によって、神は無限数の可能的諸世界の一つを存在にもたらす。モナドたちはその世界構造の一つの層の諸単位である。「窓がない」ので、モナドたちは絶対的に自足的であるが、自分たちから「外に抜け出る」ことはできない。しかし各々のモナドは忠実な「世界の表示であり、万事をお目通しであられる神の霊と調和している」（1974: 3-6, 226, 121）。

この風変りな哲学は、グルヴィッチとシュッツにとってデカルトの二元論を解消し、超越論的主観主義の一つの新しい出発として興味深いものであった。フッサールはライプニッツを無視していた。にもかかわらず、グルヴィッチは両者の哲学のある単純比較によって彼の研究に結論を得た。

生活世界の出発点は、フッサールにとって、「単なる経験的感覚体験ならびに実際的技術的熟練に典型的な知識」というライプニッツの極点に整合する。二人ともある一特殊な論理性」を論じている。フッサールは、まさしく大論理（Logic）の最高諸形式のいわば「胚細胞」を、「生活世界の論理性」のなかにみるのである。ライプニッツにとって、「最も深い段階の現象の認識」は「十全な形式における論理的なものの究極の最も微弱な省察」以外のなにものでもない。ライプニッツの論理の見方とは対照的に、フッサールは生活世界が——「その論理性にもかかわらず」——「固有な意味で本来論理化された存在」であるとは主張していない。「日常の前科学的ならびに前論理的体験の世界」の存在は「科学的思考が自ら生み出す、特殊な作用の結果であり成果」である。つまり科学的諸作用が「生活世界の論理性にぴったり付いてしまう」のである。「この意味において、科学的諸作用は生活世界の論理性のなかに根づいている」。これは「大論理の発生を大論理の意味の起源という意味合いで」追究するという哲学の課題の意味になる。これによって、ライプニッツの原理とフッサールの原理の間の見かけ上の逆並行関係は解体する。ライプニッツは「世界の論理性を……大論理の具体化として……彼の体系の前提」にしたのであり、これを出発の土地として予め措定した。「フッサールの現象学的哲学の眼差しでみれば、この論理化された存在《ビーイング》は、さまざまな努力の目標として現れる」。すなわち、そのような論理化の過程を発見すること、「もっと正確には、それへの漸近的近似値という収斂目標にさまざまな努力が注がれる」(1974:489-90) のである。

グルヴィッチにライプニッツとフッサールの間の体系的かつ詳細な比較の計画があったとすれば、これを彼は別の論述に譲った。だがそれが欠けている以上、次の問題に答える頼みの綱は私たち自身である。すなわち、現象学者たちはライプニッツから、現代現象学の諸概念や諸方法を用いても遂行できなかったものについて一体何を学び、これを発展させうるのか、という問題である。

シュッツとグルヴィッチは、彼らの往復書簡のなかで、また当然ながら、彼らの個人的会話のなかで、何度も繰り返しライプニッツに立ち戻った。彼らはライプニッツにすっかり魅了されたままに、ライプニッツを探り続けた。本章の残りの部分は、彼らの往復書簡並びにその他の資料に見られる、この関心の説明に当てられる。

シュッツのライプニッツ論

シュッツがライプニッツに興味をもつようになったのは、グルヴィッチと知り合いになる前からであった[2]。一九三四年、彼は合衆国にいる友人のマハルプ宛に、ドイツの頼みになる思想家たちがヒトラーと和睦したやり方を述べた、一通の悲痛な手紙を書いている。当時彼の見出した唯一の慰めとなったのは「真の哲学者、ライプニッツを読む」時であった（1934.1.9）。二年後、シュッツはライプニッツの思想を自分の著作にまとめる準備に取りかかった。彼の構想「社会的世界における人格の問題」は、ライプニッツの「連続性の原理」の説明から始めることであった。この連続性の原理によれば、非連続性は物理的諸対象に限られる一性質であって、人間のモナドたちが影響を受ける、精神的諸現象は連続的である。この構想を利用しようと思いついたのは、彼が「同時代人たちの世界における最高段階の匿名性」に始まり、「他我という親密な、直接的な自己の所与性」に終わるような連続性について論ずる時であった。

これを構想した書物の第一部は「モナドと行為し思惟する自我の完成態との間の調和」という小節で終えるものであった。しかしながら、「構想の実行はライプニッツの研究をさらに進めて初めてなし得る」とつけ加えた。これと関係して彼は本題から反れた補説「神により措定される理念型として解されるライプニッツのモナドについて」を準備した。この本当に愛くるしい言説は「神は、ただその観念の曖昧で不完全なアダムのような人物を創造すること」ではなく、むしろ「一個の個体として十分に確定されたある特定のアダム」を望んでいるというライプニッツの考えによるものであった。したがって、神はこの人祖の理念型に完成可能性、主観の独自性、および自己決定性のほかに不完全性も積み重ねて創り出したのである。

別の脈絡においてもシュッツはライプニッツのいろいろの観念が現象学の方針とうまく適合するのが分かった。格別に興味を引くのはシュッツの自我《アイ》論理に組み込めるかもしれない観念である。「モナド」という語は「豊かな人間」と同義語である。我《アイ》は、デカルトの仮定とは対照的に、種々の物事を考え、したがって、種々の状態にある。注意と記憶は「個人の構成要素」である。しかし最重要事項は「主体としての我《アイ》を多様な形式における現象としての我《アイ》から区別すること」であった。

ライプニッツのその他の概念も意志による行為の問題や行為し思考する個人の問題にとって重要であった。

知覚の理論に関連して、シュッツの関心を引いたのはライプニッツの時間と空間の遠近法《パースペクティブ》という論じ方であった。ライプニッツによる自発性の定義に、シュッツは「真に実用的な転換」をみた。異なる知覚に達するには注意を変えること、そうでなければ、空間におけるその位置を変えることを意味する。さらに、シュッツの注意を惹いたのはライプニッツの「微小知覚」petites perception の観念であった。すなわち、微小知覚は、そうと気づくことなしに、出水のように急に増水して私たちの感覚器官をたえず急襲するのだという。シュッツの提言は、しかしながら、微小知覚が私たちの「夢の世界」のなかで明るみに出るということであった。この夢の世界は「あらゆる統覚の拘束を免れて」いるが、あらゆる知覚についてはそうではない。夢を見ている間、人間は「基本的に混乱したさまざまの知覚を一部はっきり、すっきりしたものに変えようとする実用的関心の完全な欠如」を示す。微小知覚はこうなると「生への注意という〝検閲〟の拘束を免れる」し、したがって、その意義はいよいよ嵩じてくる。混乱の状態にある間、微小知覚は「受動的注意」を亢進させる。「この受動的注意とはこれらの微小知覚が当の親密な人間に及ぼす諸効果の具体的な形に他ならない」。しかし目覚めている生活においてでさえ、これらの知覚は完全に隠れたままにとどまってはいない。刺激がありさえすれば、私の注意はこれらのうちの一定の微小知覚を「大理石の石目」のように注視できるのである。

この研究は世界の政治情勢のゆえに完成されることはなかったが、もし達成されれば、ライプニッツはその重要性においてベルクソンやジェームズと並ぶ、現象学的心理学への一貢献人となった違いない。

アメリカ生活のなかでシュッツは、この一九三六〜三七年構想には戻らなかった。しかしライプニッツは常にシュッツの哲学の地平の内にあった。アメリカ時代の出版物十二篇には少なくとも二十回ライプニッツの参照がみられる。

グルヴィッチはシュッツの関心を大いに強めた。一九五二年にエルンスト・カッシーラーによるライプニッツの研究を読んだ後、自分の知覚の内包理論が「いかにもライプニッツ的霊感を得ている」ように思えて驚いたと、彼はシュッツ宛に手紙を書いた（1952.3.9）［邦訳二八三頁］。「二人一緒に数年かけてライプニッツの研究に費やすべき」ことを仄めかしたのである。シュッツはこの考えを喜びと悲しみのうちに受けとったに違いなかった。こうした共同の企ては彼とカウフマンが中期のフッサール哲学をかつて理解した時のあの共同学習体験の繰り返しを期待させるものであった。しかし長期の「哲学をともにする」が何であれ、結局は実現せずに終わった。五年の後、グルヴィッチはライプニッツの体系的研究を独りで行った。彼はその最初の「諸発見」をシュッツに報告し、これにシュッツは熱っぽく反応した。「新ライプニッツ学派の開祖、グルヴィッチに栄光あれ！」（1957.3.15）と。

初期ライプニッツのさまざまな主題がシュッツのアメリカの著作のなかに再出した。例えば彼は再び予定調和の原理に言及したが、これには正面からは触れなかった。彼が予定調和の原理に言及したのは「人格の理念型 personal ideal type」の議論においてであった。人格の理念型はその社会学的創造者の意志に完全に依存する人形である。つまりそれは「自発的活動の中心である生きている人間とは反対のもの」である。人格の理念型とは、［次のようなものである］。

——世界を支配する課題を持たない。また、厳密に言えば、いかなる世界も持たない。人格の理念型の運命は、その創造者である社会学者によって、予め統御され、決定されている。しかもライプニッツが神の創造した世界を想像したような完全な予定調和においてである。その創造者の恩寵により、人格の理念型は、科学的世界のなかに持ち込まれた課題を遂行するために必要とする種類の知識をもっぱら備えているのである（1943: 144-45）

このように述べて、シュッツはライプニッツの教義の存在論的妥当性を拒否した。予定調和は神の創造であったのではなく、哲学者ライプニッツの創造であり、ライプニッツはこれを世界と人間モナドを説明するための一個の概念道具として用いたのである。

その上、ライプニッツ哲学の神には一つの方法論的論点が仮定されている。サルトルの他我の理論をめぐる批判的論議の際、シュッツが力説したのは、外部現象として他者たちを要請すれば間主観性が難しくなるということであった。シュッツは互いに全く隔絶して存在しているライプニッツのモナドたちについて考えていたに違いない。彼は次のように書き記したからである。……「私自身ともう一方の者the Otherに対して外部にある、第三の観察者だけが、私ともう一方の者との共存という真実を確かめることができるというものである。明らかに、この推論は無限後退に通じることになる。ライプニッツによって提供される、神と世界創造のような神学上の観念のみがこの無限後退をあえて克服しようとするのである」（1948: 183）。後退は、二つのモナドを観察し、二つのモナドの共存を断言する当の観察者を看視する、またしても距離を置いた、別の「第三の観察者」を要請することの必要性とともに始まる。したがって、神はライプニッツの世界では、その全知によって無限後退の過程を停止する、最高の「第三者」として現れる。

神なしには、窓のないモナドは予定された独我論的被造物にとどまるのである。このモナドは孤独な意識に関する探求の一定目的には役立ち得るけれども、シュッツは、これは間主観性の問題の解明には役立たないことを知った。彼は、一九四二年、後者の間主観性問題に対するシェーラーの回答を論じたとき、同じことを述べた。シェーラーの回答は、ある超個人的「包括的」意識、そこから個別の自己が後になって現れるという「われわれ」の要請にある。シュッツは、この理論が他の形而上学的仮説と同じように、すなわち、ライプニッツのモナドロジーと同じように不十分であることを知った（1942: 335）。

グルヴィッチは、ライプニッツ研究のなかで、シュッツの議論を繰り返した。すなわち、ライプニッツは、哲学的「第三の観察者」として、彼自身の諸仮説に基いて、神のものである、ある知識を自分のものにしてしまっている、と。このことが一つの「はっきりとした背理」を作り出す。「どのようにして……一人の個別的モナド、哲学者というモナドがモナドたちの一般理論を立案するのだろうか」（1974: 7）。

ライプニッツの形而上学にもかかわらず、シュッツはライプニッツの業績や功績を深く尊敬する心を失わなかった。一九五七年に、「生活世界の若干の構造」に関する論文（ドイツ語原本をグルヴィッチが英訳して一九六六年に出版した）を著したとき、彼は生活世界に関する意味の細分化した種々の領域を究明するためにさらに遂行されるべき厖大な量の仕事を示して、こう付言した。「未だに私たちは、ライプニッツの要請した高等技法——自分たちの知っていることを上手く活用しなさいと教えている——を物にしていない……」（CPIII: 129）と。同時にグルヴィッチはライプニッツの天才に言及した。カント研究に取り組んでいたとき、彼が抱え込んだ若干のカント理論、特に、きわめて難解な「悟性の総合」に関する厄介事をシュッツに書き送った。グルヴィッチは「ライプニッツ［の見地］から眺めることによって」、上記の問題やその他のカント問題を解決したのである（1957.3.10）。

シュッツはライプニッツのなかにより一般的な目標の支えを見出した。彼は「日常的思考の論理」を展開することが生活世界の社会学の土台を確保するのに重要な要件であると考えた。彼はライプニッツこそ一連の偉大な論理家たち――そのなかにはフッサールやデューイもいる――の最初の人であり、これらの論理家はこのような「論理を要請はしたが、獲得するに至らなかった」（1944: 501）。その課題は未だに要請されたままである。

ライプニッツのその他の考えも人間の行為、動機、意志および自発性に関するシュッツの関心にとって重要であった。パレートからパーソンズまで現代の社会学者が認めている一つの根本原理（postulate）、すなわち「合理的行為は……」その行為の手段、目的、および副次的な諸帰結に関して「行為者による明晰・明確な洞察を前提にしている」というアイデアは、ライプニッツの考え出したものであることを彼は指摘した（1953c: 21, 21, n.41a）。動機に関して、シュッツは「純粋な理由の動機問題」を決定論者と自由意志論者の間の形而上学的論争の土台として理解した。この論争そのものを無視しながら、彼は「ベルクソンやライプニッツのような一部の哲学者たち」がこの論争のなかで選んだ立場から「行為のさまざまな企画のなかからの選択」の研究にとって重要な洞察を手に入れたいと思った。ライプニッツもベルクソンもシュッツ自身の理論の二つのタイプのうちの一つに関連した解決策を唱導していたのである。種々の行為を出発させる、一方が「理由の動機に関係し、他方は、いわゆる利害関心を構成する目的の動機に関係する」。「ライプニッツの見解は、『微小知覚』があらゆる私たちの活動を規定しているという理論により、最初の理由の動機の一典型と考えられるし、あらゆる私たちの知覚が私たちの活動によって規定されるというベルクソンの見解は後者の目的の動機の一例と考えられよう」。何が最も重要であるか、「動機は人間を行動に誘うが、人間に強制はしない。人間はその性癖に従うか、従わないかを選択する自由があり、さらにそうした選択を停止することすら自由である」（1951a: 165;168, n.2:177）とライプニッツが述べていることである。

シュッツの論文「行為の諸企画のなかからの選択」の一節には「ライプニッツの意志の理論」が当てられている（1951a: 178-81）。ライプニッツの善と悪の二分法を不確実な諸可能性の正と負の重さの二分法に取り換えて、シュッツは一種のライプニッツ的非機械論的選択の理論を導き出した。すなわち(a)通常、二つではなく、それ以上の可能性を考えなければならない、(b)「意志の諸傾向」は熟慮のどの局面にも存在する、そして(c)正と負の重さの均衡は存在しない。ライプニッツは三種類の意志を区別した。出発点には、「先行の意志」行為への傾きがある。先行意志の強さはその正の重み［目標の緊急性・望ましさなど＝筆者］に依存する。種々の反論が挙がると、それらが所与の意向に負の重みを加える。正の重みと負の重みの結びつきが「中間意志」になる。最初の意図が修正された形で実行されることもあり、反対の主張が優勢になることもあり、いかなる行為も実行されないこともある。この経過がいくつかの段階を経て進むこともある。最終決定がなされてしまったときに、一つの「最終意志」が流布する。「意志の総体」は、葛藤し結合するすべての先行意志と中間意志の合流のうちに現れる。理性はこの経過においてある役目を果たすが、それは限られたものである。第一に、利用のできる知識が不完全である。行為の経過に関連する諸要因の重さが適切に量れない。第二に、だれもが現在の快・不快を過大に評価し、将来のそれらを過小に評価する。はるか遠くにあるものは小さく見える。第三に、関係している理性の「完全均衡」というのは関連する要素すべてに完全かつ正確な計算を要する。実際にみられる均衡はことごとく錯誤や省略を含んでいる。真に合理的な行為となるために、私たちに必要なのは、「私たちが知っていることを役立てる技法l'art de s'aviser au besoin de ce qu'on sait」「私たちの決心の結果を……評価する技法」そして最後に「……の間を選択する不確実な諸々の可能性について正の重みと負の重みを確定する技法である。その場合にのみ私たちはライプニッツのいわゆる推論の技法の習得を望みうるであろう」。

　ライプニッツにおいて、そしてその後ベルクソンとフッサールにおいて、自我たるものは選択の諸可能性を創り出し、最終の決断を行う。「諸知覚」とは、ライプニッツにおいては、「心境の諸変化」である。さまざまの知覚の種々の「誘い」が先行意志および中間意志の呈する「諸傾向」を創り出す。後者は、引き継がれて、ライプニッツが最終意志と呼び、シュッツが行為の「目的の動機 um-zu Motiv」と呼んだものの具体化ということになる。この点で、シュッツはライプニッツの選択と決定の理論を、自我が自己自身と葛藤に陥る「不確かな状況」に焦点を当てたフッサールの理論、および「内的持続における一連の出来事」のうちに選択したベルクソンの理論と比較したのである：

　フッサールは不確かな問題的諸可能性の構成を様相化 modalization にしたがってあらゆる可能的選択として研究する〔確信・単なる察知・推測・懐疑など対象の存在に関する信念の有り様、及び現実的・可能的・蓋然的・問題的・疑わしいなど対象の信念と相関する信じられた存在の有り様を吟味すること〕、ベルクソンは、複雑な時間のパースペクティブ（遠近法）の分析のなかで選択する経過それ自体を記述する。ライプニッツは決心の最終的決断（fiat=「かくなれかし、かくあれかし」）に至る、種々の意志や意向の相互影響をフォローしている。三つの理論〔フッサール、ベルクソン、そしてライプニッツの理論〕は収斂する。なぜなら、これらのすべては、まさにその選択をしようとしている行為者の進行中の意識の流れのただなかに並べられるからである。

三つともすべて、ある決定が為されてしまって、「何が起きたのかを後から再構成するのではない」。再構成は「観察者あるいは自己自身の観察者として自らの過去の諸体験にまで戻って自己解釈する自我（Ego）のいわゆる客観的見地に関係している」。この点で、ライプニッツの認識と意志の理論はシュッツの現象学的心理学と合流したのである。

その最後の評論の一篇でシュッツは再度ライプニッツの「絶えず新しい体験に向かう傾向としての意識の定義」に言及している（1959b: 151）。ここで彼はライプニッツの意識の定義が熟慮による行為経過の選択と決定の理論の鍵であるばかりなく、――ある意味では――その片割れであり、自発性の鍵でもあると論じた。ライプニッツは後者の自発性を二種類の知覚に関連づけた。（気づかれない）微小知覚が「私たちの主意的選択に服さない行為の部分を動機づけ決定している」。微小知覚は「私たちの意識の地（背景）」である（1970a: 13）。本来の意味での知覚、統覚は、気づかれている。微小知覚の生命的ではあるが盲目的である自発性とは対照的に、統覚は「有意味的自発性」の媒体である（1973: 26）。すなわち、「統覚から統覚へと向かう能力」（1966a: 121）である。これがすでに引用した「常に新しい体験へと進む傾向」に変ずるのである。最も低い形式において、「有意味的自発性は……特定の知覚範囲を定め、これを統覚に変えるのである。最も高い形式において、有意味的自発性は外部世界と嚙み合う仕事の遂行につながり、この外部世界を変える」（1945c: 538）のである。

グルヴィッチとシュッツの両者は、きわめて不十分な骨子の企画に――それは厄介であり、同時に挑戦に値するものであったが――限定して考えた。すなわち、根本的に反デカルト哲学の部分――ライプニッツの哲学と「ほとんど一種の新デカルト主義」として当の創設者が特徴づけた現象学の同じ部分――とフッサールの哲学との間を架橋するという計画である[3]。グルヴィッチはこの研究計画を大規模な哲学の尺度で心に描いた。シュッツは現象心理学的な細目を社会的行為の研究領域に移し変えることに関係した。二人の思想家の間でのライプニッツ討議からほぼ二十五年が経過した今［出版当時の一九八三年］、二人の相互に補完し合う企画はその実行を静かに待っている。

第十六章 ベルクソン——内的時間意識と行為

一九二四年、シュッツはウェーバーの理解社会学における〈理解する〉Verstehenという概念に精通する鍵を見つけようと考えてベルクソンに手を伸ばした。この企ては豊かな知識をもたらしたが、その研究のきわめて重要な箇所で生じた問題に答を示めすことができなかった。ベルクソンは彼の直観主義哲学の全体構造を支える概念、持続現象へのアクセスを何も示さなかった。そこでシュッツはフッサールに転じた。しかし、『意味構成』や彼のアメリカの諸著作が示すように、フッサールがベルクソンに入れ代わることはなかった。フッサールはシュッツの現象学的心理学研究の中心をかち取りはしたが、ベルクソンがこれを実質的に補ったのである。

Essai sur les donnćes immedédiates de la conscience（1889）（服部紀訳『時間と自由』1937）と*Materié et mémoire*（1896）（高橋里美訳『物質と記憶』1936）はシュッツのベルクソン哲学の主要な源泉であり続けた。場合によっては、彼は*La Rêve*（1901）『夢』や*L'introduction a la metaphysique*（1903）（坂田徳男訳『形而上学入

門』1979）、同様に*L'Evolution creatrice*（1907）（真方敬道訳『創造的進化』1961）など、ベルクソンの有名な評論を引き合いに出した。その他の刊行物への参照は無視できる。通常、シュッツはフランス語の原著に基いて仕事をしたが、私は既存の英訳本を使用した。

ベルクソン——基本的功績とその限界

ベルクソンは最初の最も重要な書物を驚くべき事実を論証することから始めた。すなわち、普通の言葉で、私たちは時間について、あたかもその流れが空間のなかに直線的に配分される別々の単位の連続であるかのように語っているという事実である。諸科学における時間の概念的理論的取り扱いはもっぱらこのパターンを繰り返し、このパターンを極限にまで展開する。こうして時間は固定された数量に分けられ、空間内物質の別々の諸単位が取り扱われるのと同じ数学的な方式で科学的に取り扱われている。この配分の結果はといえば、心理学者や哲学者たちが「意識の諸状態」について——諸々の知覚から諸々の感情まで——説明するとき、彼らはこれらを同じ取り扱いのもとにおいて、「これらを象徴的に空間で代表する」ということになる。「……私たちが時間について語るとき、一般にある同質的な媒体について考えており、その媒体のなかに私たちの意識状態は互に並んで広げられている。空間においてて、ある不連続の多様性を形成するかのように」。

ベルクソンが狙ったのは、その最初の書物のフランス語表題通りの翻訳が示すように、「意識の直接的与件」であった。彼は、空間による時間の象徴的表現は内部知覚の通常の状態を変えること、つまり、これらの与件を変造することだと述べたのである。時間のあらゆる従来の観念を留保することにより——現象学的用語の一種のエポケー——私たちは彼が純粋持続と呼ぶものに到達する。純粋持続とは、次のようなものである。

私たちの自我が生きることに身を委ねる時に、私たちの自我がその現在の意識状態からそれ以前の状態を切り離すことを拒む時に、私たちの意識状態の連続がとる形式のことである。……それは私たちの自我が移りゆく知覚や観念に無我夢中になることを必要としない。また私たちの自我がそれ以前の意識状態を忘れることも必要としない。これらの意識状態を想い起こすことで、自我は、一つの点を他の点に並べるように、これらの意識状態を現在の状態に並べるのではない。むしろ過去と現在の諸状態がどちらも、あるメロディーの音を想起する時に生じるように、いわば、次第に相互に溶け合って、一つの組織化された全体を形作るのである。

要するに、私たちは「区別のない連続を考えることができる」。ただし「相互浸透」としての連続である、また「連続的あるいは質的多様性」を考えることもできる（1910: 90, 100, 101, 105）。「私たちの自我は外部世界の表層で触れ合い」、外部的空間的観察を内部意識の自己解釈に投射し、「現実の持続についての象徴的イメージ」（1910: 125）を作り出す時に、どのような仕方でそのような不完全な諸観念が生まれるか、についてのベルクソンの証明は割愛することにして、私はここで一つの奇妙な事実に注意を払うことにする。

ベルクソンは純粋持続を「生きることに身を委ねる」自我に結びつけた。しかし純粋持続について書いているとき、誰もが期待していたのに、彼はその記述を試みなかった。むしろ、彼は純粋持続という考えを支持するほうに議論を移した。「……と言えないだろうか」、「だから……と考えることができる」「この議論により厳密な形態を与えるために……」、「純粋持続はどうみても…のはずである」、等々

(1910, 100~104)。この論争的解説は、説得的で適切であるが、しかし私たちの手にするものは一個の合理的に議論された概念であるという事実にとどまる。ベルクソンはこれを十分に承知していた。そこで彼はこうも述べている。「私たちは、持続をその本源的に純粋な姿で考えるのに信じがたいほどの困難を覚える」。「私たちが独り持続しているのではない」——、外的事物もまた持続しているように見えるからである。われわれの外部の対象についての知覚が、言ってみれば、意識の直接性の了解を妨げているのである。しかしこの干渉が全時間概念を空間のうちに言語や概念を用いて確定する原因となってしまって以来、知覚の問題は公式や意思疎通の問題に転じてしまっている。私が用いざるを得なくなったほかならぬ言語によって、私は時間を空間のうちに展開するという深く根を下ろした習慣を思わずさらけ出してしまったのである。まだこの展開を遂げるに至っていない心の状態を表現する用語をも、この展開をすでに果たしている空間的展開から、私たちは借りてこざるを得ないのである。したがって、これらの用語はそもそもの始めから欠陥を帯びているわけで、数や空間とは無関係な多様性という表象は、［自己に立ち帰って虚心になる］純粋な反省的思考には手に取るように明らかでも、常識の言語には翻訳できないものなのである（1910: 106, 122)。私はこれをベルクソンの背理と称している。

シュッツとベルクソンの背理《パラドックス》

一九二四~二七年の研究において、シュッツはベルクソンに基づく意識の階梯的多層性理論の構築を試みた。純粋持続は、その底層の役を果たした。底層の意味は「より複雑な生の諸形式の象徴体系（記憶）の助力でももっぱら推量されうる」ことであり、「純粋持続を直接に体験することは不可能であり、直観によってすら不可能である」。したがって、これについての理論的観念の定式化は「一種の背理であると思われる」。しかし、この背理は「われわれの記憶がただ継続的な質の流動と生成を物質の延長の諸概念に変形する過程」を詳しく調べることによって解決されるだろう。彼は近づくことのできない内的体験と時空間世界との間にある二つの橋梁の存在を示唆した。一つは、それ自体が「私たちの内的持続に加わっている」記憶、もう一つは人間の身体である、この人間の身体は、運動するときに、純粋持続のなかで生じる諸々の直接体験を生み出す。

しかしシュッツの研究が継続するなかで、これらの橋梁の積載能力に対する彼の信頼は次第に弱まっていったに違いなかった。彼はベルクソンのパラドックスを解決するためにこれらを用いなかった。その代わり、こう宣言した。純粋持続は「私たちの象徴に条件づけられる思考には近づくことのできない、象徴から自由な生という一つの要請」であると。このような要請として、純粋持続は「生の形式life-formという概念の人工的な理念型的構造」の基礎的レベルを表す。したがって、この概念の上に築かれる認識的準拠枠は、一個の方法論的装置となったのである。純粋持続、記憶を付与された持続等々の理念型は概念形成の必要によって「条件づけられる」。それらは「体験のためではなく、もっぱら認識のために」有用である。これらの理念型は「実用的性質」のものであり、問題発見的、策出的に一般に用いられる。

これらの言明はその簡潔な点で不思議に魅力がある。純粋持続を一つの生の形式に、またその生の形式を一つの理念型に変換することで、ベルクソンのパラドックスは、そのパラドクックスの生じた問題を取り除くことによって取り除かれてしまうのだ。「直接与えられた意識の与件」に接近しようと試みる代わりに、また、シュッツ自身の言葉では、「記憶像が我々の持続そのものから概念へ移動する」道筋を見出そうと試みる代わりに、シュッツは純粋持続という捉えどころのない現象自体を一つの概念に変換したのである。それが一つの理念型的体系を立ち上げる仮説となった。別言すれば、シュッツは心理学的現象学的立場に代わって理論の構築者の立場を採用したのである。彼が後者を当然のことと決めてかかっていたことは、一九二五〜二七年の一連の草稿においてさまざまに証拠立てている。彼はまだフッサールの現象学的方法を十分に吸収してすらいかなったのであるが。

ベルクソンは彼の初期の仕事を伝統的な認識論に頼らずに開始した。シュッツはこの仕事全体の危険を承知することが必要であると思った。バークレーの独我論に陥ること、あるいはライプニッツの予定調和のような形而上学的原理の要請などである。シュッツは断固としてその現象的立場を遵守したが、ベルクソンの晩期の仕事は、"élan vitale"（生の躍動）から神秘的直観のうちに啓示される、神の「創造のエネルギー」に及ぶ、形而上学的支柱への漸進的傾向をたどった。

シュッツにおけるベルクソン主義以降のベルクソン

一九二八年、シュッツはベルクソンの建築素材による一貫した理解社会学の土台創造の試みを断念せざるを得ないと思っていた。それでも彼は一群の特殊な主題や問題を取り扱うのに役立つベルクソンのいくつかのアイデアを維持した。それどころか、彼はベルクソンの内的時間過程についての記述も擁護したのであるが、それらの理念型的概念化については語らなかった。持続は一つの現象的与件として彼の思考のなかに受け入れられたのである。

『意味構成』の第二章は「内的持続経過」の説明で始まる。シュッツはそれを『時間と自由』に基づいて記述した。もっと以前には、彼は「私の意識生活の最も本源的な事実……私の持続、ベルクソンが述べたような私の持続、あるいは……」フッサールが述べたような「内的時間意識」といった言葉でそれを語った。両方の術語は同一の基礎的現象に関係していたのである。これはベルクソンの背理をフッサールの内的時間の理論に移し替えるという意味ではなかった。むしろ、それは持続をフッサールの諸研究の観点から考察することを意味した。意識の出来事を進行中の出来事として把握することとそれらを回想的に実行した行為として眺めることとの違いについて語りながら、シュッツはこの「時間対象」を超越している両側面——およびその他の諸体験の両側面——には「フッサールの内的時間意識の諸研究においていっそう深い基礎づけと正当化」が与えられた、と書いた（1932: 43, 34, 43-44）。少なくとも、フッサールのアプローチは「内的持続」の近づきにくさを少なくしたのだと指摘して、彼は持続の概念をいくつかの体験の関連性の高い脈絡に適用し続けることができたのである。

間主観性の議論において、彼は言わばベルクソンの基盤の上に「二つの持続の同時性」という彼の見解を展開した。間主観的に、「私たちは一個同一の作用において他者の持続の流れと私たちの持続の流れから見ている」。「両方の持続の共存」は「私のものと類似している汝の持続の構造という一つの本質的に欠かせない仮説」である。これが「純粋持続」である。「汝が汝の持続そのものを体験する」のと同じ仕方で「私は私の持続を一つの絶対的現実（ベルクソンの意味で）として体験するばかりでない」、「さらに、汝の持続は、私の持続が汝にとってそうであるように、絶対的現実として私に与えられる」（1932: 108, 112-33）。

これはシュッツがその後「他我の一般定立」と名づけたものである。これは、とりわけ、持続への接近は孤独の省察の中で現れるのではなく、間主観性の直接的体験のなかで現れることを示唆している。私見では、これがベルクソンの背理を取り除く糸口である。

アメリカ時代の諸著作では、シュッツのベルクソンの持続への参照は頻繁ではなかったが、重要であった。例えば音楽を聴くことについて彼が述べたのは、最高に打ち解けて私たちが内的時間の流れを主観的にも直接的にも体験するようになれることである（1955a: 139）。動機づけといえば、彼の評するには動機とは「時間における、……持続における人間の心の一つの関数である」（1978: 35）であった。私たちの伝統的習慣的な考え方においてベルクソンのいう時間の空間化は私たちの心の認識上の自動化に通じ、その結果「解決できない背理」を創り出す（1970a: 80, 86）と指摘して、意識現象についての記述様式の修正を目指した。

これらの考察はシュッツによるベルクソンの基本的貢献への一貫した関心を明らかにしている。ベルクソンの考えを支持して特殊な主題を展開するシュッツの努力は、三つの互いに関連した領域に集中している。関連性《レリバンス》の理論、多元的現実の概念、そして実用的・意志的行為の理論である。

シュッツは、ベルクソン研究に集中した数年間に彼の社会学的考察にとって「関連性 Relevance の問題」が決定的に重要であることを認めるに至ったに違いない。彼の認識の鍵は「生への注意」というベルクソンの概念である。シュッツはこれを「私たちの意識生活の基本的調整の原理」として導入した。つまり、生への注意は刻々と広がる「生における関心」の程度を表現する、さまざまな強さの変化を顕わにする。それは「私たちに関連のある（relevant）私たちの世界の範囲を規定し」、また「私たちの記憶の幅と機能を決定する」（1945c : 537）。「私たちの意識の緊張」（1907a: 96）として、生への注意は強さの著しい違いにおいて生ずる。「私たちにとってレリバントである私たちの世界の範囲」という語句には二重の意味がある。一方では、私の与えられた環境のあの小さな区画、すなわち、私の与えられた環境が含みうる他の一切を無視して私が目下注目している、その具体的状況という意味である。他方では、私の注目する現在の区域が無数にありうる区域の一つに過ぎない。すなわち、そのような種類の普遍的一般的領域という意味である。ここで、この関連性の理論は「多元的現実」の理論に融合する。

シュッツがこの理論を展開したとき、彼はウイリアム・ジェームズの著作における諸々の示唆に従った。しかしながら、その最初の推進力はベルクソンからやって来たのである。「ベルクソン哲学の中心論点の一つは」と彼は主張した。「私たちの意識生活には、一方の極の行為（労働）の水準から他方の極の夢の水準に及ぶ、無数の異なる水準が見られるという、彼の理論である」（1945: 537）。同じく、意味の諸領域の理論の現代的展開を多元的関連性の理論として鼓舞したのもベルクソンであった。ベルクソンは『創造的進化』のなかで、このことへの二つの接近の道を開いた。そこで彼は二つの種類の「秩序」を基本原則として仮定したのである。幾何学等の自力で動けないオートマティックな秩序と交響楽と同様に自発的な生命過程のなかにも現れるような野生化した秩序である。無秩序は秩序の欠落ではない。表象として、無秩序は「二種類の秩序の一つを求めつつ、もう一方を見出すたびに」私たちの心に立ち現れる。例えばそれは「自分の望んでいるのと違う注文、現在なんの関係もない注文、この意味では存在しないも同然の注文を目の前にする時のがっかりした気持ち」を表す。それと反対のことが当てはまるのは、「私たちの思いを満足するようにしっかり現実が整頓されている」こと（1944: 222, 23）、すなわち、期待通りであることを私たちが見出す場合である。ある特定の時間にある特定の状況において望んでいること、したがって自分たちを満足させるであろうことが、関連性があることの本質なのである。

二つの秩序というベルクソンの定立は関連性の理論へのアクセスとして重要であった。「意味の限定的諸領域」というシュッツの考え方からすると、「自力で動けないオートマティックな」幾何学的秩序自体が――数学者たちによって創りだされ、他の者たちによって勝手に利用されて――野生化される。そして「野生化した秩序」とベルクソンの名づけたものが思考と体験の諸様式の無限の幅広い範囲に及ぶのである。ベルクソンは「秩序の諸図式」について語ったが、シュッツの研究では、それが「関連性の諸体系」となり、また彼の記号と象徴の理論の展開においてそれが特に重要となった。

シュッツが遠回しにベルクソンのプラグマティックな気質として触れたことも、同じように関連性の理論と結びついている。これはただ『創造的進化』において目立つものとなった。人間のレベルでベルクソンの進化理論の批判に耐えられる側面には次のようなものがある。

一個の生命ある存在は「行為の一中心である。それは世界のなかに入り込む偶然性の一定の総和、すなわち、ある一定量の可能的行為を表す」。知覚は「私たちの行為に光を提示するため」に役立つ。視力とは「有効な視力」である。私たちの見る、一つの対象の輪郭とは、「空間内の一定点上で行使できるであろう、一定種類の影響力の設計にすぎない。それは私たちの目に送り返される、私たちの偶発的行為の計画のことである……」。物質とは私たちが「行為の一手段に……変形する傾向のある何ものか」である。記憶は同じ目標に内部から仕える。記憶は体験したすべてのことを保持するが、記憶が意識に認めるのは「もっぱら現在の状況に光を投じ、目下準備されている行為を促進できるものだけである」。意識は「行為の道具」である。しかし、同様に、行為は「意識の道具」となる。ここで知性は実用的目標の追求のための最高級の手段として登場する、つまり、知性とは「人工的諸対象の製造能力」である。行為は、知性によって照らされて、「全体としての行為の構想」と「行為遂行の固定した計画」から生じる。言語は同じ目的性によって特徴づけられる。「共通した生活の諸々の必要」に合わせて、言語は「行為のコミュニティ」を可能にする。しかし、言語という手段は「その対象を正確に測り切れないものである」。それらはうっかりすると、おまけに実用的実質的労力を費やす余分なエネルギーを用いることにもなる。このようにして、一人の「知的人間は自らの内部にその本来の性質を乗り越えるための手段を身につける」。しかしながら言語と、言語を用いて考える知性は、そのプラグマティックな起源を否定できない。言語も考える知性も「無機的物質の手段、すなわち、空間のなかに散在している別個の諸対象の手段……である、諸形式」に適用し続けるからである（1911: 262, 206, 93, 11, 161, 5, 179, 139, 155, 151, 159, 151, 160［英訳］）。

以上のスケッチはプラグマティックな行為理論の略述であり、その進化論的、生気論的意味合いを切り離して考えるならば、これはデューイその他の人びとの理論の隣に置かれてよいものである。興味深いのは、一九二四〜二七年の段階ではベルクソンのプラグマティズムをシュッツが受け入れなかったことである。彼の批判的論点の一つは、「(a)記憶、(b)知性、(c)物質的世界の構成因として、したがって時間と因果性の構成因として、行為を過大に評価することは、何にしても正当化されない」ということであった。後になって、シュッツはベルクソン理論のこの側面をもっと好意的に見るほうに傾いた。例えば彼は「私たちの知覚のすべては 私たちの諸活動によって規定される」という見解を、「いわゆる関心を構成する目的の動機」の起源を説明するものとして受け入れた。この見解は彼の以下のような議論にぴったりだった。すなわち、「当たり前と思っている世界の……若干の要素、若干の側面に単に関係しているに過ぎない」私の存在を、どんな時にも規定するのは、「私の関心の支配的なシステム」である。またしたがって、これは彼の「関連性の理論」にもぴったりだった（1951a: 168, n.2; 168）。これらの理論は「関心の体系の起源について用意された仮説とは……独立に」承認され得たのであるから、シュッツは遠慮なくベルクソンの行為理論をとことん追求したのである。この理論の諸側面のうち、彼がウェーバー、シェーラー、そしてデューイからすでに学んだことで十分説明できるものは無視し、彼はベルクソンの選択と自由意志の理論に注意を払ったのである。

論文「行為の諸企画のなかでの選択について」において、シュッツはベルクソン理論を決定論と非決定論の伝統的諸理論の一反論と名づけた。choice（取捨選択）は二つの定まった選択肢のうちの一つを選ぶという一つの単独行為として理解することにはできない。取捨選択の過程のなかで、選択肢が持続における「継起的な契機として私のパーソナリティの諸々の異なる傾向」として現れる。これらの契機は「自我が試演する、一連の継起的で、しかも異なる状態のことであるが、自我はまるで自分が変わるかのように、熟慮の過程の間じゅう変転する想像上の諸傾向の間を跨ぎながら、自我はこの「一連の継起的でしかも異なる」状態を絶え間なく育て広げる」。厳密に言えば、二つの方向があるのではない、そうではなく、「まさに自分が躊躇することで生き、そして成長する唯一の自我、すなわち、十分熟れすぎた果実のように、自由な行為が自分から離れるまでの唯一の自我」が存在するのである。ベルクソンを自分の言葉に置き換えながら、シュッツは次のように注釈する。「それらの行為のなかに生きる自我はただ開かれている可能性を知るに過ぎない。純粋な選択肢はただ解釈による回顧のなかでのみ見えるようになる。すなわち、諸行為がすでに完遂されてしまったとき、したがってまた、生成中のことが既存のことに移されてしまったときにである。……次のように言うこともできる……あらゆる行為の遂行は開かれている可能性の内部で起こること、そして問題的可能性は過去の行為に限られることである（1951a: 175-76）。

シュッツは「この理論に反対しなか」った。「これが明らかに一つの特殊な種類の行為遂行、すなわち、外部世界と噛み合う行為遂行をモデルにしたものである」としても、「これは物語の半分を語るにすぎない」。これは企画の過程を十分に論じていないし、またその行為遂行の結果が完遂されたとして想像される行為の計画も十分に論じ尽くされていない。

　企画を次々に想像する自我は、想像を育て広げながら、一連の継起的な状態や行動を試演する。そしてそうしながら、まさにベルクソンの記していているように、夫々の企画に固有の開かれた可能性を「シュッツは“with”を範囲内“within”と誤記している＝筆者」もっぱら論じているにすぎない……しかしそのような企画の行為（というよりは、そのような一連の継起的想像的諸活動）において企画されたものは未来完了時制的に予期され完遂した行為（Handlung）であり、それゆえ遂行されるべき行為の遂行の成果であって、移り行く行為の遂行（Handeln）そのものではない。

かくして「種々の予期される行為遂行とはいまや［可能性の形式、チャンスの様相］という一本化した領域内部における問題的選択肢であり」、「準存在」において、これらはすべて、決断が下されてしまうまで「目下選択待ち」なのである。「この決断はこれらの可能性の一つを目標に変えようとする私の意向に付随するものである」(1951a: 176-77)。

シュッツはこのやり方でベルクソンの独創的な選択の理論を敷衍し、それを彼自身の将来の行為遂行の諸企画の理論に統合したのである。それによって、彼は他の人びとの理論的功績を吸収する力、またそれらの理論を彼自身のアプローチの枠組みのなかで一層の展開を図るための出発点に変える力を重ねてまた証拠立てたのである。

存在論的原理としてのDurée（持続）

ベルクソンの持続をシュッツの考えのなかに受け入れることについて私は縷々説明したが、それは内的時間意識というフッサールの概念によって変更が可能であるとしても、この概念がフッサールの一連の理論的推論の現象学的心理学の基層のなかにうまく完全には統合され得ないことを示唆することにあった。持続がこの枠組みの外にあるほどに、持続は一個の存在論的原則として、一個の直観的‐内省的に把握される意識現象という不可避的意味合いとして与えられる。そして現象学者たちによって考察に付される意識の全領域の構造と機能という論理的に一貫した解釈では立証されない、立証不能の一前提として認める一種の論理的必然性の力を帯びてくるのである。

一理論家――哲学的意味と社会科学的意味の両方において――であり一現象学者であることを選んでしてしまったからには、シュッツは理論的諸概念の認識論的並びに存在論的諸前提と現象学的諸発見の認識論的並びに存在論的諸帰結を論じることの必要性を避けて通ることはできなかった。彼の研究から出てくる多くの存在論的観念や洞察を一つの包括的な解説にまとめる時間が彼にはなかった。[1] しかし彼は不当な形而上学的諸前提が自分の理論作業のなかに入り込まないようにいつも警戒して確かめようとしたし、また彼は彼が利用した他の人たちの著作におけるそうした諸仮説や諸前提に対しても十分に警戒を怠らなかった。

ウェーバーの場合には、この批判意識はシュッツの研究の方向をともに規定するのに最も重要な推進力となった。フッサールの場合には――以下に見るように――この批判意識はフッサール哲学の及ぶ範囲をいよいよ幅広く理解し、引き続き洞察を深めるなかで成長した。それほど重要でない場合には、手短かな、しかしはっきりした留保の言説に約《つづ》められた。

ベルクソンに関する限り、シュッツはベルクソンの形而上学の背景に立ち向かうことにひどく難色を示した。二十歳代の中頃に、彼は実に詳細にベルクソンの根本批判に立ち向かった。それはベルクソンが「自然科学の生物学的方針を形而上学への小径」として選択してしまったという批判であった――問題は、この批判の実行が先延ばしにされて、この時期に完成されたどの草稿においても取り上げられなかったことであった――。『意味構成』では、彼はベルクソン哲学のなかの積極的に受容され得る諸側面の統合に集中した。同じことは彼のアメリカ時代の諸著作にも当てはまる。彼は一度だけ、シェーラーに関する最初の論説のなかで、話のついでに、ベルクソンは「超人格的意識という考え」を宣伝したシェーラーの「形而上学の先祖たち」の一人であると述べた（1942: 335)。彼の諸著作では、彼は自らの貢献であるところをベルクソンに語らせることで満足したのである。だがそれは一つのベルクソン批判でなければならなかった。シュッツは結局のところ――他の人たちからの種々の攻撃のなかで――ベルクソン批判に立ち向かった。

その機会は一九五八年に訪れた。シュッツが「ウィリアム・ジェームズとアンリー・ベルクソン」のゼミナールを受け持った時である。私はこのゼミナールのために準備した資料をシュッツのファイルのなかに見つけ出すことも、受講生たちの誰かからこの講義の写しを手にすることもできなかったが、受講生のうちの一人――フレッド・ケルステン――が指定文献のなかにサンナタヤーナの評論「M・アンリー・ベルクソンの哲学」(1913) があることを私に教えてくれた。一九五八年の初めの日付のついている、別の証拠には、シュッツがニュー・スクールの同僚であるカレン (Horace Kallen) の批判的研究に強い関心を寄せていたことが記録されている。この研究には「ウィリアム・ジェームズとアンリー・ベルクソン――生の理論を比較する一研究」(1914) の題名がついていた。シカゴ大学出版部の主任編集員宛の手紙のなかで、シュッツはこの研究の再出版を強調した。ジェームズとベルクソンの間の関係についての説明は、「これまでのところ英語文献の最良のもの、フランス語や独逸語の文献と比較してさえ抜群のものである」(1958.1.17) と彼は考えたのである。

サンタヤナの評論は、[2] ベルクソンを、意識の微小組織にもっぱら集中していること、彼の準ヘーゲル的歴史の見方、そして彼のプラグマティズムの傾向のゆえに非難する一つの卓抜な論争の書である。カレンの評論は、ジェームズのプラグマティズムをベルクソンの形而上学、すなわち、意識の自発的過程の観察から形而上学的思弁と外部の創造者たる神へと転じたベルクソンの直観の方法に対抗させたものだ。仮にシュッツがこれらの批評を彼のゼミナールで実際に講じたとすれば、彼は三つの仕事に直面しなければならなかっただろう。ベルクソンの形而上学に関する攻撃を正当化すること、ベルクソンの意識のミクロ過程への没入の諸成果をサンタヤナの嘲笑から解き放つこと、両方の著者たちの批判的議論を彼ら自身の基本的哲学、つまり哲学としてのカレンのプラグマティズム並びにサンタヤナの歴史相対主義から切り離すことである。

連鎖のなかのベルクソン

どの学者も自分の思考範囲のなかに次々に入り込む先生や先輩たちの仕事を踏み台にしている。その過程は加法的でなく統合的である。シュッツの研究の進行過程では、そのアプローチの統合的説明はウェーバーとベルクソンとフッサールとライプニッツとジェームズ……で始まる一系列のなかで体系的に特徴づけられる。

一九四七年に、シュッツが関連性問題の広範な調査研究を始めたとき、その目前の特殊課題の追求のなかで浮かび上がった自らの知識のこの形態的特徴について、シュッツは次のように表現した。

……上述のパラグラフを書くなかで、私は多くの他の人たちの研究を念頭に置いている。これらの人たちの間では似通った現象についてのフッサールの広範な分析、ウィリアム・ジェームズの関連した諸研究、ベルクソンの記憶のプラグマティクな機能の理論、ゲシュタルト主義者たちの学説、アロン・グルヴィッチの意識野の理論（彼はこれを多くの会話のなかで私に説明してくれた）、ルードヴィヒ・ラントグレーベの内部地平と外部地平に関する論文、「状況の定義」の社会学理論、私がこれらすべての問題に関して友だちと交したたくさんの話し合い、手許にある問題を扱っている私自身の以前の考え……がある。（1970a: 2-3）

いつものように、具体的事例が図式を乗り越える。シュッツの考えに及ぼした種々の影響力の巨大な分脈とこれらの結びつき、またその統合の姿を追求することは不可能であるから、私はこの目標に最も相応しい一人の人物、ベルクソンに再び焦点を当てることにしよう。

第一の適切な事例は、ベルクソンのジェームズに対する関係である。今世紀（二〇世紀）の初めからジェームズの死まで、彼らは絶えず書面を交し合った。ジェームズはベルクソンの『物質と記憶』に熱中して、これを大発見と考えた。ホラス・カレンはジェームズがベルクソンに引きつけられたことを認めた。それはベルクソンの「活動、運動、および生命とこれらの関係に関する諸概念の処遇」によってであり、またジェームズはベルクソンから「体験を額面どおりに受け入れる自由」を手にし、また彼から「この額面の価値が幻想ではないこと」を学んだ。アメリカ時代の諸著作のなかで、シュッツはベルクソンとジェームズを繰り返し相互に連関づけて紹介した。両者とも身体を内的体験ならびに外的体験の媒体として理解した（1942: 346）。両者とも明らかに「意識の選択性の理論」（1959b: 151）の提言者であり、両者とも、あらゆる常識的知識は世界についてのあらゆる科学的知識と同様に構成物を含むことに気づいていた（1953c: 2）。そして両方とも「意味構造と内的時間の間の関係についての斬新な考え方」（1970a: 2, 87）の発展に貢献した。また両者とも「精神は物質の世界から切り離すことができない、むしろその産出物である」（1952: 226）という理論を保持している。あえて強調するが、私はここで、シュッツが時折ベルクソンやジェームズと結びつけているその他の思想家たちについて言及するのを控えている。

さらに、シュッツはベルクソンがシェーラーに及ぼした影響についても注目した。しかし彼がベルクソンとフッサールとを一組にしたのは、言語の理論から論理的科学的概念全体の基礎となる常識的思考の基本的役割にまで通じる、彼の現象学的アプローチに関連のある概念の具体化に貢献した全思想家群を指摘する場においてであった（1950a: 374;1954: 263）。ベルクソンとフッサールは、こうしてさまざまな場合に、カッシーラー、デューイ、グルヴィッチ、ハイデガー、ジェームズ、メルロ＝ポンティ、サルトル、シェーラー、ホワイトヘッド、その他の人びととも連結する。

特に興味深いのは、ここで、ベルクソンとフッサールとライプニッツの間に少なくとも一個の連鎖を見出そうとするシュッツの試みである。彼は、ベルクソンの選択と自由意志の理論を議論するなかで、「筋のとおった熟考熟慮の自由」を論じ、「即決というフッサールの考え方、そして熟れすぎた果実のように自我から離れる自由意志というベルクソンの考えに非常に似通って」（1972: 567）いた、最初の思想家としてのライプニッツに戻った。

この連鎖という考えが彼に浮かんだのは一九四五年、ある草稿の文脈上のことであった、その一部は後に論文「行為の諸企画の間の取捨選択」（1972: 567）のなかに入っている。

最後に私はここで、ベルクソンの考えとフッサールの考えとがシュッツの仕事のなかに合流する、いくつかの重要な側面について述べてみよう。彼は『意味構成』においてベルクソンの考え方とフッサールの考え方についての最初の広範な解釈を提示した。彼は『意味構成』の論述のなかで持続と内的時間意識という二つの根本概念を並置したのである。この連鎖を擁護したことはその生涯のまさに最後の数ヶ月に企画されたライフワークの要約からも察知されよう。彼は「内的持続とその相互連関」について語りながら、「体験の意味の（内的持続において与えられる）時間構造の問題」を強調した。ここであらゆる現象学の根本問題に直面するや、シュッツは、現象の諸研究の「スタイルと様式に決定的に影響を与えてきた三人の哲学者たち」、つまり、ベルクソン、ジェームズ、そしてフッサールのほうに手本を転じたのである。（1973: 52）。相互浸透の第二の領域は「外部世界の構成やそれの時間的遠近法《パースペクティブ》に対する私たちのさまざまな身体運動のもつ重要性」（1954c: 539）の認識のそれであった。シュッツの探った、ベルクソンの考えとフッサールの考えが合流するもう一つの領域は、シュッツの記号と象徴の研究領域に属した。まさしく、この研究の最初の段階がフッサールの「付帯現前の現象」の説明とベルクソンの「多元的秩序の理論」との組み合わせによって支えられたのである（1955b: 142）。最後に、シュッツはフッサールの「前述定的解釈」の分析とベルクソンの選択の内的過程の分析とを、両方の一致を強調しつつ、相互に関連づけた（1970a: 17, 23）。

これら四つの主題領域の第一は、シュッツの生活世界の社会学理論にとってその現象学的心理学的基礎を決定する一つの層を構成している。彼はこの層についてたびたび論じたが、その問題に尽きることはなかった。第二の領域はシュッツにとって一つの強い関心のある主題を表したが、それが必要とする徹底さをもって調べる機会をほとんど持てなかった。第三は、記号を措定し解釈する過程、象徴化のさまざまな過程、そして記号や象徴のいろいろな機能について説明する上でより好都合な方法が可能になったこと――であり、これらすべてが彼自身の貢献のうちの最重要な領域に入る。最後は、彼の仕事のもう一つの主要な研究領域に向かう街路を切り開いた。関連性と関連性の研究である。シュッツの思索におけるベルクソンとフッサールの着想の一致点は、その全範囲に及んではいないものの、着想の基本線の大部分、そして高度に重要な部分を保証したのである。

第八編　現象学――基礎と限界

第十七章
フッサール——現象学の基本線

本章は、シュッツの社会学と現象学の論理的思考——フッサールによって触発され、一九三九年以後彼の仕事において重要な役割を果たした——に関する諸領域を取り扱う。『意味構成』において、シュッツはとりわけフッサールの時間意識の分析に傾注した。さらに、彼は現象学の寄稿論文を収集して意味と行為、間主観性、理解とコミュニケーション、サインと言語についての解説を加え、また、社会諸科学の概念と機能を意識の内在的な現象の現象学的記述との対比においてはっきりさせた。シュッツのアメリカでの研究成果のなかで、フッサールの寄与による影響が特に著しいのは次の四つの主要領域、すなわち、生活世界の概念、労働（仕事）と実用的知識の基本的特徴についての説明、類型研究、および体系立った推論と科学の理論である。

生活世界

フッサールの現象学的心理学は現象学的考察を社会性の諸問題に適用するための出発点を含んでいる。自然的立場の一般定立――ほとんどの翻訳家はこれを自然的態度もしくは自然的立場という英語の対応語に翻訳しているが――後者のほうが社会学の目的のためには定義としてより適切である。この自然的立場の定立とは、だれもが日常のいろいろな体験や出来事において、シュッツの言葉を用いれば、「そこに外在するとして私たちを取り巻く諸事実の世界を問題がないものとして受け入れる」傾向のあることを指している（1941: 445）。この立場は「前述定的体験」の領域から現れる。明確な対象についての気づきではなく、「全くといってよいほど境界づけられていない」、周縁や地平を介して体験に混じり込んでいる、種々の要素からなる漠とした一つの（意識）野についての気づきから現れる（1945b: 91）。これは一種の受動的体験である。この［受動的体験の］野は、その体験のなかの特定の諸要素に能動的注意が払われると、ばらばらに割れてしまう。特定の諸要素のほうが、今度は、関心の向けられる気づきの諸対象として［有意味的に］構成される。こうした「述定的」注意の諸対象は、まず、外見と性質において、当たり前のものと見なされ、そして、次に、持続しかつ信頼しうるものとして受け入れられる。これらの対象は昨日と同じものであったし、明日も同じものであるだろう、と。

フッサールはこのような信頼を「等など and so forth and so on」の理念化として記述した。ほとんどの事例におけるあらゆる種類の体験のそのような信頼の継続的肯定は、その世界にこれまた当然と見なされる一つの「客観的」現実を授ける。この信頼は生粋に実際的《プラクティカル》である。自然的態度の人間は彼の「操作範囲」内の事物や出来事に立ち向かう場合には、「彼の行為のなかに生きる」。彼はこれらの事物や出来事について省察しない。世界についての〝客観的〟信頼性がその世界のなかの諸対象の操作可能性についての〝主観的〟確実性となるのである。フッサールはこれを「私はそれを繰り返すことができるI can do it again.」の理念化と呼んだ。私は、類似した環境のもとでは、以前に私が行ったのと同じように行うことができ、したがって同じような結果を得ることができるであろう。こうして、私の実際的生活が予示可能となる。つまり、実用と目標の意味のうちに生きることが可能となる。このような「経験的確実性」はその実用的期待に反する事実に立ち向かう人間の能力を不活発にすることはない。実用的実行能力の原理とは予期しなかった事実に立ち向かう準備態勢の意味にほかならない。「それを繰り返す」ことができないと分かれば――この〝それ〟が何であろうと――私は吃驚するかもしれないが、普段は忘れていたのに今思い出した、一つの安全条項に頼れるし頼ろうとする。事柄は「追って通知があるまでは」確かであり、「反証があがるまでは本当である」（1953c: 26）。「経験的確実性」とはありそうなことであり、事柄がそれはそうであると考えられ、事柄が予想されるとおりに〝動く〟であろうという「主観的チャンス」を指している。最終的に、自然的立場の理念化は、「手もちの知識在庫」という一個人の日常生活の大部分を構成する類型化のうちに表現されるのである。

フッサールにとって、自然的立場の概念は個人意識の分析のための出発点としての役を果たした。シュッツにとって、「素朴な自然的立場」というのは大いに社会的な立場（1930: 107）のことであった。フッサールは、超越論的間主観性の問題を解決する試みが不満足であるということに気づいた後、漸くこの考えに同意するようになった。したがって彼は生活世界の概念を『危機』書の研究のなかで展開したのであった。シュッツはこの概念の出所がフッサールにあることを喜んでしかも全面的に認めた。しかし題名ではなく実質において、生活世界はすでに『意味構成』の主要な論題の一つであった。アメリカの仕事では、シュッツはフッサールの用語を受け入れ、それを彼自身の考えに統合し、またこの考えをその原著者をはるかに超えて発展させた。

一九四〇年に、シュッツは現象学を「生活世界の哲学」と宣言した。現象学の主題は「超越論的主観性の……意識の内部でこの生活世界が構成される意識の諸活動を論証し説明すること」(1940a: 166) であった。この生活世界の構成はまさしく体験の前述定的領野、すなわち「仕事《ワーク》(労働)の世界における人間」や「理論づける思索者」に先立って与えられる「生の全宇宙」についての反省的哲学的認識に他ならない (1945c: 565)。一九五〇年に、シュッツはこの前述定的根源的領野のフッサールの記述の概括と述定的反省によるこの領域の洞察を試みた。この洞察は三つの水準で行われる。「感覚感受的体験」による洞察、低水準の一般化を生みだす「述定的自発性」もしくは感覚感受的に体験された事柄の「主題化」による洞察、そして「一般概念の枠組み」への統合による洞察である (1950: 384-88)。

シュッツは生活世界である社会的世界の体験的認識的諸構造の探究にその努力のかなりの部分を費やした。この世界の主観的基礎は「既知の事柄とそれらの相互関係についての私の現在とそれ以前からの諸体験から成り立っている」、それは「明快さ、明瞭さ、一貫性、無矛盾性、統一性においてさまざまに異なる範囲と種々に異なる程度において知られ、――そしてこれまでのところ体験されず……知られてもいないがしかし……間違いなく私の可能な体験となり得る……物事についての大なり小なり空虚な予料において――」知られている。生活世界は開かれている。「生活世界を超越することの可能性は人間存在の存在論的状況の一部である」。生活世界は多くの次元に開かれている。時間的には、その世界の過去と未来の両方に開かれていないその世界のたくさんの対象に対して開かれている。空間的には、現在手の届かない世界の「現実《リアリティ》の諸レベル」では、仕事すること、想像すること等である。また社会的にも開かれている。その中心には「私の同時代の同僚たちの諸々の生活世界」が意味の重要な要素として含まれ、社会的諸問題のその他のあらゆる次元をも含んでいるからである (1970a: 134-35, 135-36a)。

生活世界という概念は、その心理学的基本線である、自然的立場が含意するよりも、もっといっそう包括的なものである。これがそうなる理由は、生活世界の概念の力点が「すっかり目覚めている」状態の一個人の体験から社会的領域へと移動するからである。つまり、これらの体験をただ単に社会的相互行為の諸体験、またしたがって他者たちのさまざまな生活世界と融合するだけにとどまらない。また実際的活動のために社会的にすでに与えられている諸々の解釈図式や諸規定とも融合している、社会領域へと力点が移動するからである。自然的立場の社会性が含意される、つまり生活世界の自然的立場の社会性が詳細に説明されるのである。

シュッツは生活世界論の展開に向けて最初の二つのステップを踏んだ。労働（作用）にまで生活世界の概念を拡げること、そして生活世界の認識様式として実用的推論を彫琢することである。最初のステップをシュッツはシェーラーの助けにより手にしたのであり、二番目のステップには、彼はフッサールの創意に富む種々の示唆に従った。

実際的な労働と実際的な知識

社会学者として、シュッツがはっきり理解したことは、生活世界の概念が日常生活の中心的特徴を公平に取り扱っていなければ、それは不完全であろうということであった。生活の身体的諸欲求に対処する努力、そして自然環境からこれらの欲求を充足するための手段を備えるべく活発に努力することである。従来の社会学においては、さまざまな技術の介入の助けによる〝社会〟と〝自然〟の間の交換が標準的課題であった。この課題は、シュッツにとって、〝主観的〟観点から――組織と技術的処理ではなく、仕事をする者の観点から――この課題を再分析し再解釈すること、制度面の手配準備の見地からではなく、他の諸個人との協力のなかで考え、意欲し、仕事をする個人の見地から、〝経済システム〟の角度からではなく、人間の意図、認識と主体的努力の角度から再分析し、再解釈することであった。

この厄介な作業の基礎研究は、一九二六年にその主要論文『認識と労働』を刊行したシェーラーによって行われた。その論文の副題、「世界認識における実用的動機の長所と限界に関する研究」は、その内容を記したものである。アメリカのプラグマティズムについて簡単に要約して、シェーラーはプラグマティズムの有用な中心核を抉り出したのである。実用の立場は「人間の……世界に対する基本的関係が決して理論的なものではなく、実用的なものである」と彼は正しく記した（1926: 239）。ここからシェーラーは言ってみればフッサールの自然的態度の現象学的プラグマティズム論を展開したのである。彼はそれを「自然的世界観」――シュッツの翻訳では「相対的自然的世界観」――と名づけたのである。

シュッツはいくつかの基礎的観念をシェーラーの研究から引き出し、それらをフッサールの生活世界の概念と混ぜ合わせた。シュッツにとって、生活世界の中心核となる領域は仕事の世界《ワーキングワールド》、最高の生への注意と一致するところの至高の現実である。とりわけ、その領域は「われわれの実際に手の届く範囲内にある」対象、動物や人間に影響を及ぼす諸活動の領域である（1970a: 137, 139）。仕事［シェーラーは「労働」Arbit の語彙を用いている］の世界における諸作業は、典型的に、「テストされた行為のレシピ」に従う。それは「私のルーティン活動の世界」（1970a: 137, 139）である。このような仕事は、有形の目標のために、有形の対象を作り出し活用するために、有形の対象に及ぼす計画的な身体的行為である。仕事の世界は、私自身の身体を含めて、遭遇するあらゆる自然の事物を含んでいる。そのなかで、私は動き、行為し、そして諸事物の抵抗に気づき、これを克服しようと企てる。仕事をとおして「私は外部世界に嚙み合い」、そのなかで諸々の変化を生じさせる。さらに、仕事は肉体の媒体（例えば、音）や肉体の経過（話）を介して他の人たちと交わす意思疎通の諸活動を意味する（1945c: 537, 549）。

仕事は手段（材料と道具）とこれを利用し応用する専門的知識を含んでいる。仕事は推論、知的決断および計画によってその人の環境の諸要素を処理する能力を必要とする。決まり切った手続き規則が可能である場合には、守られ従われる。問題が何か起きれば、実際にそれらの問題の解決に当たる前に、心のなかで種々の解決が「立案される」のでなければならない。これらの問題は実際的問題であり、求められる解決は実際に役立つ解決であり、その過程全体が実際的な関心によって支配される。仕事の世界は一つの「支配の野」である。そのなかで獲得される知識は、よりよい技術的統制とよりよい実際的な結果をもたらす。認識的には、それは人間的宇宙の実際的な解釈の育成と助長である。仕事は、「日常の生活世界の現実の構成にとって……最も重要である」人間的自発性という例の形式である（1945c: 549, 537）。

生活世界は、日常的諸体験と仕事の領域として、多くの認識的活動の中枢であり、あらゆる形式の——純粋と応用の——推論の起源の諸論点を含んでいる。実際的な目的の追求は意図的思考並びに行為の結果を予測する能力を要求する。ひとは能動的行為の予想されない結果に対処できなければならないし、技術上の手続きや処方箋の予想しなかった失敗に直面しても実際的行為の代替もしくは修復の取るべき道筋を考え出して解決しなければならない。さらに新しい実際的目標が提示された場合、あるいは重大な目標変更に伴って従来の手続きが修正されなければならなくなった場合、新しい行為の計画が工夫されなければならない。

総じて、シュッツが述べたように、仕事の世界に生きることは「実際的知力」を前提条件とする。つまり、論理的結論を得ること、予測すること、期待した結果に至らなかったことの可能的理由について反省すること、新しい結果のために既知の諸要因を再統合することである。実用的目的のための認識的操作は、体系的論理的科学的推論の独特な諸形式である。フッサールは、日常生活における「機会因的な命題」について語ったが、これは、シュッツが付言したように、哲学者たちの命題とは異なるものである。機会因的命題は、論理学者たちの無視する、諸概念の周縁から生れる。日常生活では、思考する個人はある所与の状況に関連する諸々の周縁にある一寸した論理を〔意味〕「付与する」のである。諸々の機会因的命題は「語り手の状況と語り手の思考の流れにおける当の命題との位置関係において初めて有効となり、また理解することができる」(1943: 139-40)。日常生活の論理は主観的であり、かつ状況的である。この論理はある個人が具体的状況のなかで手にしようとする諸々の目的に役立つ。さらに、実用的な課題追求は真理に関係するのではなく、有用性に関係するのである。「見込みがありそうだ」から「見込みがなさそうだ」までの漸次的推移ということで十分である (1943: 140)。

シュッツは、日常生活における論理的思考の性質と諸条件をかなり詳細に分析したのであり、予測と企画について特別の関心を払った (1959a)。この点で、彼はことごとくフッサールとシェーラーを超えて進んだ。

類型化

成熟した個人が生活世界における彼の〔置かれている他者との相対的〕位置を見出すのは、もっぱら自分のさまざまな体験にいろいろな解釈を織り交ぜる彼の能力のためである。基本の解釈は彼の身につけた言語表現によって与えられる。ある具体的自然対象、具体的人工物、初めて出会った目前の人が分類語によってそれとか彼（彼女）とかと確認、同定されると、すぐさまこれらをよく知っている気分になる、つまり、一本の樹木、一丁の金槌、一人のセールスのおばさん。しかしほとんどの場合、個人は、彼が同じ言葉でラベルをはりつけた諸々の事物、種々の人工物、さまざまな人たちとの邂逅の長い歴史がある。また他の人たちが彼に与えた記述とか説明を彼はいろいろ聞いている。個人は彼の自国語の分類語のまわりに一群の完全な明細書を築き上げてしまっているのである。そのうちのいくつかは他の人たちとの共有物であり、いくつかは全く彼自身のものである。これによって、分類語は日常生活の類型概念の標識となる。

その初期の時代にシュッツは理念型の概念——社会科学的研究のための最重要な道具——をマックス・ウェーバーから受け入れた。彼は同じように類型化が単に一つの科学的方法であるだけでなく日常生活の一つの有効な手段でもあるということを学んだ。社会学者たちは決まり文句、ステレオタイプ、あるいは集合表象、つまり諸個人の心中に社会的に転移された、社会的に前もって与えられた類型について語った。通常、この転移は一種の機械的過程であると考えられている。類型化はまるで物的対象であるかのように——これをデュルケームは「もの」と名づけたが——人から人に手渡されるのである。しかしウェーバーは、この転移が諸個人の間の一個の生きた交換であることを明らかにした。そしてフッサールは、諸類型そのものの形成がその個人の一つの達成であり成果であること、よしんば他の人たちによって強く後押しされる社会に広く知れ渡った諸概念の助けによって達成されるにしても、にもかかわらず、これらは個人の一つの成果であることを明らかにしたのである。個人は、これらの概念の所与の社会的「諸定義」を受け入れるにしても、彼はきまってこれらを個人的意味の〝周縁〟でとり囲み、またこれらを諸々の個人的解釈によって改める。ある重要な意味で日常生活の諸々の類型概念は各個人によって現象として構成されるのである。だがさらに日常生活の類型概念は依然「構成中」であると言ってよい。その獲得された類型概念が新しい状況の下の新しい体験に適用される時にはいつもその構成過程が生き生きと継続されるからである。

フッサールはこれらの洞察を『経験と判断』において展開した。この本は一九三九年に刊行されたが、シュッツは久しい以前にこの原稿の写しを入手していた。フッサールが示したのは、どの個別的問題に直面しても、私たちに全然知られていないものではないということであった。私たちにとって世界とは、常にそのなかで認識がすでにその仕事をなし遂げてしまった一つの世界である。私たちはこれまで見たことのない物事に近づく際にも、ある「予備知識」をもって近づく。どの個別的対象――自然の対象、人工物、人間主体――もある「類型性の外部地平」を伴って私たちのところに現れる。対象は「既知の類型の対象として把握」される。その対象は、「知覚の関心がその事物の内部地平の洞察を確信する時にはいつも、「説明的省察」に服されるのでなければならない。このような［意識］作用において、「その対象は自らの姿をその諸特性のうちに現す」、思ったとおりに、だが「予期されたことが今度は根源的所与となる」。その類型は具体的内容で満たされるのである（1939: 第八節「経験の地平的構造、経験のあらゆる個別的対象の類型的既知性」、第二十二節「観察的知覚の諸段階」）。

さらに、フッサールは、自発的に生じる前述定的諸形式から、その原初的体験を超えて慎重な努力を要する、述定的諸形式への移行を取り扱っている。「解明的省察」のなかで、つまり、あるものを自分自身に強く認識させる［意識］作用のなかで、対象の類型的諸側面が「構成」される。その対象はかつてより豊かな形式における類型に切り替えられる。「経験的一般化の構成」のほうに分析を進め、フッサールは類型による予備知識を、ある対応する対象に遭遇した際連想によって呼び起こされる、「あらゆる統覚の沈殿」として詳説した。単純な対象の多様性とあらゆる単純な対象の集合からなる「統一の観念連合による構成」は、一つの類型概念の下への包摂によって生ずる（1938: 第二十五節「解明の習慣的沈殿」、第八十一節「一般者の根源的構成」）。フッサールの結論は、「事実の世界はある類型化された世界として体験される」であった。ある個別の事物は最初純粋に知覚されるが、しかし「すぐに同等者（類似者）を念頭に浮かべるのである」。同じように、その個物は「いまだ体験されていないが、期待されるさまざまな特徴の諸類型」を呼び起す。犬をみると、私はその動きかた、吠え方などの類型を予見する。「類型として理解されるものは皆われわれがそれを理解するその類型の一般概念へとわれわれを導くことができる」。しかし「現実的対象」という類型概念は「等しい要素をことごとく汲みつくしているわけではない」。類型の囲いはない。類型は類型的ないくつかの特徴とそれ以上の類型的な特徴を予測する開かれた地平とから成り立っている。この類型の開かれた地平の体験が「普遍の理念」に通じる（1939: 第八十三節 a ［自然な経験統覚の類型性にもとづく経験的概念の構成］）。

最後に、フッサールは「非本質的」類型を「本質的」類型から区別した。非本質的類型は初め「直接的諸体験」から現れ、分かりやすいものに粘着して、自然的立場において形成される。本質的類型は科学的概念であり、これらのものには「科学的地平内部の限られた数の重要な特徴が含まれる」（1939: 第八十三節 b ［本質的類型と非本質的類型。科学的経験は本質的類型の樹立に向かう］）。

シュッツはフッサールの類型化の理論の全範囲を活用した。彼の主要な関心の焦点は、しかしながら、「私たちの前述定的経験の類型性」に向けられた（1951a: 167）。彼は事実の世界についてのフッサールの言明を詳細に論じて、「世界は……初めから類型性のモードで日常生活の前科学的な思考において体験される」（1954: 267）と書いた。

類型化は物体の諸部類に汲みつくされるものではない。それは同じように個々の物体、動物、人物に対しても生じる。ある長年に及ぶ親密な関係は相互のしかも完全にユニークなさまざまな類型化に基づいている。夫と妻はお互いを類型的な予想によって〝分かって〟いる。彼らは、相手が類型通りに行為しない場合、〝何かおかしい〟とただちに思う。

シュッツはフッサールの分析を個人心理と社会関係の両方に押し広げた。人間のさまざまな経験の社会的枠組みは前述定的経験の主要な領域である。だがフッサールはその分析を日常生活の社会的世界の類型化に適用しなかった。このフッサールによる省略に修正をほどこし、シュッツは類型化の現象学と社会学に対して重要な貢献を果たしたのである。

フッサールは志向性と関心が類型化を推進する諸因子であると語ったのに対して、そうした関心は私の「日常生活のどの瞬間にもそのなかに私自身を見出す環境」に、つまり、私の「生活史（伝記）の規定された状況」に由来することをシュッツは詳らかにした。生活世界の内部では、類型化の指針は能動的個人の主体的な実践能力にある。類型化は個人が行為したり、取捨選択や計画したり、あるいはいろいろな現実的目標を追求したりするのを助ける。類型化は行為や選択と計画、そしてはっきりした目標の追求のなかで個人の助けになる（1951.a, 267-68）。フッサールの非本質的な諸類型は判然としない一般論によって特徴づけられた。シュッツはそれらの類型をプラグマティックに詳論することを目指した。日常生活における類型化の結果は抽象的な「イヌ」一般ではない、猟師の「イヌ」、少年、オールドミス、ガードマン等々の、個別化された一般化なのである。

これらの考察を含めて、シュッツは日常生活を支配するところのプラグマティックな動機に前述定的な類型化を結びつけたのである。「すべて類型化は、その類型がそのために形成されてきた、差し迫った特定目標に関連している諸特徴を均質化することにあり、またそのような目標に関連していない、類型化された諸対象の有する個別的な諸々の違いを無視することにある」。「純粋かつ単純な類型のようなもの」はないのであり、「どの類型もそれぞれの類型形成の目的に適う下付文字を……付けている相関語である」。類型の形成はわれわれのさまざまな問題、「理論的あるいは実践的」諸問題から生れるのであり、したがって、「われわれの状況に規定された関心の一つの帰結」である。ある事柄がこれまで当然のことと見なされてきたのに、疑わしくなってしまったということである。「その解決のために形成されてきた問題」との関連なしにはどの類型も正しくは理解されない。要するに、「問題－関連性problem-relevance が……類型化の意味を構成する」。しかし、「一対象＝一類型かつ一問題＝一類型」

の方程式は当てはまらない。各々の問題は「別の種類の類型化」を必要とする。けれどもたった一つの特別の類型が吟味される各々の問題の解決のために形成されうるのだ」と結論づけることは誤りである。一つの問題の解決のためには数多くの類型が形成されうるし、しばしば形成されねばならない。「しっかり限定された問題」こそは「その問題の解決のために作られ得る、可能な限りの諸類型の焦点」、したがって、「あらゆる問題−関連性の諸類型の焦点」である（1957a: 41-42）。

さらに、生活世界における諸類型の形成のためにプラグマティックな諸動機を考察することは、多次元的な諸々の分化に通じる。特定の諸個人は伝記的に規定された状況のなかで、異なるさまざまの主観的パースペクティブから、「同じ」諸々の対象、諸々の動物、あるいは人びとに遭遇する。しかし、同時に、各々の個人はまた、その「同じ」対象、等々に、異なる現実の状況のなかで、異なるプラグマティックな諸側面、彼らの実行しようとする課題が変化することで彼らが次々に直面する、多くの目標の流動する諸側面からも接近する。前述定的諸類型の顕在的・潜在的変異には限りがない。

最後に、シュッツは関連性に関する実行可能な社会理論を展開させることに腐心した。この理論を彼は社会的相互行為の世界の構造の内部に位置づけた。社会的世界の諸次元——近さと遠さ、親密性と匿名性、そして他者たち——は、それらの次元に特有の「地平の構造」やそれらの次元に特有の「特殊な経験様式」をそれらの次元独自の諸類型と併せもっている。これらのマトリックスはシュッツの社会学的類型論の展開の背景を形成した。すなわち、社会的パーソナリティの諸類型、社会的行為者の諸類型、そして社会的行為の経過の諸類型がこれである。社会的諸類型のこれらのすべての範疇——それ自身、上に示した多元的な諸々の分化に服している——は、同時に私たちの同僚のさまざまな行為を説明するための手段として、また相互行為の相手たちのための私たちの自己の類型化の道具としても役立つ。このようにして類型論的「意思疎通的理解の世界」が確立される（1959c: 96-97）。

フッサールの前述定的領野における類型化の理論についてのこれらの詳細な検討は、社会的世界における実行可能な類型化の理論にとって最も重要な貢献である。これらの検討により、シュッツはフッサールの限界を跳び超えたのである。さらに詳しい検討と説明の道筋は、二つの、異なりはするが、関連している諸領域に通じる。フッサールのとった道筋は、「非本質的な類型から本質的類型へ」通じている。シュッツのとった道筋は、生活世界における類型化から社会科学における理念型の構成へと通じる。二つの道筋は、必ずしも並んだ形で進んではいない。第二の道筋は、「本質的」諸類型と諸理念型、つまり述定的諸類型との間の関係に通じる。フッサールの研究はこの関係の性質を解明してシュッツを大いに手助けしたのである。

理論的推論と科学

『意味構成』では、シュッツは同時代人としての他者の理念型のような社会学的理念型の形成に関心をもった。同時代人は、一個人でも多数の個人でもなく、ある人格類型の「理念性」を指す概念（1932: 205-7）である。この理念性は一人の洗練された思索者によって構成される。彼は彼自身の社会的諸経験の知識在庫について吟味するよう自らに命令する。第二のステップでこの思索者は「理念型的説明図式の構築」（1932: 210）に関心を抱く。このような説明図式の構築が、今度は、社会的行為者たちによる他者たちの前述定的類型化の理論的－方法論的理念型の構成となり、またこの社会的行為者たちが、その結果、社会学的諸研究の最も重要な課題となるのである。

行為者の類型は、その行為者の類型に適合する行為の類型によって補完されなければならない。行為者の類型は、類型的意識、主に、類型的行為に類型的動機を帰することによって構成される。「この人格類型の意識の成り行きは……再構成によって産出され」また観察した通りに、「実際に完了した行為の経過」から推論される。一定の客観的意味連関のうちに、私はその観察した行動にとって適合的な動機、等々を構成するのである。「私は行為から行為者へ、客観的意味連関から主観的意味連関へ注意を変更することができる」。同時代人世界の意志疎通の理論のために構成される、人格の理念型は、もっぱら一定状況のための理念型である、つまり、「前もって与えられた理念型的行為経過の創出者として人格の理念型はその行為経過に適合する意識のあらゆる経験を身に付けている」、「その意識モデルは特定の行為経過に一致するようにすでに構成してある」。この構成により、「客観的意味連関の内部にあるこの行動の体験は、前者と適合する主観的な、つまり、動機の、意味連関に関係づけられるのである」(1932: 211, 213-15)。

これらの考察はウェーバーの方法論の変更でないとすれば、その精緻化を示すものである。そのようなものとして、これらの考察はシュッツの社会科学の見方が、再び、フッサールの科学論［学問論］一般に連接される一つの見方に通じる。フッサールの理論は主に『形式論理学と超越論的論理学』(1929)、『経験と判断』(1939)、「幾何学の起源に関するエッセイ」(1939) および『危機』書の第二部 (1936) において展開された。シュッツは、基本的にこれらの文献資料のうち後者の二点にとどめたのである。

幾何学の起源に関するエッセイのなかで、フッサールはそれらの起源が暴かれない限り諸科学は理解されないという彼の命題を解説した。彼は、この目標を——この場合には——「幾何学の最初の創造として必ず存在していなければならない、幾何学の隠れた最初の起源にまで遡及すること」(1954: 365-66) によって追求した。この方法は現代の幾何学者たちが幾何学的技法の公式主義にしがみついて、彼らの学問の本来の意味を打ち壊してしまったことを明らかにする。同じことは論理学、数学、そして諸々の実証科学において起こった。これこそフッサールの最終の関心であった「ヨーロッパ諸学の危機」の最大の原因である。

『危機』書の第二部において、フッサールは数学の下部構造に基づく理念性の世界を、統覚のうちに真に与えられ、生々しく体験され、また我々の日常生活のなかで体験できる唯一の実在世界と代替したのはガリレイの責任であるとした。ガリレイは新しい諸々の自然科学の仕えるべき「最終目標」が「前科学的生活から生れた」ということを認めなかったのである。生活世界に生きる人間は、仮に彼が一自然科学者であるとしても、「彼の実践問題や理論問題の一切合財をそれ「生活世界」のほうに向ける」のでなければばならない。生活世界は土台であり、またすべての有意味的帰納法が前もって与えられる地平であり、しかも「生活世界そのものの基本構造、生活世界そのものの因果性の具体的様式」をもっている。生活世界は、幾何学や物理科学のような「専門学科」がなにを力説しなにを為そうとも、現にあるものであり續ける。生活世界における帰納法の起源は「いわゆる実質的科学的真理」という形式における「理念の衣」によって包み隠される。このようにして、生活世界の現実は隠蔽され、私たちは「一つの方法に過ぎないものを真の存在として受け入れる」ことになる。この誤謬は原創立という歴史意識へ立ち戻ることによって拭い去られなければならない。生《ライフ》の馬鹿正直さへの正しい遡及と後退こそ、その上に生ずる反省をとおして、伝統哲学の「科学性」の素朴さを乗り越える唯一の道である（フッサール、1954: 50-52, 57, 60）。

シュッツが確信を抱いたのは「幾何学の隠された起源」の回復というフッサールの探究が、『危機』書の他の部分においてフッサールが描いていた、デカルトから彼自身に至るまでの主観的超越論主義の発展系列についての諸考察と同じように、普通の意味での「歴史的」探究ではないということであった。彼の「歴史的」照合は、シュッツがフェーゲリンへのある手紙（1943.11.11）のなかで説明したように、フッサールの自己解明——そのルーツは歴史的資料にではなく、現象学的省察のうちに発見される——以外には何にも役立たなかったのである。シュッツは、この意味で生活世界における社会科学的諸概念のルーツにまで「後退する」ことを彼の主要課題と考えたのである。

シュッツによる社会科学

シュッツの社会科学観の体系的説明は彼の最初のアメリカでの論文「現象学と社会科学」のなかに含まれている。この論文でシュッツは超越論的現象学との関連におけるフッサールの科学の諸見解を批判的に議論したのである。積極的に、シュッツが強調したのは、フッサールの後期著作のなかで「生活世界の概念がその十全かつ中心的意義においてあらゆる諸科学の意味の基礎として明らかにされる……」ことである。生活世界の概念について詳述した後、彼は「素朴な人間が彼の生活世界の有意味的構造に関していやしくも問いを発するためには、ある特定の動機が必要とされる……」ことを指摘した。「自然的態度を止めよう」と決心がなされてしまえば、ひとは「何時でも意味の沈殿物を築き上げてきた過程を再開できるし、また関連性の視座（遠近法）の志向性とか心の諸地平を説明できる……これを内世界的間主観性の次元で遂行することが内世界的文化科学の課題であり、またこれらの特殊な方法を明らかにすることが他ならぬ自然的態度の構成現象学の役割である……」。あらゆる科学には「科学に携わる人間《パーソン》のある特殊な態度……公平無私な観察者の態度」が前提である。この態度のために、「生活世界の経験のあらゆる範疇は、ある根本的変様を受ける」。生活世界のなかで思案中の人間は生活世界のなかで自分の現実的関心を維持し、自分自身をその中心において理解するのに対して、社会科学者は志向的諸体験の流れから「離れ」なければならず、彼のオリエンテーションの「ゼロ点」を当該研究の社会過程の外部に見出さなければならない。社会科学者は、生活世界の諸現象が科学の諸概念並びに諸類型に基づく「理念化の過程を介して変換され」るような、諸変換式を与えなければならない(1940a: 179, 183-85)。

シュッツはこの論文を以下の言説をもって結んだ。理解社会学の課題は「フッサールによって切り拓かれた知識のすべての宝物を理解社会学の固有領域に適用することである」(1940a: 186)。これがシュッツのライフワークの要旨であった。

フッサールは論理学と生活世界との間の結び付きに関する彼の研究と社会科学の諸領域内部の類似した諸研究との間に平行線を引かなかった。現象学的洞察の社会諸科学の根本問題への適用はシェーラーによって開拓され、シュッツによって達成された。独りシュッツだけが生活世界と社会学の間の連鎖を十分にかつ首尾一貫して彼の論文「人間の行為についての常識的説明と科学的説明」において論証した。「社会科学者の面前の事実、出来事および諸々のデータ」はすでに意味が付与されている、つまり、これらは「日常生活の現実の常識的構成物」において「予め選択され、予め解釈され」てしまっている。それゆえに、社会学的構成物は「第二段階の構成物、つまり、社会的場面での諸行為者によって作られた構成物の構成物であり、これらの行為者の行動を科学者が観察し、またその科学者の科学の手続き規則にしたがって説明を試みるのである」。第一段階の構成物は、社会的行為者の類型的役割や社会的行為者相互の関係、あるいは、言語、道具その他の人工物、社会制度など文化的対象物を指す限り、日常生活の諸々の類型化である。社会的意味合いの類型化が社会的に共有され、伝統的に前もって与えられ、また相互行為によって是認される限り、これは有効である。この水準の上方に、相互行為するる諸個人の「視界の相補性」、「知識の発生論的社会化」、ある個人から他の人たちへのほとんどすべての知識の社会的移譲、そして「知識の社会的配分」という形式における「知識の構造的社会化」が起こる。「だれもが一つの小さな分野では玄人であり、他の多くの分野では素人である」（1953c: 3, 7, 10-11）。

　社会科学のさまざまな概念化の前もって与えられた領域はプラグマティクな目標によって支配される低い水準のさまざまな一般化を含んでいる。これらの一般化は、特別にプラグマティックな目標によって必要とされない限り、無矛盾性とか一貫性の関心なしに行われる。さらに、ある社会学者は前もって与えられていながら、はっきりしない推論の諸方式を発見しようとするだろう。これらのものは彼自身の諸操作にとってきわめて重要である。選択現象や目標に注意を向ける、したがって関心や動機によって規制される関連性の諸体系、目標的行為の「合理性」、結果や効果の予示において用いられる帰納的推理などである。「科学的客観性」の原則さえも日常生活の諸状況における他人たちの公平な観察者の役割において先取りされる。

　社会学者たちは「社会的世界のさまざまなモデル」をこれらの基盤の上に構成するが、これらのモデルを保証するのは次の三つの公準である。一つには、それらの手続きの論理的一貫性を保証する論理的一貫性の公準。つまり、行為者によって意図された「主観的意味にあらゆる種類の人間の行為もしくはそれらの結果が起因することの可能性」を提案する。二つには、主観的解釈の公準。人間の行為の科学的モデルはそのモデルにしたがって遂行する何れの行為も、「行為者自身並びに彼の仲間たちが日常生活の常識的解釈にしたがって理解可能である」ような仕方で構成されなければならないということを指示する。三つには、適合性の公準（1953c: 33-34）。

　もしこれらの公準が科学の十分な規準であるなら、社会学は科学である。社会科学は、自然科学と同じように、その根を生活世界にもつ。しかし自然科学者たちは彼らの科学的意味を彼らの主題に一方的に押しつける。社会科学者たちは彼らの仕事の意味が彼らの主題によって彼らに押しつけられることに気づく。自然科学者たちは彼らの命題が観察下の諸現象にとってなにも意味しないと考える。自然科学者たちは彼らの主題の〝行動〟に関して彼らの〝理解しない〟何事かを彼らの主題に向かって「質問」しない（1953c: 3)。これとは反対に、社会現象の関連性というのは社会学者の主題によって前もって規定されてしまっている。彼らの方法論的道具さえも日常生活の手続きのなかに前もって設計済みである。問題の立て方、距離を置いた観察、概念による類型化、詮索好きな取り調べ、解釈的理念化――すべてが折りこみ済みであり、彼らの日常生活の諸領域における人びとの振る舞いや考えのなかにこれまで用いられてきている。ここでは社会学者たちは常識人《コモンマン》を「模倣する」のである――ただし、社会学者たちは常識人の「諸方法」を非プラグマティックな目標のために用い、それらの適用に関して厳格に自己を規律のもとに置くことを除いて――。これは「社会科学者が彼の個人的な伝記的状況を……科学的状況と取り替えてしまった」（1954: 270）ことを意味する。彼は自然的態度を科学的態度と交換するのである。

主観的解釈の公準は社会学的主題を規定する。適合性の公準は社会学的研究並びにその成果を自分たちが研究している人びとによる間接的な統制の下に置く。彼らの主題が受諾か拒絶かの、彼らの発見の「プラグマティクな検証」の最終の決定権を持つのである。

これらすべての考察のなかで、シュッツは相変わらず自分の負うフッサールの学恩に気を配っていた。彼の執筆した最後の論文は「フッサールの社会科学に対する重要性」と名づけられた。それは次の一文で始まっていた、「フッサールは社会科学の具体的諸問題には精通しなかった」（1959c: 86)。彼がスピーゲルバーグ宛に書いていたように、「フッサールを取り囲むサークル全体には、この専門学科の具体的な現実的諸問題に精通している社会科学者は明らかに一人もいなかった」（1957.6.27）のである。シェーラーはフッサールから独立していたし、シュッツは自分を勘定に入れなかった。シュッツのフッサールとの関係は親しい学生や助手といった関係ではなかったからである。社会科学の諸問題についてフッサールを啓蒙する彼の機会は限られていた。フライブルグを何度か訪れたが、その間じゅう彼は主に話の聞き手であった。フッサールは彼から『意味構成』一冊の献呈を受けて、高い称賛をもってこれに触れていた。その後の彼の著作物はシュッツの研究が彼の議論の筋道に与えた影響をいささかも裏切っていない。

　フッサールが時折言及している社会問題には二つの種類があった。そのうちのいくつかは社会学的に有用であった。例えば、『イデーンⅡ』のなかで彼は「ある共通の生活環境の主題」として全員が分担する、「諸個人のアソシエーションの会員である個人」について語っている。つまり、「もし我々が共同社会関係において、我々の生活の意識的計画的社会化において、ある共通の生活環境に立ち向かうことができないのであれば、我々は他の人たちのための隣人たりえないであろう」。共通の生活環境と個人の結社とは同類であり一緒である。「前者は基本的に後者と一緒に一つの問題を構成しているのである」（1952a: 191, 192）。

　シュッツは完全に人間集団のこのような特徴づけを受け入れた。しかしフッサールは、第二の一群の所見では、歴史や結社のいっそう広範な広がりのある、より大規模な社会に手を伸ばすことを試みた。そしてこれははっきりしない観念の寄せ集めとなった。『危機』書の内容についてのグルヴィッチの要約に対する反応のなかで、シュッツは以下のような苦言を呈した。「生活世界は共通の世界として、歴史的文明として、枢密院という国家の指導者たちに対する名誉顧問たちの特殊集団として、間主観的コミュニティとして、共通の基盤として、集合的活動の産物として、知的達成として……すべてこれが互いに入り混じっていて、現象学的方法には相応しくありません」。ここにフッサールの「基本的な立場の弱さが吃驚するほど明瞭になります」（1956.1.1）。

　シュッツにとって、フッサールの社会科学に対する意義は別のところにあった。彼はこの意義を、例えば、一九〇〇～一九〇一年の『論理的研究』の第六章にある関連性の主題の最初の出現のうちに、またこの主題の『危機』書に至るその後の諸研究の実り多い推敲のうちに見出した。シュッツはこの意義を同じように数多くのその他の着想にも見出した。シュッツがこれまで刊行した最初の論文と彼のアメリカで執筆した最後の論文は、どちらも社会科学に対する現象学の貢献、また社会科学に対するフッサールの重要性の議論に捧げられている。これはなにか象徴的意味をもった一つの偶然である。第一に、シュッツは社会の現象学的アプローチをアメリカの公衆に紹介しようとした、第二に、彼はフッサールの数々の貢献を国際的な読者のために専門的に評価した。どちらの論文もフッサールの推論の諸側面についてのいわばシュッツ的解釈という特徴を帯び、どちらの論文もこれをフッサールの数々の出版物の全範囲から引き出した。最初の論文は、フッサールの著作刊行物の長大なリストのなかに含まれている「社会科学の現象学的基礎づけの初期の諸局面を簡潔な形で辿る」試みから始まる。この解説論文は結果として「フッサールの辿った種々の着想の経過から、フッサール自身の著述には見出されないが、社会科学の構造を認識するための、いくつか重要な結論」を引き出す一つの試みとなった（1940a: 165, 180）。最後の論文においてシュッツはフッサールの着想が「社会科学の哲学的基礎づけ」に及ぼした影響力を紹介し、フッサールとその若干の支持者たちによる間主観性の問題の不満足な論述の批判的論議とを結びつけた。つまり、結論部分でシュッツは、「フッサールの一定の成果は適用可能であり、これまでも一部実り豊かに適用されてきた……社会科学の若干の主要問題の短い梗概」を含めて、「いくらか片寄った私自身のアプローチの若干の特徴」を概略した（1959c: 86, 93-94）。これらの試みはフッサールの生活世界の概念に集中する点で相互に関係し合っている。

初期の小論においてシュッツは、現象学的哲学を「厳密に学問的な方法でこの生活世界の意味を説明すること」を願う「生活世界における人間の哲学」として定義した。彼にはこの公式的表現が、フッサールの超越論的現象学と比較される場合には、多くの問題を持ち出すことになるという認識があり、彼はこれらの問題を明確にした。(1)フッサールの超越論的還元は「世界の現実的存在」を拒否するのでも無化するのでもない。むしろそれ［世界の現実的存在］に対する認識的構造を発見する一方法である。(2)超越論的現象学は、間主観性問題の定立によって生活世界の社会的性格を認識し、また「客観性に関する独特のやり方で、優れて人間的な世界、換言すれば、文化的世界」の構成を示そうとする試みによってもこれを認識する。(3)現象学はあらゆる学問の基本的性格ならびに純粋な根源を解明する。(4)現象学は「内世界的間主観性の現象」、生活世界内部における諸個人の間の理解という事実と可能性を解明する。ただし超越論の次元ではなく、形相的心理学、志向性の心理学、および自然的態度の構成現象学の次元である。（1940a: 166, 173ff.）。

最後の小論に対応する部分は、他の思想家たちがどのように生活世界や間主観性の主題について論じてきたかを明らかにしている。誰もこの問題に満足のいく解答を見出ださなかった（1959c: 88-93）。

初期の小論の第二パートは、シュッツの生活世界の社会学のための、フッサールの諸観念から抜き出した、いくつかの結論を含んでいた。我と汝、我々と彼ら、仲間、同時代人、先代の人びと、後代の人びと、関連性のさまざまな中心、私の手に届く範囲または届きうる範囲の人間や事物の〈ここ〉と〈そこ〉、相互行為する諸個人の振舞の有意味的解釈の相補性。プラグマティックな態度（立場）から社会学的観察ならびに推論の原形態としての公平な観察者の態度（立場）への移行。このような知識から、それぞれの社会科学は「それに固有の方法を練り上げ」なければならないし、またそれの「理論上の準拠枠組」にしたがって生活世界の諸現象の解釈のための「変換方程式」を発見しなければならないであろう。1940a: 180-85)。

最後の論文の最後の部分は、フッサールが記述し分析してきた、いくつかの認識形態を、社会的行為の選択された諸側面と関連づけるものであった。それらのなかには次のようなものがあった。(1)ある行為の経過の企画とそれによって「引き起こされるべき、予想される出来事の状態」を想像すること。(2)行為者の知識在庫――知識の基本的理念化（「私はそれを繰り返しできる」）を含む――のなかの「以前に体験した行為の沈殿」と明快さの区域、知識の開かれた諸地平、知識の関連性の諸構造、知識の関心の注意変様。(3)フッサールの「開かれた可能性と問題の可能性の理論」等を基礎に置いた「自然的態度における選択の分析」。(4)特定の諸個人の定位座標の「ゼロ点」理論による仲間体験、仲間の位置の〈ここ〉と〈そこ〉、およびそれに続く「視界の相補性」。(5)フッサールの「内的時間意識の分析」――これは、私は「生き生きした現在において他者の意識の流れに与ることができる」ということを説明している。(6)付帯現前による他者の意識への間接的接近およびフッサールの記号の分析による相互伝達（inter-communication）論の支援。(7)フッサールの前述定的体験の分析は、時空間の諸次元およびそれらの「地平の構造」の理解ならびに「諸類型の性質」の関連した研究への通路を示している（1952c: 94-97）。

社会科学者たちの態度（立場）に関係する最初の論文に見られるこれらの論点を別としても、社会科学にフッサールの考えを適用するという問題は大部分二つの論文において重なり合っている。シュッツは、フッサールの仕事が、自らの微修正しつつ作り上げた社会学にとって前提となり、示唆を与え、基本的な貢献をもたらしてくれるものとして、これを並外れた一貫性のうちに受容したのである。

第十八章
フッサール——限界と批評

シュッツとフッサール

シュッツに影響を与えたフッサールの主要著作十冊の発行日は、数年間を除いてシュッツの全生涯にまたがり、ほとんど一九〇〇年から一九五六年までに及んでいる。そのうちの四冊は『意味構成』の執筆に先立ち、また一冊は彼の著作が印刷者にまわる直前に熟読玩味された。一冊はフッサールとの個人的な面識のあった時代に著わされ、もう一冊はフッサールの死後ほどなく出版された。残りの三冊は五〇年代に利用できるようになった。

シュッツの思索とフッサールの著作との関係は、絶えず発展する二つの学問的精神の邂逅の進み行きという、独特な動きのなかにはっきり現れている。一九二八年、シュッツは、フッサールの著作——これはその長い中心的段階の頂点に達しつつあった——に食い込んだ。しかし彼は、数年後、結局フッサールの「新しい始まり」の別の著作のほうに向きを転じた。次に起こったフッサールとのシュッツの交際の五年間は『危機』書の理念と新しいパースペクティブに応じる機会を彼に与えた。内容においでシュッツは現象学を受け入れることがそれ自体一生の課題になることを理解したのである。内容において彼のフッサールの著作との関係は二つのはっきりした理由で変更を余儀なくされた。一つには、彼のフッサールの思索における内在的な展開のおかげで、「新しい」フッサールの著作が出るたびにシュッツはこれまで形づくってきたフッサールの哲学像の形勢を変えたのである。もう一つには、シュッツ自身の学問的経験の進み行きのおかげで、フッサールに「立ち返る」ことはどれも別個の異なる有利な観点からフッサールの姿を示したのである。

見てきたように、シュッツは現象学をケースバイケースで受け入れた。『意味構成』において、彼は超越論的現象学を拒まずに、それを脇に置いたのである。彼は、将来、フッサールによる超越論的哲学の展開が、重要な洞察を用意してくれるものと期待したが、彼はその期待において盲目ではなかった。例えば彼は『デカルト的省察』や『形式論理学と超越論的論理学』のかなりの部分が実行された諸研究というより計画立案文からなるものであることを十分に理解していた。彼はフッサールのいくつかの見解を疑わしいと見ていた。しかし純粋に批判的な〝議論〟Auseinandersetzungが開始され、勢いづいたのは、シュッツのアメリカ時代であった。幅広いフッサールの思索に関する数多くの批判的論評が彼の往復書簡に現れたし、彼の出版物に忍び込んだ。これらの論評はフッサールの認識の理論のいろいろな側面に関係していた。なかでも有力であったのは、超越論的次元で間主観性の問題を解決するフッサールのさまざまな試みに対する疑念が増してきたことであった。

一九五七年に、これらの試みはいずれも失敗であったし、この失敗は不可避のように思われると公に発表した時、この疑いはその絶頂に達したのであった。同時に、シュッツは超越論的現象学の他の部分も疑った。彼の人生の最後の時代には彼の批判は深く形相現象学とフッサールの意識の理論一般の諸領域のなかに及んだ。

この議論の主要な側面と局面は二つの部分に見られる。⑴シュッツの実際の現象学的関心は現象学的心理学に関係する事柄に限られ、彼の批判が超越論的現象学一般へ拡がること、⑵彼の社会学的関心の中心になった超越論的現象学の例の領域、すなわち、間主観性の理論についての批判を展開すること。

心理学的現象学と超越論的現象学

現象学の構造におけるシュッツの「位置」

フッサールの現象学的哲学は、常に形成と再形成のなかにあり、これの体系づけを簡単には許さない。ある流動的な仕方で、現象学的哲学の上に種々の還元の方法論的手法ならびにこれと結びついたさまざまな主題の違いによって一定の構造が付与される。『イデーンⅠ』、『エンサイクロペディア・ブリタニカ』の論文、および『イデーン』の英語訳に寄せた序文では、フッサールは彼の哲学の二つの水準、現象学的心理学と超越論的現象学を区別した。同時に、彼は現象学を一つの「本質学（形相の学)」と名づけて、これを常に「心理学的」、「形相的」および「超越論的」の語彙と結びつけるが、反面これらは別々の現象学の層であるとの見解を主張することを難しくすることにもなる。元来、彼は記述的心理学から一般的現象学的還元を経て現象学的心理学へ、そこから形相的還元を経て形相的諸本質の次元へ、さらに超越論的還元を経て純粋主観性の次元、超越論的自我へと一歩一歩手続きを踏んで仕事にあたってきた。だがこの手続きはある内的必然性を含意しなかった。『エンサイクロペディア・ブリタニカ』の論文に、フッサールはこう書いた。「超越論的現象学はあらゆる心理学から独立に展開されうることは疑いえない」(1929: 701)。さらに「ある……現象学的心理学と超越論的現象学との間には活目すべき完全な平行」(1931: 9) が存在する。この原則に従えば、一方の次元上で生起する各「項目」はもう一方の次元上にぴったりの対応項目を有する。それゆえ、超越論的現象学上の諸発見は心理学的確証を要しない。

シュッツは、原則として現象学の心理学的次元に自己を限定して、一九四一年にはフッサールの最初の仕事が「一個のア・プリオリな心理学的学問」、すなわち「形相的心理学」を確立することであったと書いた。一般的に、フッサールは超越論的現象学へ進むために後者をこれまで用いてきた。シュッツは、しかしながら、形相的心理学から反対の方向へ進んだ。形相的心理学は「強力な経験的心理学の確立され得る唯一の確実な基礎を準備すること」(1941: 444) であった。そのような記述的現象的心理学が彼の主要な操作上の土台となり、現象学の名でなされるすべての所説の実験場ともなった。したがって、自らのジェームズ論文のなかで、彼は「ジェームズの心理学的研究とフッサールの現象学的省察の両方がそこから出発する共通のプラットホーム」、すなわち個人の意識と思考の流れと体験について詳しく述べたのである (1941: 443)。

『意味構成』では、シュッツは現実的な理由で現象学的心理学に自分を限った。彼の諸々の主題が超越論的現象学との関わり合いを必要としなかったからである。アメリカ時代の間に彼は理論的な理由で後者の超越論的現象学から離れた。一九四五年のスピーゲルバーグ宛の手紙で、彼は「私の本分は世界に対する自然的態度の現象学に自分を限ることです」と書いた。第一に、この領域には、あらゆる職業的現象学者たちによるこれ［＝自然的態度の現象学］の軽視に直面しますから、まだまだたくさんすることがあります。第二に、私はいよいよもって社会的なるものの起源は超越論的領域にはなく、もっぱら自然的領域にあるという確信に達するからです」(1945.8.24)。

一九四〇年には、シュッツは彼の心理学的現象学の作業基盤を「一つの自然的態度の構成現象学」としての「フッサールの志向性の心理学」と同じものとみなした（1940a: 179）。志向性の心理学はさまざまな形相的還元を含んでいた。しかしシュッツは彼の読者たちにその後の論文のなかでさまざまな形相的本質を立証するフッサールの直観的省察的方法やその超越論的現象学にあまり躍らされないようにと戒めた。つまり、本質学（形相の学）も同じように「内世界的領域の内部で」可能なのである（1945b: 92-93）。

フッサールの『イデーンⅢ』の評価はシュッツの現象学的心理学についての考えを詳しく開陳する一つの機会となった。心理学は「プシュケーの現実」を扱う、またそれゆえ「私とその諸性向の起源と変化、私とその諸行為等に直接関係がある観念の心理学的諸規則性」を扱う。心理学と現象学との関係は、「現象学とあらゆる経験科学との間に広くみられる関係の一つの特殊事例」である。諸経験科学の方法は「これらの科学が関係する現実領域の一般的本質的構造により規定される、あるいは少なくとも共に - 決定される」。これが諸々の本質学に先験的《ア・プリオリ》洞察に基づく諸々の存在論という地位を与える。経験的心理学と形相的心理学との違いは次に述べるとおりである。知覚は、例えば、「現実の体験している諸個人のある〈状態〉として」受け取られる。「想起、幻想、期待や任意の種類の認識的・感情的・意志的体験」がそうである。このような現実の状態の研究が「ある経験的心理学者の心理学的に現実的な領域」を表している。この点では、彼の仕事は記述的である。同じ領域で操作する現象学者はその前にあらゆる観察の形相的還元を行おうとする。彼は「これらの〈状態〉の現実の存在に関するあらゆる問いかけ」を放棄するが、しかし「これらのすべての体験の豊かな内容とそれらの志向的相関項」の抑圧はしない。彼は、その上、記述するが、現実の諸体験を記述するのではなく、もっぱら経験的諸現実がその内部において生起する諸可能性の枠組み」を記述する。経験的心理学の記述は「知覚されたものの概念的表現」であると解されるなら、形相的心理学のほうは「心理学的出来事自体を判断し決定する」のである。この課題を遂行するためには、「その概念図式の基礎となる形相的脈絡を確かめることができる」（1953b: 508-11）現象学的分析が必要である。

ここで、シュッツはフッサールに心理学的次元と形相的並びに超越論的次元の「完全な平行関係」の命題を――順序は反対であるが――当てはめた、つまり、超越論的に有効であると主張される事柄は具体的心理学的データによって確かめられなければならないと。

その生涯の末期頃、シュッツは形相理論を社会学的用法に翻案したシェーラーの二篇の寄稿論文を公に受け入れた。その一篇は、心理学を含み、しかも心理学より一般的である「形相的知識の機能化」の構想であった。シュッツの説明はこうであった。つまり、「本質そのものについての形相的直観と前もって獲得された形相的知識の指導のもとで事実の偶然的諸問題を知ったり判断したりすることとの間には」一つの区別がなされなければならない。第二の寄稿論文の場合には、形相的知識は「前もって与えられた形相およびそれの構造に対して充足ないし確証の関係に立つ、そのような事実問題の偶然的世界の諸要素の一選択者としてのみ機能するのである」。形相的知識のこの選択機能は、先立つ形相的知識の……程度、明確性等によって条件づけられる。しかし同様にそれは、「一定の形式や形態がそこから選択される偶然的な事実問題の、経験的な、それ自体前もって構造化されている世界のアクセス可能な区画」によって条件づけられる。この第二の寄稿論文により、シェーラーは「形相的知識」およびそれの選択機能の主観的・状況的な諸変異という重要な論点を焦点に収めた。彼はこれらの変異を諸個人ばかりでなく、同じように「諸国民、諸民族、諸文化」を含む「いろいろな主体」に関係づけた。しかし私が思うには、彼の結論が十全な信憑性を手にするのは、いろいろな主体が、哲学者たちをも含め、特殊な社会的状況のなかにある諸個人に限定される場合である。

変更されたシュッツの結論はこうである。「諸本質の領域についての可能的知識は、それらの先験性と不滅性にもかかわらず、諸主体の周囲の状況の偶然的諸事実に依存する」。この意味はこうである。「第一に、任意の個人または集団はその歴史的存在のいかなる時にも諸本質の領域の全体知を持ちえないこと。第二に、この本質領域が各主体の歴史の任意の瞬間に顕わになる、それぞれの遠近法《パースペクティブ》は類のない、かけがえのないものであること、第三に、ともに生きる諸個人および諸集団の協力のみが……先験的な形相的知識の成長を保証すること」（1958a: 494-95）である。

シュッツはこれらの見解をリポートしただけだった。厳密に理解すれば、これらの見解はフッサールの形相的先験性と絶対的確実性の同定、また前者と全体的包括的真理との同定に対するいわば強い解毒剤である。フッサールは、このような全体的包括的真理を実際の体験となんの照合もなしに、この孤独な現象学者の省察のなかで利用でき、また省察によって利用できると考えたのである。

「形相的知識の機能化」というシェーラーの構想は、形相的心理学を社会学的立場に持ち込むのにとりわけ有益である。この構想は、形相的還元を実行し、また形相的諸本質を直観する主体が、依然として社会的存在のままであること、つまり彼の生活世界の諸現実の内部に生きる一存在であることを主張している。フッサールは、ある個人の諸統覚の「実質的」内容とその個人の生理学的構造（体格）とがともに依存し合うことを知っていた。シェーラーは同じ実質的内容が状況のさまざまな絡み合いの〝歴史的〟継起関係のなかの個人の所与の社会的存在にともに依存し合うことを明らかにし、またこれに伴うその個人の知識在庫の信頼性や変異のことも——やはり、この省察する社会学者は除外しなかった。

シェーラーの考察は、人間の社会的存在の同じ条件を指す、各個人の生活史によって規定される状況というシュッツの構想に関係づけられた。しかし、「形相的知識の機能化」ということで、シェーラーはこの洞察のもつ生活世界の意味合いだけで済まなかった。形相的知識とは現象学者たちの知識であり、彼らはこの知識を自分たちの日常的な知識や一般的「科学的」知識を判断中止することによって手にするのである。しかし彼らは自分たちの諸経験の基礎的諸様態を同様に判断中止する手段をもたない。現象学的に還元されているものは相変わらず彼らの非省察的生活の基盤から生じたのである。その手に入れた形相的洞察は外見上普遍的形態で生じるかもしれないし、またフッサールの先験的明証性の姿をとるかもしれない。しかしシェーラーは、実質的に、形相的洞察が普遍的でも包括的でもないことを明らかにしたのである。現象象学者はたしかに生活世界を超越しているが、彼らは生活世界を廃棄できない。生活世界は、現象学者が彼の内世界的《ムンダーン》存在を意志の一つの作用と知的訓練によって括弧に入れてしまった後も、それは彼のなかにとどまっている。この省察作用は、宗教的省察が神秘主義者を神に変えないのと同じように、彼をスーパーマンに変えはしない。

これらの濃密な考察はシュッツが身を置いたフッサールの現象学の領域を示すに十分であろう。シュッツの実質的関心は主に生活世界の社会学に関する彼の研究のための現象の記述の作業に向けられた：形相的方法の領域はこれらの研究に相応しい適切な現象学的支柱を彼に与えたのである。基本的に、彼の現象学は形相的であった。

現象学の三層構造の仮説――現象の記述的、形相的、超越論的仮説――は、これらの三階層がビルディングの床のように互いに積み上げられるという意味ではない。その上、シュッツは超越論的現象学から基本的に自分を切り離さなかった。フッサールの説明では、形相的考察と超越論的考察は互いに切れ目なしに流れ込んでいる。両者を切り離すのは不可能に近い。加えて、現象学の諸層はすべて厳密に対応するというフッサールの原則は、超越論的領域のうちにもまた関連のある知見を求めることをシュッツに命じたのである。

フッサールの超越論的現象学的言説なら何でも進んで受け入れようとするシュッツの志しに、ところで、シュッツ自身の研究に対するこれらの言説の適合性によって決定されるだけではなかった。それらは現象学的心理学的観察から確認した、あるいは確認できる事実性とのつき合せの検証に耐えなければならない。超越論的言明といっても、このような観察の諸結果と矛盾したとすれば、それはどうあっても正しいとは言えない。シュッツにとって、これは現象学の諸信条を受け入れる際の一つの譲渡できない条件であった。

シェーラーの「形相的知識の機能化」にシュッツが賛成したのは彼がその生涯の最後の時期に試みた諸考察と一致している。このシェーラーの「形相的知識の機能化」をもって、彼は 現象学の諸信条を受け入れる第二の基準に同意した。現象学の諸信条はそれらの無条件の普遍性と先験性を主張しなくても受け入れられるはずのものである。一般に、超越論的現象学の諸信条の妥当性を主張する際には、吟味、修正、ならびに限界を必要とするのである。

超越論的現象学批判

シュッツの刊行著作、未刊行の草稿および書簡は、フッサールの諸著作の種々の側面や意味合いに関連した多くの批判的論考、簡潔な寸評、また時には広範にわたる批判的論考を含んでいる。これらの論考はそのなかに表現され含意されている理論的諸判断の主題領域やその批判によって概観されるであろう。主題は、批判的観点からフッサール哲学の特殊な概念、命題そしてテーマからその哲学の広範な領域に向けられている。この論評の連続体の狭い端には、種々の発見や結論の事実上・理論上の強靭さが断然目立つ。広い端には、基礎となる種々の仮説や原則が一つの主要関心を形成した。問題となる言説に対するどんなに強靭な論考も前と同様に二つの方向に向かった。多くの場合、それらの目標は、普通の言語で言えば、その批判は「建設的」であった、もしくは修正的であったということである。その他の場合には、その批評は実質的内容や基礎となる諸原則に対する不賛成を表した。それは根っこからの不賛成であった。

シュッツの調整的な論評は、諸対象の付帯現前と構成、「選択の過程」、時間の理論、「自由変更」の方法、エポケー概念等、直接体験のいくつかの側面の記述に関係した。フッサールの類型化の取り扱いをめぐるシュッツの初期の考察はこの部類に入る。後になって、彼はこれに関係した原則を問題に付した。彼の基本的異論は結局フッサール哲学のあらゆる次元の見解と関係したが、その異論は超越論的現象学の領域において最も目立った。

シュッツはどちらかといえば大っぴらにフッサールの言説に対して自分の異議を唱えることに気がすすまなかった。もしかしたら厄介な問題に対する満足いく解答が未発表草稿のなかに見つかるかもしれない。彼は長年の間、現象学的哲学の一般的側面から離れ、判断を留保し、その著述のなかでは折々の発言にもっぱら限定してきた。彼はただ友人への手紙のなかで自分の悩みの種である疑念について率直に語った。一九四三年に、フェーゲリンが『危機』研究の最初の二巻を槍玉にあげたとき、シュッツはほとんどの論争点に関して自分の師を擁護する急先鋒となった。しかしこうつけ加えた。「はきり告白しますが、私は自分を超越論的現象学の一擁護者にすることはできません。それが決定的な点で失敗しているのではないかと思うからです」(1943.11.11)。

一九五二年まで、シュッツの基本的な批判的見解は一九三九年までのフッサールの出版物のなかに含まれ、定式化されたフッサールの諸概念に関係していた。一九五二年の『イデーンⅡおよびⅢ』の出版により、フッサールの旧著作物全体に最初の重要な追加がなされた。これがシュッツのフッサールとの基本的な議論の重要な転換点となった。この二冊の本は『イデーン』第二巻の諸部分であったが、これをフッサールはかなり後年になって不満足だとして取りやめてしまった。シュッツにとって、これらの本が彼自身の疑念の裏づけとなった。彼は今やこれらを公開の議論に付することが正当であり、かつ必要であると思った。そして二篇の書評論文でこれを行った。『危機』書の刊行は、一九五四年であったが、彼にとってこれらの努力を続けることの励みとなった。シュッツの超越論的現象学への批判は、三つの主要な側面に関係した。フッサールの超越論的自我論、および超越論的現象学を「超越する」傾向、そして超越論的間主観性の問題である。

『イデーンⅡ』において、フッサールは再び自我の概念を扱った。経験的自我は「現実の心的《サイキック》な私《アイ》」である。肉体に縛られているので、それはまた「世人《アイ・マン》の私」、日常生活の自我である。「純粋自我」へのアクセスは肉体から切り離して自己観察において獲得される。「心的な私」はそれの体験の流れにおいて捉えられる。想像すること、感じること、意欲すること。諸体験と認識の諸様態は変化するが、しかし私は私のあらゆる作用や状態の主体として「一個同一」のものである。この私はその「私の視線《アイレイ》」を諸対象ならびに諸行為に向ける。私の視線が能動的であるとき、「私は」「顕在的」であり、そうでないとき「非顕在的」であって、「隠れた私」となる。自己省察において、自我は自らを直接的作用において把握する。しかし一つの「遠近法《パースペクティブ》の転換」により、「純粋自我は自らを反省の純粋自我として理解し、またそれによって、過去の今から現在の現に流動する今へと持続する存在としてだけでなく自己が知覚される現にある存在としても理解する」、つまり、純粋自我は自らを「それ自身の認識の一つの対象」にするのである（1952: 93-102）。

書評論文においてシュッツは、これらの種々の自我の間の弁別が「至難の技」であり、術語がかなり揺れていること、また「精神の私、個人」が厳密にはこれまで説明されていない、といったことを論評した。彼はこれらの事柄に明快さを得ることができず、これらの自我概念をジェームズやミードによる主我と客我の間の明確な区別と関係づけることが不可能であることを知った。フッサールによる「プシュケーの特徴としての観念の精神的依存性」や「個人的生活の基本的法則」としての動機の導入は、シュッツの混乱をさらに強くした（1953a: 411-12）。

一九五七年に、シュッツはフッサールの自我論について理解を得ようと『デカルト的省察』にとりかかった。フッサールの三つの自我がそこに再び現れた。「そのすべての体験のなかで間断なく構成する私として生きる〈同一の私〉」、「求心化する私から能動的に自己構成する……私の個人的な私《パーソナルアイ》」、そして「十全な具体性における自我、すなわち、その志向的生の多様な流れのなかに、この流れのなかで自分のために構成したあらゆる対象物を含め、どっぷり浸っている自我」である（1957b: 85）。シュッツはもっぱらこれらの三つの自我を評価することなしに特徴づけるにとどめた。ロイヤモン・コロキアムでの討論参加者の一人がシュッツにこの自我理論に対する彼自身の立場の表明を求めた時、シュッツは、この理論が本題からあまりにも遠く外れてしまうという理由で自分はこれを支持できないとの所見を述べた（1957c: CP III: 90）。

フッサールの自我論の再論述、否むしろ、新しい解釈が一九三三年にオイゲン・フィンクによって提出された。『カント研究』におけるフィンクの評論、「現代の批評家たちのなかのエドムント・フッサールの現象学的哲学」は完全に明確にフッサールによって裏打ちされたものである。シュッツの説明によれば、フィンクは、フッサールが現象学的還元を要件とした三つの自我に集中する決心をしていたことを明言した。つまり、「私、疑う余地なくすべての私の内世界的生活を受け入れている人間」を示す「内世界的自我」、続いて「世界が普遍的統覚において前もって与えられ、世界が当たり前として受け取られる」超越論的自我、そして「エポケーを遂行している公平な観察者」である。第一の自我は、ことによると、初期の経験的自我を継承するものであり、多分、世人の私である。第二の自我は純粋自我である。第三の自我はフッサールによる自我論、舞台上の新参者、エポケーを遂行する公平な観察者である。この新参者の自我との関係は次のようであった。「世界を当然のことと思っている超越論的自我は世界の存在信仰を決して中断しない、またしたがって自己統覚である〝人間《マン》〟を承認し続ける。他方、超越論的理論的観察者は内世界的措定作用を一切行使しない……彼の主題野は実定的な現行の機能性のなかの〝世界〟という超越論的意味である」。シュッツにとって、この「超越論的理論的観察者」は「誰が今や第二のエポケー、――このエポケーによって〝正当に〟自我に属する根源領域が入手される――を遂行することができるのか」という新しい問題を創り出したに過ぎない。シュッツの想定では、この第二のエポケーの遂行者はフッサールが『デカルト的省察』のなかで語っている「私、省察する解釈者」と多分同じであるということであった（1957b: 88）。これは、フィンクの超越論的観察者がフッサールの初期作品のなかにすでに予示されていたことを示すものであるが、シュッツの数々の論評は、厄介事はこれによって除去されなかったことを証明したのである。反対に、「省察し解釈する私」が世界ならびに他者の超越論的統覚に連結されたのであるから、厄介事は逆に増えてしまった。

シュッツはこれらの難題が解決されたかどうかを確かめようとはしなかった。彼はフッサールの自我論理（Egology）それ自体のために調べたのではなく、間主観性という彼の中心にある関心のために調べたのであった。そしてまさしく超越論的間主観性の理論のなかに、超越論的自我の理論の修正によっては修正されえない、と彼が確信した、さまざまな不一致をシュッツは見たのである。

シュッツにとって、フッサール哲学の強みは、観念論的哲学者たちの形而上学的主観主義からはっきりした距離をとることで得られ維持される、その徹底した現象心理学的主観主義にあった。この理由からシュッツには不安と動揺が起こったのである、フッサールが、明らかにフィンクの主張をもとにして、現象学は本来一つの方法であるという見解を捨てることに賛成し、代わりに、それを観念論的哲学と呼んだときのことである。危険は、もちろん、そのレッテルにあったのではない、つまり、危険はフッサールの諸著述のなかのたまに見られる見解や時としてちょくちょく見られる見解のなかに姿を見せたのである。

フッサールは時折集団、社会、等のような諸構成概念の常識的ないし伝統的社会学的な実体化のやり方で社会的集合体のありふれた諸概念を無批判に口にした。このような不用意な間違いはフッサールの真摯な研究に何の影響も及ぼさない限り、些細な欠点として見過ごされうるものであった。しかし、そのような考えがフッサールの論拠の本流に入り込んだとき、それは別問題であった。

シュッツは、「ただ残念なことに社会の具体的な諸学問について知らないことが、その他の点ではフッサールの誠実さは模範的であったのに、彼が無審査の日常生活の考え方や社会諸科学の諸構成物を構成の現象学的諸分析に持ち出すことにつながった」ということに気づいた。彼がそうしてしまったのは、対人コミュニケーションから「より高次の人的諸統一体の構成」、すなわち、それらのもっと広い背景のなかのあらゆる種類の社会的結社へと進むときであった。フッサールは最大規模の歴史・文化・社会の諸布置連関をあたかもそれらが純粋な主体であるかのように言及した。そこから、彼はさらに「その周囲の世界にもはや諸主体が含まれない全包括的共同態」に進んだ。彼はこれを精神の共同態と名づけた。すなわち「精神にとって一つの世界として重要な一つの諸対象の世界に直面すること」である。シュッツの指摘したことは、フッサールの社会的諸個体の一つの層から別の層への任意の移り変りとともに、彼の基本概念の意味が極端に変化することであった。その「より高い次元」では、「世人《マン》」「コミュニケーション」「周囲世界」そして「主観性」のような用語は、その最初の現象学的意味合いを失い、いわば「不適切な言葉遣いの極端な比喩的用法」(1957b: 98) に相当する、是認し難いさまざまの新たな言外の意味を手に入れたのである。

フッサールの「より高い次元」には二種類のものがあった。通常の社会学的変種である社会的集合体とドイツ浪漫派の哲学思想家たちによって奨励された普遍精神。これらの諸見解、ヘーゲルまたはデュルケームから発したものであろうと、あるいはその他の典拠から発したものであろうと、シュッツはこれらをジンメルやウェーバーのアプローチと付き合わせた。ジンメルとウェーバーは「社会的集合体を諸個人の社会的相互行為に還元すること」を企てたのであり、またしたがって、社会の問題についてのフッサールの言説よりもはるかに現象学の精神に近かった（1953a: 412-13）。

フッサールの社会的集合体の領域における主観性の哲学的観念論的超越は、その社会学に対する密接な関わり合いのゆえにシュッツの関心事であった。同じ種類の普遍「精神の共同態」のための超越、フッサールの「より高い次元」のなかの最高の次元、これも哲学的理由から彼の関心を引いた。それはシュッツが少なくとも十年前にフッサールの超越論的思想のなかに見出した一つの傾向と結びついた。一九四三年、フェーゲリン宛のある手紙のなかで、彼は「超越論的自我による世界の構成というフッサールの構想の裂け目」について言及した。この裂け目について彼は詳述しなかったが、その後の言説からこれによってフッサールの超越論的主観性の重大なジレンマを口にしたのだということが明らかになった。超越論的「世界の構成」は予めその存在を間主観性のうちに想定するが、しかし間主観性は、定義および方法により、究極的孤独のなかの超越論的自我のために存在するのではない。フェーゲリン宛の手紙のなかで、フッサールの超越論的自我による世界の構成という構想の取り組みのうちに浮び上がる傾向をシュッツは次のように要約した。それは「神に変じた自我によって世界の創造とともに終わりとなるように体験世界を構成することとともに始める」（1943.11.11）と。

この驚くべき傾向はシュッツの一つの重大な関心であり続けた。それから九年が経って、グルヴィッチに宛てた手紙のなかで、フッサールの超越論的論議の最初の意図とその思弁的拡がりとの間のコントラストについてシュッツは以下のように論評した。フッサールは「超越論的構成の方法」を「熱心すぎるほど」に用いた。彼は、結果として、彼の哲学的論議の本来の諸基盤との調整がつかない主観性と間主観性の理論を抱え込んでいる自分の姿に気づいた。超越論的主観性と超越論的自我の諸主題を常に新しく推敲してその不一致を継続して克服しようとするフッサールの努力は、結局「超越論的現象学を救助しようとする絶望的な試み」（1952.10.12）であったと、シュッツは確信したのだった。

シュッツは、フッサールの超越論的現象学の難問が二つの源泉に由来することに確信をもった。議論したように、相容れない観念論的拡大の場合は、難問が自らに課した矛盾から生じたのである。間主観性の場合には――今のところ論議していないが――難問は内臓されたジレンマの現れであった。シュッツの思いは、フッサールによる種々の救出の努力が、それとして認識されることはなかったが、最初の誤った構成の悪化をもたらしただけだったということであった。シュッツ自身はフッサールの超越論的現象学の一般的枠組みの内部において、彼の考える超越論的領域における誤謬あるいは失敗の望ましくないか予想しない結果を訂正することには関心がなかった。むしろ、彼はますますそれとは異なる種類の解決のほうに傾いていった。フッサールの超越論的現象学の本体のうち、その最初の定義によってそこに属さなかったもの、あるいはその固有の規準によって持ちこたえられないことが判明したものを切り離し取り除くことである。

フッサール哲学の基本的側面を捨てなければならないと思うと、シュッツを悲しくてたまらなくなった。『イデーン』ⅠとⅡを研究した後、彼は私にその失望についてただ哲学的絶望としか名づけようのない声の調子で語った。数年後、ロワヤモン報告論文の準備期間中に、スピーゲルバーグは彼をニューヨークに訪問した。公園を散歩していると、シュッツは突然立ちどまって、彼の訪問者に言った。『スピーゲルバーグ君、知ってもらわねばならん。ぼくはどうにもならん。ぼくは超越論的哲学には同行できないんだ。ぼくは内世界的な現象学をやるしかない』（筆者への手紙、1976.1.5）。

シュッツは、そのとき、フッサールの諸理論の相当の部分を彼の哲学の本体から切断することを決意したのだった。一人の青年外科医の熱意によってというよりも、やむにやまれぬ議論に負けて、その父親の一連の手術に同意する息子の辛い心によって。

超越論的間主観性

問題

シュッツに賛成して、私は〝間主観性〟を人間たちの間の人間存在として世人《マン》の存在が密接に相互に関係し合う、最も基礎的な諸特徴の複合体を指す現象心理学の一つの用語として特徴づけることにしよう。それはさまざまな潜在能力を意味する。私は他の人たちの人間性を認識できる、私は彼らを〝私の《ミー》ような〟自己《セルフ》として理解することができる。私は彼らの意図、動機、感情を私のものと違わないものとして〝理解〟できる。私は彼らに私のことが〝分かる〟ことを期待できる。私は彼らと一緒に仕事ができ、彼らと合意することができ、一緒に生活し、興味、目的、考えなどをともに分かち合うことができる。これらの潜在能力は人間たちの間のそれぞれの出会いごとにテストに付される。認識能力は人間認識の失敗を招くことでもある。理解は誤解に変ずることでもある。また協力は不一致や争いに取って代わることでもある。間主観性の積極的肯定的機能を期待することは、具体的諸事例では、それが機能不全になる可能性を含んでいる。後者は間主観性の不在を表示するのではなく、むしろ正反対の、ある積極的肯定的機能の代わりに、ある消極的否定的機能を表示するのである。

日常生活では、間主観的期待にひどく当てがはずれるということがない限り、間主観性は当然のことであると思われている。これらの期待が当てにできないとなれば、関係の諸個人に一つの現実的問題が生じる。哲学的には、それは一個の理論問題であり、所与の具体的諸事例にあって間主観性が働くか、働かないかとは無関係である。哲学的間主観性の問題は間主観性が全くの所与だということである。いかにして間主観性は可能であるのか。

間主観性は、生活世界の一個の現象として、「内世界的間主観性」である。『イデーンⅠ』において、フッサールは自然的立場を議論しながら、間主観性について語っている。諸個人の「体験の諸世界」はそれぞれ区別されるが、「現下の経験的諸連関をとおして」結ばれ、「単一の間主観的世界」となっていると言ってよい。しかしフッサールは経験的諸現象の記述を目指さずに、むしろ形相的超越論的本質の立証を目指した。だがそれに伴う諸還元によっては、直接体験の諸対象は消滅しない。それらの対象は、現実の現下の体験ばかりでなく、志向性によって可能なすべての体験をも含む諸々の超越論的意味によって伝えられる。したがって「構成された」諸対象の領域は、高次の客観性としてその姿を現す「諸々の間主観的共同態」を含めて、「対象の諸領域」すべてを含んでいる。ここでの問題は相互行為による理解という間主観性の問題ではなく、孤独な意識における、諸対象の構成、他者の構成、他者たちの共同態の構成の問題である。『イデーンⅠ』では、間主観性は間主観性それ自体の問題として存在するのではなく、むしろあらゆる種類の「対象」構成の問題の一部としてもっぱら存在するだけである。構成作用は「一個の本質的に可能な個人的意識」の一機能である。それは、ただ第二次的派生的にのみ、「個人意識の可能的な複数の中心」に連結されうるのである（1913: secs.29, 48, 152, 135）。

これらは、やがてフッサールの「超越論的間主観性の問題」となるもの、すなわち、超越論的主観性からの他者意識の構成問題の兆しとなる。この問題は『イデーンⅡ』のなかで解決される予定であった。しかしフッサールはⅡの執筆中に予期しない困難に出くわした。長年の後、彼は未完成のままそれを脇においた。一九三四年には、彼はシュッツに「自分は当時間主観性の問題に十分な解決を見出すことができなかったから」そうしたのだと語った（1953a: 395）。

「超越論的間主観性の問題」は一九二九年の『形式的論理学と超越論的論理学』（第六章）に再び現れたが、その最も広範囲にわたる論述を見出すのは『第五デカルト的省察』においてである。フッサールがシュッツに語ったように、今やこの問題に対する回答を見出したことを彼は確信したのだった（1953a: 395-96）。当然のことであるが、『危機』書におけるフッサールの超越論哲学の全体の出発点の再定式化は、超越論的間主観性に新たなパースペクティブ（見方）をもたらすものではあった。しかし一九五四年に出版した諸編は話題そのものの体系立った論述を含んでいない。

『意味構成』において、シュッツは、フッサールが「孤独な自我の意識における他我の構成という現実の問題を避けている」ことを宣言したのだった。しかし、『デカルト的省察』に言及しながら、彼はフッサールがこの問題の「解決のための決定的な出発点をすでに提供した」ことを確信していた（1932: 102, n.2）。後に彼はこの確信を失った。彼はフッサールの「超越論的間主観性の問題」をもはや「間主観性の一問題」として考えなくなりはじめた。むしろこの「問題」の組み立てと前提が疑わしいのであった。「問題」自体が問題になってしまったのである。

一九五七年に、自分は二十五年間フッサールの間主観性の理論に取り組んできた、とシュッツは語った（1957c: 87）。最初、彼の関心は建設的かつ批判的であった。フッサールはまだ回答を与えていなかったが、それを準備中であった、と。フッサールの死後、この希望の維持はもはや不可能になった。シュッツは問題を自分で取り上げる必要を感じた。すでに一九四〇年に、彼は「第五デカルト的省察の一批判」を内容とする論説を書く意向を表明した（ファーバー宛の手紙、1940.6.12）。

この構想を一定の形式で実際に実行するに先立ってシュッツは長い時間をかけているはずである。しかし彼は、そのアメリカ時代の出版物の四分の一——最初の論文（1940a）に始まり、彼の亡くなる年に刊行された、最後の論文（1959c）で終わる——においてフッサールの超越論的間主観性の理論についての疑問や批判を述べている。

問題の十八篇の論文のうち、四篇がフッサールの間主観性の問題を扱っている主要な試みである。最初の二篇はシェーラーがその問題（1942）を論じた方法およびサルトルが与えようと試みた解答（1948）についての諸研究から出発したものである。そこから、シュッツはフッサールに向かった。その他の二篇の論文では、この本筋から無関係なアプローチがフッサールとの直接対決に取って代わる。以前に示したように、この戦略の変更は『イデーン』ⅡとⅢの刊行によって引き起こされた。この戦略の変更の最初の表現は、適切な形で、『イデーンⅡ』に関するシュッツの論文のなかに見出される。一九五七年に、シュッツは、彼がロワヤモンで開始した正面攻撃の形式で、彼の最後の手を打った。

超越論的間主観性――批評の歩み

アメリカ時代のまさに最初の論文「現象学と社会科学」において、シュッツはフッサールの間主観性の概念を勇気ある哲学の一歩として紹介した。他者体験の問題は、フッサールの美しい表現を用いるならば、独我論あるいは心理主義や相対主義の幽霊がそこに出没するので、もっぱら哲学の子どもたちによって恐れられている、暗い片隅である必要はない。真の哲学者は……この片隅を明るみに照らし出さねばならない。シュッツは『デカルト的省察』におけるフッサールによるその問題の取り扱いについて主要な特徴を論評することでこれを行った。論評は綿密に事実に基づいていたが、しかしそれは問題への現象学的アプローチの決定的な論点を強調したものであった。「……超越論的間主観性は純粋に客我、すなわち省察する自我のなかに存在する。それは私の志向性の源泉から純粋に構成されるが、しかしそれは（もっぱら異なる主観的な現われの諸様相において）みな一人一人の人間の志向的体験における同一の超越論的間主観性である」という仕方で構成されるのである（1940a: 170, 172）。したがって、問題は、こうであった。「いかにしてこの同一性は超越論的構成現象学によって論証され得るか」。はっきりとこの問題を提示したわけではないが、シュッツはその回答の自分自身が追求する領域をはっきりさせ始めた。彼は、現象学は曖昧な言葉でなく、「生活世界における人間の哲学である……」ことを主張すると書いた。フッサールがこのような論述にこれまで同意していたかどうかは疑わしい。これを書き下した時点でその本来の急進性をシュッツが認識していたということはありそうにない。もっと後の論評のなかで彼は、生活世界が「超越論的現象学の意味基盤」であること、そして後者（生活世界）が現象学的還元によってこの基盤から自らを切り離した後、「世界」を構成し、また世界とともに間主観性を構成するという主張から生れる特有の弁証法（私［＝筆者］の用語）を詳述した。主要な力点は生活世界的基盤にあり、超越論的自我の構成作用にはないことを彼は疑わなかった。この精神で彼は生活世界の境遇内部における間主観性の立ち入った推敲に向かって動き、自分が「フッサールの着想の筋道から彼自身の著述には見られないいくつかの根本的な結論を引き出しつつある……」ことを明らかにしている（1940a: 166, 167, 180）。ここでは、従来無視されていた研究の一領域の開拓のようにみえたものが、実際にはフッサールの間主観性理論の全領域における一つの裂け目のしるしであった。

一九四二年に、シュッツがシェーラーの間主観性への接近方法を吟味して得た結論は、こうであった。「他我の存在という信念」が理論的認識の諸活動に投錨されているのではない。「本質的に社会的諸感情」が任意の個人の意識における「常に存在する要素としての社会」の認識を充足するのである。最初から個人は「その個人領域においてよりも、むしろ他の人びとの諸体験の〝なか〟で……生活しているのである」。ここでシェーラーはミードの自我発生の理論に同意し、フッサールを否定する。同じくシェーラーは、他の個人を含む、「あらゆる私たちの外部と内部の知覚の諸内容に対する優れた選択者兼分析者である身体の役割」というフッサールの考えを拒否した。代わりに、シェーラーは「他我の知覚理論」を提言した。他者の「知覚」は「外部体験と内部体験の諸対象に分割されない一つの総体」であるという主張である（1942: 328-34）。

シェーラーの提言は間主観性という総合問題については種々の次元で論じなければならないという原則であった。シュッツは賛成したが、シェーラーが自分自身の理論の一貫性を壊してしまっていると思った。形而上学次元で、シェーラーは超越論問題の解決を図れなくなるような「超個人的意識の観念」を要請したからである（1942: 335-36）。シェーラーの経験心理学次元の理論を受け入れながら、シュッツはその形而上学的回答を断った。こうして彼はフッサールに立ち帰ることの必要を思ったのである。

『デカルト的省察』の検討の際、彼は一九四〇年の解釈し説明するスタイルから批判し吟味するスタイルへと方針を移した。フッサールは諸々の回答を提供していたが、あいにく、目下の厄介事を取り除くものではなかった。彼はまず、「他者たちの主観性に関する……あらゆる構成的諸作用」を超越論的還元の方法で除去する方向に進んだ。そうすることで彼は「最も基本的な意味での私的世界」を築き上げた。これを済ましてしまうと、彼は以下のアナロジーによって他我の認識が得られると考えられる「受動的総合」や「対化」を呼び起こしながら、超越論的自我の独我論的孤立の状態から外に向かって手を伸ばさざるを得なくなった。他者の身体は私の身体に等しい、他者の身振りによる動作はちょうど私の身振りが私の心の生活を表現するのと同じ意味で他者の心の生活の表現である、といったアナロジーである。この考え方の難点は以下の点にある。⑴超越論的還元作用において他者が完全に消え去ることの理解は困難である。⑵受動的総合とその付加物（対化や感情移入）は「シェーラーによってこれまで大変厳しく批判された」誤謬を表示している。⑶超越論的意識の閉じた流動という概念と、この同じ流動が「超越論的還元の内部において、〝見た目〟には、その内実をそっくりそのままを保持しながら、志向的に私の生活世界に関わっている」という仮定との間には矛盾がある。フッサールの超越論的自我をライプニッツの窓のないモナドと比較しながら、シュッツは次のように書いた。「フッサールにおける超越論的自我は本質的にラテン語文法学者が“singular tantum”と呼んでいるもの、すなわち、複数形では言い表されえない語彙ではないのかどうか、真面目に問うてみなければならない」（1942: 336, 337）。

この最後の論述の意味合いは痛烈である。シュッツの最初のシェーラー論文ではこれらのことを考慮しなかった。しかし彼は一年後、フェーゲリン宛に、フッサールの超越論的現象学が「超越論的独我論から脱出することに成功しなかった」（1943.11.11）ことを確信していると書いた。

一九四八年に、シュッツは「サルトルの他我理論」について論じた。彼の批判の要点は、本書第十三章における「自我理論《エゴロジー》問題」の一節に見出される。私はここではただ次の点だけ付け加えておこう。シュッツはド・ヴェーレンによるサルトルの他我理論の特徴づけを「もっぱら自分らの役割を変えてもよい主人と侍者の間の関係というヘーゲル弁証法の純化」として受け入れたということを。一者が常に他者の対象であるという人間関係は不可能である。この考え方の誤謬をいくらか詳しく議論しながら、シュッツはこうしたことは生活世界における人間たちの日常体験に当てはめてみると完全に崩れてしまうと結論づけた（1948: 198-201）。

彼の見方から、サルトルはヘーゲル、ハイデガー、およびフッサールの他者理論の批判を試みた。後者の他者理論に関して、彼は以下の点を強調した。フッサールの超越論的主体が他の諸主体に関係し得るのはもっぱら「意味としてであって、その世界を超えて実際に存在している人間たち《ビーイングス》としてではない」。他者は、したがって、「ただ私の空虚な諸志向性の客体であるにすぎない」。他者は主体として定立される（1948: 184）。――認知的構成の離れ業であり、間主観性ではない。シュッツは、超越論的現象学においては、他者が超越論的諸主体の間の関係の一部としてのみ生起しうるということには同意した。しかしながら「そのような説明はフッサールの刊行された諸著作には見られない」。「世界の構成の源泉としての例の超越論的自我の観念と複数の共存する超越論的諸主体の観念とを調和させる」ことは……現象学の最も困難な問題の一つであり——おそらく解決不可の問題である」。フッサールが「いかにして他者は構成されるか」を説明するかぎり、彼は他者を「内世界的心理学的統一体」として取り上げている。第五『デカルト的省察』の超越論的間主観性の「証明」は内世界領域における間主観性の可能性の論証にあった（1948: 192-94）。サルトルのフッサール批判は正当化された。しかし、シェーラーと同様に、サルトル自身は実行可能な間主観性理論を提案できなかった——仮に提案があったとしても。

一九五二年の『イデーンⅡ』の出版は、シュッツにとってフッサールの最初の超越論的間主観性問題の解決という重大な試みに向きあう機会となった。彼はその著書の歴史と事情を詳述することから出発した。フッサールが『イデーンⅡ』に従事した十五年の間、構成の問題は彼の現象学の主要問題となりまさに課題となった。一つの帰結として「超越論的現象学のほとんどすべての基礎概念が根本的な変化を被った」。ある程度、『イデーンⅡ』として集められ構成された諸草稿は、フッサールの「この奮闘を映し出している」、そしてまた「時折三つないし四つの異なる矛盾した試論が一つの特殊問題の解決のためになされる。そしてフッサールのさまざまな欄外の注が……明らかにするように、現に刊行された本文の大部分が草稿の最後の状態では著者によって拒絶されたのである」（1953a: 395-96）。

シュッツはテキストに対して二つの主要な反対意見を提出した。

(1)「諸個人の結社 Association における個人」の一節において、フッサールは人間がそのなかで社会的に生活する「普通のコミュニケーション環境」について語っていた——シュッツが気に入って、自前のものにした表現である。フッサールは社会性が「すぐれて社会的な、意思疎通的《コミュニケーティブ》行為によって構成される」と主張した。この直接の意思疎通的環境——社会学の用語では、相互行為の環境《セッティング》——から、フッサールは大規模な社会集合体に向かった。「意思疎通の観念は、明らかに単一の人格主体から諸々の社会的主体に、より高い段階の人格的統一体を表す諸々の結社《アソシエーション》に、その範囲が広がる」と彼は述べた(1952b: 193-94、196)。すでに指摘したように、この社会的集合体の定義はシュッツには受入れ難かった。彼は間主観性の伝達理論自体も受け入れなかった。フッサールは、単純に伝達を当然のこととみなし、伝達的環境を相互理解および伝達による相互理解によって説明したのである(1953a: 412)。

(2)フッサールは他者認識における感情移入の役割を力説した。他の人が私には生気に満ちた身体として、私が「私の身体」として構成してきたのと同じような一つの対象として与えられる。私は私の身体のなかに感覚的諸体験の諸領野を「定め」、それらの体験領野を他人の知覚される身体上に転移する。最後に、「私の身体による所作の心的内面性が転移される」、つまり「その見える身体には私の身体に等しい一つの心的生命が宿っている」(1952a: 164-67)。感情移入は「他我認識の源泉」であるという考えを『意味構成』(1932: 126-127)のなかですでに否認していたので、シュッツはただちに三つの問題を提出した。(a)私の身体は〝内部から〟体験され、他方その「同じタイプ」の諸対象が「〝外部から〟体験される」とき、私は「私の独我論的環境において」「私の身体のタイプ」の諸対象を考えることができるのか。(b)「私たちはサルトルとともに〝私のための身体〟(対自身体)と〝他者のための身体〟(対他身体)とを区別する必要はないのか」。(c)「私たちはマックス・シェーラーとともに〝諸感覚の位置〟は生命力の領域に属する……また、したがって、感情移入によって転移されえないという必要はないのか」(1953a: 412)。

間主観性問題を解こうとするフッサールの最初の試みに対する拒絶はこのようであった。フッサールの最後の著作、『危機』書が一九五四年に現れたとき、シュッツはその後のすべての試みの失敗を公言した。ナタンソン宛のある手紙で、彼はこう書いた。自分の「主要命題」は再び肯定されてしまっています。つまり、本書は、再度、「超越論的還元の内部で間主観性の理論に到達することの不可能性」を明らかにしたのです（1954.7.25）。いまや、この定立を包括的な仕方で論証するための包括的な試みの道は開かれたのである。

フッサールの間主観性の理論へのシュッツによる厳しい批判は、関連諸著作の全面的拒絶を意味しない。フッサールが身体と身体表現、諸個人の社会空間的並置関係、諸個人の〝ここ〟と〝そこ〟の互換性、普通のコミュニケーション環境についてこれまで執筆してきた多くのことをシュッツは受け入れた。グルヴィッチ宛の手紙のなかで、彼は『イデーンⅡ』を「大変刺激的な」読みものとみなしている。「フッサールによって述べられている多くの事柄は私の過去の著述のなかで予想されていたことでした」（1952.4.25）。同じように、『危機』書は裏づけを含んでいた。前に述べたナタンソン宛の手紙のなかで、シュッツは「かなり感激して私はフッサールの遺稿のなかに私の主要命題の強力な裏づけがあるのを見つけました……特に彼の生活世界の理論ですが、今やかなり大規模に展開されて、全く不思議にも、私の論文で行ったいくつかの表現とかなり一致するものが含まれています」（1954.7.25）と書いてもいる。この論文、「シンボル、現実、および社会」は執筆中であった。したがって、シュッツがそのなかで『デカルト的省察』と『イデーンⅡ』の両方から抜粋した種々の概念によって「他者のさまざまな心についての私たちの知識」を説明しているのを読んでも何ら吃驚することではないことになる（1955b: 315ff.）。

手厳しい批評家としてですら、シュッツは変わらないフッサール学徒であった。

超越論的間主観性——最後の取り組み

シュッツは、一九五七年三月、パリに近いロワヤモンの修道院で開かれたフッサール・コロキアムにおいて論文を読むように招待された。彼はこの機会に現象学者の国際フォーラムの前でフッサールの間主観性理論の失敗をめぐる彼の関心を示せると思った。論文「フッサールにおける超越論的間主観性の問題」は五つの週末期間中に執筆された。シュッツはそれをグルヴィッチ宛に「ある個人的時代の終焉」として知らせた。「今や、生活世界の肥沃な深みへ静かに移動するための道が開かれています」（1957.3.22）と。

シュッツはフッサールの間主観性の取り扱いに見られるあらゆる主要な歩みを、『イデーンⅠ』から『危機』書まで、入念に調べた。[1] 部分的に、シュッツは以前の解説の立場を引き継いだ。しかし彼の『第五デカルト省察』の取り扱いは以前に書かれたどの説明にも優るものであったし、『危機』書の考察は新しかった。

『デカルト的省察』を論じるにあたって、シュッツは本書に含まれている多元的自我の理論に現れる持続の問題を一歩一歩吟味することに集中した。すなわち、「みんな（everybody）の世界としての世界の客観性、および他者たちの存在」の確定、「私自身の意識生活の諸志向性から」間主観性が由来すること（1957b: 55-57）。

次にシュッツは『危機』書のなかでフッサールが示したもっと高次の還元についても詳しく調べた。それらは統一された孤独な自我に通じる還元、そして「基本的領域内部における他者の我《アイ》（他我）の構成」に終わる還元であった。両方のなかに、彼は多くの重大な困難を見出した。超越論的自我への還元は、なにか説明されない「厳密には自我の一部ではない」ものの「前構成的基層」次第であり、また説明のなかで揺れ動き、どのように他者たちがその還元以前に自我と関係するのかについての何の手がかりも提供していない。還元は複数の客我（Us）および複数の主我（We）へのいかなる参照も認めないというフッサールの主張は、エポケー後の他者たちについての全体験の過去把持という前提と両立しないのだ。「厳密には我々の自我の一部ではない」ものの体験は日常生活における間主観的体験であり、また還元された領域において保持されるのであるから、非自我現象は他の自我たちの承認なしに還元後も保持されると想定することは支持されえない。最後まで、シュッツは、フッサールの超越論的自我とその哲学的観察者の二つのうちのいずれがエポケーを行うのかを確認できなかった。フッサールは一方と他方の間を揺れ動いた（1957b: 61-67）。

「他者の構成」への還元は類比と付帯現前に基礎づけられた「転移」理論から生じた。シュッツは「他者の生体」と「〃厳密に〃私の客我の一部であるもの」との間の前提的一致が解決できないジレンマを引き起こすことに気づいた。またもやそれはエポケーによって括弧に括られた基層における諸現象の承認を前提している（1957b: 65-67）。シュッツは何度も念を押した。他者の身体を統覚しているとき、彼の自己を付帯現前することによって他者を構成することは不可能である、と。「客観的自然の構成」は類似の仕方で生ずるというフッサールの主張すら成り立たない。これも、また、われわれ関係と伝達とを予断している（1957b: 67-69）。フッサールが間主観性を確証する一方法として示したものは、すでに間主観性を予断していたのである。

最後に、シュッツの示したことは、超越論的自我と超越論的他者の間に関するさまざまな追加的説明が、『危機』書のなかで、初期フッサールの立論の諸難点をさらに倍加したということであった。「問題の核心に触れた」折に、彼は「主要難点についての部分的カタログ」を作成した。

(1)超越論的還元においては、「いかなる超越論的共同態、いかなる超越論的我々も絶対に構成されない」。それぞれの超越論的自我は世界とすべての他の諸主体を構成する、しかしそれは〃ただ彼自身のために〃である。(2)「複数の超越論的自我」という表現は疑問に付されねばならない。超越論的自我は「もっぱら単数形で考えられる」。超越論的コミュニティの主張は問題である。刊行された諸文書のなかでフッサールはこれを全然説明していない。(3)「超越論的間主観性の構成」は「私、省察する哲学者」によって行われる。この者は、超越論的還元の後、「ある独特の哲学的孤独」において存在するが、しかし同じく他者たちとの共同態において超越論的エポケーを行うとも述べられている。いかにしてこのようなことが可能であるか。(4)「社会的諸共同態が高次の諸人格に対応するという全く支持し得ない理論を詳細に反論すること」は必要ない。「私にとっても同様に他の人たちにとっても他の人たちである一連の他の人たちとの直接的な交流」についてフッサールが書いたものは、「生活世界についてのきわめて有益な最高の記述」であるが、どこにも「超越論的領域における同僚の主観性の相補的構成」の説明がない(1957b: 75-81)。

シュッツは、フッサールの間主観性理論をめぐる自分の批判的評価が適切であることを確信した。しかし彼はロイヤモンの研究課題に不安を覚えながら取りかかった。聴衆の学識ある現象学者たちやフッサールの著名な研究者たちは超越論的現象学の重要部分の論駁を構想した論文に対してどのように反応するだろうか。驚いたことには、参会者からは何の反論もあがらなかった。ローマン・インガルテンは「私はフッサールについてのその批判的考え方を含めて、講演者の述べられた基本点」を承認する、とはっきりと言い切った。フッサールの構成現象学の共同主唱者オイゲン・フィンクは、本論文との「あまりも大きすぎる一致」によって自分は不利な立場にあると述べて話を始めた。フィンクはシュッツによる正式の回答要求に返答して、自分はシュッツと完全に一致すると述べた。フィンクは、シュッツの議論をさらに展開しながら、間主観性の問題を論ずるために『デカルト的省察』後に書かれた、フッサールのもう一つの試みの存在を指摘した。その試みはシュッツの言及する難点のいくつかに気づいていることを示したが、しかし「ある原初の客我、すなわち、初発の主観性と他のモナドたちの超越論的主観性の間の区別に先行するある原初の主観性という奇妙な着想」につながった。フッサールは、信念と本質の区別という仕方によって後になって自らを複数化し構造化する、一元的な始原的超越論的生命というものを想定したのである。これらの未刊行の草稿の観点から見ると、シュッツによって指摘された難点は異なる様相を帯びてくる。だが、フィンクはつけ加えた、「現にある難点がそれによって増し加わるに過ぎない」（シュッツ、1957c: 86）。

シュッツは、インガルテンとフィンクがフッサールの間主観の理論をめぐる彼の批判に添えてくれた支援に大いに慰められた。そしてカントの言葉で「フッサールは先験的方法の非正当的使用を行った」と、この理論の失敗とフッサール哲学全部の失敗とを同一視する一人の討論の話し手による攻撃を彼は撥ねつけた。その討論者が、それによって、超越論的自我の実のある概念の可能性を支持したいと思っているのかどうかという質問を不問にしたまま、シュッツは、何よりも、現象学的分析はこれまで「形相的諸本質」の問題であったことを強調した。

したがって、このときはまだシュッツは形相的現象学を支持し続けているように見えた。形相的現象学は、概して、彼の操作領域であり、またフッサールへの彼の信頼の頼みの綱でもあったからである。しかし、ロワヤモン・コロキアムにおいて、彼はフッサールの形相的現象学の批判的再評価をすぐさま迫る証拠をつき付けられたのである

形相論（本質直観論）——批評と拡大

操作用語と類型性

一言でいえば、形相論（eidetics）は意識の諸現象の本質的な形式と構造の研究である。形相論はこれまで志向的対象、ノエマの把握とそれを把握する過程（志向作用、ノエシス）とに分極化されてきた。

シュッツはフッサールがこれまでこの領域で提案してきた一切に甘んじることはなかった。彼は種々の細かい記述を批判し、これらの訂正に努めた。彼のさらに深い関心が呼び起こされたのは、フッサールの「知覚をあらゆる体験の原型とみなす傾向」であった。これは、シュッツにとって、あまりにも狭すぎる基本線であった。しかし、何よりも、フッサールは知覚を生活世界の一現象とみなさなかった。彼はただ後者の構成に至る、付帯現前的構造を想定したのである（グルヴィッチへの手紙、1952.12.4および1954.10.13）。これらは克服され得る不備な点であった。基本線は拡大され得るし、また生活世界の付帯現前的諸構造も解決され得るであろう、と。しかしながら、シュッツはフッサールの現象学における操作概念に関するフィンクの論文——ロワヤモンで朗読され二年後に出版された——を傾聴した後、これがフッサールの形相論の概念装置によって解決され得るというふうに彼にはもはや想定できなくなった。フィンクの批判的洞察は後者に深く切り込んでいた。シュッツはこの論文を素晴らしいと考え、後にそれを次のように記した。

フィンクは哲学者たちの著作における「主題」の概念と「操作」の概念の間に区別を設けた。つまり、「根本概念の定着と保存」を目指す場合、諸概念は主題的ということである。これに対して、操作概念は「曖昧な意味で主題を形成する諸道具として用いられる。操作概念は思想の諸モデルであり……対象化による固定には至らず、ただ不透明で、主題としては不適切なものにとどまる」。驚いたことに、フィンクはその徹底した研究調査から、フッサールが「現象」、「構成」、「能作」、「エポケー」、そして「超越論的論理学」のような重要な諸概念を操作的に用いていたと結論づけたのである。「これらの概念は主題がはっきり説明されず、あるいはせいぜい操作的に仄めかされるだけであって、しかも、更なる分析に通じかつそれを必要とする問題群の単なる見出しにすぎない」（1959b: 147）。

どの哲学者もその主題の概念的定義づけを手にするためには未定義の語彙を用いなければならない

ということは明らかである。しかしながら、そのような操作的語彙は「道具」ではない、つまり、道具は多くの目的をもつが、それらの目的は正確に定義されている。しかし操作的語彙がその目的に資するのは、なにも定義されていない語彙だからである。面倒が生ずるのはその哲学者がこの操作主義に気づかないでいて、しかも彼の読者たちにもそのことを気づかせない場合である。フッサールは、見たところ、彼のいくつかの語彙の操作的性質を説明しなかったし、またこれらの語彙を主題の諸概念であるかのごとくに用いる傾向があった。同様に彼はたびたび確認済みの発見と将来の発見に期待するものとの間を区別することに失敗したから、彼の諸作品について正しく理解するための困難をいっそう酷いものにしたのである。フィンクはこれらの理解を困難にしている決定的理由の一つを正確に指摘するのに長い時間を要した。フィンクの調査はフッサールの出版物における多数の混乱した矛盾の解明の鍵をシュッツに与えた。それらはほとんどが、類型化（象徴化）と理念化――志向的諸体験の諸領域から生ずる現象学的一般化の二つの形式――に関係していた。シュッツは自らの生前最後の論文の一つを手元の重大な係争問題に当てて、フィンクの操作的語彙のリストにたくさんの項目を付け足した。

シュッツはこれらの問題をグルヴィッチ宛の長い手紙のなかに爆発させる前に長い間じっくり考えていた。その手紙において、フッサールの形相現象学の全体的基盤について彼の疑問の要点を述べた（1958.7.21）。グルヴィッチによるごく新しい論文でシュッツの志向性理論に関する「これまでの」疑問はいっそう強まった。志向性の理論はフッサールによって展開されはしたが、客観的世界の構成には決して至らないだろう。志向性の理論は現在の世界を生活世界の疑問の余地なく与えられている基盤としてただ前提するにすぎない。このことは、フッサールの間主観性の理論の失敗が無視されるとしても、然りである。何よりも欠けているのは、現象学的存在論の全面展開である。

次にシュッツは思惟作用の〝対象〟であるノエマというフッサールの概念に［疑いを］向けた。ある特殊なノエマがある対象の意味を表す限り、それは多くの意識体験の諸々の沈殿に由来する。ところで、シュッツは問うのだった。私はその多くの意識諸作用の〝厳密な同一性〟を表している特定ノエマ——このノエマはこれらの意識諸作用からある偶発的なまとまりとして生じる——に気づいていると、私は本当に主張できるだろうか、と。後者は多くの変異と常に異なるパースペクティブ（視点）から——そのなかで〝それ〟は多くの個別的な意識作用において私に継続的に現れる——生じるものと思われる。これらの変異やパースペクティブ（視点）が一個同一の知覚対象に属するという私の知識は一体どこから来るのだろうか。一体どのようにして私は、見ているという知覚対象が同じく触れるという知覚対象であるかどうか、あるいは、操作の対象として、それはその知覚対象と同じままであるかどうか、を知るのだろうか。「厳密な同一性」ということは当然のこととは思えない。モナドはいつも新しい知覚に向かって絶え間なく動いている。なぜなら、その知覚される対象が常に流動しているからだ、とライプニッツとともに想定するほうがむしろよいであろうから。多様な知覚の同一性を論証しなかったので、フッサールは客観的世界の理論にも（「私にとっての世界」さえも）到達しなかったし、また因果性の理論にも到達しなかった。

ノエマの同一性はその対象の沈殿した諸知覚の「受動的総合」によって得られるとフッサールは主張したのだった。シュッツはこれに言語矛盾のあることに気づいた、つまり、「これはいわば木製の鉄ではないか」。どのようにして意識の成果をひとは受動的に完遂しうるだろうか。彼は受動的総合の考えを「脱線」と名づけたが、それはフッサールのいわば許容範囲の一般化に原因があることを仄めかしたのである。フッサールは理念的諸対象の同一性を発見し、また彼の発見をあらゆるノエーマタ［複数の志向対象］に適用した。特に物質的諸対象を表すものに。その現実の対象の同定ではなく、そのノエマの意味の同定を仮に想定するとすれば、いかにして形相的還元を行うことができるのか、シュッツには分からなかった。とどのつまり、フッサールはある意識作用のノエマ的意味の同一性に至る可能性を述べはしたが、しかし、彼が主張したように、「諸対象そのもの」にではなかった。

シュッツはこう結論づけた。結果として起こるジレンマは存在か仮象かのジレンマではない。存在か意味かのジレンマである、と。それによって、彼の疑念を再び表現したのである。形相的手続きなるものは、フッサールによって確定され解釈される限り、もっぱら理念的諸対象――現実の諸対象のさまざまな意味である理念的諸対象を含む――の構成に対して適切である。しかしそれは諸対象そのものの構築の方法としては完全に失敗である。

この手紙の内容の私の翻訳は、手紙に意味されているよりもいっそう明確に限定されてしまっている。シュッツが意図したことは〝深い疑念〟に基づく仮の試案であって、明確な判断ではなかった。フッサールの形相論を批判的に検討する試みのなかでシュッツによってとられた最後のステップ――「フッサールの晩期哲学における類型とエイドス」に関する論文――は、その疑念を正当な理由のある質問へと一変させた。この論文でも、シュッツは明確な答えを準備しなかった。むしろ、彼が明らかにしたのは、フッサールの形相的哲学が再検討されなければならないことであった。

この論文はフッサールの類型性の概念に焦点を合わせた。類型性の概念は、一九三〇年以後の著作において、「前述定的レベルおよび述定的レベル両方の自然的態度における生活世界の私たちの体験作用を特徴づけている」。シュッツが明らかにしようと思ったのは、類型性と理念性の概念が「広く彼によって曖昧性の高い性質を帯びた単なる操作上の図式として用いられている……」ことである。フッサールのこれらの主題へのいろいろなアプローチは「ほとんど相互に両立できない」。シュッツは「関連する諸見解のなかに含まれているフッサールの曖昧さの理由を明らかにする」ことを考えた（1959b: 147, 148）。

その論文のかなりの部分はフッサールの『経験と判断』に由来する、類型性の理論についての誠実な論評であり、また『危機』書研究における異なる「生活世界の類型化の概念」をめぐる議論でもある。さらに、シュッツはフッサールの経験的一般概念を指示する類型概念と、形相的一般概念を目指す彼の形相《エイドス》概念とを比較した。経験的《エンピリカル》一般概念は形相的一般概念の特殊ケースであり可能的変様である。シュッツの確信は、自分の発表がフッサールの類型性の概念には「多くの曖昧な言葉が溢れ」、「異なる文脈で異なる意味で」用いられてきているのを明らかにしたことにある。彼は、「フッサールの刊行著書のなかで不明確のままになっている」六つの問題を提出した（1959b: 162-64）。

(1)フッサールは類型性の概念を類似性、「一致による総合」、連合、印象の諸側面、関心のような種々の他の操作的概念と結びつけた。フッサールは「類型性が連合による類似性の前構築に基づいている」ということを意味したのか。類似性は類型性を前提するのではないか。その他の操作的概念についても同じ。

(2)類似性の自覚とか、関心による類型的印象とか、一致による総合といったフッサールの曖昧な記述は、知覚を彼の関係したあらゆる研究のモデルとして選んでいることから出てくるのではないか。

(3)いかなるレベルで本質的類型と非本質的類型の違いが明らかになるのか。生活世界の体験ではあらゆる体験が等しく本質的ではないのか。

(4)フッサールは、正しく、類型化を「社会化された主観性」の出来事として理解した。しかし「この超主観的……妥当性の……起源はどこにあるのだろう」。解決できない諸困難はここに生まれる。

(5)フッサールは「意識生活の能動性と受動性」との間の区別を明らかにしなかった。傑出した現象学者たち（インガルテン、ラントグレーベ、ヴァール）はこの点に大変な苦労をしてきている。これは「本当に妥当であるのか。そして、妥当であるなら、〝一般性の程度〟の確定のための適切な基準であるのか」。

（6）フッサールは経験的一般概念を偶発的なものとみなした。イデアチオン［本質看取］においては、ある具体的事例はたんに想像のなかで遂行される自由変更のための出発点にすぎない。さまざまな純粋可能性によるさまざまな経験的事実性の置き換えは形相《エイドス》の首位性というフッサールの原則から出てくる。シュッツはフッサールの「自由変更」の無際限な自由に疑念を呈することによってその主張の一般性を問題にした。「経験的に所与であるものを一般的諸可能性の一特殊事例に変換すること」には明確に定義された境界があるのではないか。これらの境界はフッサールが「両立不可能性の諸領域」、また後に「存在論的諸領域」と呼んだものによって定められている。しかし「ある具体的な種のエイドス」を自由変更によって把握することは不可能である。もしこれらの種が「その類型の枠組みによって限定されて、その枠組みによって私たちは、自然的態度において、そこから理念化《イデアチオン》の過程がはじまる対象を体験した」というのでなければ、つまり、生活世界における慣れ親しみの対象でなければ。当然の結果として「イデアチオンはその類型によって前構成されていなかったものをなにも明らかにできない」ということになる。

論文「類型と形相」を準備している間、シュッツはグルヴィッチ宛に書いた。「私が案じているのは、形相的還元は超越論的間主観性の問題の解決と同様支持しがたいことが明らかになることです」(1958.12.20)。その後、彼はグルヴィッチに自分がこの論文を執筆して抱え込んでしまった「本当にとんでもない難問」について知らせ、こうつけ加えた。「おそらく特に批判的な気分にあるためか、フッサール哲学の基本的諸概念を解明するどの試みもその構成が支持できないことを論証します」(1959.2.3)。

シュッツがフッサールの形相的現象学を全体として拒絶しようと意図したのかどうかは余地を残さなければならない。しかし彼は形相的方法のラジカルな再考を要求し、はっきりとその基本的特徴の一つを破棄した。〝現実的諸対象〟の諸本質についての自由変更は当該対象の経験によって限定される。これは生活世界の諸類型化のほうがそれらの形相的諸理念化よりも先立つことを意味する。

フッサールの超越論的間主観性の理論の解体後、フッサールの決定的な形相的特徴の一つを取り消したことはフッサール哲学の批判における最高に劇的な一歩と考えられなければならない。

地平の諸構造

シュッツは、彼自身の理論を敷衍しながら要約する形で「類型と形相」を比較検討に付した。ドイツ語で書かれた八頁に満たない文書である。一九五八年一二月に執筆され、〝Hic egregie progressus sum〟という標題がついている（意訳すれば、「ここが私の今立っている場所である」）。要するに、それは二つの目標をもった包括的研究計画のプログラムである。つまり、フッサールの内部地平と外部地平の構造の概念を社会領域に移すこと、そしてこの概念と関連性《レリバンス》理論との相互連関である。

内部地平の諸構造は、自伝的なものであり、これらの構造が前もって与えられている個人の関連性諸構造への通路を提供する。「いわゆる独我論的に理解される自伝的状況」のなかへ「社交性」が入りこみ、「主我」と「客我」の間に緊張を引き起こすのである。「社交性」は「関連性体系の生成流転に基づくあらゆる可能的自己解釈のいわば鍵であり、……同じく類型的に意味を付与するものとして機能する、「社交性」は諸類型を形成しまた諸類型の問題関連性を構成するからである」。

「自伝の社交性」は、私の意識の諸々の過去の状態を、一方で持続する体験の初めの諸段階のほうに過去把持または記憶において振り向き、他方で未来の出来事の状態の「予期的想像力」において振り向くことによって、明らかにされるものである。そうした予期の関連性の諸構造は「私は常に再び（それをすることが）できる」という自己理解に対する信頼に基づいている。この場合、しかしながら、まだ起こったことのない未決定で不確かなあらゆる事柄から生じる、いろいろの「複雑な事象」が考察されなければならない。シュッツはあらゆる系列の問題を展開するための覚書にこれを加えた。

これまで扱われた自伝的地平ないし関連性の地平はフッサールの内部地平の構造に対応する。これに対して、「現実的間主観性の社会的地平」は外部地平である。外部地平では、諸対象はその他の諸対象との関係において周辺上の諸形姿として一緒に知覚される。この社会的地平の内部において、自己理解として与えられるものは「〝複数客我〟に属するだれ」のなかにも係留されている。それは「私の利用できる諸々の経験の在庫の社会的に賦課された要素およびそれに属する諸関連性」である。ここに特有の関連性の構造をもった知識の配分が発生する。「知識在庫の分化は、自伝的関連性体系、状況に根ざす関連性体系、そして社会的に妥当な関連性体系の交点で生じる」。再び、「大量の複雑化した問題が生じる」。シュッツはこれらの問題を別の一群の問題に区切ったが、これがまた彼を人間的実存の歴史性を論じることの難問へと導いた。第一に、所与の社会的諸環境における「不確かな移り変わり」――世代継承の問題、社会集団の存続、そして教育一般のような――の経験がある。第二に、いっさいの体験による把握を超えた歴史、太古の歴史がある。「消滅した先代の人びとの世界は」彼らの世界を私たちの同時代人の世界に連結する「一つの社会的地平のなかに位置づけられなければならない」。これは「当の解釈者に対して妥当する類型的な諸関連性によって常に規定される」解釈の問題である。

この「ハジマル」［Hic egregie progressus sum の略記］文書はそれ以上に興味深いものがある。シュッツが括弧に括った「全く別の問題」についてのもっと長い考察を含んでいるからである。フッサールの「理念化」論批評のいわば再開であり、日常経験の世界の信頼性と恒常性を保証するとされる二つの原理の一つ、つまり、「私はいつもそれを繰り返しできる」に焦点を当てている。この理念化は自伝的と社会的の両方から疑わしい。私はだんだん歳を取る間に、人生の転変を一通り経験してきている。「それ」が何であれ、私はまだそれをすることができない自伝的時期に生き、私は何度も何度もそれをくり返しすることができる別の時期に生き、私はもはやそれをすることができない時期に生きている。「できるということの時間構造」というものがあり、それはただ「伝記的推移」のこの三重段階の論理で現れるばかりでなく、また「同一の」行為の再遂行がその原型ないし任意のそれ以前の再遂行とは同じではありえない。果たして社会的に、「彼はいつも繰り返しできる」「私たちはいつもくり返しできる」の点で集合的相関項なるのもがあり得るであろうか。「間主観的可能性」という仮定はもっと難しい問題を生み出す。多くの場合、私は「彼」もしくは「彼女」のできることができない。あるいはその逆。最後の一言でシュッツは再びフッサールが「〝私はいつもくり返しできる〟の理念化」を〝等々〟［and so on and so forth］の理念化の主観的相関項として」扱っていることに疑問を挿んでいる。

シュッツの死の数ヶ月前に書かれた、この「ハジマル」文書は、彼の生活世界の社会学を再建する意志の表明であった。これには彼のライフワークの要約を概略的に表現したものは見あたらない。しかし、この研究は一からやり直さなければならないと述べて、一九五一年に一時脇に置いていた、彼の関連性の問題に関する諸研究が反映されている。彼が当時何を念頭に置いていたのかは依然として報告されないままである。しかし彼の「ハジマル」文書は関連性が中心主題であった社会学の代わりにある全く異なった出発点を計画している。彼の社会学は、現象学のように、〝永遠〟である！　ということ以上の証拠はほとんどありえないであろう。

シュッツのフッサールとの関係は二重であった。個人的には、シュッツはその学問上の発展に最大の純然たる影響力をもった人物、並びに思想家としてのフッサールに結びついた。彼はフッサールの非凡な才能に変わらない憧れを示し、また一人の人間としてのフッサールに無条件の忠誠を示した。理論的には、シュッツのフッサールに対する関係は批判的であった。それは、多くの問題を提起し回答を手がける、この入り組んだ変化の哲学のどのような側面をも、その生命力、一貫性、そして経験的信憑性を吟味し、受容したということを意味する。シュッツはこの哲学を選択的に、そして「追って沙汰があるまで」受け入れた。それは彼の社会の理論的研究の現象心理学的基盤を確保することに役立ち、またこの哲学の広範囲な側面を厳密な批判的吟味にかけさせたのである。彼はいつもはっきりと自覚していた。フッサールを乗り越え、そして本当にフッサールから離れる彼の批判的な歩みが可能であったのは、唯ひたすらにフッサールがさまざまな問題を提起し、天才的な強靭な精神でこれらの問題を追求していたたからである、と。この意味においてフッサールの思索の諸成果は、シュッツがこれらの諸成果に見出した一定の形式や内容をそこから切り分けし識別しなければならなかったとしても、彼と一緒に生き残った。

現象学の応用を心理学領域にのみ限定したことも、フッサールの超越論的現象学や形相的現象学の実質的批判者であることも、両方ともシュッツを単なる一人の現象学者にしたということではなかった。彼は注目に値する最良の現象学者、批判的現象学者であったのだし、これからもそのような現象学者であり続けるのだ。

結びの言葉

この知の生活誌（伝記）は、人間アルフレッド・シュッツの肖像を、豊かな、寛容な人柄において伝えることを意図したものではない。本書が飽くことを知らない思索者シュッツの輪郭と主要な特徴を明らかにすることに有益であるなら、その目的は適えられたといえる。シュッツは、その生涯において完成されえないことを自覚した一つの課題に、その知的生活――彼自身の生涯を捧げたのである。

彼の仕事は、記念碑としてではなく、一つの課題、一つの委任事項として私たちと彼の後継者たちの前に置かれている。彼が始めたことを、私たちは何としても続けなければならない。

謝辞

この伝記がそもそも存在するのはモリス・ジャノヴィッチ教授のおかげである。同教授はこの伝記の提案をされ、その極めてゆっくりした進行を一九七四年から辛抱強く見守りながら、伝記に相応しい形式と出版可能な長さに至るべく有難い提言を示してくださった。本伝記が実際に作られたのはイルゼ・シュッツ夫人のおかげである。イルゼ夫人は寛大にも良人の遺産文献に接する権利を与えてくださり、また良人の生活、研究、それに友人たちに関する豊富な情報をご提供くださった。夫人は、シュッツの知的生涯の物語に関する私の仕事に同行され、アルフレッド・シュッツのイメージを深め広げてくださった。ジャノヴィッチ教授並びにシュッツ夫人に対してて心からの謝意を述べる次第である。

この伝記の調査や草稿の準備のための少なからざる費用はホーバートとウィリアム・スミス単科大学による寛大な継続的給付金に負うものである。この援助に対して深甚なる謝意を表する。

さらにシュッツの友人や知人たちに対して感謝を申し上げたい。友人、知人の諸氏は自分たちのシュッツとの関係に充てられた草稿のチェックを快く引き受けてくださり、事実の誤りの訂正、欠けている情報の補強、さらに書簡その他の原資料の便宜を計ってくださった上に、有益な提言を頂いた。直接顔を合わせた対話や意見の交換による豊かな体験よりも，すべて書簡やその他の紙の資料に頼らざるを得ない、一伝記作家によるシュッツの見地から書かれた説明を、上記の皆さんは寛大にも受け入れてくださった。ここに名前を記して私の衷心からの感謝を申し上げたい。レーモン・アロン、ヴァルター・ビーメル、ルドルフ・ベーム、マーヴィン・ファーバー、オイゲン・フィンク夫人、ハロルド・ガーフィンケル、アロン・グルヴィッチ夫人、ハンス・ヨーナス、ヘルムート・クーン、ルードウィヒ・ラントグレーベ、アドルフ・ロー、フリッツ・マハルプ、モーリス・ナタンソン、ルイ・ルジェ夫人、タモツ・シブタニ、ハーバート・スピーゲルバーグ、エリク・フェーゲリン、そしてリチャード・ウィリアムズ。

シュッツの背景に関わる貴重な情報は、ウィーン時代については、J・ヘルバート・ファースにより、ニュースクール時代については、アーヴィド・ブロデルセン、フェリシア・デイラプ、マリー・アンルとハンス・スタウディンガーによって、入手することができた。ホセ・ユエルタス＝ホールダはフェリクス・カウフマンとシュッツの間の全往復書簡のコピーを私に譲ってくれた。レスター・エンブリーは種々の筋から追加情報を手に入れ、また本書の第一草稿の最初の数章の批判的論評により私を助けてくださった。

これらの助言はすべて本書の説明を改める上に少なからず有益であったが、説明の不十分さからの著者の放免を意味しない。私はこれらの一切の責任を負うものである。

ヘルムート・R・ワーグナー

［原注］

第一章

1　教養のあるアメリカ人がこうした研究の意味合いとその重要性を理解するのは厄介なように思える。北アメリカ人の生活の実用的領域ではこのような体験は滅多に生じない。アメリカの若者たちの真剣な宗教的回心体験について私がこれまで読んできたさまざまな報告は、私の心に浮かぶもののなかで最も近いものではあるが、本当は似ていない。反対に、シュッツの世代に属しその文化的背景を分かち合ったものなら、クレドと世界の解釈をいっしょくたくにした宗教的コスモロジーと違わない、一見したところ知的な世界観の構成に置き換えられる、意味のこの探求の過程をきっと理解するものと考える。私が本文で「世界観」Weltanschauungというドイツ語を保持したのはまさしく、あの時期に、中央ヨーロッパと北アメリカにおいて、大人になるということのもっと深い〝諸問題〟の間に重要な文化的相異があるからである。それは実際翻訳不可能なのである。

2　〝中流（中産階級）世代の仲間〟という表現は冗長で余分にみえるかもしれない。そうではない。中産階級の仲間、経済的‐社会的地位の等しいもの、これはあらゆる年齢のものである。世代仲間はあらゆる経済的‐社会的階層からなっている。同期生、特に子ども時代から成人初期の入り口に至るまでの同年齢の仲間は、短い幅の生物学的年齢に属する。同世代の仲間は、この伝記の目的のために、社会文化的ならびに歴史的な基準によって定義される。中央ヨーロッパにおけるシュッツの世代というのは戦時下の、また――男子であれば――戦闘部隊の一員としての生活体験に曝された青春期の若者たちの四年間であった。

3　シュッツの交友関係の理由を先取りして、私は、彼の大学での学習と彼の最初の書物の刊行に至るまでの知的成熟の年代（一九一九〜三二年）がフェリクス・カウフマン、シュッツのフランスへの亡命までの年代（一九三二〜三八年）はエドムント・フッサール、そしてシュッツのアメリカ時代はアロン・グルヴィッチとの交友関係にあったことを指摘しておく。

4　このサークルの名前は〝精神の仲間《ガイスト・クライス》〟［野郎どもの寄り合い］の意味である。このニックネームは、あるメンバーの奥さんが女性の会員資格と参加を排除していることに抗議したことからつけられたものである。

5 シュッツの関連性理論《レリバンス》では、動機の関連性が主題ならびに解釈の関連性から区別されている。後の二つは（認識上の）明確化に役立ち、場合によっては、知的関心の決定に関わった。

6 彼がそのことを示したのは、例えば、彼の息子が何度か目の手術をしなければならなかった時とか、そのことがなければ是非とも会いたかった研究仲間たちとの会合を取り消さざるを得なかった時であった。あるいは……ある友人が早速にも手助けを必要とする突発事故にあい、シュッツの援助を必要としたとき、シュッツは仕事がある日の二夜すべてを費やした。

7 オーストリアでは、シュッツが学者としての職業生活を求めることは妨げられた。彼には無期限の「私講師」として無報酬の講師職を受け入れる余裕がなかったからである。結果として、彼が合衆国へやって来たとき、彼にはアメリカの恵まれた大学での学問上の地位が提供されるチャンスはなかった。大学で大きな財政上の仕事を与えられたなら、経営陣が喜んで暇を出すようなマイナーな大学の講師の給与などではなく、ハーバード大学の教授ほどの給与で生活できたに違いない。

8 例として、私はただG・H・ミードの発生論についての現象学的分析を書くというシュッツの生涯にわたる意向と生活世界における人間の哲学的人間学を展開するという彼の常に満たされざる計画を述べておこう。

第二章

1 この章が練り上げられた当時、シュッツのベルクソン草稿の出版などはただ遠い可能性でしかなかった。その草稿の難しくはあるがきわめて重要な内容に鑑みて、私は英語圏の読者に利用できるシュッツの他の著作物よりもいっそう詳細にこの草稿の解説ならびに討議を行おうと決心した。シュッツのテキストからの全ての引用文はこれらのテキストの引用頁なしに示されているが、実際のところ、本書の読者諸氏もシュッツの元草稿に当たることは期待しておられないであろう。

一九八二年一〇月に書かれた付記　この伝記の原稿を書き終えてから二年が過ぎてしまった。原稿を書き終えた数ケ月後に、ルートリッジとケガンポール社はベルクソン草稿の拙訳を出版したのである。

第三章

1 シュッツによるカウフマンの葬儀（一九五〇年）の追悼論文の草稿から引用。

2 合衆国では、日本の哲学者たちが一九一五年以来フッサールの著作に関心を抱いてきたことはあまり広く知られていない。尾高（朝雄）は渡欧以前にフッサールを当然知っており、関心を抱いていたと思わなければならない。

3 これらの考察の過程で、フッサールは「持続」（ドイツ語の Dauer、フランス語の durée と同義）という用語を対象性（対象‐に似た‐存続）として、もっぱら客観的‐外的意味で使用した（1928: 424）。その用語は、したがって、フッサールにとって、ベルクソンの意味でのそれとは逆の意味となる。

4 シュッツはこれにはきわめて控えめであった。シュッツは自著一冊をフッサールに献呈することすら憚ったのである。とうとう彼がこれを行ったとき、フッサールは実に熱狂的に反応したのである。本章の次節「第六段階：フッサールとの出会い」を参照。

5 シュッツにはこれらの楽観的な期待を支持することはできないことがわかった。フッサールの死後、間主観性の諸問題を超越論的現象学によって解決する可能性に対するシュッツの疑いは絶えず増大した。一九五七年に、彼は「フッサールにおける超越論的間主観性の問題」（1957B）に関する有名な講演を行った。このなかでシュッツはフッサールのさまざまな解決の試みを論評し、それらのすべては失敗であると考えたのである。

6 合衆国でもドイツでも、シュッツの社会学はしばしば現象学的社会学というレッテルがこれまで貼られてきたし、今もそうである。強い不安を抱きながらも、私はこの用語を自分の初期の研究では受け入れたのであって、けちな料簡で一夜のうちにポピュラーになってしまったレッテルにけちな料簡で反対して希望にあふれる最初の挨拶をしようとは思わなかった。より最近になって、私はこの決心の賢明さを強く疑うようになっている。一九七五年、「いかなる場合に社会学は現象学的であるか」という論題の公開討論会に私は参加した。そこで私が説明しようとしたことは、シュッツによる理解社会学の修正とその主観的意味概念のための現象学的・心理学的基礎づけの創造との間の複雑な関係が「現象学的社会学」のレッテルを正当化しないこと、そしてシュッツはこのレッテルに反対しただろうということであった（『現象学的社会学紀要』Ⅱ、1977. 18. 22）。

第四章

1　ミードの役割理論の一層抜本的な主観的意味合いと重要性がアンセルム・ストラウス、タモツ・シブタニ、そしてラルフ・ターナーによって五〇年代後半から六〇年代前半にかけてようやく理解されるようになった。

2　シュッツはこの用語を用いたが、それは、みたところ、ドイツ語圏の学術専門用語の一部であった。それはラテン語 potestas に由来し、ここでは〝なにかを為す力、能力〟の意味で用いられている。

3　一九七七年に、アレクサンダー・メトローはグルヴィッチの教授就任論文 *Die mitmenschlichen Begegnungen in der Milieuwelt*（環境世界における仲間との出会い）を刊行した。『社会的世界の意味的構成』をシュッツが書いた時の、一九二九〜三一年の間に、この論文も書かれたことは、一つの注目すべき偶然の一致である。この時には、二人は互いの存在について何も知らなかった。しかし双方の研究は、全然違ったやり方であったが、社会学的関心の同じ領域を扱ったものであった。シュッツとグルヴィッチの間の知的理論的関係の前史は、グルヴィッチのより初期の博士論文というよりも、ここに始まるのである。私はある長期の調査研究のなかで二つの研究の間の一致や違いを比較する試みを行ってきた。その調査研究の要約については、拙稿「グルヴィッチとシュッツの初期研究における見解の一致と相異」（Human Studies, 5, 1982: 31-44）を参照されたい。

第五章

1　シュッツのパーソンズ論文とその後に続く往復書簡は一九七六年に出版された。この出版で、パーソンズとシュッツの間の一九四〇〜四一年の間の出会いは、ヨーロッパの社会科学の理論や伝統とアメリカ社会学のそれとの間の絶えず繰り返される会合 meeting の広く、全体としては、幸福な歴史における、一つの小さい不幸な挿話として記録されている。

第七章

1　つい最近入手した情報によれば、ニュー・スクールのフッサール記録文書保管所は廃止されたが、フッサールの文献遺産のマイクロフィッシュ・カードは図書館に移管されている。

2　一九八二年八月、ルックマンは、やっと、第二巻の自分の仕事を終えることができたと、私に知らせてきた。出版社のほうに付託する準備ができたのである。

第九章

1 事実、シュッツはグルヴィッチのゲシュタルト理論をゲシュタルト学派の始祖たちの理論よりはるかに優れていると考えた。グルヴィッチのほうでも、シュッツの有能な両手に社会学的問題の一切を委ねられることにグルヴィッチは満足した。

第十二章

1 セバ(Sebba)教授は、フェーゲリンが大学の定年退職以来、彼の主要作品の第五巻にかかりきりであったということを私に知らせてくれた。

2 ヘルムート・R・ワーグナー著「不一致の一致:アルフレッド・シュッツとエリク・フェーゲリン」(Peter J.Opiz と Gregor Sebba 編『秩序の哲学:歴史、意識と政治に関するエッセイ』(Stuttgart;Klett-Cotta, 1981: pp. 74-90.)

3 フェーゲリンの基本哲学の論評のために、私は Gregor Sebba による専門的な要約(1977)に頼った。

4 シュッツは『歴史と秩序』の最初の三巻の多くの章の草稿を読んで注釈を付けはしたが、彼はそれらの内容の基本的討議には至らなかった。

第十三章

1 グルヴィッチが、ドイツ時代に社会学の領域に手を出し、しかも、そのなかでウェーバーが行ったような行為者の布置でというよりも、諸関係のマトリクスで仕事するアプローチ、つまり〝形式社会学〟の概念で彼自らを基礎づけていること、これを注記するのは興味深いものがある。一九二九~三一年に書かれ、一九七七年の『環境(ミリュウ)世界における人と人との出会い』という標題のもとに、彼の死後に出版(Berlin: DeGruyter)された、グルヴィッチの教授就任博士論文を参照。

第十四章

1　シュッツはここで第一次世界大戦の最も激しい砲撃戦の一つに言及している。それは一九一八年オーストリア軍とイタリア軍の間で北東イタリアのピアヴェ河およびモテロ山の尾根沿いで起こったものである。「シュッツ……一兵士になった少年」は戦争とは一体なにかをこの数週間で分かったのである。

第三部への序言

1　第二の原理的説明が存在するが、この伝記の範囲を超えるものである。この原理的説明は、現象学そのものが形而上学的諸考察の方向において超越されなければならないという、シュッツの信念に結びついている。すなわち、形而上学的考察は、一般には、現象学的基本線上にある存在論の創造に、特殊には、生活世界における人間の哲学的人間学に関係しているという信念である。この主張の証拠並びにこのような人間学のためのシュッツのプログラムによる初歩的分析は、私の未刊行のシュッツ伝記の増補版のなかに収められている。この全問題はさらに調査研究を深めるに値する。

第十五章

1　その初期著作のなかで、フッサールは哲学一般の歴史性について時おり触れ、自分よりももっと昔の思想家たちが自分の思想の一部を部分的に先取りしていることに触れている、このことを私は否定しない。しかし、私の理解するところでは、これらの見解は、彼の著作の研究者に対して一九三二年以後フッサールの行った歴史への方向転換を図るという心構えを何一つ準備させていない。

2　本章は、ライプニッツの哲学とシュッツの思索との間の関係の暫定的な概略を提供するにすぎないことを、読者諸氏にはご承知願いたい。一層十全な分析が望ましい。

3　この定式はフッサールの一九二九年の『デカルト的省察』(sic!)の見開きの一節から採られている。これらの省察はフッサールに超越論的ないし構成現象学の頂点に向かって彼を突き動かしていることを示している〔フッサール『デカルト的省察』(序、第一節「哲学的自省の原型としてのデカルト的省察」のなかに「新デカルト主義」の語が明記されている＝訳者〕。

第十六章

1 シュッツの存在論的哲学的人間学の諸見解を扱っていない一つの重要な理由は、シュッツの著述のなかのこれらの説明が原初的性格である点にある。基本的に、これらの見解は筋の通った哲学的思考体系の提示というよりも一つの計画書の提示である。

2 実際に、このエッセイはサンタヤナの著作『教義の風』の一章である（*The Winds of Doctrine* ニューヨーク：スクライブナー社、1913, pp.58-109.）。

第十八章

1 この論文は、ドイツで書かれ、もともとドイツで出版されたものである。学会では、論文はフランス語訳で発表された。英語版は『論文集　第三巻』に収録されている。

付録

シュッツの知的発展の諸段階

第一局面

1　一九一四〜二一年　大学の学問研究　準備：学問的訓練
2　一九二一〜二四年　就職　一学者としての生涯計画の形成期間
3　一九二四〜二八年　ベルクソン段階：最初の包括的研究計画
4　一九二八〜三〇年　新方針：フッサール研究
5　一九三〇〜三三年　土台：『社会的世界の意味構成』　第二の包括的研究計画

第二局面

6　一九三三〜三五年　ヒトラーの影のなかで　知的努力の縮減

7　一九三六～三七年　継続：第三の包括的研究計画：
「社会的世界における人格」
8　一九三八～三九年　パリ亡命　新たな地平：ヨーロッパ大陸　フランス哲学

第三局面

9　一九三九～四三年　合衆国での生活と仕事　新たな地平：アメリカの社会学と哲学の統合
一九四三年　大学での教授活動の開始
10　一九四四～四七年　統合と拡張
11　一九四七～五一年　継続：第四の包括的研究計画：
当たり前とされる世界 World as taken for granted
（関連性問題）
12　一九五二～五六年　拡大と応用
13　一九五六～五八年　常勤の大学教授の地位　主要な大学教育－学術研究上の尽力
14　一九五七～五九年　総括：第五の包括的研究計画：生活世界の諸構造

あとがきと解説

Hic egregie progressus sum
（ココガハジマリデアル）　　1958.12.7

1. アルフレッド・シュッツとヘルムート・R・ワーグナー

アルフレッド・シュッツは、ウィーン生まれのアメリカに亡命した「昼は銀行員、夜は学者」の二足のわらじを履いたユニークな哲学者・社会学者である。若い頃は音楽に大きな情熱をもち、指揮者を志すほどの高度な技量や知識を身につけた。ゲーテを愛読し、ヴィーン青年運動に参加する等の自由を満喫していた青年の背後には、急速な時代の変化が待ち受けていた。第一次世界大戦下の学徒出陣。砲丸の飛交うイタリア山地での戦争体験。十七歳の少年として生国を離れ、十八歳の男子として帰国。イルゼ・ハイムと結婚（1926）。親密な「汝との関係」（キミとボクの間柄）の確立。著書『社会的世界の意味構成――理解社会学入門』（1932）出版。順調な人生の出発であるかに思われたが、ヒトラーの投げかける険悪な影のなか、シュッツはパリを経由してアメリカに亡命。現在『アルフレッド・シュッツ著作集』（全八巻十二冊のドイツ語版（全四巻の英語版・四巻の邦訳版）等が刊行されている。歿後トーマス・ルックマンとの共著『生活世界の構造』（ドイツ語版第一巻1979k，第二巻1984；邦訳2015）が刊行されている。

著者ヘルムート・ワーグナー（Helmut R.Wagner 1904～1989）は、五歳年下の同時代人である。モーリス・ナタンソン、ピーター・L・バーガー、トーマス・ルックマン等とともにシュッツの教え子の一人であるが、その経歴が自ずと示すように、シュッツの教え子のなかでは際立って異色の存在である。本書を理解するうえで著者ワーグナーの生活史を知ることは重要である。以下に、その生涯におけるいくつか注目すべき出来事を記す。

①一九〇四年八月五日、ドレスデン（独）に生まれる。一九八九年四月二二日、米国マサチューセッツ州南デニスに没する。

②一九二〇年代、技術学校で教育を受け、③ドレスデン（ドイツ東部ザクセン州）ＳＰＤ左派理論の中心人物として注目される。

④一九三一年末、ＳＰＤ理論に真向こうから反対する左派理論の指導的人物として除名処分される。

⑤一九三四年ナチス政権批判でドイツの市民権を剥奪され、スイスに亡命、スイス軍の技師として働く。

⑥一九四一年米国に移住し、⑦十年間技術屋の仕事をする傍ら、社会科学の研究を志す。

⑧一九五一年ニュースクール・フォア・ソーシャルリサーチで社会学を学ぶ（「社会人」入学）。

⑨一九五五年博士の学位を取得。⑩一九五四年から一九六〇年までペンシルバニアのバックネル大学で社会学教授。

⑪その後ニューヨークのホバート・ウィリアム・スミス単科大学で人類学と社会学を一九八五年まで

教える。

⑫シュッツと並んで現象学的社会学の創設者。著書に『現象学と社会関係』(1970)、『意識の現象学と生活世界の社会学』(1983)。その他、にシュッツの未完成の初期論文の英語訳「生の諸形式と意味構造」(1982)などがある。

ワーグナーは、本書における彼自身の言葉を用いるならば、「働かなくても収入のある〈紳士－学者〉」ではなかった。ギムナジウム出身のシュッツの他の多くの教え子たちとは一線を画する異色の苦労人であった。

2. ワーグナーのシュッツ論──汝の経験科学

原題(*ALFRED SCHUTZ: An Intellectual Biography*)に記されているように、本書はアルフレッド・シュッツの「個人的・思想的伝記」である。シュッツの一連の出版物・草稿・手紙等を用いて、その「知的献身の生涯」を発生論的動機的に考察する、「シュッツの回顧的総覧」である。ワーグナーはこれを「汝の経験科学」と名づける。平たく言えば「愛すシュッツ君、一体君は何者なのだ」の自問自答の営為である。

「汝の経験科学」(四三頁)の成立は、アルフレッド・シュッツその人とのワーグナーの親しい出会い、しかも両者とも晩年の面識に基づく「汝と我」(ボクとキミ)の〈いま・ここ〉の「こころ」の交流という生活体験に根差している。ワーグナーのシュッツ論を支える「方法論」の柱は何か。

次の三点が「汝の経験科学」の基本的構成要素である。

第一に、シュッツの知的生涯を「相互に絡み合う四要素の連鎖」として把握すること(一二頁参照）。亡きキミを讃える四重奏曲の試みである。

その四つとは、⑴人の生物学的ライフサイクル、⑵個人を特定の社会構造ならびに世代系列に統合するための文化的条件・社会制度的条件、⑶個人の伝記に関する経歴、そして、⑷これらの連鎖系列における連続性の予期を妨げる社会的生活における社会的歴史的変動、である。これらの連鎖のうちに、シュッツの生きた現実、シュッツの生活世界、シュッツの「知的」生活体験の「複合的構造」を「客観的に」解明する試みである。四要素の連鎖こそシュッツの経験した社会構造の賦課的レリバンスであり、シュッツの生活世界の周縁（外部地平）に見え隠れする「客観的」意味連関の現実である。

第二に、シュッツの生活世界の中核を常に占めているのは「〈いま〉〈ここ〉〈しかじか〉の状況に生きる「こころ」（自伝的内部的体験の意味）の世界である。自我の内在的レリバンス（主題、目的の動機、理由の動機そして解釈）の意味世界、「主観的に思念された意味」理解（ウェーバー）の緻密化である。

第三に、以上の二つの近傍に「シュッツの身近な生活世界」としての「我と汝」の「社交性 Sociability」の現実、コミュニケーションの「間主観性」の現実（キミとボクのオシャベリの世界）がある。

これら三契機、客観・主観・間主観の三契機が、シュッツの知的献身の「十四段階」論（第一部）をはじめとする本書の全体の中心テーマである。「四つの相互に絡み合った経験世界」、その世界の「諸社会の諸生活における社会的‐歴史的諸変動」がシュッツの日々の生活の営みにとって「疎隔」的に作用すればするほど、シュッツの身近な生きた現実、「我と汝の間柄」（社交性・意思疎通、ツキアイとおシャベリ）のうちに生きようとする、その間主観的現実の「親密性」は、いよいよもってその密度を濃くするだろう。忘れてならないことは、シュッツの知的創造の営みのなかに彼と運命を共にする親身の「汝」の姿が現前したことである。ウィーン時代（一八九九〜一九三二年）にはフェリクス・カウフマンが、ウィーンとパリ時代（一九三三〜三九年）にはエドムント・フッサールが、そしてニューヨーク時代(一九三九~五九年)にはアロン・グルヴィッチがいた。「どうして私たちは今なお〈あなた〉と呼び合うのでしょう。この馬鹿げた言い方にはもう耐えられません」(シュッツからグルヴィッチへ、ニューヨーク1950.10.4書簡)「僕もバカバカしいことにこれ以上参加しないことに決めました」(グルヴィッチからシュッツへ、ケンブリッジ1950.10.9書簡)。

本書における「我と汝の対話」の解釈的アプローチから紡ぎだされる「シュッツをしてシュッツを語らしめる」言説の多元的意味連関の連鎖は、他に類例を見ない〈意識の現象学＝フッサール〉と〈社会的行為の社会学＝M・ウェーバー〉との意味連関の世界(ツキアイとおシャベリの世界)創出の試みである。本書「三部八編十八章」から成る「生活世界の社会学」の発生論的動機的理解は「汝の経験科学」の体現であり、所謂「経験科学」としての社会科学の従来型「論理」(ハーバーマス、ルーマン、パーソンズ等々)に代わる斬新なパラダイム転換と言ってよい。

総じて改めて問うことのない、当たり前の「日常の生活世界」は、シュッツ＝ワーグナーによれば、社会的行為者たちの間主観的理解による「意味的構成組織」もしくは「生活世界の構造連鎖――時空間的・社会的・間主観的(言語等の知識在庫)構造――」に他ならない。〈汝の経験科学〉は、「我と汝の出会いと選択」における〈汝〉についての目下の体験」ではなく、「我の汝についての経験」に学ぶことである。私の体験の主観的意味の世界と汝の客観的意味の世界とが相互補完的に〈交わる〉間主観的意味構成(常識の知識・象徴・記号等)の世界。私や、君や、他の誰もが普段の暮らしのなかで、当たり前だと思って毎日実行している「社会的行為」の有意味組織の世界であり、日常茶飯事の世界である。誰もが身をもって実際に「体験」し「経験」している多元的意味世界の解明。シュッツはこれを「汝の経験科学」と名づけた。ワーグナーのいう「生活世界の社会学」、すなわち「客観・主観・間主観の三位相一体」の「社会的現実」に関する「主観的理解社会学」である。

シュッツもワーグナーも共に亡命者のラベルを身につけた「重い荷物を背負う苦労人」であった。日常生活に潜む「深い陥穽」に目が留まったのである。

3. ワーグナーのシュッツ論に学ぶ

シュッツの『知的伝記』論にみられるように、ワーグナーの着眼点の面白さは、異種交配とも言うべき、現象学（フッサール）と社会学（マックス・ウェーバー）の総合の試みにあると言えよう。意識現象の哲学と行為の社会学の興味深い弁証法。現代の現象学は、ドイツのエドムント・フッサール（1859-1931）によって体系づけられた哲学的探求の方法であるが、これはその他多数の思想家たちの労作からも同様に引き出されるものである。この現象学の世界は、われわれの「知的」意味世界の省察、「意識」現象という人間臭い心理の世界、いわゆる「心」という現象を外的事象（もの）とは区別して吟味する、心が心として現れるままに「理解」することである。これをシュッツは「体験」の理解と呼んでいる。

オーストリア人のアルフレッド・シュッツ（1899-1959）は、このフッサールの「方法」を用いながら、これをマックス・ウェーバー（1964-1920）の「理解社会学」にも押し広げ、その後、アメリカに移住して、自分の著述のなかで両者を媒介する、「弁証法的」共通基盤のロジックを見つけ出す。「それって常識でしょう」。「なに？　それって当たり前でしょう」。真理は高きにあらず、低きにある。フッサールの哲学もウェーバーの社会学も、両者を媒介し、結びつけるのは、日常の社会的生活の構造、「常識の世界」の構造にあるのだ、と。生活世界の網の目を流通しているのは日常人の「諸々の了解事項」にある。真理の根っこを掘り起こせ。高い樹木の枝葉（専門科学：社会学・法学・経済学・政治学）

の囁きは小さな論争なのに、世界を大きく揺さぶる。それなのに「大きな根っこの日常の世界」を論ずることは小さくみえる。どうしてなの。この問いは、何もシュッツの時代の問いかけでおしまいになったのではなく、まさに今・ここに生きる庶民の「失われている」時の発見に資するのではないか。科学のコスモロジー（宇宙の観察科学）を逆立ちの学と名づけるなら、もう一度「でんぐり」返ってエゴロジー（私の日常体験の理解）、常識の陥穽を知る学の深みに沈もうではないか。

4. 廣松渉のシュッツ論

アルフレッド・シュッツ研究の現状について一言すべきであろう。一つはシュッツ研究の国際的動向について、もう一つは、日本の哲学におけるシュッツの影響、「ワーグナー・シュッツ」論ならぬ「ヒロマツ・シュッツ」論、廣松渉『現象学的社会学の祖型』（青土社、一九九一年）についてである。

二〇〇九年に、*Schutzian Research–A Yearbook of Lifeworldly Phenomenology and Qualitative Social Science Vol1 / 2009* ZETA books が刊行された。「アルフレッド・シュッツの伝統の継承を追求する年報である。哲学、文化科学もしくは総合的アプローチの性格の寄稿を求める。」編集長ミカエル・バーバー（St. Louis Uni.）、副編集長レスター・エンブリー（Florida Atlantic Uni.）、那須壽（早稲田大学）、ジョージ・サーサス(Boston Uni.)、イリヤ・スルバール（Erurangen-Nürnberg Uni.）。編集委員にはトーマス・ルックマン(Konstanz Uni.)、リチャード・ツァーナー（Vandelbilt Uni.）、Hans-Georg Sofner（Konstanz Uni.）、エリザベス・リスト（Graz Uni.）等の年長者、そして若い世代にはマーチンエントレス（Wuppertal Uni.）、ヨアヒム・レン（Erurangen-Nürnberg Uni.）、スザンナ・カサブ（Yale Uni.）等そしてリオデジャネイロ大学Florence Tocantinis、パリ大学Daniel Dreher、立命館大学サトウ等、二十二名の名前が挙げられている。シュッツ研究の国際的広がりの指標を示すものであろう。

日本のシュッツ研究のなかで特筆に値するのは哲学者の廣松渉（1933-1994）によるものである。『世界の共同主観的存在構造』（1972）、『もの・こと・ことば』（1979）、『存在と意味一・二』（1982・1993）、『物象化論の構図』（1983）、『心身問題』（1988）、そして『現象学的社会学の祖型』（1991）等の一連の著述活動を通じて、廣松の発想と論述のなかに驚くべきシュッツとの類似性を見出すのは私だけであろうか。わけても廣松の「もの・こと・ことば」の三位相一体の発想は、A・シュッツの「現実・社会・象徴」の三位相一体のロジックとぴったり重なりあうことに、度肝を抜かれる。

「シュッツ＝ワーグナー」の〈汝の経験科学〉「シュッツ＝廣松」の〈物象化〉論は、同根異種の〈二卵性双生児〉ではないか。廣松もシュッツも、ワーグナーのいう「社会生活における社会的－歴史的変動」が「もの・こと・ことば」、あるいは「現実・社会・象徴」のコスモロジーならぬ「エゴロジー」すなわち「主体」解放の弁証法のロジック、日常世界の「陥穽」「呪術からの解放」（M・ウェーバー）の動機づけとなっている。

5．フッサールに師事した日本の哲学者たち

最後に、「シュッツ－廣松」論以前の我が国におけるフッサール現象学の受容問題について一言すべきであろう。

一九九九年ドイツのコンスタンツ大学で『シュッツ生誕百年祭』のシンポジウムに出席した折、展示場で目にしたハンス・ライネル・セップ編『エドムント・フッサールと現象学運動――テキストと写

真』（1988.K.アルベル書店、フライブルグ）のなかに一枚の写真が掲載されている。その余白に「日本からの訪問者たちとフッサール――一九三〇頃、左が尾高朝雄、左から三番目芳賀檀」の説明書きが付いている。フッサールを介して尾高朝雄（1899-1956）とシュッツとの間に交わされた親密な国際的交流は周知のとおりである――『社会的世界の意味構成』（シュッツ）と『国家構造論・社会団体の理論』（尾高）の主著が一九三二年ウィーンのスプリンガー書店から同時出版されるという友情の秘話――等。この本には、日本の雑誌『改造四月特別号』（1924）の表紙が掲載され、「大正デモクラシー」時代から戦後日本の混乱期に活躍した論客たちが詳しく紹介されている。臼井二尚（1900-1991）、九鬼周造（1888-1941）、田辺元（1885-1962）、高橋里美（1886-1964）、西田幾多郎（1870-1945）、三宅剛一（1895-1982）、山内得立（1890-1982）等である。同誌十七頁以下にフッサールが語ったという芳賀檀の「短い出会い」の話には、フッサールの当時の日本の現象学運動に対する見解が示されていて興味深い。

――「君は哲学から詩学を理解するようになったのだネ。それは全く正しいよ。詩学がより内的な起源において相互に結びあって心のなかで密かに内的な結びつきをもっている。今は哲学と芸術の間の懸橋が壊れてしまっている。一体哲学は日本では何なのです?」（H）「日本では貴方の意識の現象学があるだけです」（M）「そうかね。しかし依然として禅のような貴方の伝統的な哲学が存在している訳だが……」（H）「教義が自己目的となるところでは、哲学が硬直し、立ちすくんでしまう。哲学は既存の伝統的な前－哲学的世界了解を問い直すことが課題なのです」（H）

廣松のシュッツ論もワーグナーのシュッツ論も、フッサールの言説に収斂するのではないか。戦後日本の精神構造は、古い日本の社会構造の〈賦課的関連性〉からの解放という「人間を取り戻す」運動から出発したはずであった。ぼくも君も、〈いま〉は、日常の生活世界の決まったレールの上を行儀よく列を乱さないように気配りしつつ生きているのである。「真理の探究」（高橋里美）などは、もう半世紀以上も昔の〈いま・ここ〉の言葉である。「大正大震火災誌予約募集」の広告と共に、事実、フッサール自身の論説――「個人倫理問題再新」（『改造』二月号、1924）――が日本の雑誌に掲載される時世であったのではあるが。

最後に、トーマス・ルックマン（1927-2016）――シュッツの遺稿『社会的世界の諸構造』（1975. Luchterhand Verlag）の共著者――の〈ことば〉をもって「むすび」としよう。本書『アルフレッド・シュッツ』の主題や関心を異なる言葉で言い表している。

……シュッツの仕事は「たえず進行する〈いま・ここ・しかじか〉において成し遂げられる仕事である。この仕事は決してニヒリズムでも冒険主義でもない。ライプニッツの fiat 厳命とベルクソンの「持続」とフッサールの「省察」の合流としての「天地創造」ならぬ意味構成の一瞬、現在・過去・未来の凝縮の一瞬に着目する企画である。この関連性（レリバンス）論の中心核から放出される人間の生きた姿が主題に座るのである。〈ゲンザイ丸〉の船体の船尾に一筋の白波の航跡を残し、船首に大海原の遥か彼方に山並みの見える港街への寄港を目指す船長の志の〈いま・ここ・しかじか〉の生きた姿がまなざしの中心にある。ウェーバー流に言えば人間の態度、行為者もしくは諸行為者がその行為に主観的な意味を結びつける〈いま・ここ・しかじか〉の態度が問題なのである。単なる過去の歴史の世界でもなく、数学や物理の「形式論理」の世界でもなく、単なる未来の世界でもない。この世界はロゴス（言語）による我と汝の〈いま・ここ・しかじか〉のうちにこれらの意味連関がすべて時熟する言語創造の意味世界というものである。一方におけるモノとしての客観的事物の世界と他方における人間と人間の間のコトとしての客観的出来事の世界の境界領域に介在する象徴交換・言葉のやりとりの意味構築の〈いま・ここ・しかじか〉の世界。然り。現象学的社会学の根本課題は、この存在類型〈いま・ここ・しかじか〉の凝視とその『言語化』にあると言わねばならない。意味体験の記述と解釈にとどまる意味理解の研究（W・ディルタイ『精神科学における歴史的世界の構成』1910）でもなく、シンボル・言語と、出来事の外的因果関係の記述と説明の実証研究（ルドルフ・カルナップ『論理的世界の構成』1928）でもない。したがって間主観的他者の理解だけでも、単なるプラグマティカルな行為の働きや結果の対象記述だけでもなく、両者の相互補完関係、意味の内部地平（エゴロジー）と意味の外部地平（コスモロジー）の重なり合う〈いま・ここ・しかじか〉の現場に踏みとどまり、〈いま・ここ・しかじか〉において創出される人間的実践の「現場の知」、社会的行為に関与する行為主体の「態度」構造、社交における行為の「賦課的関連性」と「内在的関連性」の相補的観点から生きられる日常の社交世界の今ここしかじかの意味を学ぶものでなければならない。知的伝記と同時代史の交わる〈われわれ〉の現場の知の〈いまとここ〉の苦悩と歓び、懐疑と逡巡、行為と決断の時熟の秋を、である。

6. ワーグナーさんからの手紙

ここに一通のワーグナーさんからの私（佐藤）宛の手紙がある。日付は一九八三年一二月一六日。文面は以下のようである。

サトウ先生
昨日、一九八三年十二月一〇日付のお手紙落掌いたしました。どうも有難うございます。私のシュッツ伝記を日本語に翻訳するご意向を拝聴（読）いたし、本当に、とても嬉しく存じます。シュッツ夫人がその時私に申しますには、貴方が『パーソンズ＝シュッツの往復書簡』や『意味世界』の翻訳を手掛けられておられるし、ですからシュッツの仕事にとてもよく通じている方です。ということで、貴方のお名前を存じております。貴方をこの伝記の訳者として選ぶのは最高です。
（一部省略）
何れにしても、この翻訳にあなたが関心をお持ちであることをシカゴ大学出版会の方に知らせておきました。

三〇年も遡る〈いま・ここ〉の出来事である。訳者の私の方から率先して本書の翻訳を申し出たのに、後の言葉が続かない結果を生みだしてしまった。一九八三年一二月のこの手紙を手に握りつつ、多くの方々からのお力添えで二〇一八年の〈いま・ここ〉に、遅きに失する仕儀ではあるが、出版できることを、今は亡きお二方に心からの感謝をこめて報告できることになった。
共訳者の中村正と森重拓三の両君には遅々として進まない翻訳に協力と励ましを頂いた。両君とはもう十数年以上ものお付き合いになる。学生時代からシュッツを一緒に学んできた諸君である。二人の協力なしにはこの仕事の完成はありえなかった。本書の第一部『知的献身の生涯』を森重、第二部『学者コミュニティ』と第三部『「生活世界の社会学」以前・以後』を中村が翻訳し、訳文全体の最終的調整は佐藤が担当した。

＊

明石書店の編集部の諸氏にはお世話になった。特に本書の「生みの親」とも言うべき、故小林洋幸氏の霊前に一書を捧げたい。本書の良さをいち早く見出し、「学生時代にシュッツをかじっていた」と言われる同僚の柴村登治氏に仕事をつないでくださった。柴村氏には、迷宮入り寸前の版権取得並びに厄介な編集・校正の作業にお骨折りいただいた。本当にありがとうございました。

最後に、明石書店に紹介の労をお取りくださった、畑中幸子先生（文化人類学）に心からお礼を申し上げます。

二〇一八年二月吉日

佐藤　嘉一

※なお、本書の刊行にあたっては、立命館大学産業社会学会の二〇一七年度学術出版助成を受けている。

Scheler, Max マックス・シェーラー
1926　『認識と労働：世界認識における実用的な動機の価値と限界に関する一研究』

Sebba, Gregor グレゴール・セバ
1977　「エリク・フェーゲリンの主題に関するプレリュードと変奏曲」

Shibutani, Tamotsu タモツ・シブタニ
1955　「パースペクティブとしての準拠集団」
1961　「社会とパーソナリティ：相互行為主義者の社会心理的アプローチ」

Spiegelberg, Herbert ハーバート・スピーゲルバーグ
1960　『現象学運動：一つの歴史入門』2巻

Voegelin, Eric エリク・フェーゲリン
1952　『新しい政治学入門』
1956-57　『秩序と歴史』3巻
1966　『アナムーネシスー（想起）：歴史と政治の理論のために』

Wagner, Helmut R ヘルムート・ワーグナー
1977　「アルフレッド・シュッツのベルクソン時代」*PPR*, 38: 187-99
1978　*Between IdealType and Surrender: Field Research as Asymmetrical Relation, Human Studies* 1: 153-64（「理念型と降伏の間：非対称的関係としての現地調査」）
1980　「パーソンズ考：1974年のA・シュッツを回顧する観点から」*Human Studies* 3: 387-402
1981a　「不一致における一致：アルフレッド・シュッツとエリク・フェーゲリン」ペーター・J・オピッツとグレゴア・セバ編『秩序の哲学；歴史、意識と政治』pp.74-90: Klett-Cotta.
1981b　「ある学者の知的生涯計画と運命：アルフレッド・シュッツの場合」ステファン・スコースガールト編著『現象学と人間の運命の理解』pp. 187-98.　ワシントンD.C.: アメリカ大学出版

Weber, Max マックス ウェーバー
1921　『社会学の基礎概念』
1922　『学問論論集』

Williams, Richard H. リチャードH. ウィリアムズ
1940　「受苦問題に用いられる理解の方法」『異常の社会心理学雑誌』35: 337-58.
1942　「情動的行為の社会学に対するシェーラーの貢献――特に羞恥心問題に注目して」*PPR*, 2: 348-58.

Wolf, Kurt H. クルトH. ウルフ
1956　「社会学以前と社会学以後」
1959a　「社会学と歴史：理論と実践」AJS. 65: 32-38
1959b　「知識社会学と社会学理論」（リヴェリン・グロス編「社会学理論シンポジューム」所収）

Zaner, Richard M リチャードM. ツァーナー
1970　アルフレッド・シュッツ『関連性の理論』の「序言」と「まえがき」

※文献資料の原題、発行年、出版社などの詳しい情報は下記、明石書店ホームページ内の本書紹介ページでご覧になれます。　http://www.akashi.co.jp/book/b355347.html

1974 「ライプニッツ：汎論理主義の哲学」

Heidegger, Martin マルティン・ハイデガー
1962 『存在と時間』

Husserl, Edmund エドムント・フッサール
1913 『純粋現象学と現象学的哲学の理念』
1929 「現象学」『エンサイクロペディア・ブリタニカ』第 14 版 , 17: 699-702
1931 『理念：純粋現象学序説』英語版への著者序言
1939 『経験と判断：論理の系譜の考察』
1952a 『純粋現象学と現象学的哲学の理念Ⅱ』
1952b 『純粋現象学と現象学的哲学の理念Ⅲ』
1960 『デカルト的省察：現象学序説』
1964 『内的時間意識の現象学』
1969 『形式論理学と超越論論理学』
1970 『ヨーロッパ諸学の危機と超越論的現象学：現象学的哲学序説』

James, William ウィリアム・ジェームズ
1980 『心理学原理』全二巻

Jonas, Hans ハンス・ヨーナス
1959 「アルフレッド・シュッツ : 1899-1959」*SR*, 26: 471-74

Kaufmann, Felix フェリクス・カウフマン
1944 『社会科学の方法論』

Kersten, Fred フレッド・ケルステン
1976 「アルフレッド シュッツに寄せる序言」「音楽の現象学断章」『音楽と人間』2: 6-22

Leibniz, Gottfried Wilhelm von ゴットフリード・ウィルヘルム・フォン・ライプニッツ
1947 『形而上学論議』『アルノーとの往復書簡』『モナドロジー』

Luckmann Thomas トーマス・ルックマン
1973 アルフレッド・シュッツとトーマス・ルックマン著『生活世界の諸構造』への「序言」

Fritz, Machlup フリッツ・マハルプ
1978 『経済学の方法と社会科学』

Mead, George Herbert ジョージ・ハーバート・ミード
1932 『現在の哲学』
1934 『精神・自我・社会』
1938 『行為の哲学』

Natanson, Maurice モーリス・ナタンソン
1956 『G・H・ミードの社会動学』

Ortega y Gasset オルテガ・イ・ガセット
1957 『人間と民衆』

Parsons, Talcott タルコット・パーソンズ
1937 『社会的行為の構造』
1951 『社会体系論』

シュッツによって準備され，彼の没後刊行された論文・評論

1959b　「フッサール後期哲学における類型とエイドス」*PPR*, 20: 147-65. *CP* III: 92-115.
1959c　「社会科学に対するフッサールの意義」H・L・ヴァン・ブレダ編『エドムント・フッサール 1859-1959』pp.86-98. シリーズ現象学第 4 巻　ハーグ：ナイホフ CP O: 140-49.

他の人々によって準備された没後の論文・評論

1960　「社会的世界と社会的行為の理論」A・ブロダーゼン編「『パーソンズの社会的行為の理論』の最終部分」*SR*,27: 203-21. *CP* II:3-19
1966a　「生活世界の若干の構造」ドイツで未刊行論文の A・グルヴィッチによる翻訳 *CP* III 116-32.
1966b　「シェーラーのカント哲学批判」1957d と 1958a で省略された箇所 *CP* III: 155-63.
1976b　「音楽の現象学の断章」：F・ケルゼンの前書付き『音楽と人間』2: 5-71.
1977　「フッサールと私に与えた影響」L・エンブリー編『現象学的社会学年報』2: 41-44.

他の著者たちの著作

Aron, Raymond レーモン・アロン
1961　*Introduction to the Philosophy of History: An Essay on the Limits of Historical Objectivity*

Bergson, Henri アンリ・ベルクソン
1910　*Time and Free Will; An Essay on the Immediate Data of Consciousness*,（『時間と自由意志：意識の直接的与件に関する考察』）
1911　*Matter and Memory*（『物質と記憶』）

Dewey, John ジョン・デューイ
1922　*Human Nature and Conduct*（『人間性と行動：社会心理学入門』）

Engel-Janosi, Friedlich フリードリヒ・エンゲルヤノシ
1974　「…されど自惚れの乞食は：ある失われた世代の回想」グラーツ：スティリア社

Faber, Marvin マーヴィン・ファーバー
1959　*Naturalism and Subjectivism*（『自然主義と主観主義』）

Fink, Eugen オイゲン・フィンク
1933　「現代批判のエドムント・フッサールの現象学的哲学」『カント研究』18: 319-83.
1959　「フッサール現象学における操作概念」ロワヤモン会報 哲学第 3 号：「フッサール」pp.214-30.

Garfinkel, Harold ハロルド・ガーフィンケル
1951　「社会学的態度の覚書」（未発表原稿）
1953a　「合理性の“問題”に関する若干の研究ノート」（未発表原稿）
1953b　「T・パーソンズと A・シュッツによる四つの‘理論－以前’問題に関して為された決断に関するノート」（未発表原稿）

Gurwitsch, Aron アロン・グルヴィッチ
1940　「意識の志向性について」（M. ファーバー編『エドムント・フッサール記念哲学論集』所収）
1941　「意識の非・自我論理的着想」*PPR*, 1: 325-38.
1943　「ウィリアム・ジェームズの意識の流れの‘推移部分’の理論」*PPR*, 3: 449-77.
1964　*The Field of Consciousness*（『意識野』）

1940-59 年の間に刊行された論文

1940a　「現象学と社会科学」『エドムント・フッサール記念論文集』*CP* I: 118-39.

1941　「ウィリアム・ジェームズの思考の流れ概念の現象学的解釈」*PPR*,1: 442-52. *CP* III: 1-14.

1942　「シェーラーの間主観性理論と他我の一般定立」*PPR*, 2: 323-47. *CP* I: 150-79.

1943　「社会的世界における合理性の問題」『エコノミカ』, *N.S.* 10: 130-49. *CP* II: 64-88.

1944　「余所者：社会心理学の一論稿」*AJS*, 49: 499-507. *CP* II: 91-105.

1945a　「帰郷者」*AJS*,50: 369-376. *CP* II: 106-19.

1945b　「現象学のいくつかの主導的概念」*SR*,12: 77-97. *CP* II: 99-117.

1945c　「多元的現実」*PPR*,5: 553-76. *CP* I: 207-59.

1946a　「情報に通じている市民：知識の社会的分配論考」*SR*,13: 463-78. *CP* II: 120-34.

1948　「サルトルの他我理論」*PPR*, 9: 181-99. *CP* I: 180-203.

1950a　「言語、言語障害、意識の構造組織」*SR*, 17: 365-94. *CP* I: 260-86.

1950b　「フェリクス・カウフマン：1895 〜 1949」*SR*,17: 1-7.

1951a　「行為の諸企図のなかの選択」*PPR*, 12: 161-84. *CP* I: 67-96.

1951b　「音楽を一緒に演奏する：社会関係の一研究」*SR*, 18: 76-97. *CP* II: 159-78.

1952　「サンタヤナの社会と統治論」*SR*,19: 220-46. *CP* II: 201-25.

1953a　「討論：エドムント・フッサールの『イデーン第二巻』」*PPR*, 13: 394-413. *CP* III: 16-39.

1953b　「討論：現象学と科学の基礎（フッサール『イデーン第三巻』）」*PPR*, 13: 506-14. *CP* III: 40-50.

1953c　「人間の行為についての常識的説明と科学的説明」*PPR*, 14: 1-37. *CP* I: 3-47.

1954　「社会科学における概念と理論形成」*JP*, 51: 257-74. *CP* I: 48-66.

1955a　「ドン・キホーテと現実の問題」*Dianoia*, 1 : 312-30. *CP* II: 135-58.

1955b　「シンボル、現実と社会」『シンボルと社会』L・ブリソン、L・フィンケルスタイン、H・フォーグランド、R・W・マキーバー編ニューヨーク：科学・哲学・宗教会議 *CP* I: 287-356.

1956a　「モーツァルトと哲学者たち」*SR*, 23: 219-42. *CP* II: 179-200.

1956b　「マックス・シェーラー：1874-1927」（フランス語）、モーリス・メルロ＝ポンティ編　*Les Philosophers célèbree*, pp. 330-35. パリ：Lucien Mazenod /「マックス・シェーラーの哲学」（原著：英語）*CP* III: 133-44.

1957a　「平等と社会的世界の意味構造」『科学・哲学・宗教の民主的生活様式との関わり』L・マゼノナド、C・H・ファウスト、L・フィンケルスタイン編ニューヨーク：生活の民主的方法との関係における科学・哲学・宗教会議 *CP* II: 226-73.

1957b　「フッサールにおける超越論的間主観性の問題」『哲学的展望 : 季刊誌哲学的批判』5: 81-107.
「フッサールにおける超越論的間主観性の問題」*CP* III: 51-84.
「フッサールにおける超越論的間主観性の問題」フッサール、パリ：ミッドナイトエディション

1957c　「“フッサールの超越論的間主観性の問題”の討論でなされたコメントに対する返答」（ロイヤモン、1957 年 4 月 28 日：ドイツ語原稿からの英訳）*CP* III: 87-91.

1957d　「マックス・シェーラーの認識論と倫理Ⅰ」『形而上学評論』11: 304-14. *CP* III: 144-54.

1958a　「マックス・シェーラーの認識論と倫理Ⅱ」『形而上学評論』11: 486-501. *CP* III:163-78.

1958b　「責任概念の若干の曖昧性」シドニー・ホーク編『決定論と自由論』,pp. 206-8. ニューヨーク：ニューヨーク大学出版 . *CP* Ⅱ : 274-76.

1959a　「テレシアス、または未来の出来事についてのわれわれの知識」*SR*, 26: 71-89. *CP* II: 277-93.

文 献（精選）

アルフレッド・シュッツの著作※

著書

1932 *Der sinnhafte Aufbau der sozialen Welt*. Vienna: Springer. 2nd edition, 1960.
English translation by George Walsh and Frederick Lehnert. *The Phenomenology of Social World*. Evanston, III.: Northwestern University Press, 1967.
（佐藤嘉一訳『社会的世界の意味構成』木鐸社、2006 年）

1962 *The Collected Papers of Alfred Schutz*. Vol. I: *The Problem ofSocial Reality*. Edited by Maurice Natanson. The Hague: Nijhoff.
（渡辺光・那須壽・西原和久訳『社会的現実の問題』［Ⅰ］［Ⅱ］マルジュ社、1983,1985 年）

1964 *The Collected Papers of Alfred Schutz*. Vol. II: *Studies in Social Theory*. Edited by Arvin Brodersen. The Hague: Nijhoff.
（渡辺光・那須壽・西原和久訳『社会理論の研究』マルジュ社、1998 年）

1966 *The Collected Papers of Alfred Schutz*. Vol. III: *Studies in Phenomenological Philosophy*. Edited by Ilse Schutz. The Hague: Nijhoff.
（渡辺光・那須壽・西原和久訳『現象学的哲学の研究』マルジュ社、1998 年）

1970a *Reflections on the Problem of Relevance*. Edited by Richard M. Zaner. New Haven, Conn.: Yale University Press.
（那須壽・浜日出夫・今井恵・入江正勝釈『生活世界の構成』、1996 年）

1970b *Alfred Schutz on Phenomenology and Social Relations: Selected Writings*. Edited by Helumut R.Wagner.
Chicago: University of Chicago Press. 2nd impression, 1973.

1978 *The Theory of Social Action: The Correspondence of Alfred Schutz and Talcott Parsons*. Edited by Richard Grathoff. Bloomington: Indiana University Press.
（佐藤嘉一訳『社会的行為の理論論争』木鐸社、2009 年）

1981 *Theorie der Lebensformen*. Edited and introduced by Ilja Srubar. Frankfurt: Suhrkamp. English edition, translated, introduced, and annotated by Helmut R. Wagner. *Life Forms and Meaning Structure*. London: Routledge & Kegan Paul, 1982.

1985 *The correspondence between Alfred Schutz and Aron Gurwitsch*.(In German.) Volume IV of the *Collected Papers. Alfred Schutz / Aron Gurwitsch Briefwechsel 1939-1959*. herausgegeben von Richard Grathoff Mit einer Einleitung von Ludwig Landgrebe.
（佐藤嘉一訳『亡命の哲学者たち』木鐸社、1996 年）

〈トーマス・ルックマンとの共著〉

1973 *The Structures of the Life-world*. Translated by Richard Zaner and H.Tristram Engelhardt, Jr.Evanston, III.: Northwestern University Press. German edition: *Strukturen der Lebenswelt*. Neuwied: Luchterhand, 1975.
（那須壽監訳『生活世界の構造』筑摩書房、2015 年）

論文

ヨーロッパ時代の論文（批評）

1932a 「批評：エドムント・フッサール著『デカルト的省察』について」『国際的学術批評のためのドイツ文芸新聞』51: 2404-16.

1933 「批評：エドムント・フッサール著『形式的論理と超越論的論理』」同紙 , 17: 774-84.

※シュッツの著作については私（筆者）が作成した総合目録から精選した。表記は私の方法によっており、また、当目録にはシュッツのすべての作品を含んでいるわけではない。

174, 183, 220, 234, 256-258
サンタヤナ Santayana, George, 225-228, 441
サルトル Sartre, Jean-Paul, 151, 155, 253, 283, 311, 337, 345, 347, 348, 395, 402-404, 406, 420, 444, 491, 494-496
シェーラー Scheler, Max, 46, 62, 79, 107, 124, 131, 132, 138, 144, 151, 155, 159, 166, 193, 194, 207-209, 219, 222, 224, 228, 237, 242-245, 253, 254, 284, 321, 328, 345, 382, 421, 437, 440, 443, 444, 452, 453, 455, 465, 467, 477-480, 491-496
シェルティング Schelting, Alexander von, 87
シュンペーター Schumpeter, Joseph A., 137, 249
シュッツ Schutz, Ilse (née Heim), 23, 35, 65, 66, 111, 178, 183
シブタニ Shibutani, Tamotsu, 124, 376, 381-383
シルズ Shils, Edward, 124, 131, 381
ジンメル Simmel, Georg, 62, 112, 143, 144, 146, 151, 194, 195, 257, 486
ソローキン Sorokin, Pitirim, 124, 131
シュパン Spann, Othmar, 25, 29
スペンサー Spencer, Herbert, 131
スピーゲルバーグ Spiegelberg, Herbert, 135, 176, 208, 245, 271-279, 282, 283, 395, 467, 475, 487
シュタイン Stein, Edith, 245
スターン Stern, William, 355
ストンクイスト Stonequist, Everett C, 143, 215
ストニール Stonier, Alfred, 105
ストラウス Straus, Erwin, 241, 242
ストラウス Straus, Leo, 252, 253, 280
サムナー Sumner, William G., 120, 121, 143, 144, 200
トーマス Thomas, William I., 120, 121, 122, 143, 214, 215
テンニース Toennies, Ferdinand, 207
ターナー Turner, Ralph, 124
ウティツ Utiz, Emil, 83
ヴァン・ブレダ Van Breda, Hermann, 134, 172, 173, 176, 178, 287, 394
フェアドロス Verdross, A., 25
ヴィコ Vico, Giovanni Battista, 305
フィーアカント Vierkandt, Alfred, 207
フェーゲリン Voegelin, Eric, 27, 83, 86, 227, 246, 252, 280, 291-322, 335, 366, 463, 481, 486, 494
ヴァール Wahl, Jean, 235, 236, 238, 506
ワルター Walther, Gerda, 245
ウェーバー Weber, Max, 23, 28-33, 40-43, 50, 55, 59, 61-63, 65, 68-71, 75, 79, 87, 112, 124, 125, 128-130, 142, 144, 153, 194-199, 207, 222, 225, 231, 238, 240, 242, 243, 250, 257, 294, 295, 305-308, 321, 323, 343, 379, 387, 427, 437, 440, 442, 456, 462, 486
ヴェルトハイマー Wertheimer, Max, 230, 237
ホワイトヘッド Whitehead, Alfred, N., 124, 222, 225, 226, 444
ウィリアムズ Wiliams, Richard, 131-133, 243, 376
ヴィーゼ Wiese, Leopold von, 62, 124, 144, 207, 242
ヴィーザー Wieser, Friedlich von, 25
ウルフ Wolff, Kurt H., 383-392
ウッド Wood, Margaret M., 143
ヤング Young, Kimball, 120, 144
ツァーナー Zaner, Richard, 183
ズナニエツキー Znaniecki, Florian, 125, 143, 144, 215, 216

ケーラー Koehler, Wolfgang, 210, 211
コフカ Koffka, Kurt, 210, 211
コアレ Koyré, Alexandre, 108, 245
クーン Kuhn Helmut, 133, 265, 279-283
ラントグレーベ Landgrebe, Ludwig, 133, 251, 252, 442, 506
ランツベルク Landsberg, Paul, 107
ライプニッツ Leibniz, Gottfried Wilhelm, 89, 90, 193, 232, 234, 339, 365, 368, 414-425, 432, 442, 444, 494, 504
レヴィ=ブリュール Lévy-Bruhl, Lucien, 108, 210, 361, 362
リントン Linton, Ralph, 54, 74
ロー Lowe, Adolph, 142, 143, 257, 258, 259, 260, 261
ルックマン Luckmann, Thomas, 178, 183, 184, 407
マハルプ Machlup, Fritz, 27, 88, 106, 157, 257, 261-265, 288, 291, 292, 417
マックギル McGill, V.Jerauld, 136, 137
マキヴァー MacIver, Robert, 120, 125, 144, 146, 160, 234, 235, 238
マッキンネー McKinney, John, 124, 243
マンデルバウム Mandelbaum, Maurice, 137
マンハイム Mannheim, Karl, 144, 147, 193, 210, 259, 261, 383, 386, 389, 391
マルセル Marcel, Gabriel, 210
マリタン Maritain, Jacques, 111, 235
マルクス・ヴェルナー Marx, Werner, 392
メイヤー Mayer, Carl, 250
ミード Mead, George H., 52, 91, 120, 123-125, 144, 151, 216, 219-223, 237, 240, 309, 383, 396, 398, 482, 492
ミード Mead, Margaret, 144
メルロ=ポンティ Merleau-Ponty, Maurice, 108, 111, 212, 253, 254, 337, 353, 444
マートン Merton, Robert, 120, 125
ミーゼス Mises, Ludwig von, 25-29, 62, 86, 87, 89, 105, 106, 234, 254
ムーア Moore, George Edward, 401
モルゲンシュテルン Morgenstern, Oscar, 106
モリス Morris, Charls, 160
ナタンソン Natanson, Maurice, 123, 176, 177, 178, 220, 223, 241, 395-407, 496
オッペンハイマー Oppenheimer, Franz, 258
オルテガ Ortega y Gasset, 86, 224, 225, 247
尾高（朝雄）Otaka, Tomoo, 65, 66, 87
パレート Pareto, Vilfredo, 144, 200, 307, 378, 422
パーク Park, Robert F., 120, 124, 142, 144, 215
パーソンズ Parsons, Talcott, 86, 120, 124-132, 137, 144, 200, 213, 216, 220, 242, 243, 249, 376, 377, 380, 381, 422
パスカル Pascal, Blaise, 305
ペリー Perry, Ralph, 133
プフェンダー Pfänder, Alexander, 271
ピアジェ Piaget, Jean, 220, 241, 335, 340, 355
プラトン Plato, 89, 192, 237, 295-298, 312, 316, 317, 319, 354
レカセン Recasens, Siches, Luis, 254
レッドフィールド Redfield, Robert, 125
リッケルト Rickert, Heinrich, 245
リクール Ricoeur, Paul, 309, 395
リーツラー Riezler, Kurt, 261, 335
ロビンス Robbins, Lionel, 105
ザロモン Salomon, Albert, 142, 144, 145,

エンブリー Embree, Lester, 285
ファーバー Farber, Marvin, 110, 132-139, 145, 183, 224, 235, 254, 265, 272, 280, 283-290, 299, 490
フィンク Fink, Eugen, 81, 133, 251, 252, 483, 484, 500-503
フロイト Freud, Sigmund, 20, 100, 151, 212-214
フレェーリッヒ Froehlich, Walter, 181
ガダマー Gadamer, Hans-Georg, 247, 248
ガーフィンケル Garfinkel, Harold, 376-381
ゲルプ Gelb, Adhemar, 364
ゲーテ Geothe, Johann Wolfgang von, 17, 81, 329
ゴルトシュタイン Goldstein, Kurt, 108, 211, 212
グルヴィッチ Gurwitsch, Aron, 107-111, 133, 148, 156, 157, 170-174, 183, 201, 210-212, 241, 243, 253, 279, 281, 291, 292, 299, 309, 323-373, 385, 415-417, 419, 421, 422, 425, 442, 444, 468, 486, 497, 498, 502, 503, 507
ハーバラー Haberler, Gottfried, 106, 125, 126, 249
アルヴァクス Halbwachs, Maurice, 210
ハイエク Hayek, Friedrich von, 26, 88, 105, 106, 249, 250, 259
ヘーゲル Hegel, Georg Wilhelm Friedrich, 192, 319, 364, 386, 485, 494
ハイデガー Heidegger, Martin, 245-247, 250, 273, 392, 404, 444, 494
ヒルデブラント Hildebrandt, Dietrich von, 245
フッサール Husserl, Edmund, 37, 41, 51, 61-66, 68-76, 78-84, 89, 96, 97, 107-110, 131-137, 145, 150, 154, 159, 161, 166, 169, 172, 176, 180, 183, 192, 201-204, 207, 208, 212, 217, 219, 222, 225, 226, 228, 232-237, 241, 242, 244-248, 250-253, 266, 269, 271, 272, 274-280, 283-285, 288, 289, 295-298, 301-305, 307, 309, 311, 312, 317, 318, 324, 335, 337, 339-342, 348, 349, 353, 360, 364-366, 368, 371, 372, 394, 397, 401, 402, 405, 406, 414-416, 419, 422, 424, 425, 427, 432, 433, 439, 440, 442-445, 448-511
フッサール Husserl, Gerhart, 133
インガルテン Ingarden, Roman, 250, 500, 501, 506
ジェームズ James, William, 72, 90, 98, 120, 123, 134, 138, 141, 148, 151, 155, 163, 200-206, 220, 221, 226, 228, 237, 274, 298, 328, 329, 335, 340-344, 398, 419, 434, 441-444, 475, 482
ジャンディ Jandy, Edward C., 217
ヤスパース Jaspers, Karl, 223, 224, 305
ジョンソン Johnson, Alvin, 141, 142
ヨーナス Jonas, Hans, 168, 170, 171, 174, 252
カレン Kallen Horace, 142, 201, 441-443
カント Kant, Immanuel, 41, 46, 89, 193, 194, 303, 365, 380, 422, 501
カウフマン Kaufmann, Felix, 25, 27, 41, 61, 63-66, 79-82, 86, 106, 110, 133, 142, 151, 179, 263, 265-271, 286, 297, 301, 335, 380, 388, 419
カウフマン Kaufmann, Fritz, 133, 250
ケルゼン Kelsen, Hans, 25, 26, 29, 66, 234, 254
ケルステン Kersten, Fred, 150, 284, 407, 441
キルケゴール Kierkegaard, Søren, 89, 92, 98, 100, 200, 273

目覚めている生　99, 419
目的合理的行為と価値合理的行為　308
目的の動機と理由の動機
目的の動機　95, 100, 151, 158, 197, 204, 259, 422-424, 437
理由の動機　95, 100, 158, 197, 204, 244, 259, 367, 423
モナド　89, 100, 312, 365, 415, 417, 420, 421, 494, 500, 504
モナドロジー　421

や　行

夢の世界　98-100, 213, 362, 418
余所者　142, 143, 146, 148, 155, 171, 215, 217, 252, 266, 281, 331-333, 382

ら　行

理解社会学　28, 30-32, 40, 41, 59, 69, 70, 76, 125, 129, 196, 243, 258, 387, 427, 432, 465
理解とコミュニケーション　75, 448
理念型　29, 30, 50, 88, 89, 123, 199, 222, 242, 251, 263, 350, 379, 388, 417, 419, 420, 431, 432, 456, 461, 462
理念型的概念化　432
理念型的構成概念　227, 264
類型化　68, 73, 121, 123, 162, 184, 212, 214, 215, 349, 352, 355, 356, 400, 450, 455, 461, 465, 467, 481, 503, 506
労働（仕事）と実用的知識　448
論理的一貫性の公準　466
論理の外にある動機　414

わ　行

「我思う、ゆえに我あり」　414
我々集団　121, 146

人名索引（アルファベット順）

アベル Abel, Theodore, 125
アレクサンダー Alexander, Franz, 214
オールポート Allport, Samuel, 74, 140
アリストテレス Aristotle, 192, 295, 298, 308, 316
アロン Aron, Raymond, 86, 111, 112
ベッカー Becker, Howard, 124, 125, 144, 242, 243
ベルクソン Bergson, Henri, 41-44, 49-51, 58-64, 68-70, 72, 89, 90, 124, 192, 201, 204, 207, 226, 232, 237, 245, 251, 298, 368, 406, 419, 422, 424, 427-445
ビーメル Biemel, Walter, 393
ビーヤステッド Bierstedt, Robert, 125
ブルーマー Blumer, Herbert, 124, 144
ボヘンスキー Bochenski, J. M, 406
ボード Bode, Karl, 105
ブレヒト Brecht, Arnold, 236-238
ブレンターノ Brentano, Franz von, 158
ブロダーセン Brodersen, Arvid, 178
ブランシュビック Brunschvicg, Lēon, 133
ビューラー Bühler, Charlotte or Karl, 355
ケアンズ Cains, Dorion, 81, 133, 169, 170-174, 254, 265, 272, 283-285, 290
カルネアデス Carneades, 192
カッシーラー Cassirer, Ernst, 159, 223, 224, 281, 400, 419, 444
クーリー Cooley, Charles H., 24, 51, 120, 122, 144, 146, 151, 216-220, 256
デンプ Dempf, Alois, 309
デカルト Descartes, René, 192, 303, 304, 311, 312, 414, 415, 418, 425, 463
ド・ヴェーレンス de Waelhens, Alphonse, 494
デューイ Dewey, John, 144, 201, 220, 228-234, 269, 398, 422, 437, 444
ディルタイ Dilthey, Wilhelm, 250, 209
デュカス Ducasse, Curt J., 136, 137
デュフレン Dufrenne, Mikel, 395
デュルケーム Durkheim, Emile, 111, 144, 200, 456

276, 277, 347, 377, 417, 420, 490, 492, 493, 498
他我の一般定立　104, 138, 208, 433
多元的現実　21, 98, 148, 149, 155, 156, 159, 163, 164, 180, 213, 221, 237, 273, 274, 278, 310, 356-358, 377, 380, 434
他者体験　77, 491
他者理解　62, 68, 74, 244, 277
知覚 90, 98, 99, 124, 202, 222, 253, 278, 325, 336, 337, 340, 354, 355, 360-362, 367, 371, 377, 418, 419, 423-425, 428-430, 436, 437, 457, 476, 482, 492, 493, 502, 504, 506, 509
知識社会学　55, 144, 147, 179, 193, 205, 208-210, 242, 383, 389, 391, 392
知識の構造的社会化　465
知識の社会的配分　147, 209, 465
知識の発生論的社会化　465
超越論的現象学　74, 84, 154, 202, 242, 248, 252, 278, 302, 304, 464, 470, 473-476, 479-482, 487, 491, 494, 495, 500, 511
超越論的主観主義　27-28, 40, 77, 131, 161, 290
跳躍　92, 98, 101, 234, 314, 342
直接世界　177
適合性の公準　198, 466, 467
伝記的状況　122, 158, 196, 217, 402, 467
統覚　72, 99, 161, 162, 194, 277, 359, 365, 367, 402, 418, 425, 457, 463, 484, 499
同時代世界　77, 177, 178
独我論的自我　351

な　行

内在的な諸本質　73
「内世界的」意識　202
内世界的間主観性　208, 464, 470, 489
内世界的文化科学　464
内世界の現象　202
内的時間意識　64, 69, 71, 73, 74, 302, 432, 433, 439, 444, 471
内部地平と外部地平　202, 442, 508
　内部地平　457, 509
　外部地平　457, 509
汝－関係　24, 45, 54
汝の経験科学　43
二元論的思考　414
日常生活世界　78, 101, 156, 164, 356
日常生活の思考　233, 378
日常生活の知識　147, 391
日常的思考の論理　234, 422
ニュー・スクール・フォア・ソーシャルリサーチ　133, 141
ノエシス　109, 204, 272, 296, 337, 340, 501
ノエマ 109, 204, 337, 339-341, 343, 346, 501, 503-505

は　行

発生論的認識論　241
汎論理主義　414
微小知覚　90, 418, 419, 422, 425
批判的現象学　324
賦課的関連性　403
付帯現前　161, 162, 224, 358-361, 399, 400, 404, 444, 471, 481, 499
　対化　161
　図式　162
　意味付与　161
プラグマティズム　63, 201, 220, 228, 229, 231, 437, 441, 442, 453
プラグマティックな行為理論　436
ベルクソンの背理　49, 50, 60, 61, 430, 432, 433

ま　行

窓のないモナド　421, 494
三つの私〔世人の私、心理学的私、超越論的自我〕348
未来予持　203, 358
無歴史性　314, 391, 414

152, 153, 156, 205, 209, 211, 228, 241, 254, 278, 325, 332, 338, 339, 449, 453, 467, 470, 505, 507
自然的態度のエポケー　282
自然的態度の構成現象学　464, 470, 476
実証主義　223, 258
実用的関心　96, 100, 101, 313, 418
社会科学　20, 23-25, 27, 29, 42, 71, 73, 78, 102, 112, 130, 141, 145, 151, 168, 170, 195, 199, 215, 237, 248, 260, 262-264, 263, 270, 295
社会科学的推論の哲学的前提　321
社会学的唯名論　390
社会的行為　43, 67-69, 97, 149, 216, 262, 295, 308, 460, 470
社会的世界　30, 68, 92, 121, 156, 162, 163, 197, 216, 229, 260, 270, 351, 356, 405, 451, 458, 460, 461
社会的相互行為　57, 451, 460, 486
社会的類型化　260, 351
十分に目覚めた状態　148
主我と客我　482
主観主義　21, 415, 484
主観的解釈の公準　198, 466
主観的超越論　414, 463
主体としての我　418
受動的総合　150, 400, 493, 504
受動的注意　418
準拠集団　381, 382
状況の定義　121, 214, 215, 229, 247, 442
常識的思考　58, 163, 202, 226, 233-234, 384, 401, 443
常識的説明と科学的説明　159, 264, 280, 349, 352, 377, 382, 384, 465
象徴　47-48, 51, 52, 54, 55, 59, 159, 160, 163-165, 213, 224, 316, 358, 361, 362, 399, 400, 435, 445
　象徴化 45, 46, 48, 51, 54, 159, 160, 163, 165, 180, 223, 361, 399, 401, 406, 445
象徴解釈　48, 51
象徴措定　48
人格の理念型　89, 419, 420, 462
人文主義的精神　414
親密性　24, 122, 218, 219, 460
心理学的実在主義　390
生活世界　96-99, 101-103, 124, 152, 156, 158, 163, 164, 180, 198, 222, 233, 234, 241, 242, 251, 252, 259, 261, 264, 267, 268, 270, 272, 273, 277, 289, 302, 332, 339, 353, 357-362, 365, 378, 384, 385, 388, 389, 393, 401-403, 406, 415, 416, 421, 422, 445, 448, 450-455, 459-461, 463-466, 468-470, 478, 479, 489, 492, 494, 497, 502, 503, 505-508, 510
生活世界における人間の哲学　469, 492
生活世界の社会学　156, 422, 445, 470, 479, 510
生の諸形式　44, 46-50, 60, 64, 430
生への注意　70, 101, 158, 212, 418, 434, 453
西洋哲学　414
先代世界　177, 178
選択（choice）　95, 101, 152, 424, 425, 437
専門家・街の人・博識の市民
　専門家　147
　街の人　147, 153
　博識の市民 147, 148
相互作用　24, 58, 195
疎隔感　18, 22-24
存在論的原理としての持続　439

た　行

第一次集団　24, 122, 146, 216-219
第一段階の構成物　465
体験の諸層　46
第三の観察者　56, 58, 420, 421
対面的　216, 218, 256
大論理　415, 416
他我　45, 74, 76, 78, 89, 90, 104, 138, 151,

297, 298, 367, 400, 402, 405, 418, 427, 431, 434, 436, 437, 442, 443, 508
『危機』書　73, 176, 183, 301, 302, 305, 364, 402, 411, 450, 462, 463, 468, 469, 473, 482, 490, 496-499, 506
記号　51, 68, 78, 159-164, 213, 358, 360, 399, 435, 444, 445, 471, 528
記号表示物　160
記号措定者　160
記号解釈者　160
形相心理学　410
経験　43, 45, 46, 73, 80, 96, 102, 130, 143, 163, 170, 172, 193, 219, 254, 263, 264, 265, 268、269, 274, 294, 343, 349, 363, 388, 389, 410, 415, 450, 456-458, 460-462, 464, 473, 475-477, 479, 482, 489, 493, 506-511, 526-528, 531
ゲシュタルト　108, 170, 172, 210, 211, 221, 237, 309, 323, 336, 340, 442, 519
ゲシュタルト心理学　108, 170, 172, 210, 211, 221, 309, 323
現実のアクセント　108, 170, 172, 210, 211, 212, 309, 323
現象学　27, 36, 37, 58, 61-63, 65, 67, 68, 70, 71, 73-76, 79-82, 84, 86, 88, 89, 93, 104, 107-113, 120, 123, 131-135, 137, 138, 144-147, 149-151, 154-156, 158, 159, 165, 167, 169-172, 174-176, 181, 187, 188, 194, 200-202, 208-211, 214, 219, 221, 223, 228, 232, 234, 235, 237, 238, 241, 242, 245, 247, 248, 250-254, 266-269, 271-274, 278-280, 283-290, 292, 295, 297-299, 302-305, 307, 309, 310, 313, 323-325, 337, 340, 343, 345, 347, 351, 352, 357, 359, 364-366, 371, 372, 380, 381, 384, 393-395, 397, 399, 400, 402, 405, 406、410, 414-416, 418, 419, 425, 427, 428, 432, 439, 443-445, 448, 449, 451, 453, 458, 464, 465, 468-470, 473-487, 491, 492-495, 498, 500-503, 506, 507, 510, 511, 516, 517, 520, 526, 528-533
現象学的還元　70, 74, 237, 273, 278, 303, 341, 474, 483, 492
現象学的実在主義　278
現象学的方法　76, 202, 290, 295, 299, 367, 415, 432, 468
現象学的心理学　65, 74, 104, 109, 113, 123, 155, 158, 210, 221, 241, 292, 298, 323, 357, 371, 394, 410, 419, 425, 427, 439, 445, 449, 474-476, 480
現象としての我　418
限定的意味領域　149, 163, 206, 357, 358, 362, 403
限定的人格　94
言語　27, 42, 46, 49, 51, 52, 54-57, 68, 77, 100, 149, 151, 159, 160, 163, 165, 181, 183, 212, 223, 224, 254, 279, 338, 339, 343, 352, 353, 355, 360, 391, 397, 400, 430, 436, 443, 448, 455, 465, 480, 504, 528, 533, 534
行為の諸企画のなかの選択　368, 382
行為の遂行　438
構成的現象学　357
構造－機能主義的システム理論　131
合理的行為　45, 95, 153, 196, 243, 306-308, 350, 378, 422
合理主義者　414
公平無私な観察者の態度　464
古典的社会学　194

さ　行

視界の相補性　162, 465, 471
時間意識　64, 69, 71-74, 302, 427, 432, 433, 439, 448, 471
時間と空間の遠近法　418
至高の現実　98, 123, 124, 148, 163, 206, 222, 234, 399, 453
自然的態度 74, 92, 94, 96, 97, 101, 148,

事項索引

あ　行

意識
　意識の緊張　148, 149, 272, 363, 434
　意識の心理学　200, 206, 241
　意識野　211, 213, 324-326, 328, 335, 337, 341, 342, 357, 362, 367, 368, 442
意思疎通（コミュニケーション）
　意思疎通　68, 337, 348, 403, 430, 453, 460, 495, 496, 527
　コミュニケーション　51, 75, 77, 78, 159, 160, 162, 164, 180, 195, 210, 217, 225, 270, 448, 485, 495, 497, 527
以前の私・今の私・以後の私
　以前の私　93, 94, 99
　今の私　91, 93-95
　以後の私　93-95
意味
　主観的意味　55, 56, 58, 68, 71, 129, 196, 198, 270, 405, 462, 466, 517, 518, 528
　客観的意味　45, 55-58, 68, 70, 121, 198, 270, 462, 528
『意味構成』　63, 66−71, 73-75, 79, 86, 89, 90, 93, 94, 97, 108, 109, 111, 113, 116, 125, 131, 142, 148, 154, 175-178, 186, 188, 193, 194, 213, 224, 46, 253, 335, 377, 398, 427, 432, 440, 444, 448, 450, 461, 468, 472, 473, 475, 490, 496
意味措定作用　53, 56, 57
意味解釈作用　57
エゴコジー（自我論理）
　エゴロジー　344, 394, 494, 531, 534
　自我論理　279, 344, 346, 347, 349, 366, 367, 372, 385, 418,
エスノメソドロジー　381
エポケー　93, 96, 100, 148, 272, 282, 363, 385, 428, 481, 483, 484, 498-500, 502
応用現象学　394

か　行

懐疑の方法　415
科学的世界　101, 420
鏡に映る自我　122
「かくあれかし fiat」の厳命　415, 425
過去把持　99, 203, 367, 498, 508
価値自由　23, 199, 257, 258,
彼ら集団　121
間主観性　51, 57, 64, 70, 74-76, 82, 103, 138, 151, 154, 155, 160, 162, 167, 180, 208, 225, 237, 247, 251, 253, 270, 276, 277, 284, 285, 296, 301, 302, 311, 313, 317, 336, 348, 354, 367, 368, 371, 382, 394, 395, 400, 401, 420, 421, 433, 448, 450, 464, 469, 470, 473, 474, 482, 484, 486, 488-500, 503, 507-509, 517, 527
感情　23, 24, 51, 83, 95, 98, 117, 131, 132, 143, 196, 199, 204, 205, 208, 219, 227, 244, 257, 263, 276, 277, 293, 301, 306-308, 318, 332, 371, 382, 428, 476, 488, 492, 493, 496
感情的行為　306
完遂した行為　438
関連性　10, 38, 63, 81, 116, 147, 155-159, 161, 179, 183, 192, 199, 204, 211, 212-214, 220, 229, 231, 235, 253, 269, 301, 308-310, 332, 355, 356, 362, 363, 368, 372, 378, 388, 402-404, 410, 433-435, 437, 442, 445, 459, 460, 464, 466, 467, 469-471, 508-510, 516, 532-534
　主題の関連性　158
　解釈の関連性　158, 516
　動機の関連性　158, 516
　賦課的関連性　403
関連性の研究　220, 363, 445
記憶　43, 44, 47-49, 52, 59, 69, 72, 76, 90, 91, 93, 103, 149, 161, 165, 203, 221, 281,

監訳者・訳者紹介

佐藤嘉一（さとう よしかず）［監訳と解説］
1938 年福島県生まれ。立命館大学名誉教授。社会学博士（立命館大学）。1965 年東北大学大学院博士課程満期退学。東北大学助手、金沢大学講師などを経て、1984 年、立命館大学産業社会学部教授。2003 年立命館大学特任教授。著書に『物語のなかの社会とアイデンティティ――赤ずきんちゃんからドストエフスキーまで」（晃洋書房、2004 年）、訳書にW．M．スプロンデル編『A．シュッツ＝T．パーソンズ往復書簡：社会理論の構成』（木鐸社、1980 年）、A． シュッツ『社会的世界の意味構成――ヴェーバー社会学の現象学的分析』（木鐸社、1982 年）、R．グラトホーフ編著『亡命の哲学者たち――アルフレッド・シュッツ / アロン・グールヴィッチ往復書簡 1939 〜 1959―』（木鐸社、1996 年）などがある。

森重拓三（もりしげ たくみ）［第一部］
1970 年大阪府生まれ。立命館大学産業社会学部非常勤講師。1999 年立命館大学大学院博士課程修了。社会学博士（立命館大学）。専門は青年意識（文化）・自我論。主要論文に「あいまいな進学動機の社会学的研究――シュッツ＝パーソンズ問題のあたらしい地平をめざして」（『立命館産業社会論集』 第 34 巻第 2 号、1998 年)、「進学の相互行為論的考察――進学をめぐる物語構成を中心に」（『立命館産業社会論集』 第 35 巻第 1 号 、1999 年)、「あいまいな進学動機の意味構成」（『年報社会科学基礎論研究』 第 3 号、2004 年) など。

中村 正（なかむら ただし）［第二部、第三部］
1958 年生まれ。立命館大学産業社会学部教授／大学院人間科学研究科教授。多様な逸脱行動を通して社会的な苦悩と苦難の機微（ミクロ）と機制（マクロ）を考える社会病理学を専門とし、臨床社会学の視点から社会病理、家族病理を研究している。カリフォルニア州立大学バークリー校客員研究員（1994 〜 95 年）、シドニー大学教育学部客員研究員（2003 〜 04 年）。『「男らしさ」からの自由』（かもがわ出版、1996）、『家族のゆくえ』（人文書院、1988）、『ドメスティック・バイオレンスと家族の病理』（作品社、2001）、『新編日本のフェミニズム　12 男性学』（岩波書店、2009 年）、『対人援助学の可能性』（福村出版、2010）、『虐待者パーソナリティの研究』D. ダットン著・中村正監訳（明石書店）など著書・訳書多数。『対人援助学マガジン』（対人援助学会）での連載「臨床社会学の方法」、「社会臨床の視界」も継続中（2014 年〜）。

著者紹介

ヘルムート・R・ワーグナー（Helmut R.Wagner）

1904年ドレスデン（独）生まれ。1989年4月22日南デニス、マサチューセッツ州にて没。亡命先の米国で遅咲きの社会学者として活躍し、アルフレッド・シュッツとともに現象学的社会学の創設に大きく貢献した。シュッツの弟子。アルフレッド・シュッツ著『現象学と社会関係』（森川真規雄 浜日出夫訳『現象学的社会学』）の編者。他に *Phenomenology of Consciousness and Sociology of the Life World: An Introductory Study,* などの著書がある。

アルフレッド・シュッツ
他者と日常生活世界の意味を問い続けた「知の巨人」

二〇一八年 三月一五日 初版第一刷発行

著 者――ヘルムート・R・ワーグナー
監訳者――佐藤嘉一
訳 者――森重拓三、中村正
発行者――大江道雅
発行所――株式会社 明石書店
一〇一-〇〇二一 東京都千代田区外神田六-九-五
電 話 〇三-五八一八-一一七一
FAX 〇三-五八一八-一一七四
振 替 〇〇一〇〇-七-二四五〇五
http://www.akashi.co.jp
装 幀――上野かおる
印 刷――モリモト印刷株式会社
製 本――モリモト印刷株式会社

（定価はカバーに表示してあります）
ISBN 978-4-7503-4645-8